Carl Schuchhardt, Ernst Fabricius

Die Inschriften von Pergamon

1. Band

Carl Schuchhardt, Ernst Fabricius

Die Inschriften von Pergamon
1. Band

ISBN/EAN: 9783744614115

Hergestellt in Europa, USA, Kanada, Australien, Japan

Cover: Foto ©ninafisch / pixelio.de

Weitere Bücher finden Sie auf **www.hansebooks.com**

KÖNIGLICHE MUSEEN ZU BERLIN

DIE
INSCHRIFTEN VON PERGAMON

UNTER MITWIRKUNG VON

ERNST FABRICIUS und CARL SCHUCHHARDT

HERAUSGEGEBEN

VON

MAX FRÄNKEL

1. BIS ZUM ENDE DER KÖNIGSZEIT

BERLIN
VERLAG VON W. SPEMANN
MDCCCXC

SONDERAUSGABE AUS DEN ALTERTÜMERN VON PERGAMON VIII 1

INSCHRIFTEN VON PERGAMON

I

Julia Tempel

Traianeum

Janischer Tempel
Theater

Palast

Athena Heiligtum

Altar

Dionysos Tempel

Markt

Gymnasion

Amphitheater

Circus

M O D E R N E

Römisches
Theater

Thermen

Turkischer
Friedhof

S T A D T

Friedhof

Selinus

Kelios

Turkischer
Friedhof

Turkischer
Friedhof

100   200   300   400   500   600   700   800   900   1000 Meter

VORWORT.

—

Seit dem Beginne der pergamenifchen Ausgrabungen find wir bemüht gewefen auch die epigraphifchen Fundftücke in möglichft authentifcher Form der Kenntnis zu fichern, und Alle,
welche an den Arbeiten an Ort und Stelle Teil genommen haben, wirkten hierzu mit.

Carl Humann hat zuerft allein und bald ftändig gemeinfam mit Richard Bohn, der ihn zeitweilig auch ganz ablöfte, dafür Sorge getragen, dafs die Beobachtung der Infchriftfunde un-
unterbrochen ftattfand. Sodann hat H. G. Lolling im Winter 1878 einige Wochen lang eigens
mit dem Verzeichnen und Abfchreiben fich befchäftigt, fpäter der Unterzeichnete bei wieder-
holtem Aufenthalte in Pergamon es fich angelegen fein laffen, die Inventarifirung der Infchriften
im Gang zu erhalten.

Die wichtigften Infchriftfteine wurden auch damals fchon in die Königlichen Mufeen nach
Berlin gefchafft und dort für genaueres Studium gefichert; aber der in Pergamon verbliebenen
Stücke waren doch ziemlich viele. Dazu mehrten fich die Funde mit der Ausdehnung der
Grabungen, Humann und Bohn wurden durch das gleichzeitige Wachfen ihrer Hauptaufgaben
immer mehr in Anfpruch genommen, und als die Ausgrabungen zum dritten Male wieder
begannen, erfchien es deshalb unerläfslich, die Verzeichnung der Infchriftfunde, dazu die Nach-
vergleichung und wirklich exakte Abfchrift der früheren Fundftücke mit Hereinziehung auch
der nicht aus den Ausgrabungen herrührenden Infchriften in Pergamon und deffen nächfter
Umgebung in eine dafür vollftändig freie, Hand zu legen. Im Mai 1883 übernahm Ernft
Fabricius diefen Auftrag und führte ihn zunächft bis Spätherbft deffelben Jahres, wo der
Unterzeichnete noch ein Mal für einige Wochen eintrat, aus. Es folgte eine Arbeitspaufe in
den ungünftigften Wintermonaten.

Während nach abermaligem Wiederbeginn der Arbeiten Fabricius durch andere Reifen
und Arbeiten fern gehalten war, wurde eine befondere Affiftenz an feiner Stelle erft im
October 1884 wiedergewonnen, als bis zum Ende des Jahres Friedrich Köpp eintrat. Nach der
Winterpaufe bis in den April 1885 half Adolf von Öchelhäufer aus. Im Juni kehrte dann
Fabricius nach Pergamon zurück und blieb bis zum Herbft, worauf Johannes Böhlau die
Inventarifation der Infchriften fortfetzte, um fie im Februar 1886 an Carl Schuchardt abzu-
geben, der neben topographifchen Studien der pergamenifchen Landfchaft die Weiterführung
der epigraphifchen Arbeit übernahm und, zeitweilig unterftützt und vertreten von Paul Wolters,
bis zum Ende der Ausgrabungen im Dezember 1886 dabei aushielt.

Den feften Grund zur wiffenfchaftlichen Bearbeitung der Infchriften hat vor Allen Fabricius
während feines zweimaligen Aufenthalts in Pergamon gelegt. Der umfaffende Charakter der

bei den pergamenischen Unterfuchungen geftellten Aufgabe brachte es mit fich, dafs die Infchriften nicht als losgelöfte Texte, fondern als intregrirende Teile der Denkmäler und ihrer
Gefammtheit behandelt werden mufsten. Dementfprechend wurden ftets die ganzen Werkftücke,
welche Infchriften tragen, in's Auge gefafst, die Schrift felbft mit möglichfter Treue ihrer
monumentalen Form wie ihrer graphifchen Eigenart nach fammt den Werkftücken aufgenommen
und an diefen alle Kennzeichen ihres einftigen Zufammenhanges mit einem gröfseren Ganzen
gaart. An Humann's und Bohn's Seite vervollkommnete Fabricius fein technifches Verfahren
zu diefem Zwecke und hinterliefs bei feinem zweiten Abfchiede von Pergamon die vollftändige
Summung von Aufnahmen, Abfchriften und Abklatfchen, welche bei der weiteren Bearbeitung
eine Menge wünfchenswerther Anhaltspunkte für die Beurteilung gefichert darbot und in
welcher zumal durch das Zufammenordnen von Bruchftücken dem Verftändniffe weitgehend
vorgearbeitet war. So ging beifpielsweife Zufammenbringen der verftreuten Bruchftücke, Erkenntnis der Ergänzung und der vermutlichen hiftorifchen Bedeutfamkeit bei der Infchrift
Nr 20 das Eine mit dem Andern Hand in Hand. Schuchhardt, der nach Fabricius' Weggange
am längften deffen Platz in Pergamon einnahm, hatte am meiften Gelegenheit, fich dem gegebenen Beifpiele anzufchliefsen.

Schon während in Pergamon die Arbeit noch ihren vollen Gang ging, wurde auch für
die genaue Aufnahme der bereits nach Berlin gelangten Infchriftfteine, deren man vor ihrem
Transporte nur unvollkommen hatte Herr werden können, Sorge getragen. Die Aufgabe wurde
wiederum in die Hand von Fabricius gelegt, der damit zu Anfang 1886 begann, fo dafs nunmehr ein volles Jahr gleichzeitig in Pergamon und Berlin unter mannigfachem Austaufche
zwifchen beiden Plätzen gearbeitet wurde.

Sobald mit dem bevorftehenden Ende der Ausgrabungen auch das Ende des bisher
immer neuen Zuwachfes von Ergänzungen des epigraphifchen Materials vorauszufehen war,
wurde es Zeit, an die Herausgabe im Druck zu denken. Hierfür wurde bereits im Jahre 1884
Max Fränkel gewonnen.

Um den Abbildungen eine für die Wiedergabe im Zinkdruck vollgenügende Geftalt zu
geben, mufste fchliefslich auch für Mitwirkung eines geübten Zeichners geforgt werden. Im
September 1886 machte hiermit der inzwifchen früh verftorbene Architekt Paul Liffel einen
erften Anfang. Später, im Frühjahr 1888, trat Robert Koldewey ein und hat diefen Teil der
Arbeit ganz zu Ende geführt. Dafs in ihm der Zeichner und der Architekturforfcher in einer
Perfon fich vereinigten, machte Koldewey's Mitwirkung befonders wertvoll.

Als Fabricius im Sommer 1888 durch eine Reife, an welche fein Übergang nach Freiburg
fich fchlofs, vor gänzlicher Vollendung feiner Aufgabe der Tätigkeit in Berlin entzogen worden
war, übernahm Schuchhardt den Abfchlufs der Infchriftenaufnahme und der Feftftellung der
technifchen Angaben, foweit Beides für den erften Halbband nötig war. Ihm wurde dann
auch die felbftändige Herausgabe der Thoninfchriften, mit deren graphifcher Wiedergabe
Koldewey fein Mitwirken befchlofs und die am Schluffe des zweiten Halbbandes erfcheinen
follen, übertragen.

Für den zweiten Halbband ift fodann wieder Fabricius zur Herftellung des tatfächlichen
Textes eingetreten und hat damit bereits abgefchloffen, wie auch die Zeichnungen für den
zweiten Halbband von Koldewey fertig hier hinterlaffen find.

Weder in der Titelfaſſung noch in der Faſſung des Textes iſt es möglich geweſen, noch wird es hier möglich ſein, den Anteil der einzelnen Mitarbeiter an der Herausgabe ſcharf abgegrenzt hervortreten zu laſſen. Handelt es ſich doch um ein zwar perſönlich getrenntes, aber vielfach in einander greifendes und wechſelſeitig ſich unterſtützendes Arbeiten, bei dem Allen nur das eine Hauptziel gegeben war, das Ganze, ſo wie es ein Einzelner nicht hätte erreichen können, in möglichſt genügender Form der weiteren Benutzung zu überliefern.

Die Wiedergabe der Werkſtücke und der Inſchriftentexte, ſo wie ſie auf den Steinen erſcheinen, dieſes unter Koldewey's Vermittelung, und die dem Herkommen nach mit kleineren Lettern gedruckten tatſächlichen Angaben rühren an erſter Stelle von Fabricius und für einzelne Partien von Schuchhardt her, Anordnung, Umſchrift der Inſchriften und Commentar von Fränkel, der ſich über Grundſätze, welche er bei der Herausgabe befolgt hat, weiter unten ſelbſt ausſpricht.

Der Correctheit der einzelnen Angaben iſt eine Reviſion der Druckbogen von Richard Bohn zu Gute gekommen, wie auch Otto Puchſtein einer ſolchen ſich unterzogen hat.

Alle im Original uns bekannt gewordenen Inſchriften aus Pergamon ſelbſt und deſſen nächſter Umgebung, auch ſolche, die nicht in den Ausgrabungen gefunden wurden, ſind in die Herausgabe einbezogen. Von den Inſchriften der weiteren pergameniſchen Landſchaft iſt nur eine, Nr. 246, die aus Elaia ſtammt, aufgenommen; die anderen zumal von Schuchhardt bei ſeiner Bereiſung der Landſchaft gefundenen Inſchriften werden von ihm geſondert herausgegeben werden: mit den Inſchriften von Aigai iſt das bereits in dem 2. Ergänzungshefte des Jahrbuchs des archäologiſchen Inſtituts geſchehen.

Ein Nachweis der wenigen uns nicht zu Geſichte gekommenen, aber ſonſt ſchon bekannten Inſchriften aus Pergamon wird am Schluſſe geliefert werden.

Die beiden zeitlich geſchiedenen Hauptmaſſen der pergameniſchen Inſchriften erſcheinen jede in einem Halbbande, geſondert, damit nach allem, durch Gründlichkeit der Vorarbeiten und durch das Zuſammenarbeiten verſchiedener Mitarbeiter veranlaſsten Zeitverluſt wenigſtens der erſte Abſchnitt gleich nach ſeiner Fertigſtellung der allgemeinen Benutzung übergeben werden kann. Der zweite Halbband iſt ſoweit vorbereitet, daſs ſein Erſcheinen nicht allzulange auf ſich warten laſſen dürfte.

Die beiden Planſkizzen ſollen die eine, wie bei jedem Textbande der Altertümer von Pergamon, die Orientirung auf dem geſammten Stadt-Terrain erleichtern, die andere, in Farbendruck ausgeführt, die Hauptfundſtellen der aus den Ausgrabungen herrührenden Mehrzahl der Inſchriften vergegenwärtigen. In Bezug auf Genauigkeit der Einzelbezeichnung ſind beide Planſkizzen dabei ganz anſpruchslos. Ausführliche Wort- und Sachregiſter werden am Schluſſe des zweiten Halbbandes erſcheinen.

Die Verlagshandlung hat von dem 8. Bande auch dieſe Sonderausgabe veranſtaltet.

Berlin, im März 1890.

CONZE.

Durch den Eintritt der römischen Herrschaft zerlegen sich mit der Geschichte Pergamons
für jetzt auch deren inschriftliche Denkmäler in zwei scharf gesonderte Abschnitte. Wenn
auch selbstverständlich nicht in allen Fällen ausgemacht werden kann, ob eine Inschrift genau
vor oder nach dem Jahre 133 v. Chr. eingehauen ist, so konnte diese teilweise Unsicherheit
nicht von der Pflicht entbinden, der historischen Wissenschaft die Benutzung des Materials
dadurch zu erleichtern, dafs es ihr für die beiden Perioden getrennt geboten wird, zumal sich
damit noch ein weiterer Vorteil erreichen liefs. Dafs es nämlich der Forschung durchaus
wünschenswert sein müsse, je die Zeugnisse über die Regierungszeit der einzelnen Herrscher
vereinigt zu erhalten, schien nicht zweifelhaft: indem nun die durch ihren Inhalt genau oder
annähernd datirten Inschriften als ein festes Gerüst angenommen wurden, liefsen sich zwischen
die Fächer derselben die ihrer Zeit nach nicht so deutlich bestimmten Stücke mit freilich sehr
verschiedener Sicherheit einreihen und so konnte eine chronologische Anordnung des gesammten
der früheren Periode angehörenden Materials wenigstens bis zu einem gewissen Grade durch-
geführt werden: die für eine genauere Zeitbestimmung keinen hinreichenden Anhalt gewährenden Nummern sind dabei möglichst ihrem Inhalt nach zu Gruppen zusammengestellt worden.
Soweit für die Einreihung der Schriftcharakter entscheiden mußte, habe ich mir den Rat
meiner beiden Mitarbeiter, insbesondere des Herrn Fabricius, reichlich zu Nutze gemacht.
Für die Inschriften der römischen Zeit ist dagegen eine durchgehende chronologische Anordnung
weder mit annähernder Sicherheit möglich noch ist sie wünschenswert: da sie uns ungleich
mehr über Zustände als über Ereignisse belehren, ist vielmehr hier die Zusammenstellung nach
sachlichen Kategorien die einzig förderliche: innerhalb derselben wird, wo nicht ein anderer
zweckmäßiger Gesichtspunkt vorhanden ist, immerhin nach bestem Dafürhalten eine chronologische Folge erstrebt werden können. So konnte durch die Trennung der Inschriften in
zwei Abteilungen auch jede derselben in der besonderen, für sie zuträglichen Anordnung
geboten werden.

Mit dem monographischen Charakter dieser Publication hätte es meines Erachtens nicht
im Einklang gestanden, wenn der Herausgeber außer den hergestellten Texten nur den etwa
zum nächsten Verständnis notwendigen Commentar geboten hätte. Es erschien mir vielmehr
eine Pflicht, den wesentlicheren aus unseren Inschriften zu ziehenden Gewinn zwar in
knapper Form, aber so weit vollständig darzulegen, wie es mir und wie es in vereinzelten
Bemerkungen überhaupt möglich ist. In dem ersten Halbbande habe ich mich auch bemüht,
die Würdigung der großen sprachgeschichtlichen und litterarischen Bedeutung unserer Inschriften
zu bahnen und namentlich auf ihre außerordentliche Übereinstimmung in Wortschatz und

Stil mit dem vornehmsten Hiftoriker der hellenistischen Epoche, mit Polybios, hinzuweisen. Es wird sich durch die hier veröffentlichten Texte deutlicher wie früher herausstellen, in wie merkwürdigem Grade diefer bedeutende Schriftsteller, eines individuellen Stilgepräges anscheinend fast entbehrend, die reich aber zopfig ausgebildete Sprache der officiellen Kanzleien feiner Zeit angenommen hat. Sowohl für die Kritik diefes Autors, z. B. die Feststellung der richtigen Form mancher von ihm angewendeter Wortbildungen, als auch für die ganze Frage des Hiatus in der Profa werden in Zukunft unfere Infchriften nicht vernachläfligt werden dürfen.

Alle Steine, deren jetziger Ort nicht angegeben ist, befinden sich im königlichen Mufeum zu Berlin. Die äufserliche Zuläffigkeit der Ergänzungen konnte daher zumeist auf das forgfamfte nachgeprüft werden, und es ist auch bei weiteren Verfuchen durchaus geraten, in allen irgend einen Zweifel zulaffenden Fällen nicht ohne Erkundung des Tatbeftandes vorzugehen: mir felbst haben sich nicht felten Ergänzungen, die dem Papier gegenüber felbstverständlich erfchienen, z. B. einer kleinen fchrägen Hasta zu Sigma, vor den Steinen als ausgefchloffen erwiefen. Die in den einleitenden Befchreibungen den Fundangaben allemal hinzugefügte Notiz Inv. I. II, III, P bezieht sich auf die im königlichen Mufeum aufbewahrten, während der Ausgrabungen geführten Inventare, deren Einficht vielleicht hier und da einem Benutzer diefes Werkes erwünfcht fein könnte. Bericht I, II, III bezeichnet die unter dem Titel »Die Ergebnisse der Ausgrabungen in Pergamon« zunächst im Jahrbuch der königlich preufsischen Kunstfammlungen Bd. I (1880) S. 127 ff., Bd. III (1882) S. 47 ff., Bd. IX (1888) S. 40 ff. erfchienenen drei vorläufigen Berichte; die Seitenzahlen find die der Sonderausgaben.

Ich laffe gleich die Verbefferungen folgen, die sich für den erften Halbband bisher ergeben haben.

FRÄNKEL.

Zusätze und Berichtigungen.

5 (S. 4). Schuchhardt (bei Bohn, Altertümer von Aegae S. 64) macht darauf aufmerksam, dass nach Polybios 5, 77 Attalos I. frühere Verträge erneuerte, als er im Jahre 218 mit anderen Städten auch das 222 zu Achaios übergegangene Temnos wiedergewann: ἦσαν δὲ δ' αἱ τότε μεταθέμεναι πρὸς αὐτὸν πρῶτον μὲν Κύμη καὶ Σμύρνα καὶ Φώκαια, μετὰ δὲ ταύτας Αἰγαιεῖς καὶ Τημνῖται προςεχώρησαν - -, ἧκον δὲ καὶ παρὰ Τηίων καὶ Κολοφωνίων πρέσβεις ἐγχειρίζοντες σφᾶς αὐτοὺς καὶ τὰς πόλεις. προςεξάμενος δὲ καὶ τούτους ἐπὶ ταῖς συνθήκαις, αἷς καὶ τὸ πρότερον, καὶ λαβὼν ὁμήρους κτλ. Es fragt sich nun, welchen Inhalts die Verträge waren, auf denen das staatsrechtliche Verhältnis der kleinasiatischen Städte zu Pergamon schon vor 218 beruhte, für einen Teil derselben in diesem Jahre neu begründet wurde und bis 189 bestehen blieb. Nach Polybios 4, 48, 7 (S. 4 Sp. 2 Z. 2 v. u. ist der Druckfehler 4, 4 zu berichtigen) hatte Attalos I. sich im Jahre 226 das ganze syrische Asien diesseits des Tauros zu eigen gemacht (Σέλευκος - - πυνθανόμενος Ἄτταλον πᾶσαν ἤδη τὴν ἐπὶ τάδε τοῦ Ταύρου δυναστείαν ὑφ' αὑτὸν πεποιηκέναι: vergl. zu Nr. 35 36, S. 34): nach dem Zeugnis des vorzüglichen Abrisses der pergamenischen Geschichte bei Strabo 624 C. wurde aber der bei weitem grösste Teil dieses Gebietes erst im Jahre 189 der pergamenischen Monarchie einverleibt: πρότερον δ' ἦν τὰ περὶ Πέργαμον οὐ πολλὰ χωρία μέχρι τῆς θαλάττης τῆς κατὰ τὸν Ἐλαΐτην κόλπον καὶ τὸν Ἀδραμυττηνόν. An dieser Angabe ist um so fester zu halten, als es dafür eine urkundliche Bestätigung giebt, durch welche sie zugleich praecisirt wird: eine Felsinschrift zeigt, dass die südliche Grenze des pergamenischen Landes ein wenig nordwestlich von Kyme war

(f. Bullet. de corr. hellén. V 283. Bohn a. a. O. Abbildung 1). Die unantastbaren Nachrichten des Polybios und Strabo sind also mit einander zu vereinigen: Attalos hatte im Jahre 226 die kleinasiatischen Städte zwar tatsächlich unterworfen, der Form nach aber selbständig gelassen; er hatte nicht eine Herrschaft, sondern nur eine Schutzherrschaft über sie errichtet; dies war der Inhalt der Verträge, die, im Jahre 226 abgeschlossen, 218 teilweise erneuert wurden. Finden wir nun in den Friedensbestimmungen von 189 (Polybios 21, 48 [22, 27]. Livius 38, 39), dass Attalos I. und Eumenes II. von kleinasiatischen Städten Tribut erhoben hatten, so ist weiter klar, dass das wesentliche Merkmal der 226 begründeten Schutzherrschaft die Tributpflicht war: mit dieser ist, wie eben die Friedensbestimmungen zeigen, die Autonomie vereinbar: ὅσαι μὲν τῶν αὐτονόμων πόλεων πρότερον ὑπετέλουν Ἀντιόχῳ φόρον κτλ. Nördlich reichte die 226 von Attalos begründete Schutzherrschaft bis an den Hellespont, da Lampsakos, Alexandreia Troas und Ilion (also der ilische Städtebund) in sie einbegriffen waren: Polybios 5, 78, 6 berichtet nämlich, dass diese drei Gemeinden 222 nicht zu Achaios übergegangen, vielmehr dem Pergamener treu geblieben waren. Bekanntlich beschenkten von diesen Ortschaften die Römer im Jahre 189 Ilion mit der Freiheit, von den im Jahre 218 von Attalos wiedergewonnenen Kyme, Smyrna, Phokaia und Kolophon (vergl. Mommsen, Röm. Gesch. I⁶ S. 741): wären aber diese Städte seit 218 Eigentum der Pergamener gewesen, so hätten die Römer sie unzweifelhaft dem Eumenes gelassen, so dass hieraus sich die sicherste Bestätigung unserer Auffassung ergiebt.

Unfer infchriftlicher Vertrag kann nicht zu denen des Jahres 226 gehören: er ilt älter, da er von Volk zu Volk, ohne Zutun eines Herrfchers, auf dem Fufse der Gleichberechtigung gefchloffen ilt: er ilt vielmehr jedenfalls fpäteltens durch die Abmachungen von 226 annullirt worden.

13 (S. 12). Z. 36 Anf. l. Εὐμέ]νει.

18 (S. 20). Z. 38 Ende l. δυΐναι.

41 (S. 37). In der letzten Zeile der Infchrift ilt vielleicht eher ὅρων zu lefen; vergl. die S. 105 Sp. 2 Z. 5 f. angeführte Stelle einer delifchen Infchrift, wo aus Verfehen ὁρῶν gedruckt ilt.

43—45 (S. 39). Die Infchrift aus Hierapolis ilt inzwifchen in Minuskeln Jahrbuch des archaeol. Inft. 1889, Anzeiger S. 86 veröffentlicht.

Von Heiligtümern pergamenifcher Fürften ilt das Attaleion in Aegina nachzutragen (C. I. Gr. II Add. 2139b Z. 46). gewifs Attalos dem Erlten geweiht, der Aegina erworben hatte (f. zu Nr. 47). Auch gehört hierher der Tempel der Königin Apollonis in ihrer Vaterltadt Kyzikos (Anthol. Pal. Buch III: vergl. u. Nr. 169).

76 (S. 59). L. - - - ια`νοι.

82 (S. 60). Am Schluffe des Lemma l. S. 63.

86 ff. (S. 60 ff.) Über die Götterdarltellungen des Friefes hat Puchltein nach dem am Schlufs von S. 60 angeführten Auffatze weiter gehandelt in den Sitzungsberichten der Berl. Akad. d. Wiffenfch. 1889 S. 323 ff. Daraus ilt Folgendes anzuführen:

Für Nr. 94 werden S. 334 wegen des im Friefe für die Mufen oder Horen mangelnden Raumes die von mir aufgeltellten Möglichkeiten bis auf Εὖρος abgelehnt: dies fei zuläflig, falls man fich das Gefpann des Zeus von den Winden gezogen denke (vergl. Nonnos 2, 423. Quintus Smyrn. 12, 191): doch feien auch die Lefungen Εὐμενίες und Ἔχενα möglich. Aber nur Εὖρος kann aufrecht erhalten werden, denn dafs die Eumeniden, deren eine im Friefe zum Teil erhalten ilt (f. Puchltein S. 326), anltatt mit ihren Einzelnamen collectiv bezeichnet waren, ilt an fich höchlt unwahrfcheinlich und ganz ausgefchloffen, wenn Puchltein's fehr einleuchtende Deutung einiger Infchriften als Einzelnamen der Gräen (f. unten) zutrifft: den Unhold Echidna aber, die Genoffin des gewifs fchon in der Zeit des Friefes zum Giganten gewordenen Typhon (vergl. Mayer, Giganten und Titanen

S. 216 ff.), nach Apollodor II 1, 2, 5 die Tochter des Tartaros und der Gaia, die nach Hygin auch die Eltern der Giganten find, würden wir nur auf der Seite der Giganten fuchen dürfen: fie war ja auch fchlangenfüfsig (Hesiod Theog. 298).

Der Reft 82b (S. 63) ilt nach S. 336 höchlt wahrfcheinlich übrig vom fchliefsenden Sigma in Ἑρμῆς.

Zu Nr. 106 (S. 64) vergl. S. 338 Anm. 2. Über die mögliche Deutung von Nr. 109 (S. 64) als Φο[ίβη f. S. 335. Daneben bleiben die von mir aufgeltellten Möglichkeiten beltehen: zu Τισι]φό]νη vergl. Puchltein S. 326 und der S. 329 gegen Φό]βος geltend gemachte Raummangel beim Ares fällt, wie mich Hr. Maximilian Mayer belehrt hat, fort, wenn der Name für eines der Roffe des Gottes gilt, wie bei Quintus Smyrn. 8, 241 und wie fchon Antimachos in Ilias 15, 119 hineinlegte. Περσε]φό]νη, woran Puchltein S. 327 erinnert, war von mir deswegen nicht angeführt worden, weil nach den fonftigen Darltellungen der Gigantomachie diefe Göttin im Friefe nicht zu erwarten war, wie fie auch Puchltein in feiner Reconltruction fchliefslich nicht annimmt.

Seine S. 64 von mir fchon mitgeteilten Ergänzungen von Nr. 110 und 111 als Εὐ]ρυ]αλη und Μέδου]ζα begründet Puchltein S. 332 durch den fehr wahrfcheinlichen Nachweis, dafs Enyo (Nr. 93) nur als Gräe aufgefafst werden kann, während gegen die von mir vorgefchlagenen Lefungen wiederum der Raummangel fpricht. (In meiner Bemerkung zu Nr. 111 ilt zu lefen: Ilias 14, 269. 276.)

122 (S. 67). Die Vermutung Heydemann's (Wochenfchrift f. claff. Philologie 1887 S. 1351) Τά]ρταρος ilt fehr wahrfcheinlich. Denn Tartaros, der als Perfon fchon bei Hesiod Theog. 821 f. vorkommt, wo er mit der Gaia den Typhon zeugt (bei Apollodor II 1, 2, 5 auch die Echidna), war nach der Einleitung Hygin's der Vater der Giganten. — Für Nr. 71a (S. 67) fchlägt Heydemann Ὀρ]υ]ε]ος vor.

124 (S. 67). L. Nonnos 48, 21.

132. S. 69 Sp. 2 Z. 5 l. Polybios 32, 27 (25).

135—140 (S. 71 ff.). Ob die Bildwerke unferer Bafis älter waren als ihre Infchriften, war erwogen, aber als zu unficher abgelehnt worden, einmal da die unzweifelhaften derartigen Auffchriften Nr. 48—50 durch ihren Schriftcharakter nicht minder wie durch ihre Bedeutung als Trophäen eine einheitliche Gruppe bilden, und dann weil die Vereinigung der Werke mehrerer älterer Künftler auf einer Bafis Schwierigkeiten zu bereiten fchien. Allein die pergamenifchen Könige werden doch Kunftwerke, die fie zu befitzen wünfchten, erworben haben, wie und wann fich die Gelegenheit dazu bot und die Bildwerke unferer Bafis können fowohl fchon urfprünglich zur Zufammenftellung mit einander beftimmt gewefen als auch dafür paffend ausgefucht fein. So fcheinen mir die angeführten Bedenken jetzt nicht ins Gewicht zu fallen gegenüber der Unwahrfcheinlichkeit des Zufalls, dafs die fämtlichen erkennbaren Künftler diefes Denkmals unter den namhaften Bildhauern früherer Zeit Homonyme gehabt hätten. Jedenfalls werden wir annehmen müffen, dafs die hier verwendeten Werke auf derfelben ftiliftifchen Stufe ftanden, und in der Tat kennen wir Künftler der Namen Myron, Praxiteles und Xenokrates fämtlich aus dem dritten Jahrhundert, von denen die beiden letzteren fogar ganz derfelben Zeit, der

des Demetrios Poliorketes angehörten: diefer Umftand erhöht alfo noch die Wahrfcheinlichkeit, die hier verfochten wird. Es ift dann auch der Praxiteles von Nr. 141 nicht als ein neuer anzufehen und die gleiche Möglichkeit mufs für die in Nr. 142 und 144 genannten Künftler offen gehalten werden. Keineswegs ausgefchloffen erfcheint, dafs unter den mit dem Namen älterer Künftler bezeichneten Werken fich auch Copien befanden.

156 Z. 10 (S. 79). L. ειότι. — Das S. 80 Sp. 2 Z. 5 f. erwähnte Relief ift zur Titelvignette des vorliegenden Bandes benutzt.

160 Z. 32. 44 (S. 86 f.). L. καλοκἁγαθίας.

164. S. 101 Sp. 1 Z. 2 v. u. l. Polybios 20,9,2.

165. S. 102 Sp. 2 Z. 3 v. u. l. Livius 45,34,11.

167. S. 105 S. 2 Z. 6 l. ὅρων.

230 (S. 133). Sp. 2 Z. 2 f. des Commentars l. χρηᵕσίμωᵕν, χρηᵕσίμωᵕς.

Die mehrfach während des Druckes abgefprungenen Accente aufzuzählen erfchien überflüffig.

1. 2. Säulentrommeln vom Pronaos des Athenatempels aus graubraunem Trachyt. Nr. 1: Höhe 1,11, unterer Durchmeſſer 0,575, oberer 0,535; No. 2: Höhe 1,83, unterer Durchmeſſer 0,620, oberer 0,560. Buchſtaben 0,030. Gefunden: Nr. 1 Oktober 1883 am Abhang unterhalb der Weſtſeite des Athenaheiligtums, Nr. 2 September 1879 unterhalb der byzantiniſchen Mauer südöſtlich von der Agora (Inv. III 100, 1 5. Bericht 1 S. 75). Die Jnſchrift befindet ſich bei 1 nahe dem unteren, bei 2 unmittelbar am oberen Rande. Nach den Maſsen war Nr. 1 wahrſcheinlich die viert-, Nr. 2 die drittunterſte Trommel zweier verſchiedener Säulen, ſo daſs die Inſchriften ſich nahezu 4 Meter über dem Fuſsboden befanden. Herausgegeben Band II S. 15 f. Abbildungen 1 : 6.

ΠΑΡΤΑΡΑΣ   Παρτάρας
ΑΘΗΝΑΙΗΙ   Ἀθηναίηι.

Der griechiſchen Weihinſchrift gehen zwei Zeilen voran, deren Schrift ich nicht zu beſtimmen vermag; doch kann kein Zweifel ſein, daſs ſie die Weihung in der Sprache des Dedikanten enthalten, der durch ſeinen Namen als Barbar gekennzeichnet iſt. Die fremde Schrift läuft von rechts nach links, da in dieſer Richtung ſich als der Anfang der zweiten Zeile unſchwer der Name des Weihenden mit B geſchriebenem Anlaut erkennen läſst. Nach dem Schriftcharakter werden wir mit Ulrich Köhler bei Bohn, Altertümer von Pergamon II S. 24 dieſe und die folgende Weihung in das 4. Jahrhundert vor Chr. ſetzen dürfen.

Daſs dem Steinmetzen die griechiſche Schrift nicht geläufig war, zeigt die Geſtalt ſeiner beiden Rho; auch das Sigma iſt ihm nicht wohl gelungen. Das Material dieſer Säule iſt von dem der übrigen nicht verſchieden; der fremde Steinmetz war alſo in Pergamon anweſend, vielleicht mit dem Weihenden identiſch. Der Name der Göttin war dieſem nicht in der in Pergamon üblichen, ſei es äoliſchen oder ſchon gemeingriechiſchen, ſondern in ioniſcher Lautform bekannt.

Daſs, wie Band II S. 25 als möglich hingeſtellt wird, in ſo monumentaler Weiſe auf der Säule ſelbſt die Weihung eines an ihr befeſtigten Gegenſtandes bezeichnet war, ſcheint mir nicht glaublich; vielmehr wird nach Ausweis dieſer und der folgenden Inſchrift die andere daſelbſt erwähnte Möglichkeit angenommen werden müſſen, daſs die Säulen des Pronaos von verſchiedenen Perſonen geweiht waren. Dies bietet eine beſcheidene Analogie zu der Nachricht des Plinius 36, 95, daſs in das Artemiſion von Epheſos die einzelnen Säulen von Königen geſtiftet waren; in das alte Artemiſion hatte nach dem Zeugniſs des Herodot (1, 92) Kroiſos viele Säulen geweiht, von deren Aufſchriften Hicks (Historical inscriptions p. 5) ſcharfſinnig Überreſte im British Muſeum nachgewieſen hat (Inscr. Gr. antiq. 493).

2.   ·||·   /⊂ΤΟΝΔΕΑΝΕⴷ
ΑΡΤΕΜⴖΝΟⴹΓΑΙⴹ
ⴹΟΙΤΡΙⵀΟΓΕΝΕΙΑΘΕΑ

Erhalten ist ein voller Pentameter und das Ende des vorangehenden Hexameters, dessen Anfang auf der oben anschliessenden Säulentrommel stand.

- ∪∪ - ∪∪ - ∪ - ∪ς [τ]όνδε ἀνέ[θηκεν] |
'Αρτέμωνος παῖς | σοί, Τριτογένεια θεά.

Ob das Wort κίονα im Hexameter gestanden hat oder nach bekanntem Brauche nur in Gedanken ergänzt werden sollte, ist nicht auszumachen. Die Silbe ος zu Anfang ist vom Namen des Weihenden übrig. Im Pentameter zwang der Vers, die 3. Silbe des Vaternamens kurz zu gebrauchen.

---

3. Basis aus bläulichem Marmor. 0,64 breit; 0,46 hoch; 0,845 tief; Buchstabenhöhe 0,015—0,020. Gefunden Januar 1886 auf der Hochburg südlich vom höchsten Felsplateau (Inv. III 471). Der in zwei Stücke gebrochene Block ist zweimal als Statuenbasis benutzt worden. Von beiden Benutzungen haben sich Teile der Aufschrift erhalten. Die ältere (Nr. 3) steht auf der Langseite des grösseren Bruchstückes; zu ihr gehören Standspuren auf der Fläche, die bei der späteren Benutzung zur Unterseite wurde und auch dann noch ihre ursprüngliche völlige Glättung beibehielt. Die Inschrift sowohl wie die Standspuren sind von dem linken Rande ihrer Flächen etwa 0,10 weiter entfernt als von dem rechten; von letzterem scheint demnach bei der späteren Benutzung ein Stück abgeschnitten zu sein.

Auf der Schnittfläche steht das Ende einer zweiten Inschrift (Bericht III 62; unten Nr. 143); der Block bildete folglich in seiner neuen Verwendung nur einen Theil des ganzen Bathron. Die alte Schriftfläche rechts wurde zur Stossfuge umgearbeitet, links ist ebenfalls Anschlussfläche. Die nunmehrige Oberseite dagegen ist nicht geglättet worden, sondern hat den Charakter der gerauhten Lagerfläche behalten. Die Standspuren, welche sie zeigt, scheinen von einer grossen und einer davorstehenden kleinen Figur herzurühren. Das ganze Anathem muss also aus einer Gruppe von mehreren, wie es scheint ruhig stehenden Figuren bestanden haben. Abbildung der Inschrift 1 : 15.

/ⵏΜΥΝ.
ΓⵔⴹⵏΙΔΙΓF

'Α]μυν - -
Ποσ[ε]ίδιπ[που ἀνέθηκε oder ἐποίησε.

In Z. 1 ist nicht 'Αμύντας oder 'Αμύντωρ, sondern ein längerer Name wie 'Αμυνόμαχος, 'Αμύνανδρος anzunehmen, weil nach der Gewohnheit der sorgfältig eingehauenen Inschriften die zweite Zeile rechts gewiss ungefähr gleich weit über die erste hinausgereicht hat wie links.

---

4. Kleine Statuenbasis aus weissem Marmor. 0,367 breit; 0,16 hoch; 0,332 tief; Buchstabenhöhe 0,010—0,012. Gefunden März 1881 am Abhang unterhalb der Südwestecke des Athenaheiligtums.

Inv. II 88. Bericht II 51. Auf der Oberfeite Standfpuren einer kleinen Bronzeftatue, zwei 0.035 tiefe fufsförmige Ausmeifselungen, und ein rundes Einfatzloch. Die Vertiefungen find nachträglich behufs Loslöfung der Statuette durch Meifselhiebe erweitert. Die Seitenflächen find gut geglättet. Auf der ziemlich rauh gelaffenen Unterfeite befindet fich neben Reften von Dübellöchern eine grofse rechteckige Vertiefung (0.18 : 0.16. Tiefe 0.06), die von einer fpäteren Benutzung des Steins, vielleicht als Bafis einer Herme, ftammt. Die Zeichen am Ende von Z. 6 find gleichzeitig. Abbildung der Vorderfeite 3 : 10, der Oberfeite 1 : 7.5.

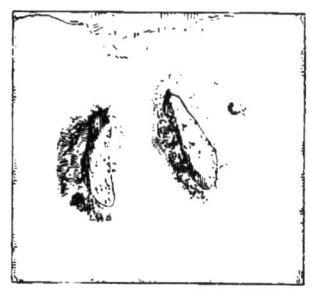

```
ΘΕΑΡΟΙ ΑΠΟΛΛΩΝΙ
ΦΙΛΟΚΡΑΤΗΣ : ΔΙΩΝΟΣ    ΚΛΕΟΜΒΡΟΤΟΣ : ΚΑ
ΠΑΡΜΕΝΙΣΚΟΣ            ΙΣΟΜΕΝΗΣ : ΑΙΣΧΡΙ
ΦΕΙΔΩΝΔΑΣ : ΑΛΚΙ       ΚΡΙΤΩΝ : ΠΥΡΙ
ΑΝΔΡΟΝΙΚΟΣ : ΕΥΚΛΕ     ΣΩΣΙΚΛΗΣ : ΠΛΑΤΩ
ΠΥΡΑΛΙΩΝ : ΧΙΛΩ
ΘΕΟΓΕΝΗΣ : ΗΡΟ
ΕΥΦΡΩΝ : ΑΝΤΙ
```

Θέαροι Ἀπόλλωνι·
Φιλοκράτης Δίωνος   Κλεύμβροτος Και-
Παρμενίσκος   Ἰσομένης Αἰσχρί(ωνος)
Φειδώνδας Ἀλκι-   Κρίτων Πυρι-
5 Ἀνδρόνικος Εὐκλε-   Σωσίκλης Πλάτω(νος).
Πυραλίων Χίλω(νος)
Θεογένης Ἡρο-
Εὔφρων Ἀντι-

Nach dem Schriftcharakter kann diefe Theorenlifte nicht jünger fein als der Anfang des dritten Jahrhunderts vor Chr. Eine Interpunktion trennt jedesmal den Namen des Theoren von dem des Vaters, welcher mit Ausnahme des erften nicht ausgefchrieben war und nur bei dem zweiten Theoren fehlt. Hinfichtlich der Nationalität der Weihenden find die ionifchen und attifchen Sprachgebiete wie auch die Landfchaften ausgefchloffen, welche die Lautform Ἀπόλλων nicht anwenden; Φειδών-

δας (Z. 4) ift eine böotifche Bildung, doch zeigt die Infchrift nicht die böotifche Orthographie des langen E-Lautes. In der Umfchrift ift daher die Meinung ausgedrückt, dafs die Theoren der äolifchen Nachbarfchaft Pergamons angehörten.

Frühzeitigen Apollo-Cult in Pergamon bezeugen die Münzen des erften Dynaften Philetairos (f. Imhoof, Münzen der Dynaftie von Pergamon S. 11), die den Kopf und den Dreifufs des Gottes als Stempel tragen: den Kopf verzeichnet auf fpäteren pergamenifchen Münzen Mionnet II S. 585 Nr. 464. Suppl. V S. 416 Nr. 834. 835: fehr häufig find zwei um Köcher und Bogen geringelte Schlangen, f. Mionnet II S. 585 Nr. 460 ff. In der Zeit des Rhetors Ariftides hiefs, offenbar mit Bezug auf Asklepios, der pergamenifche Apollon καλλίτεκνος (II S. 708 Dindorf) und hatte unter diefem Beinamen einen Tempel (I S. 469).

5. Oberer Teil einer Stele aus blauem, weifsgeädertem Marmor, in zwei Stücke gebrochen. 0.355 breit; 0.13 dick; Buchftabenhöhe 0.006—0.010. Das gröfsere Stück ift November 1883 im türkifchen Mittelturm auf der Südfeite des Athenaheiligtums gefunden Inv. III 101; das kleinere Auguft 1881, zu welcher Zeit auf der Theaterterraffe unterhalb des grofsen Altars gegraben wurde Inv. II 192. Der Stein zeigt vorgeritzte Doppellinien. Abbildung 1 : 4.

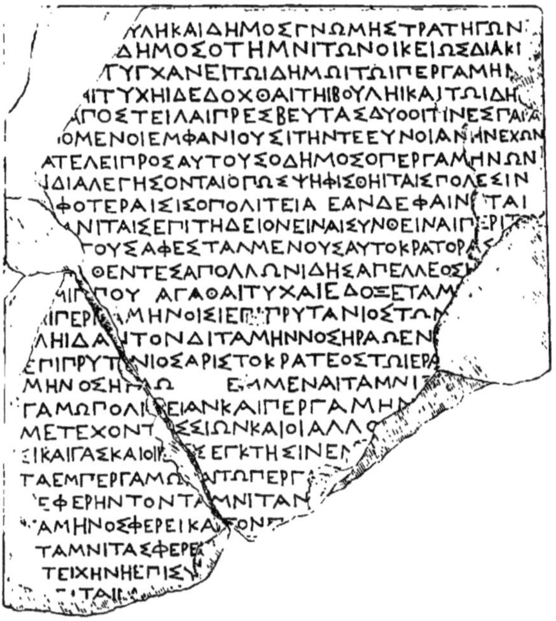

ΥΛΗΚΑΙΔΗΜΟΣΓΝΩΜΗΣΤΡΑΤΗΓΩΝ·
ΔΗΜΟΣΟΤΗΜΝΙΤΩΝΟΙΚΕΙΩΣΔΙΑΚΙ
ΤΥΓΧΑΝΕΙΤΩΙΔΗΜΩΙΤΩΙΠΕΡΓΑΜΗ
ΙΤΥΧΗΙΔΕΔΟΧΘΑΙΤΗΙΒΟΥΛΗΙΚΑΙΤΩΙΔΗ
ΑΠΟΣΤΕΙΛΑΙΠΡΕΣΒΕΥΤΑΣΔΥΟΟΙΤΙΝΕΣΓΑΡΑ
ΙΟΜΕΝΟΙΕΜΦΑΝΙΟΥΣΙΤΗΝΤΕΕΥΝΟΙΑΝΗΝΕΧΩΝ
ΑΤΕΛΕΙΠΡΟΣΑΥΤΟΥΣΟΔΗΜΟΣΟΠΕΡΓΑΜΗΝΩΝ
ΙΔΙΑΛΕΓΗΣΟΝΤΑΙΟΠΩΣΨΗΦΙΣΘΗΤΑΙΣΠΟΛΕΣΙΝ
ΦΟΤΕΡΑΙΣΙΣΟΠΟΛΙΤΕΙΑ ΕΑΝΔΕΦΑΙΝΤΑΙ
ΝΙΤΑΙΣΕΠΙΤΗΔΕΙΟΝΕΙΝΑΙΣΥΝΘΕΙΝΑΙΠΕΡΙ
ΤΟΥΣΑΦΕΣΤΑΛΜΕΝΟΥΣΑΥΤΟΚΡΑΤΟΡΑΣ
ΘΕΝΤΕΣΑΠΟΛΛΩΝΙΔΗΣΑΠΕΛΛΕΟΣ
ΜΙΠΠΟΥ ΑΓΑΘΑΙΤΥΧΑΙΣΕΔΟΞΕΤΑΜ
ΙΠΕΡΓΑΜΗΝΟΙΣΙΕΠΙΠΡΥΤΑΝΙΟΣΤΩ
ΛΗΙΔΑΝΤΟΝΔΙΤΑΜΗΝΟΣΗΡΑΩΕΝ
ΕΠΙΠΡΥΤΑΝΙΟΣΑΡΙΣΤΟΚΡΑΤΕΟΣΤΩΙΕΡΑ
ΜΗΝΟΣΗΡΑΩ ΕΜΜΕΝΑΙΤΑΜΝΙ
ΓΑΜΩΠΟΛΙΤΕΙΑΝΚΑΙΠΕΡΓΑΜΗ
ΜΕΤΕΧΟΝΤΕΣΙΩΝΚΑΙΟΙΑΛΛΟ
ΣΙΚΑΙΓΑΣΚΑΙΟΙΕΓΚΤΗΣΙΝΕΝ
ΤΑΕΜΠΕΡΓΑΜΩΑΤΩΠΕΡΓ
ΕΦΕΡΗΝΤΟΝΤΑΜΝΙΤΑΝ
ΑΜΗΝΟΣΦΕΡΕΙΚΑΤΟΝ
ΤΑΜΝΙΤΑΣΦΕΡΕ
ΤΕΙΧΗΝΗΕΠΙΣ
ΤΑΙ

'Έγνω βο]υλῆ καὶ δῆμυς· γνώμη στρατηγῶν·
ἐπεὶ ὁ] δῆμυς ὁ Τημνιτῶν οἰκείως διακ[εί-
μενυς] τυγχάνει τῶι δήμωι τῶι Περγαμη[νῶν,
ἀγαθῆ]ι τύχηι δεδόχθαι τηι βουλῆι καὶ τῶι δή-
5 μωι]· ἀποστεῖλαι πρεσβευτὰς δύο, οἵτινες παρα-
γεν]όμενοι ἐμφανιοῦσι τήν τε εὔνοιαν [ἣ]ν ἔχων
δι]ατελεῖ πρὸς αὐτοὺς ὁ δῆμυς ὁ Περγαμηνῶν
κα]ὶ διαλεγήσονται ὅπως ψηφισθῆι ταῖς πόλεσιν
ἀμ]φοτέραις ἰσοπολιτεία. ἐὰν δὲ φαίν[η]ται
10 Τη]μνίτας ἐπιτήδειον εἶναι συνθεῖναι περὶ τ[ού-
του, τ]οὺς ἀφεσταλμένους αὐτοκράτορας [εἶναι.
αἱρε]θέντες Ἀπολλωνίδης Ἀπέλλεος, Η . . . . . .
Ἑρ]μίππου.
        Ἀγάθαι τύχαι· ἔδοξε Ταμ[νίταισι
καὶ] Περ[γα]μήνοισι ἐπὶ πρυτάνιος τῶ μ[ετὰ Ηρα-
15 κ]λῆιδαν τὸν Δίτα μηνὺς Ἡράω, ἐν [Περγάμω
ἐπὶ πρυτά]νιος Ἀριστοκράτεος τῶ Ἱερα[. . . . . .
μήνος Ἡρά]ω· ἔμμεναι Ταμνίταισι ἐν Περγάμω πολι[τ]είαν καὶ Περγαμήν[οισι ἐν Τάμνω
μετεχόντε[σ]σι ὧν οἱ ἄλλοι πῦλίται μετέχοι-
20 σι καὶ γᾶς καὶ οἰ[κί]α[ς] ἔγκτησιν ἔ[μμεναι τῶ
                                        Ταμνί-
τᾳ ἐμ Περγάμω [κ]αὶ τῷ Περ[γαμήνω ἐν Τάμνω.
                                        ψαφον

δ]ὲ φέρην τὸν Τ[α]μνίταν [ἐμ Περγάμω καθάπερ
ὁ Περ-
γ]άμηνος φέρει κα[ὶ τ]ὸν Π[εργάμηνον ἐν Τάμνω
καθάπερ
ὁ] Ταμνίτας φέρε[ι - - - - - - - - - - - - - - - - -
25 ὁ]τείχην ἢ ἐπὶ συ[- - - - - - - - - - - - - - - - - -
- - - - - - - - - - -

Der oben ſtehende Vertrag wird nach den
Buchſtabenformen etwa in die Zeit gehören, als
Pergamon unter der Herrſchaft des Lyſimachos
oder Philetairos ſtand. »Die Haſten-Enden zeigen
nur vereinzelt die ſpäter übliche Verbreiterung;
beachtenswert iſt das frühe Vorkommen des
Alpha mit gebrochenem Querſtrich in Pergamon.« (Fabricius.)

Von den ſpäteren Beziehungen der Stadt
Temnos zu Pergamon wiſſen wir, daſs ſie ſich
unter den Ortſchaften befand, welche Attalos I.
wieder gewann, nachdem er, der ſich ſchon
ganz Aſien dieſſeits des Tauros unterworfen
hatte, gegen den Syrer Achaios ſo weit unterlegen war, daſs dieſer ihn in ſeine eigene
Hauptſtadt einſchlieſsen konnte (Polybios 4,8.
5,77). Von einem Erlaſs Eumenes' II. an die

Temniten find Refte vorhanden, die unten als Nr. 157 mitgeteilt werden.

Wenn der einleitende pergamenifche Volksbefchlufs in der κοινή, der Vertrag felbft in faft reinem Äolifch abgefafst ift, fo ift klar, dafs der Dialekt in Temnos zu derfelben Zeit noch bewahrt war, wo Pergamon ihn fchon gänzlich aufgegeben hatte. Es ift dies bei zwei fo nahe bei einander liegenden Städten beachtenswert.

Z. 11. ἀφεσταλμένους. Die unregelmäfsige Umwandlung der Tenuis von Praepofitionen in die Aspirata findet fich mehrfach in Nr. 13, f. dort zu Z. 20. Sonftige Beifpiele im Index zu Dittenberger's Sylloge inscriptionum S. 781 f.; dazu ἀφεσταλμένων (Milet) C. I. Gr. 2852; ἐφέσταλκεν (Ilion) C. I. Gr. 3596; ὑφέστη (Smyrna) C. I. Gr. 3178; ὑφυψία in dem Briefe Eumenes' II. Archaeol.-epigr. Mittheil. aus Öfterreich VIII S. 98 Z. 14. Vgl. auch unten zu Nr. 216 a.

Z. 14 f. ἐπὶ πρυτάνιος τῶ μ[ετὰ 'Ηρακ]λΗίδαν κτλ. Die Erzänzung ift ficher; die Vulgärform μετά findet fich infchriftlich fchon in der Zeit Alexander's des Grofsen bei Collitz, Dialekt-Infchriften I 281, während die Infchrift Collitz 213 aus dem Anfang des 4. Jahrhunderts noch πεδά gebraucht. Der Ausdruck erklärt fich, wenn der Volksbefchlufs auf die Zeit, in welcher er in Kraft treten foll, vorausdatirt ift, der Prytane von Temnos, der dann amtiren wird, aber noch nicht beftellt war. Einen analogen Fall hat Dittenberger (Hermes XIII S. 400) in der Infchrift Collitz I 213 (Conze, Reife auf der Infel Lesbos Taf VI, 1) erkannt und in C. I. Gr. 1569 ein weiteres Beifpiel beigebracht; dazu kommt die rhodifche Infchrift Bullet. de corr. hellén. VII p. 97: ἀρξάμενοί ὅτε ὁ ἱερεὺς ὁ μ]ετὰ Εὐκράτη ἱερατεύη. Das Prytanenjahr begann also in Temnos mit dem Monat Heraios — in unferer Infchrift 'Hραος mit Schwund des ι von αι, vergl. Meifter, Griech. Dialekte I S. 90 —, wie er auch in

Zeleia bei Kyzikos (Lolling, Mittheil. des athen. Inftituts VI S. 229 ff.) und in Bithynien (Hemerol. Florent. f. Ideler, Handbuch der Chronologie S. 421) der erfte des Jahres war. Der Monat kommt aufserdem in Delphi (Curtius, Anecdota Nr. 27), Amorgos (Mittheil. des athen. Inft. I S. 344) und in Olunt auf Kreta (C. I. Gr. 2554) vor; in Lakedämon heifst er 'Ηράσιος (Hesych); in Tenos findet fich ein 'Ηραιών (C. I. Gr. 2338 = Newton, Greek inscriptions in the Brit. Mus. II 377).

'Ηρακ]λΗίδαν bietet eine Analogie zu der von Meifter S. 93 als »gefucht altertümlich« angeführten Form ἐπιμελΗίας C. I. Gr. 2189. 3486. Ebenfo πρυτανΗίαν in der zu Z. 15 f. anzuführenden Infchrift. Vergl. auch zu Nr. 13 Z. 54.

Z. 15. Der Name Δίτας auch Collitz I 238 und 259. — μηνος gegen μήνος Z. 17. μήννος auch Collitz I 214 Z. 40; μήννεσσι I 213.

Z. 15 f. ἐν [Περράιω] ἐπὶ πρυτάνιος κτλ. In Pergamon war alfo von jeher der Prytane eponymer Magiftrat, während eine mytilenäifche Ehreninfchrift aus der Zeit zwifchen Auguftus und Trajan C. I. Gr. 2189 die Einrichtung erft von der Königszeit herleitet: πεπληρώκοτα... τὰν ἐν τᾳ... Περγαμήνων... πόλει τὰν ἐπώνυμον ἀπὶ βασιλέων πρυτανηίαν; das Richtige wufste der Verfafser der infchriftlichen Aufzeichnungen über den Aufftand des Orontes (f. Ausgrabungen von Pergamon, Bericht III S. 56). Neben der fonft in unferen Infchriften feften Datirung nach Prytanen (auch in dem pergamenifchen Decret bei Jofephus Antiq. 14, 10, 22) findet fich zwei Mal die nach einem Priefter: in Nr. 18 unter Eumenes I. und in Nr. 249 aus dem Jahre 133.

Z. 20. ἔρκτηϲιν ift als Fremdwort aus dem Ionifchen in den Dialekt eingedrungen, mit Bewahrung feines unäolifchen Vocalismus. Es findet fich auch Collitz 313 und 315.

---

6. Drei Bruchftücke einer Stele aus weifsem Marmor. Gefunden A Auguft, B Mai 1884 auf der Theaterterraffe; C obere Hälfte December 1885 in der türkifchen Feftungsmauer nordweftlich vom Trajaneum, untere Hälfte September 1886 im Athenaheiligtum (Inv. III 244, 213, 486, 553). Die Stele war, wie gewöhnlich. unten ftärker gearbeitet; Bruchftück A, 0,11 dick, 0,08 breit, gehört zum oberen; C, 0,123 dick, 0,22 breit, mit rechts erhaltenem Rande, zum unteren Theil derfelben: B, 0,14 breit, ift hinten unvollftändig bis 0,115 erhalten). Buchftabenhöhe 0,07–0,15; forgfältige Schrift. Abbildungen 1 : 4.

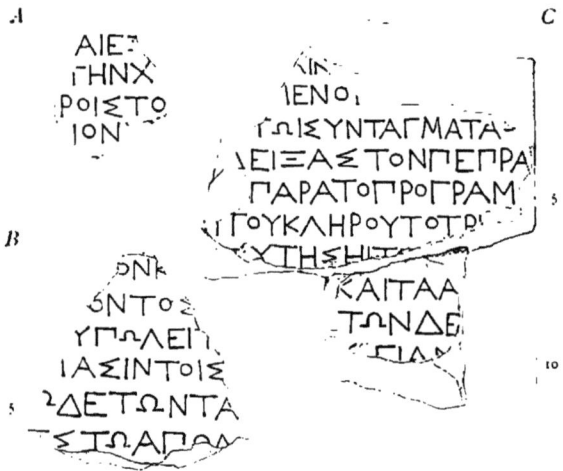

Fragment A. Z. 2 τὴν χ ὥρην? Z. 3 ἱε]ροῖς(?)
το   Z. 4 Δ ιον υσ -?
Fragment B. Z. 2 - οντος Z. 3 - υ πωλειτ -
Z. 4 ἀφ-, ἐφ'ιασιν τοῖς   Z. 5 ὦδε τῶν τα -
Z. 6 ἐξέ]στω ἀπο διδόναι
Fragment C. (»Z. 2 Ende υ wahrſcheinlich, zu Ende von Z. 3 nur ω möglich«. Fabr.)
- - - - - - - - - - - - - - - - - ικ - - - - - - - - - -
- - - - - - - - - - - - - - μ'ενο'υ - - - - - - - -
- - - - - - - - - - - - - τῶι συνταγματα ω-
- - - - - - - - - - - - - - - ἐν δειξας τὸν πεπρα-

5 γ ύτα - - - - - - - - - - - - - παρά τὸ πρόγραμ-
μα - - - - - - - - - - - - - - τ'ου κλήρου τὸ τρίτον μέρος - - ἐὰν - - τελε]υτήσηι τ΄ο - - - - - - - -
- - - - - - - - - - - - - - - - - καὶ τὰ ἄλλα(?)
- - - - - - - - - - - - - - - - - - τῶν δὲ - - - -
10 -

Reſte eines Volksbeſchluſſes oder Erlaſſes,
wie die Schrift zeigt älter als Eumenes I. Es
handelt ſich um vermögensrechtliche Beſtimmungen.

7. Drei Bruchſtücke einer giebelgekrönten Stele aus bläulich grauem Marmor. Gefunden A Auguſt, B Juni 1881 auf der Theaterterraſſe unterhalb des großen Altars, C Auguſt 1885 im Zuſchauerraum des Theaters Inv. II 175, 155, III 396. A, die rechte obere Ecke der Stele, 0,15 breit, 0,185 dick; B, 0,32 breit, hat die gleiche Dicke; C, 0,17 breit, eine ſolche von 0,195. B gehört alſo wie A zum oberen, C zum unteren Theil der Stele. Die Zeilen waren vorgeritzt, was beſonders bei B noch deutlich erkennbar iſt, während A und beſonders C zu ſehr verrieben ſind. Buchſtabenhöhe 0,010. Abbildungen 1:5.

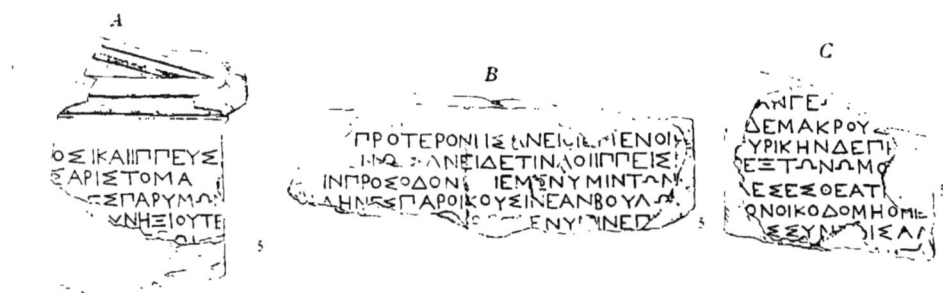

Fragment *A.*

```
- - - - - οσι καὶ ἱππεὺς
- - - - - ς Ἀριστομα -
χ - - - - - ε]ς παρ' ὑμῶ̣ν
- - - - - - σ̣̓υνηΞιούτε
- - - - - -
```

Fragment *B.*

```
- - - - - - - - - - - - - - - - - - - - - - - - - - -
- - - - - - - - - - πρότερον [ἡ]σ[ἀ'ν εἰ̓[θ̣̓ι̣[σ]μένοι
- - - - - - - ἐ̣]γνωσ[α]ν (?). εἰ δέ τινα οἱ ἱππεῖς
- - - - - - - τὴ̣]ν πρ[ό]σοδον [ἐφ]ίεμ[ε]ν ὑμῖν τῶν
- - - - - - - Ἑλλ̓ην̣ἐ]ς παροικουσιν, ἐὰν βούλω[ν -
5 ται - - - - - - - - - - -] ἐν ὑ̣[μῖ]ν ἐπ - - - - - -
```

Fragment *C.* Z. 1 - αν ϝεω - Z. 2 δὲ μα-
κρούς Z. 3 πανηγ̣υρικὴν δὲ πη - Z. 4 ἐξ τῶν
ὡμο̣[λογημένων Z. 5 ἀλλ' ἔσεσθε (oder κα̣]λέσεσθε)
ατ- Z. 6. - ον οἰκοδομηθ̣ἡ̣ι ε - Z. 7. σὺν ⸢το⸣]ῖς
λ̣[αχουσιν?

»Anfang von *B* Z. 3 fehr unficher; ftatt Ω
ift auch O möglich. *C* Z. 7 vorletzter Buchftabe Λ, nicht Α.« (Fabricius.)

Die Fragmente rühren von dem Erlafs eines
Herrfchers her; der Schriftcharakter gleicht dem
von Nr. 6. Beachtenswert ift, dafs wir hier von
einer Klaffe der ἱππεῖς in Pergamon erfahren.

---

8. Bruchftück einer Stele aus weifsem Marmor. 0,10 breit; Buchftaben 0,012. Gefunden November 1883 im unteren Theil des Theaters (Inv. III 154). Ringsum, auch hinten gebrochen. Abbildung 1 : 4.

```
- - - Ἀθη]ν̣[αι - ?
τὸν (oder τὴν) θ̓εόν· [ἀγαθῆι τύχηι δεδόχθαι
τῶι δήμωι] ἐπαινέσ̣[αι τὸν δῆμον τὸν Ἀθηναίων?
- - - το̣ὺς Ἀθην̣[αίους? - - -
```

Da in Z. 2 nach θ]εόν freier Raum und der
Reft von Α oder Λ folgt, fo ift die Faffung an
diefer Stelle nicht zu bezweifeln. Die vorgefchlagene Ergänzung wird durch die letzte Zeile
wahrfcheinlich: als Anlafs des Decretes wäre
eine Ehrenbezeigung feitens des attifchen Demos an eine pergamenifche Gottheit, etwa

Asklepios, anzusehen. Über frühzeitige freund-
fchaftliche Beziehungen zwifchen Athen und
Pergamon f. zu Nr. 18 Z. 17. — Möglich wäre
freilich auch z. B. ein Ehrendecret für einen
Athenaios und feine Söhne, die fich Verdiente
um einen Gott erworben hätten: Z. 3 f. ἐπαινέσ̣[αι
Ἀθήναιον τὸν δεῖνος καὶ τοὺς δεῖνας το̣ὺς Ἀθην̣[αίου.

Διόδωρος Ἀριστογένους
γυμνασιαρχήσας Ἑρμεῖ.

9. Hermenbafis aus
weifsem Marmor 0,58 breit; 0,17
hoch; 0,515 tief; Buchftaben
0.018. Gefunden Mai 1881 in dem
überwölbten Turmgemach am
Südende des Athenaheiligtums
(Inv. II 129. Bericht II 51). Das
Einfatzloch für die Herme ift
0,315 zu 0,255 breit und 0,035
tief. Auf der Unterfeite befinden
fich zwei Dübellöcher, die Seitenflächen und die Rückfeite find
gut geglättet. Abbildung 1 : 6.5.

10-12. Drei Standplatten eines grofsen Bathron aus graublauem, weifs gefireiftem Marmor, gefunden November 1884 und Mai 1885 unter der Südweftecke des Athenaheiligtums zufammen mit vier gleichartigen, infchriftlofen Platten (Inv. III 371, 276, 277. Bericht III 62). Alle Platten find 0,60 hoch, 0,21 - 0,24 dick, aber von verfchiedener Breite (zwifchen 0,640 und 0,895); Nr. 10 ift 0,780; Nr. 11 0,875; Nr. 12 0,855 breit. Schrifthöhe 0,018. Auf den Unterfeiten je zwei Dübellöcher; die Rückfeiten find unbearbeitet, die Schmalfeiten als Stofsfugen behandelt; die Oberfeiten zeigen nur Klammer-

10.
```
.  .  .ΞΑΜΕΝΕΓΑ  .  ΥΗΣΗΛΟΑΡΜΑΤΑΠΟΛΛΑ ΔΑΓΑΡΓΕ .
     ΛΛΑΔΕΓΞΙΡΙ  ΞΗΛΘΑΠΟΘΕΣΣΑΛΗΣ
     ΙΞΙΝΕΛ ΙΡΙ.  ΕΙΤΟΚΛΙΑΤΤ ΛΟΥΑΘΡΟΑ ΔΥΣΠΛΗΞ
     ΠΛΝΤΑΔΙΑΣΤΡΕΠ ΤΟΥ ΕΙΝΑΤ Χ ΥΣ Θ ΚΑΛΩ
5    ΜΕΓ Ι  ΑΥΗΣΑΣΑΘΟΑΞΕ ΗΛ ΣΕΠΛΟΥΣ
     ΑΙΔ ΔΙΑΣΤΑ ΛΟΥΠΥΚΝΘ ΟΡΕΓΜΕΦΕΡΟΝ
     ΑΛΛΑΙΕΠΑΛΛΑΘΕ ΥΞΑΙ ΔΑΤ ΛΛΟΥΙΣΟΣΑΕΛΛΗΙ
     ΔΙΦΡΟΣΑΕΙΠΡΟ ΤΕΡΑΝΠΟ ΕΙ ΦΑ  ΚΟΝΙΝ
     ΚΟ ΙΜΕΝΕ  ΑΜΙ ΝΕΙΟΝΤΕΣΕΔΗΡΙΟΝΑΥ ΤΑΡΟ ΤΟΙΣΙ
10   ΕΓΡΑ ΦΟΕΛΛΑΝΩΝΤΑΙΞ ΤΟΚΑ Μ ΡΙΑΣΙΝ
     ΦΗΜΑ Δ ΕΙΞΦΙΛΕΤΑΙΡΟΝΑ ΟΙ ΔΙΜΟΣΗΛΘΕΚΑΙ ΟΙΚΟΥΣ
     ΠΕΡΓΑΜΟ ΥΑΛΕΙ ΙΤ  ΞΑΜΕΝΑΣΤΕΦΑΝ ΩΙ
```

löcher, find aber auf Anfchlufs gearbeitet. Die Deckplatten waren alfo nicht in der gewöhnlichen Weife mit den Standplatten durch Dübel verbunden. Bei Nr. 11 und 12 find die Infchriften durch Abmeifselung mit dem Zahneifen theilweife getilgt (vergl. Nr. 15); bei Nr. 11 ift dadurch der Anfang und die ganze rechte Hälfte der Infchrift, bei Nr. 12 anfcheinend vier Zeilen über der Künftlerinfchrift bis auf geringe Refte zerftört worden. Die Schrift von Nr. 10 ift fo abgefchliffen und verrieben, dafs fie fehr fchwer zu lefen ift. (Nr. 12 bei Loewy, Infchr. griech. Bildhauer 157ᵇ.) Abbildungen 1 : 7,5.

Πολλὰ μὲν ἐγ Λ[ιβ]ύης [ἦ]λθ' ἅρμα[τ]α, πολλὰ
                          δ' ἀπ' Ἄρευ[ς,
πο'λλὰ δὲ π[ι]είρης ἦλθ' ἀπὸ Θεσσαλίης,
υἱ]σιν ἐν[η]ρι[θμ]εῖτο καὶ Ἀττάλου. ἀθρόα δ' ὕσπληξ
πάντα διὰ στρεπτοῦ τείν[ατ'] ἔ]χουσα κάλω·
5 ἦ] μέγ' [ἐπ]α[χ]ήσασα θοὰς ἐξήλασε πώλους,
αἱ δὲ διὰ σταδίου πυκνὸν ὄρεγμ' ἔφερον,
ἄλλαι ἐπ' ἄλλα θέουσαι. ὁ δ' Ἀττάλου ἴσος
                          ἀ[έ]λλαι
δίφρος ἀεὶ πρωτέραν ποσσὶν ἔφαινε κόνιν
χοὶ μὲν ἐτ' [ἀ]μπνείοντες ἐδήριον, αὐτὰρ ὁ τοῖσ[ιν
10 ἐγρ[ά]φεθ', Ἑλλάνων ταῖς τέκ[α] μυριάσιν.
φήμα δ'εἰς Φιλέταιρον ἀοίδιμος ἦλθε καὶ οἴκους
Περγάμου Ἀλείωι τ[ελ]σαμένα στεφάνωι.

Wir erfahren aus diefem Epigramm, dafs das bedeutende Denkmal, von welchem die Infchriften 10—12 ftammen, den in Olympia errungenen Sieg eines Attalos feierte. Nach Z. 11 ift an dem Ruhme, welcher dem Gefchlechte durch diefen Sieg erwächft, in erfter Reihe ein Philetairos betheiligt: von den beiden Mitgliedern der pergamenifchen Herrfcherfamilie,

welche diefen Namen führten, könnte der dritte Sohn Attalos des Erften nur dann in Betracht kommen, wenn der Sieger unferes Epigrammes Attalos II. wäre, was jedoch der Schriftcharakter entfchieden verbietet. Unzweifelhaft ift es folglich der Gründer der Dynaftie, den die Infchrift nennt, wie fchon an fich die Beziehung der Stelle auf das Oberhaupt der Familie als die bei weitem natürlichfte erfcheinen wird. Unfere Infchriften find alfo älter als das Jahr 263 v. Chr., woraus folgt dafs der Sieger nicht der erfte König ift, der beim Tode des Philetairos erft 5 Jahre zählte, fondern fein Vater, der jüngere Bruder des Philetairos. Die Gemahlin diefes älteren Attalos: Antiochis (Strabo p. 624) war, wie Niebuhr (Kleine Schriften I S. 258) nachgewiefen hat, die Schwefter der Laodike, der Gemahlin des Antiochos Theos: Stellung und Reichtum fetzten ihn alfo unzweifelhaft in die Lage fich um die koftfpielige Ehre eines olympifchen Wagenfieges zu bewerben.

Bei Laertios Diogenes 4, 6, 30 heifst es in der Biographie des aus Pitane ftammenden

Philosophen Arkesilaos: καὶ αὐτοῦ φέρεται ἐπί-
γραμμα εἰς Ἄτταλον ἔχον οὕτω·
Πέργαμος οὐχ ὅπλοις κλεινὴ μόνον, ἀλλὰ καὶ ἵπποις
πολλάκις αὐδᾶται Πῖσαν ἀνὰ ζαθέην.
εἰ δὲ τὸν ἐκ Διόθεν θεμιτὸν θνατῷ νόον εἰπεῖν,
ἔσσεται εἰσαῦτις πολλὸν ἀοιδοτέρη.
Der olympifche Wagenfieg, durch den diefe
poetifche Huldigung hervorgerufen ift, kann
fehr wohl derfelbe fein, den unfer Denkmal
feiert: Arkesilaos, geb. 315, ftarb im Jahre der
Thronbefteigung Attalos' I. 241 (f. Zeller, Philo-
sophie der Griechen III 1 S. 491 Anm. 3).

Unfer Gedicht kann von der Fähigkeit der
pergamenifchen Hofpoeten nur eine fehr geringe
Vorftellung erwecken.

Z. 1. Ἄρευς wie Ἐπιγένευς Nr. 30 Z. 4.

Z. 3. 4. ἀθρόα ὕσπληξ - - - κάλω. Diefe
Worte decken fich genau mit der Angabe des
Pausanias 6. 20, 11 in der Schilderung der
ἄφεσις τῶν ἵππων in Olympia: πρὸ δὲ τῶν ἁρ-
μάτων ἢ καὶ ἵππων τῶν κελήτων διῆκει πρὸ αὐτῶν
καλῴδιον ἀντὶ ὕσπληγος.

Z. 7. ἄλλαι ἐπ' ἄλλα θέυυσαι »die einen über
diefen, die anderen über jenen Raum laufen«
ift ein höchft froftiger Gedanke von Wagen,
die alle in derfelben Bahn, nur neben einander laufen.

Z. 8. προτέραν. Der Staub, den Attalos' Gefpann aufwirbelte, war immer vor dem andern.

Z. 9. 10. In Z. 10 ift an der zweiten Stelle
nur Γ oder Π möglich; die gegebene Lefung

der Zeile hat fich bei eingehender, oft wieder-
holter Prüfung des Steines, trotz allen Wider-
ftrebens, als unzweifelhaft herausgeftellt. Am
Schlufse des 9. Verfes ift αὐτὰρ ὁ τοῖσιν eine
Anleihe bei Homer, bei dem die Worte fich
H 383 an der gleichen Verftelle finden:

αὐτὰρ ὁ τοῖσιν
στὰς ἐν μέσσοισιν μετεφώνεεν ἠπύτα κῆρυξ·
aufserdem ftehen fie α 9 (αὐτὰρ ὁ τ. ἀφείλετο
νόστιμον ἦμαρ). — ἐγράφετο von der Einzeichnung
in die Siegerlifte feitens der Hellanodiken zu
verftehen, hindert das Imperfectum; das Wort
wird nur dann einen erträglichen Sinn ermöglichen, wenn man ihm die Bedeutung des fo-
phokleifchen γράφεσθαι φρενῶν ἔσω (Philoktet V.
1523) beimifst: »die Gefpanne fetzten noch
keuchend den Kampf fort; das des Attalos aber
zeichnete fich ihnen, ja den damals anwefen-
den Myriaden der Hellenen, in den [bewun-
dernden] Sinn«.

Z. 11. Die Ergänzung τ[ελ]σαμένα wird
Schuchardt verdankt. Den medialen Aorist
des Simplex weifs ich zwar nicht nachzuweifen, doch kommt er von den Compositis
ἐν- und ἐπιτέλλω vor; das mediale Praefens findet
fich bei Pindar Ol. 10, 6 mit einem der ἀοίδιμος
φήμη synonymen Subject: μελιγάρυες ὕμνοι ὑστέ-
ρων ἀρχαὶ λόγων τέλλεται. Die Anwendung der
dialektifchen Form pafst zu der Neigung unferes
Versifex: f. Z. 1 Ἄρευς, Z. 5 ἐπαχήσασα, Nr. 11
Z. 2. 3. 7.

11.

------ (Es fehlen die Refle zweier Diftichen.)

     Η Λ[ΘΕ . . . . .]ν ὠκισ[τ]ος
     τΗνω καὶ μεργα
     Ης μέγα πρατ-
     Ἀσιάδων νικ[α-
    , ἑξῆς γὰρ μετ-

                πολλὸν τοὺς
                Ἑλλανες δὲ
                Ἄτταλον ὡς

In Z. 1 ift nach Λ nur Ο oder Θ möglich. Am Ende von Z. 3 ftand wol eine Form von πρᾶτος.

12.

ΕΠΙΓΟΝΟΣ
ΕΠΟΙΗΣΕΝ

         Ἐπίγονος
         ἐποίησεν.

Der Künftler Epigonos ift auch durch Nr. 31. 32 und höchft wahrfcheinlich Nr. 22b und 29 für Pergamon bezeugt. Er ift vermutlich identifch mit dem von Plinius Naturg. 34, 88 erwähnten: *Epigonus omnia fere*

praedicta imitatus praecessit in tubicine et matri interfectae infante miserabiliter blaudiente; vergl. Brunn, Sitzungsberichte der Münchener Akademie 1880 S. 485 f. Seine Lebensdauer kann fich nur bis etwa zur Hälfte der Regierungszeit Attalos des Erften erftreckt haben; an den grofsen künftlerifchen Unternehmungen Eumenes' II. hatte er alfo keinen Anteil.

13. Stele aus blauem Marmor, unten unvollftändig, in zwei Stücke gebrochen. Das gröfsere Stück wurde im November 1883 von Fabricius in einem Haufe des Griechenviertels im Stadtteil Gurnelia am Südfufs des Stadtberges aufgefunden, wo es, die Schriftfläche nach oben, in das Pflafter des Hofes eingelaffen war; das kleinere Stück fand fich zur gleichen Zeit im Schutt der byzantinifchen Mauer füdweftlich von der Agora (Inv. P. 30, III 103. Bericht III 52). Hoch 0,66; breit oben 0,374, unten 0,383; dick oben 0,10, unten 0,11. Die Zeilen waren ziemlich tief vorgeritzt. Buchftabenhöhe oben 0,009, unten 0,007; Omikron zuweilen kaum über 0,003 hoch. Abbildung etwa 1:3.

ΜΑΤΑΔΕΠΕΣ   ΕΝΕΥΜΕΝΗΣΦΙΛΕΤΑΙΡΟ
ΦΙΛΕΤΑΙΡΕΙΑΙΣΤΡΑΤΤΑΙΣΚΑΙΤΟΙΣΕΝΑΤΤΑΛΕΙΑΙ
ΤΟΥΤΙΜΗΝΑΠΟΤΙΝΕΙΝΤΟΥΜΕΔΙΜΝΟΥΔΡΑΧΜΑΣΤΕΣΣ
ΑΣΟΙΝΟΥΤΟΥΜΕΤΡΗΤΟΥΔΡΑΧΜΑΣΤΕΣΣΑΡΑΣΥΠΕΡΤΟ
ΕΝΙΑΥΤΟΥΟΠΣΑΝΑΓΗΤΑΙΔΕΚΑΜΗΝΟΣΕΜΒΟΛΙΜΟΝΔΕ
ΟΥΚΑΣΕΙΥΓΕΡΤΝΤΟΝΑΡΙΘΜΟΝΑΠΟΔΟΝΤΝΤΟΝΚΥΡΙΟΝ
ΚΑΙΓΕΝΟΜΕΝΝΑΠΕΡΓΝΟΠΣΤΟΟΨΝΙΟΝΛΑΜΒΑΝΣΕΙ
ΤΟΥΠΡΟΕΙΡΓΑΣΜΕΝΟΥΧΡΟΝΟΥΥΠΕΡΟΡΦΑΝΙΚΝΟΠΣΑΝ
ΟΙΑΓΧΙΣΤΑΓΕΝΟΥΣΛΑΜΒΑΝΣΙΝΗΝΙΑΝΑΠΟΛΙΠΗΙΥΠΕΡΤΕΛΝ
ΟΠΣΑΝΗΑΤΕΛΕΙΑΥΠΑΡΧΗΙΕΝΤΝΙΤΕΤΑΡΤΝΙΚΑΙΤΕΣΣΑΡΑ
ΚΟΣΤΝΙΕΤΕΙΕΑΝΤΙΣΑΠΕΡΓΟΣΓΕΝΗΤΑΙΗΠΑΡΑΙΤΗΝΗΤΑΙΑΦΙΕ
ΚΑΙΑΤΕΛΗΣΕΣΤΝΕΞΑΓΝΝΤΑΑΥΤΟΥΥΠΑΡΧΟΝΤΑΥΠ
ΤΟΥΟΨΝΙΟΥΟΥΝΜΟΛΟΓΗΣΕΝΤΗΣΕΤΕΤΡΑΜΗΝΟΥΙΝΑΔΟΘΗΙ
ΟΛΟΓΟΝΚΑΙΜΗΥΠΟΛΟΓΙΞΕΣΟΝΕΙΣΤΟΟΨΝΙΟΝΥΠΕΡΤΝΛΕΥ
ΝΝΝΟΠΣΚΑΙΤΟΝΣΙΤΟΝΛΑΒΝΣΙΝΤΟΥΧΡΟΝΟΥΟΥΚΑΙΤΟΝΣΤΕΦΑΝΟΝ
ΤΟΝΟΡΚΟΝΔΕΚΑΙΤΗΝΟΜΟΛΟΓΙΑΝΑΝΑΓΡΑΨΑΤΝΕΙΣΣΤΗΛΑΣΛΙΟΙ
ΣΤΕΣΣΑΡΑΣΚΑΙΑΝΑΘΕΤΝΜΙΑΜΜΕΝΕΜΠΕΡΓΑΜΝΙΕΝΤΝΙΤΗΣ
ΨΗΝΑΣΙΕΡΝΙΜΙΑΝΔΕΕΓΓΡΥΝΕΙΝΙΜΙΑΝΔΕΕΝΔΗΛΝΙΜΙΑΝΔΕΕΜΜΙΤΥ
ΛΗΝΗΙΕΝΤΝΙΤΟΥΑΣΚΛΗΠΙΟΥ   ΟΡΚΟΣΟΝΝΜΟΣΕΝΠΑΡΑΜΟΝΟΣΚΑΙΟΙ
ΗΓΕΜΟΝΕΣΚΑΙΟΙΨΑΥΤΟΥΣΣΤΡΑΤΙΝΤΑΙΟΙΟΝΤΕΣΕΜΦΙΛΕΤΑΙΡΕΙΑΙ
ΣΗΙΥΠΟΤΗΝΙΔΗΝΚΑΙΠΟΛΥΛΑΟΣΚΑΙΟΙΨΑΥΤΟΝΗΓΕΜΟΝΕΣΚΑΙΣΤ
ΓΙΝΤΑΙΟΙΟΝΤΕΣΕΝΑΤΤΑΛΕΙΑΙΚΑΙΑΤΤΙΝΑΣΙΠΠΑΡΧΗΣΚΑΙΟΙΨΑΥ
ΤΟΝΙΠΠΕΙΣΚΑΙΟΛΝΙΧΟΣΦΑΙΟΙΨΑΥΤΟΝΤΡΑΛΕΙΣΟΜΝΥΝΔΙΑΓΗΝ
ΗΛΙΟΝΠΟΣΕΙΔΝΔΗΜΗΤΡΑΑΡΗΑΘΗΝΑΝΑΡΕΙΑΝΚΑΙΤΗΝΤΑΥΡΟΠΟΛΟΝ
ΝΙΤΟΥΣΑΛΛΟΥΣΘΕΟΥΣΠΑΝΤΑΣΚΑΙΠΑΣΑΣΔΙΑΛΥΟΜΑΙΑΠΟΤΟΥ
ΝΤΙΣΤΟΥΠΡΟΣΕΥΜΕΝΗΤΟΝΦΙΛΕΤΑΙΡΟΥΚΑΙΕΥΝΟΗΣΝΑΥΤΝΙΚΑΙ
ΚΕΙΝΟΥΚΑΙΟΥΚΕΠΙΒΟΥΛΑ   ΣΕΥΜΕΝΕΙΤΝΙΦΙΛΕΤΑΙΡΟΥΟΥΔΕΟΠΛΑ
ΝΤΙΑΘΗΣΟΜΑΙΝΟΣΕΓΚΑΤΑΛΕΙΨΕΥΜΕΝΗΑΛΛΑΜΑΧΟΥΜΑΙ
ΥΤΟΥΚΑΙΤΝΙΠΡΑΓΜΑΤΝΝΤΝΕΚΕΙΝΟΥΕΝΕΣΙΝΗΕΚΑΙΟΑΝΑ
ΝΕΞΟΜΑΙΔΕΚΑΙΤΗΝΔΛΛΗΝΧΡΕΙΑΝΕΥΝΟΝΣΚΑΙΑΠΡΟΦΝ
ΤΝΣΝΑΠΑΣΗΣΕΠΡΟΟΥΜΝΣΕΙΣΔΥΝΑΜΙΝΕΙΝΑΙΤΗΝΕΜΗΝ
ΕΑΝΤΕΤΙΝΑΝΑΙΣΘΑΝΝΜΑΙΕΠΙΟΥΛΕΥΟΝΤΑΕΥΜΕΝΕΙΤΝΙΦΙΛΕΤΑΙΡΟΥ
ΝΛΟΤΙΠΡΑΕΣΟΝΤΑΕΝΑΝΤΙΟΝΕΚΕΙΝΝΙΗΤΟΙΣΠΡΑΓΜΑΣΙΝΑΥΤΟ
ΚΕΠΙΤΡΕΨΝΙΔΥΝΑΜΙΝΕΙΝΑΙΤΗΝΕΜΗΝΚΑΙΕΣΑΓΓΕΛΝΙΠΑ
ΙΜΑΗΝΣΑΝΤΑΧΙΣΤΑ   ΝΝΜΑΙΤΟΝΤΟΥΤΝΑΝΤΙΠΟΙΟΥΝΤΑ
ΝΕΙΤΝΙΦΙΛΕΤΑΙΡΝΥΗΟΝΑΝΥΠΟΛΑΜΒΑΝΝΤΑΧΙΣΤΑΤΟΥΤΝΙ
ΣΙΝΛΙΑΦΥΛΑΞΝΔΕΚΑΙΕΑΝΤΙΠΑΡΑΛΑΒΝΠΑΡΑΥΤΟΥΗΠΟΛΝΙΗΦΡΟΥ
ΡΥΣΗΧΡΗΜΑΤΑΛΝΙΣΟΑΜΜΟΠΑΡΑΔΟΟΗΙΚΑΙΑΠΟΔΝΣΟΝΝΛ
ΣΔΙΚΑΙΝΣΕΥΜΕΝΕΙΤΝΙΦΙΛΕΤΡΟΥΗΝΑΝΟΥΤΟΣΠΡΟΣΤΑΣΗΙΠΟΙΟΥΝΤΟΣ
ΟΥΤΑΝΜΟΛΟΓΗΜΕΝΑΟΥΛΗΨΟΛΔΙΔΕΠΑΡΑΤΝΕΝΑΝΤΙΝΝΟΥΔΕΓΡΑΜΜ
ΥΔΕΠΡΕΣΒΕΥΤΗΝΠΡΟ   ΔΕΞΟΜΝΟΥΤΕΑΥΤΟΣΑΠΟΣΤΕΛΝΠΡΟΣΑΥΤΟ
ΕΑΝΤΕΤΙΣΕΝΕΓΚΗΙΜΟΙΤΑΤΕΓΡΑΜΜΑΤΑΝΟΙΝΣΚΑΤΕΣΦΡΑΠΣΜΕΝΑΚΑΙ
ΤΟΝΕΝΕΓΚΟΝΤΑΑΝΑΞΝΙΣΑΝΤΑΧΙΣΤΑΝΔΥΝΝΜΑΙΠΡΟΣΕΥΜΕΝΗΤΟΝΦΙΛΕ
ΤΑΙΡΟΥΗΠΡΝΝΟΝΑΝΥΠΟΛΑΜΒΑΝΝΤΑΧΙΣΝΧΤΝΙΕΜΦΑΝΙΕΙΝΠΡΟΣΤΟΥΤΟ
ΑΝΑΞΝΚΑΙΑΝΟΙΣΝΟΥΔΕΚΑΚΟΤΕΧΝΗΣΝΠΕΡΙΤΟΝΟΡΚΟΝΤΟΥΤΟΝΟΥΘΕΝ
ΟΥΤΕΤΕΧΝΗΙΟΥΤΕΠΑΡΕΥΡΕΣΕΙΟΥΔΕΜΙΑΙΠΑΡΑΝΝΔΕΚΑΙΕΥΜΕΝΗΤΟ
ΑΤΤΑΛΟΥΤΟΥΟΡΚΟΥΚΑΙΤΟΥΣΜΕΘΑΥΤΟΥΟΜΝΜΟΚΝΣΣΥΝΤΕΛΕΣΕΟΕΙ
ΤΝΝΤΝΜΟΛΟΓΗΜΕΝΝΝΕΥΟΡΚΟΥΝΤΙΜΕΜΜΟΚΑΙΕΝΝΕΝΟΝΤΙΕΝΤΗΙ
ΠΡΟΣΕΥΜΕΝΗΤΟΝΦΙΛΕΤΑΙΡΟΥΕΥΝΟΙΑΙΕΥΕΙΗΚΑΙΑΥΤΝΙΚΝΙΤΟΙΣΕΜΟΙΣ
ΞΙΔΕΦΙΟΡΚΟΙΗΝΚΑΙΠΑΡΑΒΑΙΝΟΙΜΙΤΙΤΝΝΜΟΛΟΓΗΜΕΝΝΝΣΝΛΗΣΕ
ΚΑΙΑΥΤΟΣΚΑΙΓΕΝΟΣΤΟΑΠΕΜΟΥ   ΟΡΚΟΣΕΥΜΕΝΟΥΣΟΜΝΥΝ
ΗΛΙΟΝΠΟΣΕΙΔΝΑΠΟΛΛΝΔΗΜΗΤΡΑΑΡΗΑΘΗΝΑΝΑΡΕΙΑΝΚΑΙΤΗ
ΛΟΝΚΑΙΤΟΥΣΑΛΛΟΥΣΘΕΟΥΣΠΑΝΤΑΣΚΑΙΠΑΣΑΣΕΥΝΟΗΣΝΙΠΑΡΑ
ΚΑΙΤΟΙΣΗΓΕΜΟΣΙΚΑΙΤΟΙΣΑΛΛΟΙΣΤΟΙΣΕΜΜΙΣΘΟΙΣΤΟΙΣΕΝΤΗΙΣΤΡΑΤΗ
ΦΗΙΕΜΦΙΛΕΤΑΙΡΕΙΑΙΤΗΙΥΠΟΤΗΝΙΔΗΝΗΠΟΠΑΡΑΜΟΝΟΝΤΑΧΟΡΣΝΚΑ
ΡΚΗΤΙΚΑΙΤΟΙΣΥΛΛΙΝΦΡΟΥΡΟΙΣΚΑΙΦΙΛΝΝΙΔΗΙΚΑΙΤΟΙΣΑΜΙΣΟΟΙΣΤΟΙΣ
ΝΝΟΜΝΜΟΚΟΣΙΤΟΥΤΟΙΣΚΑΙΤΟΙΣΤΟΥΤΝΝΠΑΣΙΚΑΙΠΟΛΥΛΑΝΙΚΑΙΤΟΙΣ
ΕΜΟΣΙΚΑΙΤΟΙΣΑΛΛΟΙΣΣΤΡΑΤΙΝΤΑΙΣΤΟΙΣΥΦΑΥΤΟΝΤΑΣΣΟΜΕΝΟΙΣ
ΤΤΑΛΕΙΑΙΠΑΣΙΚΑΙΠΕΙΟΙΣΚΑΙΠΠΕΥΣΙΚΑΙΤΡΑΛΕΣΙΝΕΣΑΝ
ΜΙΝΣΤΡΑΤΕΥΝΝΤΑΙΚΑΙΟΥΚΕΠΙΒΟΥΛΕΥΣΝΟΥΔΕΑΛΛΟΣΔΙΕΝ
ΥΔΕΠΡΟΔΝΣΝΥΠΕΝΑΝΤΙΝΙΟΥΘΕΝΙΟΥΤΕΑΥΤΟΥΣΟΥΤΕΑΥΤ
ΤΟΥΤΝΝΟΥΔΕΤΟΥΣΥΠΟΥΤΟΥΚΟΙΝΟΥΑΙΡΕΘΕΝΤΑΣΤΡΟΠΝΙΟΥ
ΠΟΕΣΕΙΟΥΣΝΜΙΑΙΟΥΔΕΞΝΝΞΕΝΑΝΝΙΛΑΘΗΣΟΜΑΙΟΥΛΓΙ

Ἀξιώματα ἃ ἐπεχώρησ]εν Εὐμένης Φιλεταίρο[υ τοῖς
ἐμ] Φιλεταιρείαι στρα[τ]ιώταις καὶ τοῖς ἐν Ἀτταλείαι·
    σίτου τιμὴν ἀποτίνειν τοῦ μεδίμνου δραχμὰς τέσσα-
ρας, οἴνου τοῦ μετρητοῦ δραχμὰς τέσσαρας. ὑπὲρ τοῦ
5 ἐνιαυτοῦ· ὅπως ἂν ἄγηται (δω)δεκάμηνος, ἐμβόλιμον δὲ
οὐκ ἄξει. ὑπὲρ τῶν τὸν ἀριθμὸν ἀποδόντων τὸν κύριον
καὶ γενομένων ἀπέργων· ὅπως τὸ ὀψώνιον λαμβάνωσι
τοῦ προειργασμένου χρόνου. ὑπὲρ ὀρφανικῶν· ὅπως ἂν
οἱ ἄγχιστα γένους λαμβάνωσιν ἢ ὧι ἂν ἀπολίπηι. ὑπὲρ τελῶν·
10 ὅπως ἂν ἡ ἀτέλεια ὑπάρχηι ἐν τῶι τετάρτωι καὶ τεσσαρα-
κοστῶι ἔτει. ἐάν τις ἄπεργος γένηται ἢ παραιτή[σ]ηται, ἀφιέσ[σ-
θ]ω καὶ ἀτελὴς ἔστω ἐξάγων τὰ αὐτοῦ ὑπάρχοντα. ὑπὲρ
τ]οῦ ὀψωνίου, οὗ ὡμολόγησεν τῆς τετραμήνου· ἵνα δοθῆι [τὸ ὁ-
μ]όλογον καὶ μὴ ὑπολογίζε[σ[θ]ω εἰς τὸ ὀψώνιον. ὑπὲρ τῶν λευ..
15 νων· ὅπως καὶ τὸν σῖτον λάβωσιν τοῦ χρόνου, οὗ καὶ τὸν στέφανον.
    τὸν ὅρκον δὲ καὶ τὴν ὁμολογίαν ἀναγραψάτω εἰς στήλας λιθί-
να]ς τέσσαρας καὶ ἀναθ]έτω μίαμ μὲν ἐμ Περγάμωι ἐν τῶι τῆς
Ἀθηνᾶς ἱερῶι, μίαν δὲ ἐγ Γρυνείωι, μίαν δὲ ἐν Δήλωι, μίαν δὲ ἐμ Μιτυ-
λήνηι ἐν τῶι τοῦ Ἀσκληπιοῦ.
            Ὅρκος ὃν ὤμοσεν Παράμονος καὶ οἱ
20 ἡγεμόνες καὶ οἱ ὑφ᾽ αὑτοὺς στρατιῶται οἱ ὄντες ἐμ Φιλεταιρείαι
τῆι ὑπὸ τὴν Ἴδην καὶ Πολύλαος καὶ οἱ ὑφ᾽ αὑτὸν ἡγεμόνες καὶ στ[ρα-
τιῶται οἱ ὄντες ἐν Ἀτταλείαι καὶ Ἀττίνας ἱππάρχης καὶ οἱ ὑφ᾽ αὑτὸν ἱππεῖς καὶ Ὀλώιχος [κ]αὶ οἱ ὑφ᾽ αὑτὸν Τραλεῖς· ὀμνύω Δία, Γῆν,
Ἥλιον, Ποσειδῶ, Δήμητρα, Ἄ[ρ]η, Ἀθηνᾶν ἀρείαν καὶ τὴν Ταυροπόλον
25 κ[α]ὶ τοὺς ἄλλους θεοὺς πά[ντ]ας καὶ πάσας· διαλύομαι ἀπὸ τοῦ
βελ]τίστου πρὸς Εὐμένη τὸν Φιλεταίρου καὶ εὐνοήσω αὐτῶι καὶ
τοῖς ἐ]κείνου καὶ οὐκ ἐπιβ[ο]υλ[εύ]σω Εὐμένει τῶι Φιλεταίρου οὐδὲ ὅπλα
ὑπενα]ντία θήσομαι [οὐ]δ᾽ ἐγκαταλείψω Εὐμένη, ἀλλὰ μαχοῦμαι
ὑπὲρ α]ὐτοῦ καὶ τῶ[ν] πραγμάτων τῶν ἐκείνου ἕως ζωῆς καὶ θανά-
30 του. παρ]έξομαι δὲ καὶ τὴν [ἄ]λλην χρείαν εὐνόως καὶ ἀπροφα-
σ]ί[σ]τως [με]τὰ πάσης προθυμί[ας εἰς δύναμιν εἶναι τὴν ἐμήν.
ἐάν τέ τινα αἰσθάνωμαι ἐπι[β]ουλεύοντα Εὐμένει τῶι Φιλεταίρο[υ
ἢ ἄλ]λο τι πράσσοντα ἐναντίον ἐκείνωι ἢ τοῖς πράγμασιν αὐτο-
ῦ, οὐ]κ ἐπιτρέψω εἰ[ς] δύναμιν εἶναι τὴν ἐμὴν καὶ ἐξαγγελῶ πα-
35 ραχρῆμα ἢ ὡς ἂν τ[ά]χιστα [δ]ύνωμαι τὸν τούτων τι ποιοῦντα
Εὐμέ]νει τῶι Φιλεταί[ρο]υ ἢ ὃν ἂν ὑπολαμβάνω τάχιστα τούτωι
ἐμφανεῖν· [δ]ιαφυλάξω δὲ [κ]αί, ἐάν τι παραλάβω παρ᾽ αὐτοῦ, ἢ πόλιν ἢ φρού-
ριον ἢ ν]αῦς ἢ χρήματα ἢ ἄλ[λ]ο ὅ ἄμ μοι παραδο[θ]ῆι, καὶ ἀποδώσω ὀ[ρθ]ῶς
καὶ] δικαίως Εὐμένει τῶι Φιλετα[ίρου ἢ ὧι ἂν οὗτος προστάσσηι, ποιοῦντος
40 αὐτ]οῦ τὰ ὡμολογημένα. οὐ λήψο[μ]αι δὲ παρὰ τῶν ἐναντίων οὐδὲ γράμμ[α-
τα ο]ὐδὲ πρεσβευτὴν προ[σ]δέξομα[ι] οὔτε αὐτὸς ἀποστελῶ πρὸς αὐτούς[·
ἐάν τέ τις ἐνέγκηι μοι, τά τε γράμματ᾽ ἀνοίσω κατεσφραγισμένα καὶ
τὸν ἐνεγκόντα ἀνάξω ὡς ἂν τάχιστα [δ]ύνωμαι πρὸς Εὐμένη τὸν Φιλεταίρου, ἢ πρὸς ὃν ἂν ὑπολαμβάνω τάχιστ᾽ [ἀ]ὐτῶι ἐμφανεῖν πρὸς τοῦτο[ν
45 ἀνάξω καὶ ἀνοίσω. οὐδὲ κακοτεχνήσω περὶ τὸν ὅρκον τοῦτον οὐθὲν
οὔτε τέχνηι οὔτε παρευρέσει οὐδεμιᾶι. παραλύω δὲ καὶ Εὐμένη τὸ[ν
Ἀττάλου τοῦ ὅρκου καὶ τοὺς μεθ᾽ αὑτοῦ ὁμωμοκό]τας συντελεσθέ[ν-
των τῶν ὡμολογημένων. εὐορκοῦντι μέμ μοι καὶ ἐ[μμ]ένοντι ἐν τῆι

πρὸς Εὐμένη τὸν Φιλεταίρου εὐνοίαι εὖ εἴη καὶ αὐτῶι ,καὶ τοῖς ἐμοῖς,
50 εἰ δ' ἐφιορκοίην καὶ παραβαίνοιμί τι τῶν ὡμολογημένων, ἐ ξώλης ε ἴην
καὶ αὐτὸς καὶ γένος τὸ ἀπ' ἐμοῦ.

Ὅρκος Εὐμένους· ὀμνύω Δ ία, Γῆν,
Ἥλιον, Ποσειδῶ, Ἀπόλλω, Δήμητρα, Ἄρη, Ἀθηναν ἀρείαν καὶ τὴν ̩Ταυροπό-
λον καὶ τοὺς ἄλλους θεοὺς πάντας καὶ πάσας· εὐνοήσω Παραμόνωι
καὶ τοῖς ἡγεμόσι καὶ τοῖς ἄλλοις τοῖς ἐμμίσθοις, τοῖς ἐν τηι στρατηίαι
55 τ ηι ἐμ Φιλεταιρείαι τηι ὑπὸ τὴν Ἴδην ὑπὸ Παράμονον ταχθ εῖ σ ιν καὶ
Ἀ ρκητι καὶ τοῖς ὑφ' αὐτὸν φρουροῖς καὶ Φιλωνίδηι, καὶ τοῖς ἀμίσθοις τοῖς
συ νωμωμιοκύσι, τούτοις καὶ τοῖς τούτων πασι, καὶ Πολυλάωι καὶ τοῖς
ἡ εμόσι καὶ τοῖς ἄλλοις στρατιώταις τοῖς ὑφ' αὐτὸν τασσομένοις
60 σὺν ἡ μῖν στρατεύωνται καὶ οὐκ ἐπιβουλεύσω οὐδὲ ἄλλος δι' ἐμ οῦ
οὐθείς. ο ὐδὲ προδώσω ὑπεναντίωι οὐθενὶ οὔτε αὐτοὺς οὔτε αὐτ ῶν τὰ
πράγματα] τούτων οὐδὲ· τυὺς ὑπὸ τοῦ κοινοῦ αἱρε θ έντας τρόπωι οὐ θενὶ
οὐδὲ παρευρ έσει ο ὐδε μιαι, οὐδὲ ὅπλα ἐναντία θ ήσομαι οὐ δ έ - -

Die Verpflichtungen, die Eumenes Philetairos' Sohn in dieſer Inſchrift eingeht, iſt offenbar nur der Landesfürſt zu übernehmen befugt. Von den beiden pergameniſchen Herr-
ſchern des Namens Eumenes iſt der zweite
dadurch ausgeſchloſſen, daſs der Königstitel
in der Inſchrift fehlt: er war auch Sohn des
Königs Attalos und die Schrift weiſt in frühere
Zeit. Die Urkunde iſt alſo von Eumenes I.
ausgeſtellt, der nach Strabo S. 624 der Sohn
des Eumenes, Bruders des Philetairos war.
Unſere Inſchrift zeigt, daſs Eumenes I. von
Philetairos adoptirt worden iſt, wie dies ſeitens
des kinderloſen Gründers der Dynaſtie, der ein
Alter von 80 Jahren erreicht hat, zur Sicherung
der Nachfolge durchaus vorausgeſetzt werden
konnte. Es ſtellt ſich heraus, daſs der Ausdruck des Laertios Diogenes IV 38: Εὐμένης ὁ
του Φιλεταίρου möglicher Weiſe auf einer Kennt-
niſs dieſer Tatſache beruht.

Die Inſchrift gewährt einen ebenſo lehr-
reichen Einblick in die ſchwierigen und dürftigen
Anfänge des pergameniſchen Reichs wie in die
Verhältniſſe der helleniſtiſchen Söldner. Man
ſieht, durch welche Zugeſtändniſſe die Herrſcher
den guten Willen der Söldner erkaufen muſsten,
welcher die unerläſsliche Grundlage ihrer Macht
war: wie ſie durch Vertrag und Schwur die
Rechte der Truppen bis auf Invaliditäts-, Pen-
ſions- und Waiſenanſprüche zu garantieren hatten.
Die Urkunde beſiegelt durch einen neuen Vertrag eine Ausſöhnung zwiſchen Dynaſt und

Söldnern (ſ. Z. 25 f.); ſie beendigt alſo eine
Militärrevolution; die auſserordentliche Gefü-
gigkeit des Eumenes deutet darauf, daſs der
Aufſtand ein gefährlicher war. Da die Söldner
nach Z. 46 f. Eumenes Attalos' Sohn von dem
ihnen geleiſteten Eide unter der Bedingung
entbinden, daſs ihnen der gegenwärtige Vertrag gehalten wird, ſo iſt dieſer Eumenes als
der Urheber des Aufſtandes anzuſehen: es hat
eine Schilderhebung zu Gunſten eines Verwandten des Dynaſten ſtattgefunden. Vermutlich war der Empörer ein Sohn von Philetairos'
zweitem Bruder Attalos, alſo ein Bruder
Attalos' I.

Man wird unſere Urkunde am wahrſchein-
lichſten in den Beginn der Herrſchaft des Eumenes, alſo bald nach 263 v. Chr. ſetzen können.
Die Inſchrift bietet auffallende Ahnlichkeiten
mit dem groſsen Vertrage zwiſchen Smyrna
und Magneſia am Sipylos C. I. Gr. 3137 (Dittenberger, Sylloge 171; nach neuer Reviſion des
Steins bei Hicks, Historical Greek inscriptions
176), auf die im einzelnen aufmerkſam gemacht werden wird. Da dieſer Vertrag um
die Mitte des 3. Jahrhunderts fällt, ſo beſtätigt
er die Beziehung unſerer Inſchrift auf Eumenes I.

Z. 1. Von ἀξιώματα (nur Iota, My und
Pi ſind vor dem Ω möglich) "Forderungen"
hängen die nachfolgenden mit ὅπως, einmal
(Z. 13) mit ἵνα eingeleiteten Sätze ab. Das
Wort iſt in dieſer Bedeutung ſehr ſelten: die

Lexika führen es in der Profa nur aus Plutarch
Conviv. disput. II 1, 9 (S. 632 C) an: Ἀντίγονος
- - - λαβὼν ἀξίωμα μεγάλοις γράμμασι γεγραμμένον.
Infchriftlich findet es fich in dem leider ver-
ftümmelten Briefe eines Königs aus Tralles bei
Lebas, Asie 1652: παρέδωκεν ἀξίωμα, δι᾽ οὗ
ἐλε ουερ - - (oder ἐλε ῖν) und in einem abderi-
tifchen Decret Bulletin de corr. hellén. IV 50
(Dittenberger, Sylloge 228): ἐπιδοὺς ἀξίωμα βασι-
λέυς Θρακῶν Κότυς τηι συγκλήτῳ - - - ἠτεῖτο τὴν
πάτριον ἡμῶν χώραν. In allen diefen Beifpielen
bedeutet das Wort eine an eine höhere Inftanz
gerichtete Bitte, nimmt alfo den Sinn von
»Gefuch« oder »Bittfchrift« an.

ἐπε χώρησ᾽εν ebenfo von der Bewilligung von
Vertragsbedingungen mit Objekts - Akkusativ
und Dativ der Perfon bei Arrian Anabasis 1,
27, 5: (Ἀλέξανδρος) ὁμήρους δὲ δοῦναι ... ἐκέλευσε ...,
ὡς δὲ πάντα οἱ ἐπεχώρησεν κτλ.

Z. 2. Aufgewiegelt waren die Garnifonen
zweier Kaftelle, von denen Philetaireia nach
Z. 21 und 55 am Fuße des Ida lag. Attaleia
ift gewifs der bei Stephanos von Byzanz als πόλις
Λυδίας, πρότερον Ἀγρόειρα ἢ Ἀλλόειρα angeführte
Ort (vergl. Plinius Naturg. 5, 126): feine Stelle
hat Schuchhardt durch Infchriften bei Seldjikli,
3 Stunden nördlich von Thyatira beftimmen können (Mittheilungen des athen. Inft. XIII S. 13);
dafs die fich auf unfern Karten findende An-
fetzung eines Ortes Attaleia an der Küfte nördlich von Atarneus irrig ift, wird unten zu Nr. 245
gezeigt werden. Die Gegend von Philetaireia
ift erft von Eumenes felbft bald nach feiner
Thronbefteigung erworben worden (f. unten zu
Nr. 245C Z. 36ff.): er ift es alfo, der diefe beiden Befeftigungen, die unzweifelhaft einen nörd-
lichen und öftlichen Grenzpunkt der damaligen
pergamenifchen Macht bezeichnen, angelegt und
nach feinem Vorgänger und deffen Bruder,
feinen Oheimen, benannt hat. In Philetaireia
hatte er in der fpäteren Königszeit als κτίστης
ein Heiligtum, f. unten Nr. 240.

Z. 3 ff. Eumenes war zur Lieferung beftimmter Rationen in Getreide und Wein ver-
pflichtet, die er fich hier mit Geld abzulöfen
bereit erklärt. In Athen galt der Medimnos Getreide im 4. Jahrhundert etwa 6 Drachmen, in
Delos zu Anfang des 2. Jahrhunderts 3 Drachmen
(Böckh, Staatshaushaltung. 3. Aufl. II S. 26*,

Anm. 164. 165). Der Wein koftete auch im
4. Jahrhundert in Athen durchfchnittlich 4 Drachmen der Metretes (ebenda I S. 123).

Z. 4 f. Das merkwürdige Verbot der Ka-
lenderfchaltung kann nur darauf beruhen, dafs
der Sold nach Jahren oder doch grofseren Jahres-
abfchnitten, nicht nach Monaten berechnet
wurde, fo dafs die Söldner im Schaltjahr fchlech-
ter fortgekommen wären. Der Zweck der Söldner wäre auch durch die Beftimmung erreicht
worden, dafs im Falle der Schaltung ihnen ein
entfprechend höherer Soldbetrag zuftehe, wie
für eine Pacht C. I. Gr. 2693ᵉ in Mylasa feft-
gefetzt wird: ἐὰν δὲ καὶ ἐμβόλιμον μῆνα ἡ πόλις
ἄγῃ, προςδιορθώσεται καὶ τοῦ ἐμβολίμου τὸ κατὰ
λόγον ἐν τῷ αὐτῷ χρόνῳ, und für Gehälter in Teos
(Hermes IX S. 501 Z. 20): προςδιδοσθαι δὲ καὶ ἐὰν
ἐμβόλιμον μῆνα ἄγωμεν τὸ ἐπιβάλλον του μισθου τῷ
μηνί; die Söldner mochten indeffen in dem hier
angewendeten Radikalmittel eine beffere Garantie
erblicken. In der Umfchrift ift die Annahme
ausgedrückt, dafs das Zehnmonatsjahr nur einem
Schreiberverfehen fein Dafein verdankt; doch
hat einer der beften Kenner des antiken Ka-
lenderwefens, Herr Hermann Ufener, mir eine
abweichende Meinung in folgendem Schreiben
ausgefprochen:

»So befremdend uns das zehnmonatliche
Jahr entgegentritt als Form der Zeitrechnung in
hellfter gefchichtlicher Zeit, müffen wir es doch
hinnehmen und als gefchichtlich nicht unbe-
gründet anerkennen. Hier tritt dies dekadifche
Jahr als Rechnungsperiode auf, gerade fo wie
es zu Rom bis in die Kaiferzeit im praktifchen
Leben mannigfache Anwendung gefunden hat
(Belege bei Mommfen, Röm. Chronologie S. 48 f.
Anm. 68—71 der 2. Ausg.). Die Söldner müffen
fich durch diefe Bedingung ficher ftellen wollen:
wenn ihr σιτηρέσιον bis dahin auf das Kalenderjahr ausgeworfen war, fo konnten fie durch das
Eintreten des Schaltmonats empfindlich gefchä-
digt, und wenn gar die Schaltung willkürlich
angeordnet wurde, übel geärgert werden; nichts
natürlicher alfo, als wenn fie fich durch einen
Mieths- und Löhnungskontrakt ficher zu ftellen
fuchen, der von den Tücken lunifolarer Zeitrechnung unberührbar war, d. h. wo die faktifch
ablaufenden Tage (10 × 30) gerechnet wurden.
Für alle Abrechnungen find fefte gleichmäfsige

Zeiträume Bedürfnis, auch für unfere Zinsbe-
rechnung pflegt es nur dreifsigtägige Monate zu
geben: und fo müffen wir nun nach Ihrer ka-
pitalen Infchrift annehmen, dafs wie in Rom
fo auch auf griechifch-makedonifchem Gebiet
für Zahlungen mancher Art die Rechnung nach
10 Monaten in Gebrauch fich erhalten hat.

Blos durch das praktifche Bedürfnis beftimmt kann aber diefer merkwürdige Zeitraum
nicht gewefen fein: die Römer wiffen noch
das Genauere, dafs er nicht aus 10 × 30 = 300,
fondern aus 304 Tagen beftand. Er mufs Erinnerung einer älteren, einmal thatfächlich
geübten Zeitrechnung gewefen fein, die ich
mir nicht anders denn als Beftandteil eines
fakralen Jahrescyklus zu denken vermag nach
Art des fiebenmonatlichen Jahres im Plataeifchen
Feftcyklus der Heraeen. Ein (für meine Logik
wenigftens) durchfchlagender Beweis für das
Alter und die einftmals wirkliche Geltung
diefes Jahres liegt in dem Niederfchlag derfelben in die Form der Sage. Für Rom erin-
nere ich an die 300, genau 306 Fabier (die
Zahl hat guten Grund in cyklifcher Rechnung,
wie ich hier nicht auszuführen Zeit habe), für
die Griechen vor Allem an » Varro (Menipp.
fr. 582 Bücheler) *trecentos Ioues, seu Iuppiteres
dicendum est, sine capitibus inducit«* (Tertull.
ad nat. I 10, apol. 14), wie Meineke, Vind. Strab.
235 gefehen, den Διες des Menippus entlehnt —
den Schlüffel giebt Macrob. Sat. I 15, 14: *Cre-
tenses Δία τὴν ἡμέραν uocant* —: dann an den
Kampf der 300 Lakedaimonier und 300 Argiver
um Thyrea (Herod. 1, 82), die typifchen 300
des Leonidas u. f. w. Die ftammverwandten
vorgriechifchen Völker theilten die gleiche Zeitrechnung: über den phrygifchen Kybelekult
giebt ein Fluch des Tibullus I 4, 68 f. eine wichtige Andeutung

Idaeae currus ille sequatur Opis
et tercentenas erroribus expleat urbis:

die Wanderungen der Metragyrten waren alfo
auf die Wiederkehr gewiffer heiliger Perioden
befchränkt und wurden dann auf die typifche
Zahl von 300 Städten, die befucht werden
mufsten, ausgedehnt; woher aber diefe Zahl,
wenn fie nicht durch die Analogie des heiligen
Jahres felbft bedingt war?«

Meine Einwände haben Herrn Ufener
nicht zu überzeugen vermocht. Es fcheint
mir nämlich, dafs, wenn der Sold ganz unab-
hängig von dem Kalender nach den factifch
abgelaufenen Tagen — im Jahre 10 × 30 —
berechnet worden wäre, es für die Söldner
ganz gleichgiltig war, ob der Herrfcher in fein
Kalenderjahr einen Schaltmonat einlegte oder
nicht: die Beftimmung, dafs nicht eingefchaltet
werden dürfe, fcheint mir nur möglich, wenn
für die Söldner ein Jahr gilt, das nicht nach
den factifch abgelaufenen Tagen berechnet
wurde. Alfo fcheint mir ein neben der officiellen
Zeitabteilung hergehendes Rechnungsjahr hier
ausgefchloffen zu fein und auf eine allgemein
und fchlechthin giltige Zeitrechnung dürfte auch
das Wort ἄγειν weifen, während man fonft
ἀριθμεῖν oder etwas Gleichbedeutendes erwartet.
Dazu kommt, dafs eine Rechnung nach ge-
zählten Tagen anftatt dem Kalender wohl für
eine mäfsige Zeitdauer denkbar erfcheint, z. B.
für Zahlungs- oder Lieferungsfriften, fchwer
aber für fehr lange Zeitläufte; in der Infchrift
ift aber von Vergünftigungen die Rede, welche
im 44. Dienftjahre eintreten (Z. 10 f.).

Wie man fich aber auch entfcheiden möge,
wird man Herrn Ufener mit mir Dank wiffen,
dafs er mir geftattet hat, diefe Publication mit
feinen Ausführungen zu fchmücken.

Z. 6 ff. »In Betreff derer, welche die gehörige Zahl von Dienftjahren erfüllt und dadurch Invalidenrecht erworben haben, bewilligt
Eumenes, dafs fie denfelben Sold beziehen
follen wie in der vorhergegangenen Dienft-
zeit.«

Z. 8 f. Das zu ἀπολίπῃ zu fupplirende
Subject kann nur ὁ στρατιώτης fein. Der Begriff des Waffenrechtes ift in merkwürdiger
Weife nicht nur auf den gefamten Kreis der
Blutsverwandten ausgedehnt, fondern es ift
fogar dem Söldner in jedem Falle ein über
feine Lebenszeit hinausreichender Soldanfpruch
zugeftanden, über den er durch Teftament
verfügen kann. Offenbar hängt dies damit
zufammen, dafs die wenigften Söldner in
ordentlicher Ehe gelebt haben werden: damit
nicht das Bezugsrecht der Relikten auf Grund
behaupteter Illegitimität angefochten werden
könne, follte der Soldat in der Lage fein

alle Weiterungen durch ein Teilament abzu-
fchneiden.

Z. 9 ff. Unbedingte Abgabenfreiheit gewinnt der Soldat mit dem 44. Dienftjahre; in
Folge von Invalidität oder ohne diefelbe auf
fein bloßes Gefuch muß er ftets entlaffen
werden, indem ihm die zollfreie Ausfuhr feines
Eigentums zufteht.

Z. 12 ff. τῆς τετραμήνου (Z. 13) elliptifch; Beifpiele findet man im Parifer Stephanus. »In Bezug
auf den Sold, den Eumenes für den viermonat-
lichen Zeitraum (der Rebellion) bewilligt hat,
wird beftimmt, daß das diefer Bewilligung Entfprechende bezahlt und nicht auf den (künftig
erwachfenden) Sold angerechnet werden foll.«

Z. 18. ἐγ Γρυνείωι. In dem berühmten
Apollotempel (Herodot I 149. Strabo S. 622).
Vergl. auch C. I. Gr. 3137 II 85 und unten
Nr. 158 Z. 32.

Z. 20. ὑφ' αὐτούς. Die Aspirirung derfelben
Praeposition wiederholt fich noch öfter: Z. 21.
22. 23. Ebenfo μεθ' αὐτοῦ Z. 47; ἐφιορκυίην
Z. 50. (ἐφιορκοῦντι auch Myfterieninfchrift von
Andania Lebas-Foucart, Afie 326a Z. 6 und
Infchrift aus Assos bei Clarke, Report on Assos
p. 134.) Vergl. zu Nr. 5 Z. 10.

Z. 23. Τραλεῖς. Es werden Τραλλεῖς als
eine thrakifche, Τράλλεις als eine illyrifche
Volkerfchaft, beide als Soldtruppen erwähnt.
Hefych unter Τραλλεῖς: οὕτως ἐκαλοῦντο μισθοφόροι
Θρᾷκες τοῖς βασιλεῦσιν οἱ τὰς φονικὰς χρείας πλη-
ροῦντες. Diodor 17, 65, 1 nennt die Τραλλεῖς im
Heere Alexanders des Grofsen; vergl. auch
Plutarch Agesilaos 16. Die illyrifchen Τράλλεις
nennt Stephanos von Byzanz unter Τραλλία·
μοῖρα τῆς Ἰλλυρίας. λέγονται καὶ Τράλλοι καὶ Τράλλεις
παρὰ Θεοπόμπῳ; als Soldtruppen im Heere Eumenes' II. erfcheinen fie bei Livius 37, 39 und 38, 21;
aufserdem 27, 32. 31, 35. 33, 4. Vermutlich handelt es fich um eine einzige Völkerfchaft, die bald
als illyrifch, bald als thrakifch angefehen wird.

Z. 22. Es hat wohl Ἀττινᾶς ὁ ἱππάρχης gefchrieben werden follen.

Z. 23 ff. In dem Eide des Eumenes tritt
zu den Schwurgöttern noch Apollo hinzu
(Z. 52), der an unferer Stelle wohl nur aus Verfehen fehlt. C. I. Gr. 3137 II 60 faft überein-
ftimmend und bis auf Apollo in derfelben Folge:
ὀμνύω Δία, Γῆν, Ἥλιον, Ἄρη, Ἀθηνᾶν ἀρείαν

καὶ τὴν Ταυροπόλον καὶ τὴμ μητέρα τὴν Σιπυ-
ληνὴν καὶ Ἀπόλλω τὸν ἐμ Πάνδοις καὶ τοὺς
ἄλλους θεοὺς πάντας καὶ πάσας καὶ τὴν τοῦ
βασιλέως Σελεύκου τύχην. Ähnlich auch in derfelben Infchrift II 70. — Dafs Soldaten bei der
Ἀθηνᾶ ἀρεία fchwören, beweift, dafs die pergamenifche Athena damals den Namen Nikephoros noch nicht führte (vergl. zu Nr. 150).
Pergamenifche Kupfermünzen mit der Beifchrift
Ἀθηνᾶς ἀρείας bei Head, Historia numorum p. 463
(Ἀθ. ἀρεία in Ephesos ebenda p. 498).

Z. 25 ff. ἀπὸ τοῦ βελτίστου »auf die ehrlichfte
Weife«. Ebenfalls im Eide C. I. Gr. 3137 II 49 f.:
(ὁρκισάτωσαν αὐτοὺς) ἢ μὴν ἀπὸ τοῦ βελτίστου ἀνε-
νηνοχέναι τὴν γραφήν. Infchrift aus Priene, Greek
Inscr. in the British Mus. III 420 Z. 12 ἐνδημίαν
ἐποιήσαντο ἀπὸ παντὸς τοῦ βελτίστου. Lebas,
Asie 87 Z. 9 (Teos) ἀπὸ π]αντὸς τοῦ βελτίστου
ποιησάμενος τὰς κρίσεις (auch Z. 44); C.I.Gr. 1770
(Brief des Flaminin) ἵνα μηδ' ἐν τούτοις ἔχωσιν
ἡμᾶς καταλαλεῖν οἱ οὐκ ἀπὸ τοῦ βελτίστου εἰωθότες
ἀναστρέφεσθαι. Dionysios Halicarn. Epistola ad
Cn. Pompeium 1. Plutarch Themistocles 3.

Z. 28. ἐγκαταλείψω auch C.I.Gr. 3137 II 67.

Z. 29. ἕως ζωῆς καὶ θανάτου »im Leben und
Sterben«. Der Ausdruck beruht auf einem
Zeugma; logifch wäre ἐν ζωῇ ἕως θανάτου.

Z. 31. εἰς δύναμιν εἶναι τὴν ἐμήν (auch Z. 34).
Vergl. C. I. Gr. 3137 II 39 (zu Z. 37 f. angeführt).
Infchrift aus Kos, Hermes XVI S. 172 Anm.
τοῖς δὲ ἐπιμελουμένοις ὅπως ἕκαστα συντελῆται καθά
διαγέγραπται [εἰς γ]ε δύναμιν εἶναι εὖ εἴη.

Z. 32 ff. Vergl. C. I. Gr. 3137 II 76 καὶ ἐάν
τινα αἰσθάνωμαι ἐπιβουλεύοντα αὐτοῖς..., μηνύσω ὡς
ἂν τάχιστα δύνωμαι. Ähnlich auch ebenda Z. 67.

Z. 37 f. Vergl. ebenda Z. 38 f. καὶ ὅσα παρεί-
ληφαν παρὰ τοῦ βασιλέως Σελεύκου φυλάξαντες εἰς
δύναμιν εἶναι τὴν αὐτῶν ἀποδώσουσιν τῷ βασιλεῖ
Σελεύκῳ. Ähnlich auch Z. 63.

Z. 44 f. Der Ausdruck, in welchem fowohl
das erfte πρός als auch der ganze Satz πρὸς
τοῦτον ἀνάξω καὶ ἀνοίσω epanaleptifche Pleo-
nasmen find, erinnert fehr an Polybios; vergl.
Krebs, Die Praepofitionen bei Polybius S. 12 ff.

Z. 46. οὔτε τέχνῃ κτλ., dagegen Z. 62 f.
τρόπῳ οὐ[θενὶ κτλ. Die Formel ähnlich mit
τρόπῳ auch C. I. Gr. 2448 II 16; Bullet. de corr.
hellén. IV 160 (C. I. Gr. 3059. Dittenberger
Sylloge 349) Z. 42, 62 u. A.

Z. 48 ff. Vergl. C. I. Gr. 3137 II 69 und 78 εὐορκοῦντι μέν μοι εὖ εἴη, ἐφιορκοῦντι δὲ ἐξώλεια καὶ αὐτῷ καὶ γένει τῷ ἐξ ἐμοῦ. Man beachte auch die Übereinstimmung der unregelmäßigen Aspiration in ἐφιορκεῖν. Vergl. zu Z. 20.

Z. 54. στρατηΐαι. So wird zu lesen sein als Aolismus für στρατεία, wie Nr. 5 Z. 15 Ἡρακλήϊδαν; vergl. zu dieser Stelle. στρατηγία zu lesen und die Bedeutung »Commandobezirk« (Plinius Naturgesch. 6.27) schon für die Zeit unserer Inschrift anzunehmen würde bedenklich sein.

Z. 56. τοῖς ἀμίσθοις. Bei den Söldnern (ἐμμίσθοις Z. 54) befanden sich also auch Freiwillige, die sich dem Aufstande angeschlossen hatten.

Z. 62. τοὺς ὑπὸ του κοινοῦ αἱρεθέντας. Es sind wohl die Officiere zu verstehen und zwar die niederen, da sie von den mit Namen angeführten Condottieri (Paramonos, Polylaos u. s. w.) und von den ἡγεμόνες verschieden sein müssen.

14. Bruchstück von der Deckplatte einer kleinen Basis aus ganz weißem Marmor. 0.527 breit: 0.175 hoch; Buchstaben 0.009. Gefunden Frühjahr 1879 in der byzantinischen Mauer Inv. I 62. Bericht I 77. Die Vorderseite ist stellenweise sehr zerstört, auf der Oberseite Reste einer großen Vertiefung zur Aufnahme der Plinthe des Weihgeschenkes. das also wol aus Marmor war: rechts und links Aussenflächen, die Rückseite ist modern abgearbeitet. Abbildung 1:4.

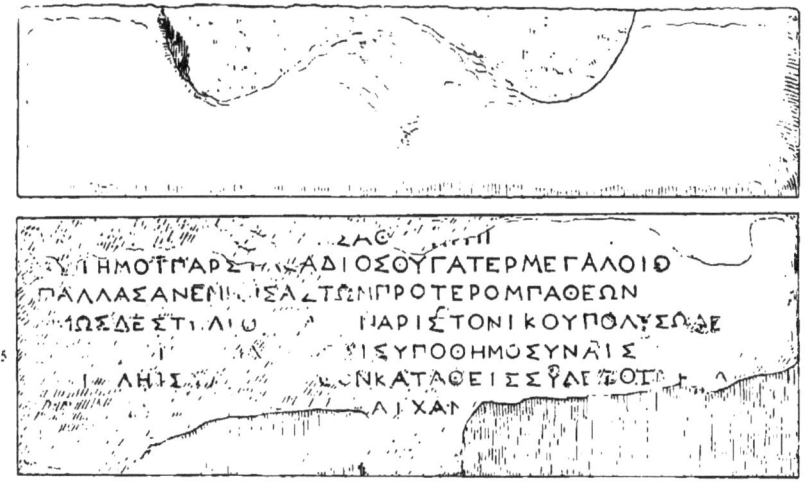

Ἀριστόνικος Ἀθηναίη[ι].
Τόδε μοι παρέστασα, Διὸς θύγατερ μεγάλοιο
Παλλάς, ἀνέμνησας τῶμ πρότερομ παθέων.
. ως δ᾽ ἐστι - - - - - - - - Ἀριστονίκου πολὺς ὧδε
- - - - - - - - - - - - - σαῖς ὑποθημοσύναις
. . . . ληϊσ - - - - μισ? θὸν καταθεὶς σὺ δὲ τ᾽ὀ - - -
- - - - - - - - - - - - αιχμι - - - - - - - - - -

Die Inschrift ist genau στοιχηδὸν angeordnet. Es ergiebt sich daraus, daß in der Überschrift die beiden senkrechten Hasten über dem Tau nur von H herrühren können und die Ergänzung dürfte demnach sicher sein. Ob die ionische Lautform des Götternamens der Nationalität des Weihenden entspricht oder ob dieser in der Überschrift einer poetischen Weihung sich etwa mit einer gewissen Ziererei der dialektischen Freiheit der Poesie bediente, muß dahingestellt bleiben.

Es scheint, daß Aristonikos der Athena ihr Bild in der Gestalt geweiht hatte, in welcher sie ihm erschienen war, um ihn an die Pflicht der Dankbarkeit für eine Befreiung von Leiden zu erinnern.

Zu Anfang von Z. 4 ist der Rest des Μυ vor ως nicht sicher. Der Name Ἀριστονίκου konnte nur unter Verkürzung der vierten Silbe in den daktylischen Vers gebracht werden.

15. Oberer Teil der Standplatte von einem Bathron aus graublauem Marmor. Breite 0,864;
Dicke 0,160; Buchstabenhöhe 0,020. Aus drei Stücken zusammengesetzt, die zu verschiedenen Zeiten auf
der Theaterterrasse unterhalb des grofsen Altars gefunden sind (Inv. II 181, III 34, II 181a). Über der
ersten erhaltenen Zeile ist (ebenso wie bei No. 11 und 12) der Stein mit dem Zahneisen sorgfältig abgearbeitet, so dafs jetzt der obere Rand der Vorderseite gegen die Schriftfläche um 0,015 zurücktritt. Es
stand hier vermutlich aufser dem sicher fehlenden Hexameter ein Distichon. Auch auf den beiden
Schmalseiten bemerkt man Abarbeitungen der ursprünglichen Fläche mit dem Zahneisen; die Oberseite ist
dagegen glatt, die Rückseite unbearbeitet. Abbildung 1 : 7,5.

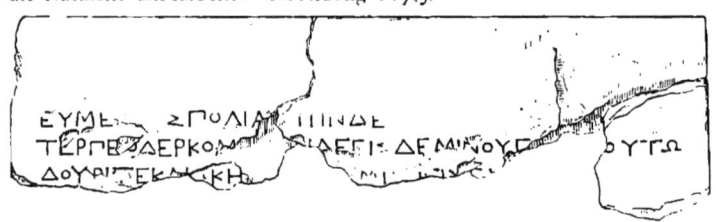

- - - - - - - - - - - - -

- - - - - - - - - - - -

- - - - - - - - - - - - -

Εὐμέ[νεο]ς, Πολιά[ς, τ]ήνδε ‿ - ‿ ‿ -
τέρπευ δερκομ[ένη· φιλ᾽έεις δέ μιν, οὐ γ[ὰρ ἄν] οὕτω
δου[ρί τ]ε κ[α]ὶ [ν(ί)]κη[ι - ‿ ‿ - ‿ ‿ -

Jemand hatte ein Bild Eumenes' I. der
Athena geweiht. Dafs das erste Wort etwa
εὐμενέως gelautet habe, ist sehr unwahrschein-
lich: das Omega müsste dann viel kleiner gewesen sein als das am Schlusse von Z. 2 erhaltene.
τήνδε (Z. 1), wozu εἰκόνα entweder gestanden hat
oder zu suppliren war, ist das Object zu δερκομένη;
der am Schlusse der 2. und in der 3. Zeile aus-

gedrückte Gedanke war: »sonst hättest du ihn
nicht so durch kriegerische Erfolge verherr-
licht«. — τε καὶ in Z. 3 scheint nicht zu bezweifeln; danach mufs, da sich unter der Voraussetzung einer Krasis, die nicht in der Schrift
ausgedrückt wäre, schwerlich eine mögliche
Ergänzung finden läfst, notwendig ein Con-
sonant und diesem ein Vocal gefolgt sein: hierfür reicht aber der Raum entschieden nicht
aus, zumal für die zweite Stelle Iota, da es
sichtbar sein müsste, ausgeschlossen ist. Es wird
daher anzunehmen sein, dafs νίκηι geschrieben
werden sollte, der Steinmetz aber das Iota der
ersten Silbe ausgelassen hat.

16. Bruchstücke von der Standplatte eines Bathron aus graublauem, feinkörnigem Kalkstein.
Gefunden Juni 1881 im Athenaheiligtum (Inv. II 141). Beide Stücke (0,125 und 0,150 breit) sind nur
oben vollständig erhalten; Buchstaben 0,016. Fragment B ist vom rechten Ende. Sehr schöne, scharfe
Schrift, deren Linien leicht vorgeritzt sind (bei B nicht mehr erkennbar). Abbildung 1 : 7,5.

A   B

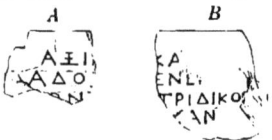

Reste einer metrischen Weihung.

Fragment A Z. 1 ἄν]αξ?

» 2 ᾿Ελλ]άδο[ς

Fragment B Z. 3 πα]τρίδι

17. Allseitig gebrochenes Stück aus hellgrauem Kalkstein, 0,095 breit; Buchstaben 0,018. Gefunden
Oktober 1884 im Theater (Inv. III 271). Die Vorderseite ist sehr zerstört; die erhaltenen Buchstaben sind
von ausgezeichneter Arbeit. Abbildung 1 : 5.

Auch diese Inschrift war eine metrische Weihung.

Z. 1 χά[ριν Δι[ὶ oder Διὸς?
Z. 2 τη[ν

18. Stele aus weifsem Marmor, oben unvollftändig, unten der Einfatzzapfen erhalten. Breit oben 0,565, unten 0.58; dick 0,18—0,195; Buchftaben 0.012. Gefunden December 1883 in dem öftlichen Türkenturm am oberften Burgtor (Inv. III 156. Bericht III 53). Die Schrift ift fehr fcharf und tief erhalten. Abbildung 1 : 6.

```
                                              ΣΤΝ
                                           .ΙΣΚΟΣ
                                    Th...ΓΟΙΦΑΙΝΟΝΤΑΣ
                                 ΓΗΣΑΡΧΗ Σ ΤΩΝΤΕΓΑΣ
                             ΕΝΤΕΠΟΛΙΤΕΥΝΤΑΙΔΙΚΑΙΩΣ          5
                        ΗΣΓΟΛΕΩΣΚΑΙΤΑΣΙΕΡΑΣΠΡΟΣΟΔΟΥΣ
                   ΑΥΤΩΝΟΙΚΟΝΟΜΗΚΑΣΙΣΥΜΦΕΡΟΝΤΩΣΤΩΔΗΜΩΚΑΙ
                ΣΟΕΟΙΣΑΛΛΑΚΑΙΤΑΠΑΡΑΛΕΛΕΙΜΜΕΝΑΥΠΟΤΩΝΠΡΟΤΕΙ Ν
              ΑΡΧΕΙΩΝΑΝΑΞΗΤΗΣΑΝΤΕΣΚΑΙΟΥΘΕΝΟΣΤΩΝΚΑΤΕΣΧΗΚΟΤΩΝ
              ΤΙΦΕΙΣΑΜΕΝΟΙΑΠΟΚΑΤΕΣΤΗΣΑΝΤΗΠΟΛΕΙΕΠΕΜΕΛΗΘΗΣΑΝΔΕ     10
              ΚΑΙΠΕΡΙΤΗΣΕΠΙΣΚΕΥΗΣΤΩΝΙΕΡΩΝΑΝΑΘΗΜΑΤΩΝΩΣΤΕΤΟΥΤΩΝ
              ΕΙΣΑΠΟΚΑΤΑΣΤΑΣΙΝΑΓΗΓΟΧΟΤΩΝΤΑΠΡΟΓΕΓΡΑΜΜΕΝΑΚΑΙΤΟΥΣ
              ΕΠΙΓΙΝΟΜΕΝΟΥΣΣΤΡΑΤΗΓΟΥΣΕΠΑΚΟΛΟΥΘΟΥΝΤΑΣΤΗΙΥΦΗΓΗΣΕΙ
              ΕΥΧΕΡΩΣΔΥΝΑΣΘΑΙΔΙΟΙΚΕΙΝΤΑΚΟΙΝΑ ΚΡΙΝΟΝΤΕΣΟΥΝΔΙΚΑΙΟΝΕΙΝΑΙ
              ΜΗΟΛΙΓΩΡΕΙΝΤΩΝΟΥΤΩΣΕΠΙΣΤΑΤΟΥΝΤΩΝΙΝΑΚΑΙΟΙΜΕΤΑΤΑΥΤΑ     15
              ΔΕΙΚΝΥΜΕΝΟΙΠΕΙΡΩΝΤΑΙΚΑΤΑΤΡΟΠΟΝΠΡΟΙΣΤΑΣΘΑΙΤΟΥΔΗΜΟΥ
              ΑΥΤΟΙΤΕΔΙΕΓΝΩΙΑΜΕΝΤΟΙΣΠΑΝΑΘΗΝΑΙΟΙΣΣΤΕΦΑΝΟΥΝΑΥΤΟΥΣ
              ΚΑΙΠΡΟΣΥΜΑΣΩΙΜΕΘΑΔΕΙΝΓΡΑΨΑΙΠΕΡΙΤΟΥΤΩΝΟΠΩΣΕΝΤΑΙ
              ΜΕΤΑΞΥΧΡΟΝΩΙΒΟΥΛΕΥΣΑΜΕΝΟΙ ΤΙΜΗΣΗΤΕΑΥΤΟΥΣΚΑΘΟΤΙΑΝ
              ΑΞΙΟΥΣΥΠΟΛΑΜΒΑΝΗΤΕΕΙΝΑΙ           ΕΡΡΩΣΟΕ          20


              ΕΓΝΩΔΗΜΟΣ ΑΡΧΕΣΤΡΑΤΟΣΕΡΜΙΠΠΟΥΕΙΠΕΝ ΕΠΕΙΔΗΟΙΚΑΤΑΣΤΑ
              ΘΕΝΤΕΣΥΠΕΥΜΕΝΟΥΣΣΤΡΑΤΗΓΟΙ ΠΑΛΛΑΜΑΝΔΡΟΣ ΣΚΥΜΝΟΣ
              ΜΗΤΡΟΔΩΡΟΣ ΘΕΟΤΙΜΟΣ ΦΙΛΙΣΚΟΣ ΚΑΛΩΣΤΗΣΑΡΧΗΣΠΡΟΕΣΤΗ
              ΣΑΝΚΑΘΑΠΕΡΚΑΙΕΥΜΕΝΗΣΕΠΕΣΤΕΙΛΕ ΔΕΔΟΧΘΑΙΤΩΙΔΗΜΩΙ
              ΕΠΑΙΝΕΣΑΙΜΕΝΕΥΜΕΝΗΔΙΟΠΕΜΠΑΝΤΙΚΑΙΠΡΟΝΟΙΑΝΠΟΕΙΤΑΙ     25
              ΩΝΤΩΙΔΗΜΩΙΧΡΗΣΙΜΩΝ ΚΑΙΤΟΥΣΕΙΣΤΑΥΤΑΣΥΝΑΝΤΙΛΑΜΒΑΝΟ
              ΜΕΝΟΥΣΤΩΝΠΟΛΙΤΩΝΤΙΜΑΙΤΕΚΑΙΣΤΕΦΑΝΟΙ ΒΟΥΛΟΜΕΝΟΣΤΟΥΣ
              ΑΡΧΟΝΤΑΣΤΟΥΣΚΑΘΙΣΤΑΜΕΝΟΥΣΠΡΟΘΥΜΟΤΕΡΟΥΣΚΑΤΑΣΚΕΥΑΣΕΙΝ
              ΕΙΣΤΟΦΡΟΝΤΙΖΕΙΝΤΩΝΤΕΙΕΡΩΝΚΑΙΤΩΝΠΟΛΙΤΙΚΩΝ ΙΝΑΔΕΚΑΙΟΔΗ
              ΜΟΣΦΑΝΕΡΟΣΓΙΝΗΤΑΙΕΥΜΕΝΕΙΣΠΕΥΔΩΝΠΕΡΙΤΩΝΤΟΦΩΤΩΝΑΝΔΡΩΝ     30
              ΔΕΔΟΧΘΑΙΤΩΙΔΗΜΩΙ ΣΤΕΦΑΝΩΣΑΙΤΕΑΥΤΟΥΣΕΝΤΟΙΣΠΑΝΑΘΗ
              ΝΑΙΟΙΣΧΡΥΣΩΙΣΤΕΦΑΝΩΙΑΡΕΤΗΣΕΝΕΚΕΝΚΑΙΕΥΝΟΙΑΣΤΗΣΕΙΣ..
              ΕΥΜΕΝΗΤΕΚΑΙΤΟΝΔΗΜΟΝ ΔΙΔΟΤΩΣΑΝΔΕΑΥΤΟΙΣΑΕΙΟΙΤΑΜΙΑΙΟΙΚΑ
              ΤΙΣΤΑΜΕΝΟΙΚΑΤΕΝΙΑΥΤΟΝΕΝΤΟΙΣΕΥΜΕΝΕΙΟΙΣΠΡΟΒΑΤΟΝ ΟΙΔΕ
              ΛΑΜΒΑΝΟΝΤΕΣΟΥΕΤΩΣΑΝΕΥΜΕΝΕΙΕΥΕΡΓΕΤΗΙΝΑΦΑΝΕΡΟΣΗΙΟΔΗ...     35
              ΑΠΑΣΙΝΕΥΧΑΡΙΣΤΟΣΩΝ ΑΝΑΓΡΑΨΑΙΔΕΤΗΝΤΕΕΠΙΣΤΟΛΗΝΤΗΝ
              ΠΑΡΕΥΜΕΝΟΥΚΑΙΤΟΨΗΦΙΣΜΑΕΙΣΣΤΗΛΗΝΛΙΘΙΝΗΝΚΑΙΣΤΗΣΑΙΕΝΤΗΙ
              ΑΓΟΡΑΙ ΤΟΔΕΑΝΑΛΩΜΑΤΟΕΙΣΤΗΝΣΤΗΛΗΝΚΑΙΤΗΝΑΝΑΓΡΑΦΗΝΔΟΥΝΑΙ
              ΤΟΥΣΤΑΜΙΑΣΤΟΥΣΕΦΙΕΡΕΩΣΑΡΚΕΟΝΤΟΣ
```

Εὐμενὴς Φιλεταίρου Περγαμηνῶν τῶι δήμωι χαίρειν.

Παλάμανδρος, Σκύμνος, Μητρόδωρος, Θεότιμος, Φίλ ισκος,
οἱ κατασταμέντες ἐφ' ἱερέως τοῦ δεῖνος ο τρ ατηγ οὶ φαίνονται
ἐν παντὶ καιρῶι καλῶς προεστηκότες τ ῆς ἀρχης τῶν τε γὰ ρ

5 ἱερῶν καὶ τῶν πολιτικῶν πάντα μὲν πεπολίτευνται δικαίως,
οὐ μόνον δὲ τάς τε τ ῆς πόλεως καὶ τὰς ἱερὰς προσόδους
τὰς οὔσας ἐ φ' αὐτῶν ὠικονομήκασι συμφερόντως τῶι δήμωι καὶ
το ῖς θεοῖς, ἀλλὰ καὶ τὰ παραλελειμμένα ὑπὸ τῶν πρότερον
ἀρχείων ἀναζητήσαντες καὶ οὐθενὸς τῶν κατεσχηκότων

10 τι φεισάμενοι ἀποκατέστησαν τηι πόλει, ἐπεμελήθησαν δὲ
καὶ περὶ της ἐπισκευης τῶν ἱερῶν ἀναθημάτων, ὥστε τούτων
εἰς ἀποκατάστασιν ἀγηγοχότων τὰ προγεγραμμένα καὶ τοὺς
ἐπιγινομένους στρατηγοὺς ἐπικολουθουντας τηι ὑφηγήσε ι
εὐχερῶς δύνασθ αι διοικεῖν τὰ κοινά. κρίνοντες οὖν δίκαιον εἶναι

15 μὴ ὀλιγωρεῖν τῶν οὕτως ἐπιστατούντων, ἵνα καὶ οἱ μετὰ ταυτα
δεικνύμενοι πειρῶνται κατὰ τρόπον προΐστασθαι τοῦ δήμου,
αὐτοί τε διεγνώκαμεν τοῖς Παναθηναίοις στεφανουν αὐτοὺς
καὶ πρὸς ὑμας ὠιήμεθα δεῖν γράψαι περὶ τούτων, ὅπως ἐν τῶι
μεταξὺ χρόνωι βουλευσάμενοι τιμήσητε αὐτοὺς καθότι ἂν

20 ἀξίους ὑπολαμβάνητε εἶναι. Ἔρρωσθε.

Ἔγνω δῆμος· Ἀρχέστρατος Ἑρμίππου εἶπεν· ἐπειδὴ οἱ καταστα-
θέντες ὑπ' Εὐμένους στρατηγοὶ Παλάμανδρος, Σκύμνος,
Μητρόδωρος, Θεότιμος, Φίλισκος καλῶς της ἀρχης προέστη-
σαν καθάπερ καὶ Εὐμένης ἐπέστειλε· δεδόχθαι τῶι δήμωι

25 ἐπαινέσαι μὲν Εὐμένη διότι ἐν παντὶ καιρῶι πρόνοιαν ποιεῖται
τῶν τῶι δήμωι χρησίμων καὶ τοὺς εἰς ταυτα συναντιλαμβανυ-
μένους τῶν πολιτῶν τιμαι τε καὶ στεφανοῖ, βουλόμενος τοὺς
ἄρχοντας τοὺς καθισταμένους προθυμοτέρους κατασκευάζειν
εἰς τὸ φροντίζειν τῶν τε ἱερῶν καὶ τῶν πολιτικῶν. ἵνα δὲ καὶ ὁ δῆ-

30 μος φανερὸς γίνηται Εὐμένει σπεύδων περὶ τῶν τοιούτων ἀνδρῶν,
δεδόχθαι τῶι δήμωι στεφανῶσαι τε αὐτοὺς ἐν τοῖς Παναθηναίοις χρυσῶι στεφάνωι ἀρετης ἕνεκεν καὶ εὐνοίας της εἰς
Εὐμένη τε κ αὶ τὸν δημον, διδότωσαν δὲ αὐτοῖς ἀεὶ οἱ ταμίαι οἱ κα
(θ)ιστάμενοι κατ' ἐνιαυτὸν ἐν τοῖς Εὐμενείοις πρόβατον, οἱ δὲ

35 λαμβάνοντες θυέτωσαν Εὐμένει εὐεργέτηι, ἵνα φανερὸς ᾖ ὁ δημ ος
ἅπασιν εὐχάριστος ὤν. ἀναγράψαι δὲ τήν τε ἐπιστολὴν τὴν
παρ' Εὐμένου καὶ τὸ ψήφισμα εἰς στήλην λιθίνην καὶ στησαι ἐν τηι
ἀγορᾶι, τὸ δὲ ἀνάλωμα τὸ εἰς τὴν στήλην καὶ τὴν ἀναγραφὴν δοῦνα
τοὺς ταμίας τοὺς ἐφ' ἱερέως Ἀρκέοντος.

Daſs die Inſchrift Eumenes dem Erſten gehört, beweiſt das Fehlen des Königstitels. Zeigte uns die Inſchrift Nr. 13 die Stellung des Fürſten als eine nur mit Mühe gegen ernſte Gefährdung behauptete, ſo finden wir ihn hier auf der Höhe einer völlig geſeſteten Macht, der an der königlichen nur der Name fehlt, wie ſich ſchon äuſserlich in dem Gebrauche des Pluralis maieſtaticus (Z. 14 ff.) ausdrückt. Wir erhalten den Einblick in ein Regierungsſyſtem, welches die unumſchränkte Gewalt des Herr-ſchers mit dem unſchädlichen Scheine demo-kratiſcher Freiheit klug zu vereinigen wuſste: es giebt eine beſchlieſsende Ekkleſie, doch iſt dem Herrſcher jeder Einfluſs auf dieſelbe ge-ſichert durch 5 von ihm unter dem Namen von Strategen ernannte (Z. 21 f.) Beamte, welche das Recht haben, Beſchlüſſe der Ekkleſie herbei-

zuführen (vergl. ГΩΜΗ ΣΤΡΑΤΗΓῶν im Praescript
von Nr. 5. 167. 224. 249) und daher dem Volke
vorſtehen (Z. 15 und 16); ihre Macht iſt um ſo
gröſser, als ſie auch die Finanzverwaltung führen,
die profane nicht nur, ſondern auch die heilige
(Z. 6ff.). Im höchſten Grade charakteriſtiſch für
die Stellung des Herrſchers iſt die Art, wie die
Untertanen ſeiner Aufforderung, die Strategen
zu ehren, nachkommen: ſie loben zunächſt ihn
für ſeine Sorgfalt um gute Beamte, und die den
Strategen bewieſene Ehre beſteht darin, daſs
ſie dem Herrſcher an ſeinem Feſttage aus öffentlichen Mitteln opfern dürfen. Man ſieht, daſs
die pergameniſchen Fürſten noch vor Annahme
der Königswürde ſogar bei Lebzeiten ſchon göttliche Ehren genoſſen (vergl. unten zu Nr. 43—45).
Wir werden einen gewiſſen Zeitraum für erforderlich halten, um die Stellung des Herr-
ſchers ſo zu entwickeln, wie ſie hier hervor-
tritt und dürfen daher die Inſchrift in den ſpäteren
Teil des zwiſchen 263 und 241 v. Chr. liegenden
Zeitraums ſetzen, worauf auch die Vergleichung
des Schriftcharakters mit dem der Nr. 13 führt.

Die Fünfzahl des Strategenkollegiums iſt
nach Ausweis der Inſchriften in Pergamon bis
in die ſpäteſten Zeiten feſtgehalten worden.

Die Inſchrift zeigt namentlich in dem Briefe
des Fürſten das unverkennbare Beſtreben, den
Hiat zu vermeiden: er findet ſich in Z. 1—20
nur in folgenden Fällen: Z. 8 παρΛλελειμμένα
ὑπό. Z. 10 φειϲάμενοι ἀποκατέϲτηϲαν. — πόλει,
ἐπεμελήθη Z. 13 τη ὑφηΉϲει εὐχερῶς. Z. 15 μΗ
ὀλιγωρεῖν. — καὶ οἱ. Z. 19 καθότι ἄν. Davon iſt der
Fall in Z. 8 durch die Zuläſſigkeit der Eliſion,
der zweite in Z. 10 durch die Interpunktion
legitimiert: die verbleibenden ſind von der Art,
wie ſie in der den Hiat meidenden Proſa ſich
faſt überall finden.

Z. 3. 39. ἐφ' ἱερέως. Über die Eponymie
in Pergamon ſ. zu Nr. 5 Z. 15 f.

Z. 11. Auch in Athen finden wir in derſelben Epoche die ϲτρατηγοὶ ἐπὶ τὴν παραϲκευήν
mit dem Erſatze ſchadhaft gewordener Anatheme
betraut, ſ. Böckh, Staatshaush. II S. 52*, 321.

Z. 12. ἀγΗγοχότων. Vergl. das Teſtament der
Epikteta (Thera) C. I. Gr. 2448 I 28 ϲυναγαγυχεῖα,
II 10 ϲυναγάγυχα. C. I. Gr. II 3595 (Ilion) ἀγΗγοχε.

Z. 16. δεικνύμενοι = καταϲταθέντες (Z. 21 f.):
gewöhnlich ſo ἀποδεικνύναι. — κατὰ τρόπον »wie
es ſich gehört«. Polybios 3, 7, 6: κατὰ τρόπον
χειρίϲειν τὰ πράγματα.

Z. 17. τοῖς ΠΛναθηναίοις. Dafs es in Pergamon ein Panathenäen-Feſt gab, und zwar in
ſo früher Zeit, iſt merkwürdig. Seine Einſetzung
kann nur als eine Huldigung an Athen aufgefaſst
werden, ſo daſs die Geſinnung, auf welcher die
vom Könige Attalos I. der geiſtigen Hauptſtadt
der helleniſchen Welt erwieſenen Wohltaten
beruhen, ſchon vorher in Pergamon beſtand.
Aus ſpäterer Zeit ſind Panathenäen in Neu-
Ilion bezeugt: C. I. Gr. 3620.

Z. 26. εἰς ταυτα. Gewöhnlich wird ἀντι-
λαμβάνεϲθαι mit dem bloſsen Genetiv conſtruiert.

Z. 34. ἐν τοῖς Εὐμενείοις: unzweifelhaft am
Geburtstag des Eumenes. Von der Art der Feier
können wir uns nach dem Dekret der diony-
ſiſchen Künſtler in Teos C. I. Gr. 3068 Z. 14ff.
eine Vorſtellung machen: προϲδουναι δὲ αὐτῷ ...
ἀνακηρύξ⟨α⟩ι τε ϲτεφάνου τοῦ ἐκ τοῦ νόμου, ἢμ
ποιήϲεται αἰεὶ ἐν τῷ θεάτρῳ ὁ ἑκάϲτοτε γινόμενος
ἀγωνοθέτης καὶ ἱερεὺς βασιλέως Εὐμένου ἐν τῇ βα-
ϲιλέως Εὐμένου ἡμέρα, ὅταν ἤ τε ποιηπὴ διέλθῃ
καὶ αἱ ϲτεφανώϲεις ϲυντελῶνται, ὑμοίως δὲ καὶ παρὰ
τὸν πότον γινέϲθω τη αὐτῇ ἡμέρᾳ μετὰ τὰς ϲπονδὰς
ὑπὸ τῶν ἀρχόντων ἡ ἀναγγελία του ϲτεφάνου. Neben
dem jährigen Geburtsfeſte der pergameniſchen
Fürſten wurde noch ein monatliches mit Opfern
und Spielen begangen (Inſchrift von Seſtos,
Dittenberger Syll. 246 Z. 35 ff.).

Z. 35. Den Beinamen Εὐεργέτης führt Eumenes I. wie ſeine ſämtlichen Nachfolger, dieſe
in Verbindung mit je einem anderen Beinamen:
Attalos I. (unten Nr. 171), Eumenes II. (Mommſen, Hermes IX 117 · Dittenberger, Sylloge 223),
Attalos II. (Nr. 224 Z. 17), Attalos III. (Nr. 246
Z. 22. 44. 249 Z. 4).

Z. 37. Εὐμένου nach häufigem Gebrauch
der helleniſtiſchen Zeit gegen Εὐμένους Z. 22.

---

19. Deckplatte eines Bathron aus bläulich-weiſsem Marmor. 0,475 breit; 0,20 hoch; 0,74 tief;
Buchſtaben 0,036. Gefunden Juli 1883 auf der mittleren Terraſse am Abhang zwiſchen dem Athena-
heiligtum und dem groſsen Altar Inv. III 49. Rechts und links Stoſsfugen; die Inſchrift kann alſo über die
Nachbarplatten hinweggegangen ſein. Ober- und Unterſeite ſind wenig ſorgfältig geglättet. Abbildung 1:10.

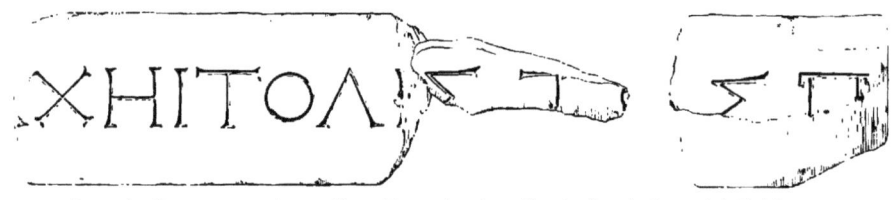

Ἄτταλος Ἀττάλου
τὸν πατέρα, ἀρετῆς ἕνεκα.

Die Schrift, befonders die Form des Sigma, führt zu der Annahme, daſs der Urheber diefes Denkmals Attalos I. in feiner früheren Zeit iſt. Über feinen Vater vergl. zu Nr. 10. Die vorgefchlagene Faſſung würde eine angemeſſene Raumverteilung ergeben.

---

20. Neun Bruchſtücke blauer Marmorquadern aus der oberſten 0,28 hohen Schicht eines grofsen kreisrunden Bathron. Von den zum Teil Bruch an Bruch zufammenfchliefsenden Fragmenten find fünf, darunter das gröſste, im Athenaheiligtum gefunden worden, eines im türkifchen Mittelturm auf der Südfeite desfelben Bezirkes, drei im Theater. Das Denkmal ſtand alfo gewiſs im Athenaheiligtum. Inv. II 17, III 373ᵃ, II 103, III 71 + 291, II 17ᶜ + 103ᵃ, III 161, 370. Nach der Rundung der Schriftfläche des gröſsten Bruchſtückes, mit welcher die Rundung der Vorderfeite aller übrigen Stücke übereinſtimmt, läſst fich der urfprüngliche Durchmeſſer des Denkmals auf 3,10 bis 3,20 beſtimmen. Das Bathron hatte alfo die gleiche Gröfse, wie das Band II T. 39 S. 84f. veröffentlichte cäfarifche Rundmonument, das möglicherweife aus dem alten Siegesdenkmal hergeſtellt worden iſt, wobei nur die oberſten Blöcke mit der Infchrift abgebrochen und durch neue Stücke erſetzt worden wären. Die Oberfeite der Bruchſtücke, deren keines hinten vollſtändig iſt, zeigt zum Teil unregelmäfsige Vertiefungen, in die Teile des Weihgefchenkes eingelaſſen waren. Vergl. die Skizze der Oberfeite der gröſsten Stückes in 1:15. Die Infchrift war in 0,095 bis 0,100 hohen Omikron nur 0,079, fehr tiefen Buchſtaben in einer einzigen um das Bathron herumlaufenden Zeile eingehauen und kann nach dem Umfang desfelben eine Länge von 10ᵐ gehabt haben. Die beiden erſten Bruchſtücke fchliefsen nicht aneinander. Daſs die Buchſtaben in ungleichen Abſtänden eingehauen waren, zeigt das vorletzte Bruchſtück; die Schrift auf dem dritten Bruchſtück iſt etwas weniger forgfältig als die übrige. Abbildung 1 : 10.

Βασιλεὺς Ἄτταλος, νικήσας μά]χηι Τυλιστ[ο]αγίους Γαλάτα]ς π[ερὶ πηγὰς] Καΐκ[ου ποταμοῦ, χα]ρι[στ]ή[ριον Ἀθ]η[ναῖ.

Durch die vorgefchlagene Ergänzung«, bemerkt Fabricius, »würde der anzunehmende Umfang des Bathron bis auf eine kleine Unterbrechung zwifchen Anfang und Schluſs gerade ausgefüllt werden. Die Schriftformen zeigen noch nicht die Gleichmäfsigkeit und Eleganz der grofsen Monumentalinfchriften Eumenes' II. Vor Allem fällt die Kleinheit des Omikron und die fchräge Stellung der Schenkel des Sigma auf.« Das Denkmal iſt damit in die Zeit Attalos' I. gewiefen, und da es durch feine Monumentalität alle übrigen pergamenifchen Siegesweihungen weit überragt, fo muſs es als im höchſten Grade wahrfcheinlich bezeichnet werden, daſs es den grofsen Galaterfieg verherrlichte, der Attalos die Königskrone und die Bewunderung feiner Zeitgenoſſen einbrachte. Pausanias I 25, 2 bezeugt, daſs diefer Sieg in Myfien erfochten wurde: daſs fich die Quellen des Kaikos — die Ergänzung περὶ πηγὰς iſt nicht zu bezweifeln; vergl. unten Nr. 24 — in Myfien befanden, fagt Strabo S. 572 C. Sie lagen in einer Ebene (Strabo S. 616), boten alfo die Bedingungen einer grofsen Schlacht und fie find nahe genug bei Pergamon, um auch den Ausdruck im Prologe zu Trogus Buch 27: *Galli Pergamo victi ab Attalo* zu rechtfertigen, falls hier, wie wahrfcheinlich, der grofse Galaterfieg gemeint ift. Der Anlafs des kriegerifchen Zufammenftofses der Gallier mit Attalos war die von diefem verweigerte Tributzahlung; die Tolistoagier waren aber diejenige gallifche Völkerfchaft, welche von Attalos Tribut zu fordern hatte: Livius 38, 16 *postremo cum tres essent gentes, Tolistoboii Trocmi Tectosages, in tres partes, qua cuique populorum suorum rectigalis Asia esset, diviserunt. Trocmis Hellesponti ora data, Tolistoboii Aeolida atque Ioniam, Tectosages mediterranea Asiae sortiti sunt. - - - (stipendium) primus Asiam incolentium abnuit Attalus, pater regis Eumenis; audacique incepto praeter omnium opinionem adfuit fortuna, et signis conlatis superior fuit. non tamen ita infregit animos eorum ut absisterent imperio.* (Vgl. Köpp, Rhein. Museum N. F. 40 S. 117 f.)

Niebuhr (Kleine Schriften I S. 286) hielt es für unzweifelhaft, dafs der berühmte Sieg über die Galater »nicht als Nation, fondern als des Antiochos gedungene Hilfsvölker erfochten worden«, eine Anficht, die Ulrich Köhler in Sybel's hiftorifcher Zeitfchrift N. F. Bd. 11 S. 1ff.

neu begründet hat. Köhler nimmt an, »dafs die politifche Seite der Kriege des Attalos vor der militärifch-nationalen Seite zurückgetreten und in Vergeffenheit geraten«, »durch eine einfeitige Auffaffung der Ereigniffe eine Gefchichtsfälfchung vorbereitet und veranlafst worden ift«. Polybios aber, aus dem die oben ausgefchriebene Stelle des Livius doch ficher gefchöpft ift, wufste nichts von einem Zufammenhange des grofsen Galaterfieges mit den Kämpfen gegen Antiochos, wie er davon auch an der Stelle im Nekrolog des Attalos, wo er des Sieges erwähnt, fchweigt: XVIII 41, 7 (Ἄτταλος) νικήσας γὰρ μάχῃ Γαλάτας, ὃ βαρύτατον καὶ μαχιμώτατον ἔθνος ἦν τότε κατὰ τὴν Ἀσίαν, ταύτην ἀρχὴν ἐποιήσατο καὶ τότε πρῶτον αὑτὸν ἔδειξε βασιλέα. Für Polybios war der Anlafs des grofsen Galaterfieges der von Attalos verweigerte Tribut: es ift doch aber gewifs fehr bedenklich, unferer auf eine kläglich zertrümmerte Überlieferung geftützten Erwägungen die Richtigftellung von Tatfachen zuzutrauen, über die ein Polybios Falfches erkundet hätte. (Vergl. Droyfen, Gefchichte des Hellenismus III 2 S. 9 Anm. 1. Thrämer, Siege der Pergamener über die Galater, Felliner Schulprogramm 1877, S. 5 ff. Koepp a. a. O. S. 114 ff.)

Ift die Beziehung unferer Infchrift auf den grofsen Galaterfieg richtig, woran wohl fchwer zu zweifeln ift, fo fügt fie, wie uns fcheint, den Gründen gegen Niebuhr's Hypothefe ein endgiltig entfcheidendes urkundliches Zeugnis hinzu. Wir teilen nämlich unmittelbar nachher in Nr. 21—28 die Refte eines grofsen Schlachtenmonumentes Attalos' I. mit, deffen Infchriften, foweit fie hinreichend erhalten find, fämtlich Siege über Antiochos Hierax und die Gallier nennen, als deffen Anlafs wir alfo eine Reihe von Kämpfen anfehen müffen, in

deren Verlauf ein Zufammenwirken diefer beiden Gegner ftattfand. Wenn dem grofsen Siege über die Galater ein befonderes Denkmal gewidmet ift, fo kann er alfo nicht in einem Kriege erfolgt fein, in welchem fie für Antiochos fochten.

Nach dem Zeugnis der Infchriften ift demnach die Vorftellung notwendig, dafs die von Attalos gefchlagenen, aber nach Livius nicht vernichteten Gallier fich in der Folge an feinen Feind Antiochos Hierax anfchloffen oder fich von ihm werben liefsen, wie fehr natürlich ift, und wenn die Infchriften mehrere Niederlagen der Gallier durch Attalos bezeugen (aufser unferer die Nummern 23, 24; vielleicht auch 34, 37c und 53; vergl. auch 29 und 247), fo fteht dies im Einklange mit Livius 18, 17, 15: *Attalus eos rex saepe fudit fugavitque.*

Unfere Infchrift hebt durch das Wort μάχη befonders hervor, dafs fie einen einmaligen Sieg, nicht das Refultat eines Krieges feiert. Ebenfo betont Polybios in der oben ausgefchriebenen Stelle des Nekrologs, dafs Attalos die Königs-

würde nur einer Schlacht verdankte, was Livius 33, 21 mit *proelio uno* überfetzt, und es drängt fich die Vermutung auf, dafs Polybios' Ausdruck auf eine Kenntnis der Infchrift zurückgeht.

Die Namensform Τολιστοάγιοι ift die in Pergamon ausfchliefslich vorkommende, ebenfo in Lampsakos Mittheilungen des athen. Inftituts VI S. 96 (Col. II Z. 7); in einer galatifchen Infchrift der Kaiferzeit C. I. Gr. 4085 fteht Τολιστοβω[ρί]ων. Vergl. über die Formen des Namens Franz, Fünf Infchriften und fünf Städte S. 22 Anm.

21 – 28. Acht Standplatten von einem grofsen Bathron aus blauem Marmor, bei gleicher Höhe 0,65 und annähernd gleicher Dicke 0,22 – 0,28) von verfchiedener Länge. Auf den Unterfeiten je zwei Dübellöcher; es ift alfo ein befonderer Unterbau für das Bathron, vermutlich aus einer oder mehreren Stufen beftehend, anzunehmen. Auf der Oberfeite der Platten befinden fich fowol Bettungen für die Klammern, die zur Verbindung der Standplatten unter fich gedient haben, als Stemmlöcher und mit Gufskanälen verfehene Löcher für die Dübel, welche die Deckplatten auf den Standplatten fefthielten, und zwar kommt gemäfs der Anordnung der Stemmlöcher, die ftets die Stelle einer Fuge der Deckplatten bezeichnen, immer ein Dübelloch auf jede Deckplatte. (Daher können die Deckplatten Nr. 135—140, die je 2 Dübellöcher auf der Unterfeite haben, nicht zu diefem Denkmal gehören.)

Auf den gut geglätteten Vorderfeiten ift unten ein 0,190 hoher, 0,004 vorfpringender Sockel angearbeitet; die Infchriften ftehen mit Ausnahme derjenigen des Künftlers in Nr. 22, die in der Mitte angebracht ift, nahe dem oberen Rande. Die Seitenflächen find auf Anfchlufs gearbeitet, nur bei Nr. 21 ift der ausladende Sockel auch auf die beiden Seitenflächen herumgeführt und die Rückfeite, die bei den übrigen Platten rauh gelaffen ift, zeigt hier rechts und links Anfchlufsflächen, womit auch die nach hinten gerichteten Klammerbettungen auf der Oberfeite diefer Platte übereinftimmen.

Nr. 21 ift alfo die Schmalfeite des ganzen Bathron und läfst deffen Breite fowie die Neigung der Vorderfläche erkennen. Die übrigen Platten gehören auf die Langfeiten und zwar gewifs alle auf eine Langfeite, während auf der Rückfeite, wenn diefe überhaupt fichtbar gewefen ift, infchriftlofe Platten gleicher Befchaffenheit, von denen eine Anzahl gefunden ift, angeordnet gewefen fein dürften.

Über die Folge der Platten läfst fich nur fagen, dafs Nr. 22 mit der Künftlerinfchrift gerade die Mitte des ganzen Bathron eingenommen haben wird. Auf diefer Platte bemerkt man nahe dem rechten Rande einen 0,026 breiten, 0,002 tief eingehauenen Streifen, der offenbar die Grenze bezeichnet, bis zu welcher fich derjenige Teil des Weihgefchenkes ausdehnte, auf den fich die links oben befindliche Infchrift bezieht. Solche Trennungszeichen find überall zwifchen den einzelnen Teilen des Weihgefchenkes und den auf fie bezüglichen Infchriften vorauszufetzen, und aus dem Umftande, dafs fonft auf den vorhandenen Platten keine weiteren vertieften Streifen erhalten find, folgt, dafs die Abftände der einzelnen Infchriften von einander fehr grofs gewefen find und infchriftlofe Zwifchenplatten eingefügt waren, auf denen fich die Trennungsftreifen befanden. In der That ift eine folche Platte erhalten (links unvollftändig; Breite 0,93) Nach dem Abftand des Streifens von der Infchrift bei Nr. 22, dem ein gleicher Abftand links entfprochen haben mufs, und nach der vermutlichen Länge der Infchrift nahm der betreffende Teil des Weihgefchenkes einen Raum von 2,30 Länge ein. Setzen wir diefe Zahl als Durchfchnittsmafs für die einzelnen Abteilungen des Weihgefchenkes, fo ergibt fich, dafs allein die infchriftlich erhaltenen fechs Abteilungen eine Länge von rd. 14m gehabt haben.

Von den zugehörigen Deckplatten fcheinen zwei gröfsere Bruchftücke vorhanden zu fein; das eine hat eine Breite von 0,84, ift 0,215 hoch und war über 0,73 tief (hinten gebrochen). Auf der gut geglätteten Vorderfeite fowol wie auf der gleichfalls glatten Oberfeite ift ein ebenfolcher Trennungsftreifen (0,032 breit wie auf der Vorderfeite von Nr. 22 ausgemeifelt; auf der Oberfeite daneben Standfpuren eines Weihgefchenkes aus Bronze. Auf der Unterfeite endlich befinden fich zwar zwei Dübellöcher; fie liegen aber unmittelbar neben einander in der Ecke links vorn, fo dafs das eine offenbar nicht genau an der richtigen Stelle eingehauen ift. Diefe Deckplatte reichte gewifs von einer Langfeite bis zu der anderen, hatte folglich nach Mafsgabe von Nr. 21, die etwaige Ausladung abgerechnet, eine Tiefe von 1,03.

Die Inschriften sind zwischen leicht vorgeritzte Linien mit aufserordentlicher Sorgfalt eingehauen. Sie zeigen grofse Ungleichheit in der Buchstabengröfse Omikron, Theta und Omega 0,018, die übrigen Buchstaben 0,032 hoch'; die Buchstaben der Künstlerinschrift (Nr. 22) dagegen sind entsprechend ihrer viel weiteren Stellung und ihrem mehr monumentalen Charakters gleichmäfsig 0.042 hoch. Angesichts der technisch ganz übereinstimmenden Ausführung erscheint es aber zweifellos, dafs die Künstlerinschrift gleichzeitig mit den übrigen Inschriften eingehauen ist.

Für die einzelnen Nummern ist Folgendes hinzuzufügen:

21. Breit oben 1,032, unten oberhalb des Sockels gemessen 1.042; gefunden April 1881 am Südrande des Athenaheiligtums in türkischem Gemäuer Inv. II 94. Bericht II 46). Facsimile bei Conze, Monatsbericht der Berl. Akad. 1881 Taf. 1 A zu S. 866 und Loewy, Inschriften griech. Bildhauer 154ª. (Dittenberger, Sylloge 174.'

22. Breit 1.45; gefunden Oktober 1879 in der byzantinischen Mauer nordöstlich von der Agora Inv. I 100. Bericht I 81 . Facsimile bei Loewy 154c. Dittenberger 175.'

23. Breit 0,64; links unvollständig, gefunden November 1880 in der türkischen Festungsmauer auf der Südseite des Athenaheiligtums Inv. II 66. Bericht II 46). Facsimile bei Loewy 154ᵈ. Dittenberger 176.'

24. Breit 1.04; aus drei Stücken zusammengesetzt. Die Stücke in der Reihenfolge von l. nach r. sind gefunden April 1881 am Südrand des Athenaheiligtums Inv. II 90. Bericht II 46). August 1880 ebenda etwas tiefer am Abhang Inv. II 3. Bericht II 46) und September 1879 in der Umgebung des grofsen Altars (Inv. I 96. Bericht I 80). Facsimile bei Loewy 154ᵇ. Dittenberger 177.)

25. Breit 0,54; rechts und unten unvollständig, gefunden September 1880 in der byzantinischen Mauer südlich vom Burgtor Inv. II 10. Bericht II 46). Sehr verwittert. Facsimile bei Loewy 154e.

26. Breit 0.83; aus zwei Bruchstücken zusammengesetzt, gefunden das kleinere linke April 1881 am Südrand des Athenaheiligtums Inv. II 91. Bericht II 46), das größere November 1879 in der byzantinischen Mauer an der Nordostecke der Agora Inv. I 102. Bericht I 81). Facsimile bei Loewy 154f.

27. Breit 0,58; rechts vollständig, gefunden Juli 1883 in der byzantinischen Mauer südöstlich von der Agora Inv. III 31).

28. Breit 1.12; gefunden September 1880 in der türkischen Festungsmauer auf der Südseite des Athenaheiligtums Inv. II 8. Bericht II 46). Facsimile bei Loewy 154ʰ. — Abbildungen 1 : 10.

21.

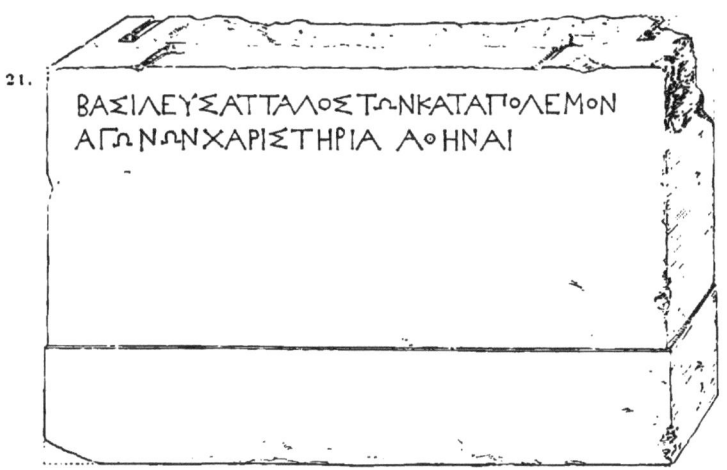

ΒΑΣΙΛΕΥΣΑΤΤΑΛΟΣ ΤΩΝΚΑΤΑΠΟΛΕΜΟΝ
ΑΓΩΝΩΝΧΑΡΙΣΤΗΡΙΑ ΑΘΗΝΑΙ

Βασιλεὺς Ἄτταλος τῶν κατὰ πόλεμον
ἀγώνων χαριστήρια Ἀθηνᾶι.

Die eigentliche Weihinschrift, welche ganz allgemein Kriegstaten als Anlafs des Denkmals angiebt und gleichsam den übrigen, welche die einzelnen Siege nennen, zur Überschrift dient.

Die Weihung umfasst, wie schon zu Nr. 20 bemerkt wurde, die Kämpfe Attalos' I. gegen Antiochos Hierax und die ihn unterstützenden Gallier. Wir haben ein inschriftliches Zeugnis, dafs die Erinnerungstage dieser Kämpfe später öffentlich gefeiert wurden, f. Nr. 247 Col. 1 Z. 1 ff.

22.

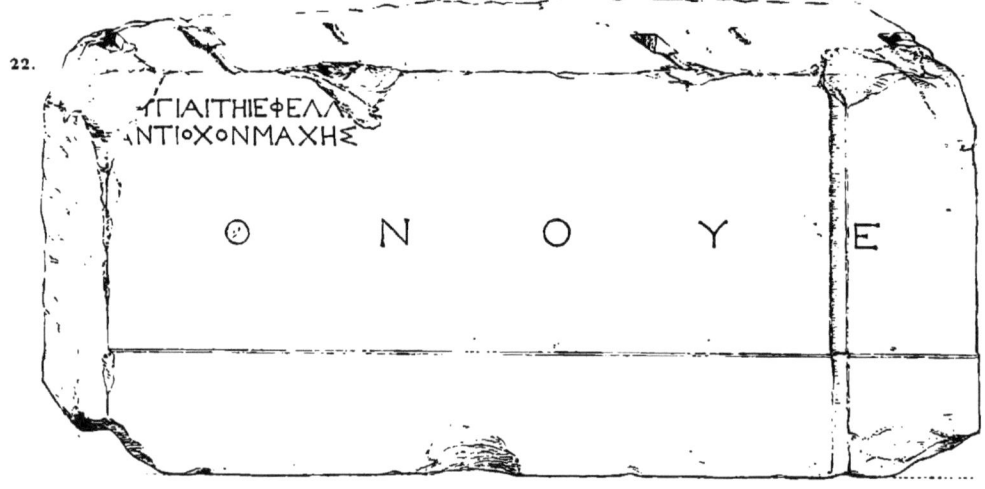

a) Ἀπὸ τῆς ἐμ Φρυ]γίαι τῆι ἐφ' Ἑλλ[η]σ-
πόντωι πρὸς] Ἀντίοχον μάχης.

Die Ergänzung Φρυ]γίαι ist von Lolling
(Mittheil. des athen. Inst. VI S. 101 Anm. 1);
Ἑλλ[η]σ[πόντωι Conze von einem Ungenannten
mitgeteilt. Über das hellespontische Phrygien
vergl. Strabo S. 571: Φρυγία τε γὰρ ἡ μὲν καλεῖται
μεγάλη . . . ἡ δὲ μικρὰ ἡ ἐφ' Ἑλλησπόντῳ κτλ. Bei
Xenophon Kyrop. II 1,5 heißt die Landschaft
Φρυγία ἡ παρ' Ἑλλήσποντον; bei Strabo S. 563
Ἑλλησποντιακὴ Φρυγία.

b) Ἐπιγ]όνου ἔ[ργα.
Künstlerische Darstellungen der Galatersiege

des Attalos und seines Nachfolgers bezeugt
Plinius 34, 84: *plures artifices fecere Attali et
Eumenis adversus Gallos proelia: Isigonus, Pyro-
machus, Stratonicus, Antigonus qui volumina
condidit de sua arte.* Dies Zeugnis würde die
Ergänzungsmöglichkeiten Ἰσιγ - und Ἀντιγ]όνου
an die Hand geben; doch war sowohl unser
Bathron völlig dem eines so gut wie sicher von
Epigonos gearbeiteten Kunstwerkes gleichartig
(Nr. 29, vergl. dort im Lemma und Commentar), als auch offenbar die Künstlerinschrift in
ihrer ungewöhnlichen Fassung mit Nr. 29 über-
einstimmte. Über Epigonos s. oben zu Nr. 12.

23.

Vollftändiger ift diefes Stück aus Peyssonel's Papieren (vergl. zu Nr. 29) im C. I. Gr. 3536 mitgeteilt:

ΓΑΦΡΟΔΙΣΙΟΝΠΡΟΣΤΟΛΙΣΤΟΑΓΙΟΥΣ
- - - ΤΑΣΓΑΛΛΑΤΑΣΚΑΙΑΝΤΙΟΧΟΝΜΑΧΗΣ

Es ergiebt fich:

Ἀπὸ τῆς παρὰ τὸ] Ἀφροδίσιον πρὸς Τολιστοαγίους

καὶ Τεκτοσάγ]ας Γαλ⟨λ⟩άτας καὶ Ἀντίοχον μάχης.

Den Anfang von Z. 2 hat Böckh verbeffert und ergänzt. Der Mangel einer näheren Beftimmung zu τὸ Ἀφροδίσιον macht es wahrfcheinlich, dafs das von Livius 32, 33, 5 bezeugte Aphrodifion bei Pergamon gemeint fei, an welches fchon Conze erinnert hat

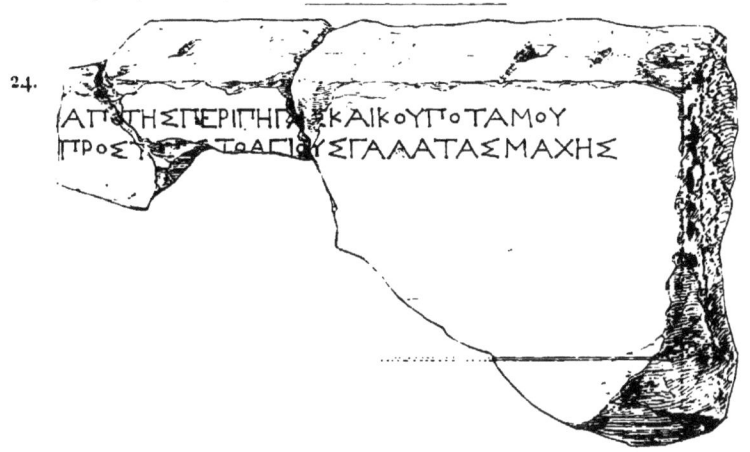

Ἀπὸ τῆς περὶ πηγ[ὰς] Καΐκου ποταμοῦ πρὸς Τ[ολις]τοαγίους Γαλάτας μάχης.

Von Köpp Rhein. Muf. N. F. 40 S. 117 f. war diefe Infchrift irrig auf den grofsen Galaterfieg bezogen worden; die Toliftoagier wurden

vielmehr als Hilfstruppen des Antiochos noch einmal an derfelben Stelle gefchlagen, an welcher fie für fich felbft kämpfend die berühmte Niederlage erlitten hatten; vergl. das zu Nr. 20 Bemerkte.

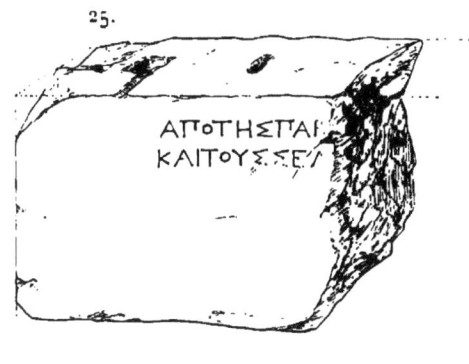

Ἀπὸ τῆς παρ[ὰ - - - - πρὸς - - - - - -
κ]αὶ τοὺς Σελγεῖς καὶ Ἀντίοχον μάχης.

Σελγεῖς hat Urlichs, Pergamenifche Infchriften S. 9 ergänzt; Λ ift ficher. Der nach Ausweis des zu Anfang von Z. 2 erhaltenen καὶ in Z. 1 genannte Gegner war gewifs ein gallifcher Stamm; dafs nach Σελγεῖς ein dritter Gegner folgte, erfordert der Raum, da die Zeilen gleich lang gemacht wurden. Die Infchrift lehrt demnach, dafs die pifidifchen Selger dem Antiochos Zuzug geleiftet hatten; dafs fie felbftändig, alfo dazu in der Lage waren, bezeugt Strabo S. 571: διά τε τὴν ἐρυμνότητα οὔτε πρότερον οὔθ' ὕστερον οὐδ' ἅπαξ οἱ Σελγεῖς ἐπ' ἄλλοις ἐγένοντο. Weiterhin heifst es ebenda: διεμάχοντο πρὸς τοὺς βασιλέας ἀεί; über Eumenes II. beklagten fie fich bei den Römern (Polyb. 31, 9, 3) und fowol diefer König wie Attalos II. hatte mit ihnen Krieg zu führen (Trogus Prolog 34).

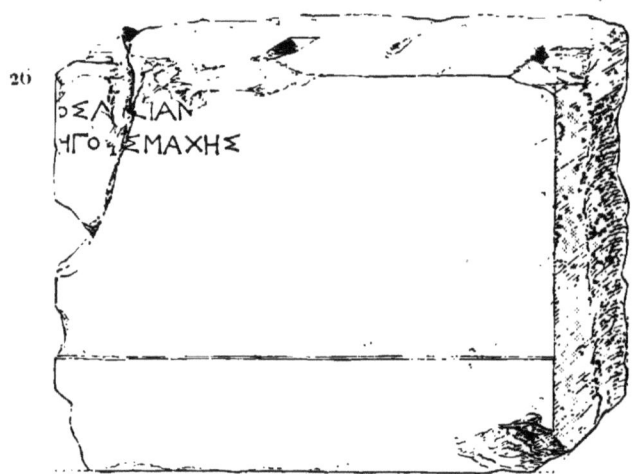

Ἀπὸ τῆς ἐν (oder παρά, περὶ u. f. w.) - - πρ]ὸς Λ[υ]σίαν καὶ τοὺς ἄλλους Ἀντιόχου στρατ]ηγοὺς μάχης.

Ein Lysias war Gefandter Antiochos' des Grofsen zu den Ifthmien des Jahres 196 v. Chr., auf denen Flaminin die Freiheit der Hellenen verkündete (Polyb. 18, 30), und in Rom (Appian Syr. 6); auch fonft kommt der Name bei vornehmen Syrern vor. Vergl. Köpp a. a. O. S. 122 Anm. 2.

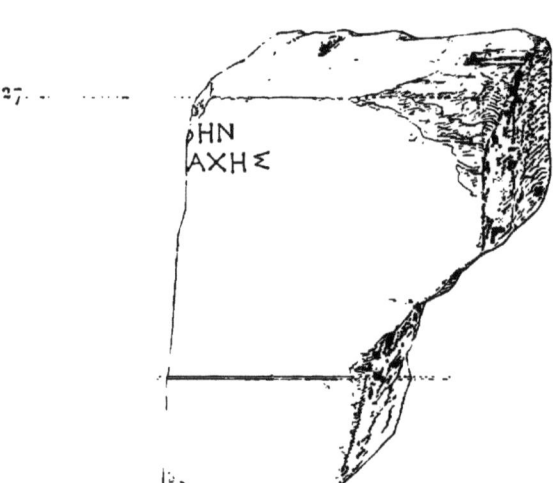

Ἀπὸ τῆς περὶ Κολό]ην πρὸς Ἀντίοχον μ]άχης.

Vergl. Eusebius S. 253 Schöne: *Antigonus* (ftatt *Antiochus*) . . . . *vero Kaliniki frater e regione Koloae cum Attalo praelium committebat.* Der See und das Heiligtum von Koloë lag 40 Stadien von Sardes (Strabo S. 626). »Der vor dem H fichtbare Bogen kann fehr gut von einem allerdings recht tief ftehenden Omikron ftammen.« (Fabricius.)

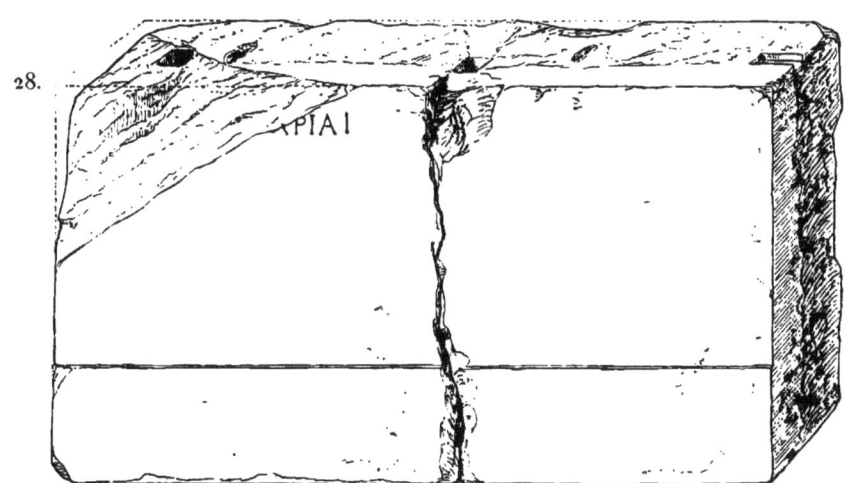

28.

Ἀπὸ τῆς - - - - ἐν Κα]ρίαι
[πρὸς Ἀντίοχον μάχης].

Vergl. Eusebius unmittelbar nach der zu der vorigen Infchrift ausgefchriebenen Stelle: *et anno primo CXXXVIII. olompiadis in Thrakiam fugere ab Attalo coactus post praelium in Karia factum moritur.* Die Beziehung unferes Frag-mentes auf die hier erwähnte Schlacht hat fchon Köpp a. a. O. S. 122 ausgefprochen; fie kann freilich für nicht mehr als eine Möglichkeit gelten.

In Z. 1 mufste eine nähere Ortsbezeichnung vor ἐν Καρίᾳ vorangegangen fein. Vergl. Droyfen, Hellenismus III 2 S. 19.

---

29. Standplatte eines grofsen Bathron aus blauem Marmor, aus zwei Stücken zufammengefügt. Gefunden September und Oktober 1880 in der türkifchen Feftungsmauer auf der Südfeite des Athenaheilig-tums (Inv. II 9, 9ª. Bericht I 83, II 46). Die Platte ift in fpäterer Zeit durch Herausmeifselung eines fchmalen Einfchnittes von etwa 0,04 in zwei Stücke geteilt; das linke 0,68, das rechte 0,30 lang; die urfprüngliche Länge des Bathron betrug mindeftens 2 ᵐ. Die Höhe fowohl der ganzen Platte (0,050) wie des aus-ladenden Sockels (0,190) ift genau die gleiche wie bei den Standplatten Nr. 21—28; die Tiefe mifst 0,235. Die Rückfeite ift rauh, beide Schmalfeiten find auf Anfchlufs gearbeitet, auf der Unterfeite befinden fich Dübellöcher zur Befeftigung der Platte auf dem Unterbau, auf der Oberfeite aufser den Klammerbettungen ein Loch für den Dübel, der zur Befeftigung der nicht mehr erhaltenen Deckplatte gedient hat. Facfimile des gröfseren Bruchftücks bei Conze, Monatsbericht der Akad. 1881, Tafel 1 B zu S. 869 und Loewy, In-fchriften griechifcher Bildhauer 154¹². (Dittenberger, Sylloge 173.) — Abbildung 1 : 10.

Es kann kein Zweifel fein und ift fogleich bei der Auffindung unferer Infchrift bemerkt worden, dafs ihre linke Hälfte das aus Peys-fonel's Papieren im C. I. Gr. 3535 mitgeteilte Fragment bildete, das wir umftehend abdrucken laffen. Zur Würdigung der Peyssonel'fchen Abfchriften pergamenifcher Infchriften fei be-merkt, dafs fie, wie Conze auf Grund eigener Prüfung mitteilt, nach Peyssonel's ausführlichem Berichte (Paris, Nationalbibliothek, *Suppl. gr.* 575, Fol. 28) von ihm nicht von den Steinen genommen, fondern aus dritter, wenn nicht vierter Hand copirt find.

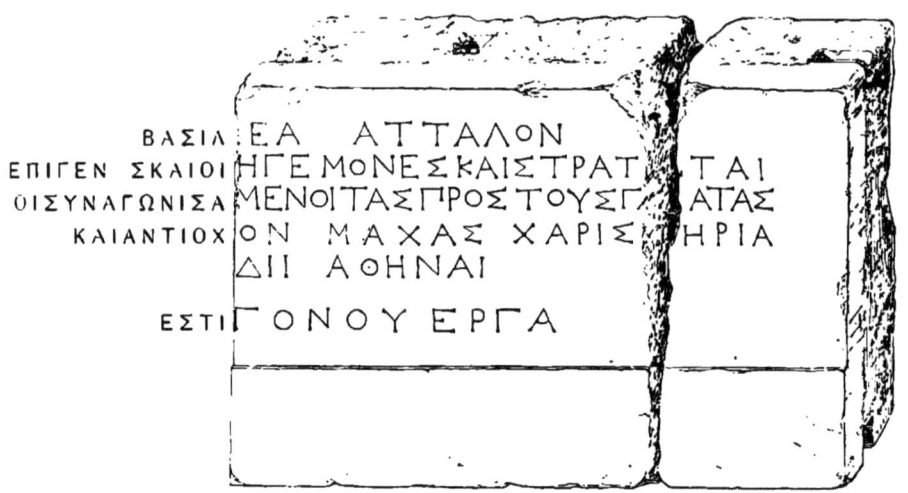

BAΣIΛ ΕΑ ΑΤΤΑΛΟΝ
ΕΠΙΓΕΝ ΣΚΑΙΟΙ ΗΓΕΜΟΝΕΣΚΑΙΣΤΡΑΤ ΤΑΙ
ΟΙΣΥΝΑΓΩΝΙΣΑ ΜΕΝΟΙΤΑΣΠΡΟΣΤΟΥΣΓ ΑΤΑΣ
ΚΑΙΑΝΤΙΟΧ ΟΝ ΜΑΧΑΣ ΧΑΡΙΣ ΗΡΙΑ
ΔΙΙ ΑΘΗΝΑΙ

ΕΣΤΙ ΟΝΟΥ ΕΡΓΑ

Peyssonel's ΕΣΤΙ, haben wir nach der evident richtigen Bemerkung von Fabricius nicht in Zeile 5 gestellt, sondern in die folgende: es ist aus ΕΠΙ verlesen, viel weniger wahrscheinlich aus ΙΣΙ (vergl. die zu Nr. 22 b angeführten Pliniusstelle). Ein ἐστ[η]σεν in Z. 5 würde die Symmetrie der Inschrift in ganz beispielloser Weise stören. Es ergiebt sich mithin folgende Fassung:

Βασιλέα Ἄτταλον.
Ἐπιγέν[η]ς καὶ οἱ ἡγεμόνες καὶ στρατ[ιῶ]ται
οἱ συναγωνισάμενοι τὰς πρὸς τοὺς Γ[αλ]άτας
καὶ Ἀντίοχον μάχας χαρισ[τ]ήρια
Διί, Ἀθηνᾶι.
Ἐ(π)ι(γ)όνου ἔργα.

»Der hier genannte Epigenes wird nicht verschieden sein von dem bei den Zeitgenossen berühmten Feldhauptmann dieses Namens, der nach Attalos' Tode bei den Truppen des Seleukos Soter in Kleinasien stand und später den Intriguen des Kabinetsministers Antiochos' des Grossen, Hermeias, erlag, sei es nun dass Epigenes den Dienst gewechselt hatte, sei es dass er in dem Heere des Attalos als eine Art diplomatisch-militärischer Bevollmächtigter seines Verbündeten Seleukos Kallinikos anwesend gewesen war.« (S. Polybios V 41. 42.

49 ff.) Diesen Worten Ulrich Köhler's (Sybel's historische Zeitschrift XI S. 13) möchte ich die Einschränkung hinzufügen, dass die letztere Alternative auf einer sehr unsicheren Voraussetzung beruht, nämlich der, dass Attalos und Seleukos Kallinikos gegen Antiochos Hierax verbündet waren und nicht ihre Kriege gegen ihn einzeln geführt hatten. Durch die aufgefundenen Weihungen des Attalos aus Anlass seiner Kämpfe gegen Antiochos hat die Vermutung dieses Bündnisses keine Stütze empfangen. Dass Epigenes nicht blos durch eine vorübergehende Mission mit Attalos verbunden war, wird jedenfalls dadurch viel wahrscheinlicher, dass wir aus der folgenden Inschrift eine zweite Dedication desselben zu Ehren des Königs kennen.

Die Überschrift βασιλέα Ἄτταλον ist mit den Pluralen χαριστήρια und ἔργα durch die Annahme zu vereinigen, dass der König Attalos in einer Kampfgruppe dargestellt war. Die Armee hatte dem Weihgeschenk des Königs ein von demselben Künstler gearbeitetes Denkmal zur Seite gestellt (vergl. zu Nr. 22b); ganz ebenso besitzen wir aus den Kriegen Eumenes' II gegen den Spartaner Nabis sowol die Weihungen des Königs als die seiner Truppen (Nr. 60—63).

30. Deckplatte eines Bathron aus blaugrauem Marmor. 0,483 breit; 0,156 hoch; 0,70 tief; Buchstaben 0,020. Gefunden Juni 1879 nördlich vom grossen Altar (Inv. I 84). Die Platte ist später zu der Basis einer Statue des M. Valerius Messala verwendet worden. Auf der Oberseite sind die ursprünglichen

Verfalzmarken Γ und Δ, fowie verfchiedene Einfatzlöcher, von denen das vorderfte wol bei der Wiederbenutzung des Steins eingehauen und jetzt ausgebrochen ift. Links ift die alte Stofsfuge erhalten,
während die rechte Schmalfeite für die Aufnahme der jüngeren Infchrift neu geglättet ift; gleichzeitig find
auch die Rück- und Unterfeite neu bearbeitet worden. Die Platte könnte daher urfprünglich tiefer und
namentlich bedeutend dicker gewefen fein, und es ift nicht auszumachen, ob Z. 4 der Infchrift auch
urfprünglich letzte Zeile war. Abbildung 1 : 7.5.

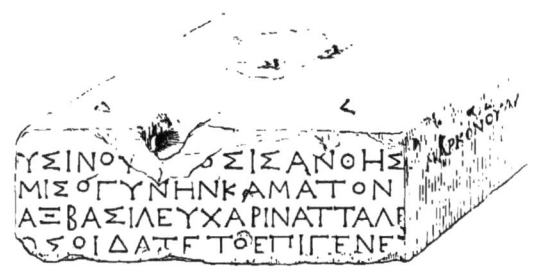

- - - δείκν]υσιν οἷιν δ]όσις, ἀνθ᾽ ἧς - -
- - - μισογύνην κάματον - - -
δέξαι ἄν]αξ βασιλεῦ χάριν Ἄτταλε - ‿ - .
- ‿‿- ‿ σαφ?]ως οἴδατε τὸ Ἐπιγένευ[ς.

Der Stifter diefes Denkmals, der Feldhauptmann Epigenes ift uns fchon aus der
vorigen Infchrift bekannt. Zur Lefung ift zu
bemerken, dafs in Z. 1 nach dem erften Ο
wegen des weiten Abftandes des fenkrechten
Reftes nur Tau oder Ypfilon möglich ift.

In der 1. Zeile war entweder gefagt, dafs eine
die Güte des Königs an den Tag legende δόσις
diefes Zeichen der Dankbarkeit veranlafst habe,
oder es war wohl wahrfcheinlicher das Denkmal eine die Anhänglichkeit des Epigenes be-
zeugende δόσις genannt, für welche die fer-
nere Gnade des Königs erbeten wird. Mit
der »weiberhaffenden Mühfal« der 2. Zeile ift
gewifs der Krieg gemeint, infofern er die Weiber
ausfchliefst und ihnen die Männer entzieht. In

der letzten Zeile, in welcher τοὐπιγένευς gelefen
werden follte — das Υ ift ficher —, ift οἴδατε
wohl Imperativ und der Gedanke war: »erkennet
alle, die ihr dies Denkmal feht, die Gefinnung
des Epigenes gegen den König«. οἴδατε als
Imperativ fteht in einem fibyllinifchen Orakel
bei Phlegon Mirab. (Paradoxogr. Weftermann
S. 135, 15. Keller S. 78, 6.)

Dafs unfere Bafis und gewifs auch die auf
ihr vorauszufetzende Statue des Königs Attalos
zu einem Denkmal des Proconful M. Valerius
Messala (Consul suffectus 32 v. Chr.), verwendet worden ift, liefert den Beweis, dafs
fich die Pergamener durch Pietätsrückfichten
gegen ihre grofse Vergangenheit nicht lange
ftören liefsen.

31. Deckplatte eines Bathron aus blaufchwarzem Marmor. 0,86 breit, 0,24 hoch, urfprünglich
0.75 tief, jetzt bis auf 0,19 abgemeifselt; Buchftabengröfse 0,015. Gefunden 1879 in der byzantinifchen
Mauer, ganz im Weften Inv. I 28. Bericht I 80). Die
Platte trug am oberen Rand ein ausladendes Profil, das
auf die beiden Seitenflächen herumgeführt war. Die Oberfeite zeigt rechts ein ausgebrochenes Dübelloch, links ein
unverfehrtes mit Gufskanal; die linke Seite zwei kleine unregelmäfsig geftellte Dübellöcher. Factimile bei Loewy,
Infchriften griech. Bildhauer 157. Abbildung des Steines
1 : 15. der Infchrift 3 : 10.

ΕΠΙΓΟΝΟΣ ΕΠΟΙΗΣΕΝ

Ἐπίγονος ἐποίησεν.

Vergl. oben zu Nr. 12.

32. Gewölbeblock von einem Bogen aus blaufchwarzem Marmor, an der Schriftfläche 0.61 breit; 0.37 hoch; 0.41 tief; Buchftabengröfse 0.012. Gefunden Oktober 1884 füdlich vom Theater (Inv. III 310⁶. Die Infchrift fteht auf der Oberfeite des Blockes, ftammt alfo von einer früheren Benutzung desfelben als Bafis eines Denkmals. Später ift das Werkftück auf beiden Schmalfeiten, die nun Aufsenfeiten wurden, profiliert (links drei, rechts zwei concentrifche Fascien unter ausladendem Rande), die urfprünglichen Lagerflächen find zu Stofsfugen konifch zugehauen worden (die älteren Dübellöcher zum Theil noch fichtbar); die Rückfeite, jetzt Unterfeite wurde gefchweift. (Loewy, Infchriften griech. Bildhauer 157ª.) Abbildung des Steines 1 : 15, der Infchrift 3 : 10.

ΕΠΙΓΟΝΟΣ ΕΠΟΙΗΣΕΝ

'Επίγονος ἐποίησεν.
Vergl. oben zu Nr. 12.

33 · · 37. Bruchftücke von kleinen würfelförmigen Bathren aus blauem Marmor. Die durchweg nicht fehr forgfältig eingehauenen Infchriften waren augenfcheinlich in der Form gleichartig abgefafst: dies ermöglicht zufammen mit äufseren Merkmalen, nämlich Färbung und Schichtung des Marmors, Bearbeitung der Schriftflächen, Buchftabengröfse und Schriftcharakter, die Bruchftücke bis zu einem gewiffen Grade zufammenzuordnen. Gleichartig find Nr. 58 und 63. Die Schriftgröfse fchwankt zwifchen 0.030 und 0.040. Abbildungen 1:7.5.

· 33. Blauer Marmor mit weifsen Flecken, Vorderfeite ganz glatt (abgenutzt). Schrift verhältnifsmäfsig gut. Die Fragmente A und B gehören ficher zufammen; C und D find nur vermutungsweife dazu geftellt. Wenn fie zugehörig find, war Zeile 1 etwas gröfser gefchrieben, was fehr wohl möglich ift. Gefunden: A (Inv. III 528) Mai 1886 an der Südoftecke der Gebäudegruppe V der Hochburg (f. den Plan), B (Inv. III 304) Herbft 1884 im Theater, C (?), D (Inv. III 186) März 1884 im Theater.

34. Blauer Marmor mit weifsen Adern, die Flächen mit grobem Zahneifen bearbeitet. Schrift breit und tief, aber recht unforgfältig eingehauen. A aus zwei Bruchftücken zufammengefetzt, von denen das obere (Inv. II 112ᵉ) Juni 1881 im Athenaheiligtum, das untere (Inv. III 288) Oktober 1884 im Theater gefunden wurde. Die Zugehörigkeit der drei übrigen Bruchftücke ift nur wahrfcheinlich; gefunden: B (Inv. III 144) November 1883 am Südrand der Agora, C (Inv. III 562) November 1886 unterhalb des Trajaneums gegen Süden, D (Inv. III 67ª) Auguft 1883 am Südabhang unterhalb des Athenaheiligtums.

35. Gleichmäfsig blauer Marmor, die Flächen find mit dem feinen Zahneifen bearbeitet. Die Zufammengehörigkeit von A und B ift der gleichartigen Schichtung wegen ficher, die Zugehörigkeit von C fehr wahrfcheinlich. Gefunden: A (Inv. III 150) im Theater November 1883, B und C (Inv. III 333, 331) Herbft 1884.

36. Blauer Marmor mit breiten, von links oben nach rechts unten gehenden weifsen Streifen. Schrift breit und wenig tief eingehauen; Schriftfläche mit feinem Zahneifen geglättet. Aus zwei Stücken zufammengefetzt, beide Juni 1881 im Athenaheiligtum gefunden (Inv. II 112ᵈ und ᶠ).

37. Unter diefer Nummer find vier Stücke vereinigt, über deren urfprüngliche Zufammenfetzung nichts feftzuftellen ift. Material und Bearbeitung bei allen vieren ähnlich Nr. 34. Gefunden: A (Inv. III 557) Oktober 1886 in dem Gewölbe unter der Südweftecke des Trajaneum-Peribolos, B (Inv. III 323) Herbft 1884 im Theater, C (Inv. III 365) April 1885 im Theater, D (Inv. III 67ᵇ) Auguft 1883 auf den Terraffen am Südabhange der Burg.

33.

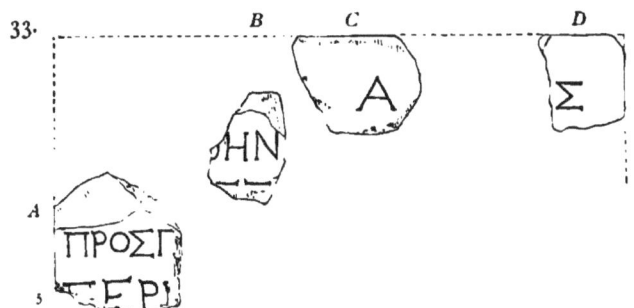

Βασιλεὺς Ἄ[τταλο]ς
Διὶ καὶ Ἀθ]ην[ᾶι Νικηφόρωι
ἀπὸ τῆς μ]ετ[ὰ - - -
πρὸς Γ - - - -
περ[ὶ - - - μάχης.

Die Zugehörigkeit der Fragmente C und D mit dem Namen des Königs ilt unficher: vergl. das Lemma.

34.

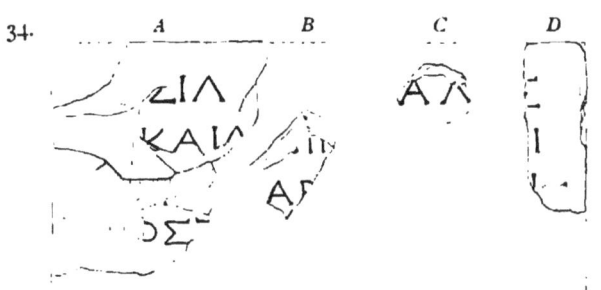

Βα]σιλ(εὺς) [Ἀττ]αλ[ος
Διὶ] καὶ [Ἀθηνᾶι Νικηφόρω]ι
ἀπὸ τῆς π]α[ρὰ - - -
πρ]ὸς [Τολιστοαγίους (?) μάχης

»Das erlte Wort der Infchrift fcheint in Folge eines Zufalls unvollendet geblieben zu fein«. (Fabricius.) Dafs in Z. 4 die wagerechte Halta hinter ΟΣ von einem Tau herrührt, ilt das bei Weitem Wahrfcheinlichlte. Ilt der Name der Tolitloagier mit Recht vermutet, fo treten für den möglichen Fall, dafs das den Relt des Königsnamens enthaltende Fragment C nicht zu A gehörte, auch hier die zu Nr. 37 C mitgeteilten Erwägungen in Kraft.

35.

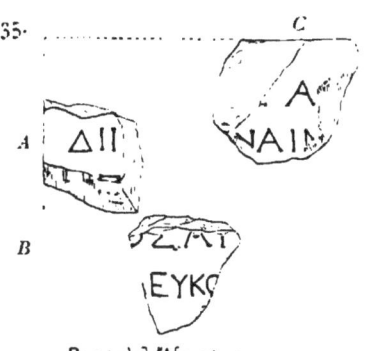

36.

Βασιλεὺς] Ἄτταλος
Διὶ [καὶ Ἀθηνᾶι Ν[ικηφόρωι
ἀ]π[ὸ τῆς - - - -
πρ]ὸς Α[. . . . . . καὶ τοὺς ἄλλους
Σελ]εύκο[υ στρατηγοὺς μάχης.

Βασιλεὺς Ἄτταλος]
Διὶ καὶ Ἀθηνᾶι Νικηφόρωι]
ἀ[πὸ τῆς - - - -
πρὸς Ε[. . . . . . καὶ τοὺς ἄλλους
Σελεύκιυ σ[τρατηγοὺς μάχης.

Diefe beiden Infchriften werden am beften zufammen betrachtet, da fie als Gegner beide einen Seleukos nennen. In Nr. 36 ift glücklicher Weife diefer Name im Genetiv mit nachfolgendem Sigma ganz erhalten, was für die Richtigkeit der vorgefchlagenen Faffung zu bürgen fcheint (vergl. oben Nr. 26), nur dafs auch πρὸς τὸν δεῖνα τὸν Σελεύκου στρατηγόν geftanden haben könnte. In Nr. 35 war, die höchft wahrfcheinliche Zugehörigkeit des Fragmentes C vorausgefetzt, als der Weihende König Attalos I. genannt und ift daher auch für die andere Infchrift anzunehmen; der nachmalige König Attalos II., an deffen Verteidigung Pergamons gegen Seleukos, den Sohn Antiochos' des Grofsen, man denken könnte (vergl. unten zu Nr. 64), ift nämlich dadurch ausgefchloffen, dafs diefer fich Ἄτταλος βασιλέως Ἀττάλου nennt, was bei der durch Z. 2 beftimmten Lücke zwifchen A und C nicht geftanden haben kann. Es fragt fich nun, welcher Seleukos der in den Infchriften genannte Gegner Attalos' I. gewefen ift. Seleukos Keraunos anzunehmen ift nicht möglich, da deffen im Jahre 222 gegen Attalos unternommener Kriegszug für diefen fehr unglücklich verlief; der Syrerkönig felbft wurde gleich im Beginne des Feldzugs ermordet; fein Verwandter Achaios aber führte den Krieg mit folcher Überlegenheit, dafs Attalos in die Stadt Pergamon eingefchloffen wurde (f. oben zu Nr. 5). Es bleibt nur Seleukos Kallinikos, und unfere Infchriften beftätigen fomit in überrafchender Weife eine fcharffinnige und einleuchtende Combination Droyfens (Gefchichte des Hellenismus III 2 S. 191 f.). Juftin 27, 3, 11 erzählt nämlich, dafs Seleukos Kallinikos faft gleichzeitig mit feinem feindlichen, auch von Attalos fo nachdrücklich bekämpften Bruder im Auslande durch einen Sturz vom Pferde umgekommen fei (226 v. Chr.); dafs unmittelbar nach feinem Tode Afien diesfeits des Tauros im Befitze Attalos' I. war, fteht feft durch Polybios 4, 48, 7: Attalos hatte fich alfo des Reiches bemächtigt, das Antiochos Hierax befeffen hatte. Droyfen nimmt an, dafs Seleukos feinen Tod auf einem Heereszuge gegen Attalos gefunden habe: »Seleukos konnte nimmermehr gefchehen laffen, dafs feines Bruders Sturz feinem Haufe für immer den Befitz Kleinafiens raubte . . . . er durfte es nicht mitanfehen, dafs

fich der Pergamener Kleinafiens bemächtigte . . . So eilte er mit feinem Heere nach Kleinafien; ein Sturz vom Pferde gab ihm den Tod, vielleicht noch vor der Niederlage des Heeres.« Selbft die letztere Vermutung kann durch die Infchriften geftützt erfcheinen, da fie nicht Seleukos felbft, fondern feine Generale als befiegt nennen. Der oben erwähnte erfolgreiche Kriegszug des Seleukos Keraunos und Achaios gegen Attalos ftellt fich demnach als eine Wiederholung des von Seleukos Kallinikos vergeblich gemachten Verfuches dar, ihm das dem fyrifchen Haufe entriffene Kleinafien wieder abzunehmen.

37.   A   B

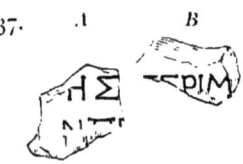

Das Denkmal, dem Fragment A angehörte, fcheint in der Zeilenanordnung von den übrigen abgewichen zu fein. Die Zufammengehörigkeit mit Fragment B, die möglich ift, vorausgefetzt, ergiebt fich

Βασιλεὺς - - - - - - - - - - -]
Δὶι καὶ Ἀθηναι Νικηφόρωι]
ἀπὸ τῆς [πειρὶ Μ - - - -
. . . ν π[ρὸς - - - - - μάχης.

C

Βασιλεὺς - - -]
Δὶι καὶ Ἀθηναι Νικηφόρωι]
ἀπὸ τῆς - - - - - - - - -]
πρὸς] Τολ[ιστοαγίυος μάχης.

Ob der durch diefes Fragment höchft wahrfcheinlicher Weife bezeugte Sieg über die Toliftoagier Attalos I. gehört oder erft unter Eumenes II. erfochten ift, mufs dahingeftellt bleiben. Von dem grofsen Galaterkriege Eumenes' II. kennen wir die Ereigniffe nicht hinlänglich (vergl. unten zu Nr. 167): in dem galatifchen Feldzuge des Confuls Cn. Manlius hat gerade bei der Niederlage der Toliftoagier am Berge Olympos das Eingreifen der von dem nachmaligen Könige Attalos II. geführten pergamenifchen Hilfsmacht

wefentliche Dienfte geleiftet (Livius 38, 19 ff.).
Sollte fich unfer Fragment auf die letztere
Waffentat beziehen, fo hätte der Zufatz μετὰ
Ῥωμαίων nicht fehlen dürfen.

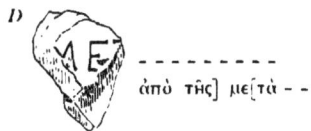

ἀπὸ τῆς] με[τὰ - -

38. Deckplatte eines Bathron aus weifsem Marmor. 0,98 breit; 0,195 hoch; 0,50 tief; Buch-
ftaben 0,020. Aus zwei Stücken zufammengefetzt, von denen das kleinere linke Auguft 1884 auf der
Theaterterraffe gefunden wurde (Inv. III 248), das größere rechte September 1880 im Athenaheiligtum
(Inv. II 38). Rechts und links unvollftändig. Auf der Vorderfeite waren oben und unten vorfpringende
Profile angebracht, die indeffen faft gänzlich abgefchlagen find. Das Gleiche war auf der Rückfeite der
Fall, wo noch das untere aus einem Rundftab beftehende Profil erhalten ift. Auf der Oberfeite find zahl-
reiche Vertiefungen und Einfatzlöcher zur Befeftigung der verfchiedenen Stücke des Weihgefchenkes er-
halten. Abbildung der Vorderfeite 1:7,5, der Ober- und rechten Seite 1:10.

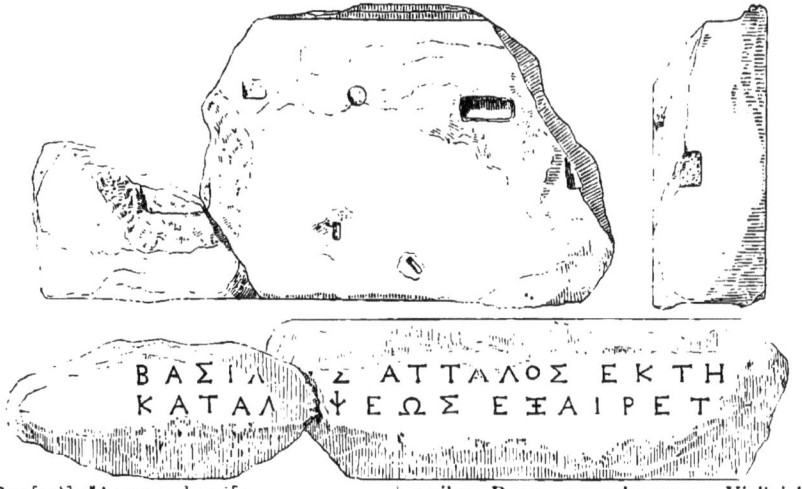

Βασι[λεὺ]ς Ἄτταλος ἐκ τῆ[ς - -
καταλ[ή]ψεως ἐξαιρετ[α Ἀθήναι.

Zu Ende der erften Zeile war die Stadt
angegeben, bei deren Einnahme die hier ge-

weihte Beute gemacht war. Vielleicht Ὠρεοῦ
(vergl. zu Nr. 50), das dem vorauszufetzenden
Raum gut entfprechen würde.

39. Gebälkftück aus Trachyt in zwei Stücke gebrochen, die mit anderen älteren Baugliedern gleichen
Materials in der fpätrömifchen Feftungsmauer auf der Weftfeite der Oberftadt ziemlich weit füdlich von der
Agora an der Stelle eingemauert find, an welcher der Zug der Mauer aus der nordfüdlichen Richtung nach
Often umbiegt (Inv. I 132, 154). 2,36 breit; 0,302 hoch; unten 0,480 tief; Buchftaben 0,075. Über der
Infchrift ift ein vorfpringendes Kyma oder eine glatte Leifte abgefchlagen; rechts und links Stofsfugen,
rechts mit fenkrechtem Gufskanal zur Befeftigung des unten in der Fuge angebrachten Dübels; auf der
Oberfeite Klammerbettungen; die Rückfeite trägt zwei Fascien und am oberen Rande ein ausladendes Kyma.
Nach der Anficht Bohn's kann das Gebälkftück von einem kleinen Gebäude ftammen, deffen Fundament
oberhalb der Vermauerungsftelle noch innerhalb eines der alten Stadtmauerringe erhalten, aber bisher nicht
unterfucht ift. Abbildung 1:15.

Βασιλεύς Ἄτταλος, νικήσας Γαλατας? χαριστήριον τ῀ων
Ληφ᾽θέντων ῀ὅπλων Ἀθηναι.

Dieses Denkmal Attalos I. zuzuschreiben
rät nicht bloß die Schrift, sondern, wie meine
Mitarbeiter mir bemerken, auch das Material,
da Trachyt von Eumenes II. an zu monumentalen Zwecken mehr außer Gebrauch gekommen
zu sein scheine.

Die Vermutung liegt nahe, daß das Gebäude, zu welchem unser Gebälkstück gehörte,
die Trophäen und vielleicht zugleich das Gemälde barg, welche Pausanias 1, 4, 6 erwähnt:
Περγαμηνοῖς δὲ ἔστι μέν σκύλα ἀπὸ Γαλατῶν, ἔστι

δὲ γραφή τὸ ἔργον τὸ πρός Γαλατας ἔχουσα. Fa-
bricius hat (Baumeister, Denkmäler des klassi-
schen Altertums II S. 1222) als Stätte dieses
Gemäldes die Stoa des Athenaheiligtums in
Anspruch genommen, vergl. jedoch unten zu
Nr. 214—216.

Die Inschrift ist C. I. Gr. 3541 aus Peyssonels
Papieren mit dem Lemma »In lapide, qui
angulo muri arcem Pergamenam cingentis in-
sertus est. in Africum« in folgender Gestalt mitgeteilt:

ΕΟΠΛΩΝΑΘΗΝΑ

40. Unterer Teil einer schmalen Ante ,Parastas. aus weißem Marmor. In zwei Stücke gebrochen,
die zusammen August 1883 unmittelbar südwestlich vom Burgtor gefunden sind Inv. III 50. Bericht III 53).
Die Rückseite des nach oben etwas schmaler werdenden Blockes ist auf Anschluß an eine der Breite nach
aus zwei Steinlagen gebaute Wand gearbeitet. Die rechte Seitenfläche ist 0,210, die linke nur 0,190 tief.
Höhe 0,80: Breite unten 0,345, oben 0,335: Buchstaben 0,013—0,015. Abbildung 1 : 6.

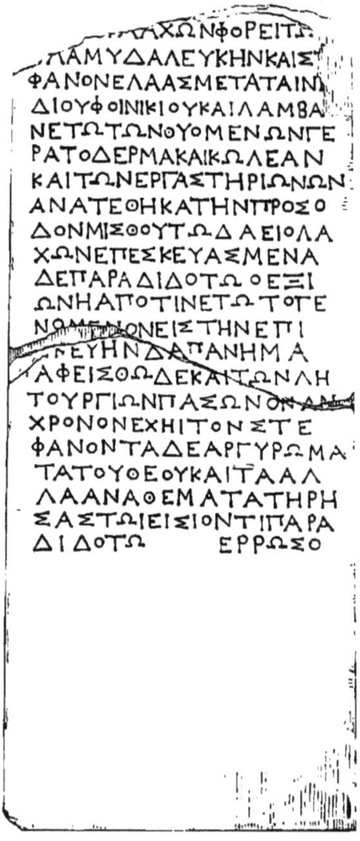

ὁ δ' ἀεὶ λ]αχὼν φορείτω
χ]λαμύδα λευκήν καὶ σ[τέ-
φανον ἐλάας μετά ταιν[ι-
δίου φοινικιοῦ καὶ λαμβα-
νέτω τῶν θυομένων γέ-
ρα τὸ δέρμα καὶ κωλέαν
καὶ τῶν ἐργαστηρίων ὧν
ἀνατέθηκα τήν πρόσο-
δον· μισθούτω δ' ἀεὶ ὁ λαχών, ἐπεσκευασμένα
δὲ παραδιδύτω ὁ ἐξι-
ών ἤ ἀπυτινέτω τὸ γε-
νόμ᾽ε]νον εἰς τήν ἐπι-
σ]κευήν δαπάνημα.
ἀφείσθω δὲ καὶ τῶν λη-
τουργιῶν πασῶν, ὃν [ἂ]ν
χρόνον ἔχη τόν στε-
φανον. τὰ δὲ ἀργυρώμα-
τα τοῦ θεοῦ καὶ τά ἄλ-
λα ἀναθέματα τηρή-
σας τῶι εἰσιόντι παρα-
διδότω. ἔρρωσο.

Der Schriftcharakter macht es am wahrfcheinlichften, dafs diefe Urkunde in die ältere
Zeit Attalos des Erften gehört, ohne dafs freilich eine frühere Entftehungszeit ausgefchloffen
wäre. Es ift ein die Amtsverhältniffe eines
Prielters regelnder Erlafs des Fürften; wie das
am Schluffe ftehende ἔρρωσο beweift, an einen
Einzelnen gerichtet, der alfo die Ausführung
zu veranlaffen hatte. Das Prieltertum, um das
es fich handelt, braucht keineswegs durch diefen
Erlafs erft eingefetzt zu fein; nach Z. 19 ift es
das eines männlichen Gottes, dem nach Z. 3
der Ölkranz zugekommen fein mufs: dies führt
auf Zeus, der z. B. auch in Olympia den Ölkranz trug. Wenn es demnach fcheint, dafs
Attalos I. den Kult diefes Gottes neu geordnet
und ihm fefte Einkünfte zugewiefen hat, fo
ftimmt dies dazu, dafs er feine grofsen augenfcheinlich frühen Schlachtendenkmäler Nr. 20,
21 ff., ferner Nr. 39 und 47 der Athena allein
darbringt und erlt fpäter ihr in Gemeinfchaft
mit Zeus weiht, an welcher Vereinigung die
jüngeren Könige felthalten.

Da der abtretende Priefter (Z. 11 f. ὁ ἐξιών)
an den antretenden (τῶι εἰςιόντι Z. 21) eine Über-
gabe zu vollziehen hat, fo ift das Prieltertum nicht
lebenslänglich gewefen; gewifs war es jährig.

Der Hiat, zum Teil noch durch die zu-
fällige Krafis legitimiert, findet fich in der Infchrift nur in folgenden Stellen: Z. 9 ἀεί ὁ.
Z. 11 παραδιδότω ὁ ἐξιών. Z. 12 ἢ ἀποτινέτω.
Z. 19 τὰ ἄλλα.

Z. 1. λαχών. Während diefes Prieltertum
durch Looswahl befetzt wird, wurde nach

Nr. 248 der Priefter des Dionysos Kathegemon
unter Eumenes II., des Zeus Sabazios unter
Attalos II. vom Könige ernannt.

Z. 2. χλαμύδα λευκήν. Vergl. Platon Gefetze
XII. 956 A: χρώματα δὲ λευκὰ πρέπουτ' ἂν θεοῖς εἴη.

Z. 6. δέρμα καὶ κωλέαν. Vergl. Schol. Aristophanes Wefp. 695: νόμος δὲ ἦν τὰ ὑπολειπόμενα
τῆς θυσίας τοὺς ἱερέας λαμβάνειν, ἃ εἰσιν οἷον δέρ-
ματα καὶ κωλαῖ.

Z. 7 f. τῶν ἐργαστηρίων - - - τὴν πρόσοδον.
Vergl. Nr. 7 B Z. 3.

Z. 9 ff. »Es foll aber der zum Prielter Er-
loofte jedesmal die Fabriken verpachten und
fie beim Austritt aus dem Amte in guten Stand
gefetzt übergeben oder er hat die für die Stand-
fetzung erwachfenden Koften zu erftatten«.

Z. 15. λητουργιῶν. Das Iota adscriptum in
der erften Silbe ift vernachläffigt, wie wiederholt
in demfelben Worte schon in dem um 303
gefchriebenen Briefe des Antigonos bei Lebas,
Asie 86 (Dittenberger, Sylloge 126) Z. 67 ff. In
Attika ift die ältere Form des Wortes bereits feit
etwa 300 v. Chr. aufgegeben und in λειτουργία
gewandelt (f. Meifterhans, Grammatik der attifchen Infchriften² Z. 29 Anm. 174).

Z. 16 f. ὃν ἂν χρόνον κτλ. Die Stephano-
phorie ift fo fehr das Kennzeichen des Priefter-
tums, dafs fie als gleichbedeutend dafür gefetzt
wird. Vergl. das im zweiten Teile diefes Bandes
als Nr. 251 zu veröffentlichende Decret wegen
Verleihung des erblichen Asklepios-Prieftertums
Z. 7 ff. τὴν ἱερωσύνην - - εἶναι Ἀσκληπιάδου καὶ τῶν
ἀπογόνων τῶν Ἀσκληπιάδου εἰς ἅπαντα τὸν χρόνον καὶ
στεφανηφορεῖν αὐτῶν ἀεὶ τὸν ἔχοντα τὴν ἱερωσύνην.

41. Rechte Hälfte eines grofsen Blockes aus blaugrauem Marmor, vermutlich Deckplatte eines
Bathron. 0,593 breit; 0,335 hoch; 0,67 tief; Buchftabenhöhe 0,018. Gefunden November 1883 am Südrande
der Agora, öftlich vom Hauptweg Inv. III 27). Aufser der Vorderfeite ift nur die Oberfeite einigermafsen
geglättet, auf leizterer am Rande rechts ein Einfatzloch; die rechte Schmalfeite ift als Stofsfuge behandelt; die
Rückfeite ift nur mit dem Spitzeifen bearbeitet, war alfo urfprünglich nicht fichtbar. Abbildung 1 : 7,5.

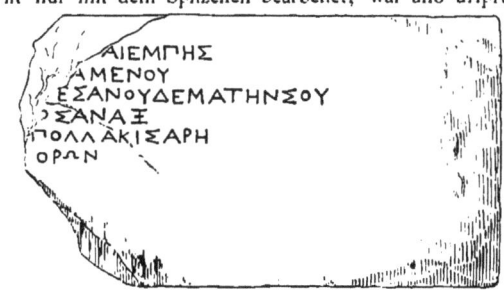

- αι ἔμπης
- ημένου
- εσαν οὐδὲ μάτην σου
- ος ἄναξ
5 πυλλάκις Ἄρη
- ν ὁρῶν.

Von einer Weihung, deren Verfe zeilenweife abgeteilt waren, find die Ausgänge dreier Difticha übrig. Es hatte jemand das Bild eines Herrfchers, vermutlich Attalos' I., aufgeftellt und dabei deffen Kriegstaten gerühmt.

---

42. Bruchftück aus weifsem Marmor. 0,25 breit; Buchftabenhöhe 0,022. Gefunden März 1885 im Theater (Inv. III 352). Rechts ift die glatt gearbeitete Seitenfläche erhalten, fonft überall Bruchflächen. Die Schrift ift fehr forgfältig. Abbildung 1 : 7,5.

– ας ἄναξ.

Pentameterfchlufs von einer Dedication zu Ehren des Herrfchers. »Der Haftenreft in der 1. Zeile kann von einem tief herabreichenden Phi herrühren«. (Fabricius.)

---

43 –45. Drei kleine Altäre.

43. Aus Trachyt, 0,45 hoch; Breite der Schriftfläche 0,235; Tiefe circa 0,105; Buchftabenhöhe fehr ungleich: 0,015 —0,030. Gefunden Mai 1886 füdlich von der Agora (Inv. III 529. Bericht III 59). Die Rückfeite ift unbearbeitet.

44. Bruchftück aus weifsem Marmor. Gefunden März 1884 in der Orcheftra des Theaters (Inv. III 188). Von allen Seitenflächen mit Ausnahme der Unterfeite find Teile erhalten. Der Altar war breit 0,375; tief 0,26; gegenwärtige Höhe 0,50. Schrifthöhe Z. 1 : 0,025, fonft 0,020. Von der Bekrönung hat fich rechts ein Stück vollftändig erhalten. In der Mitte der Oberfeite befand fich ein Zapfenloch. Arbeit und Schrift find forgfältig und fauber.

45. Aus Trachyt, 0,55 hoch, 0,41 breit. Buchftabenhöhe je nach den Zeilen 0,025. 0,023. 0,018. Gefunden Winter 1885 im Heiligtum der Demeter Karpophoros auf der Südfeite der Oberftadt (Inv. III 547. Bericht III 59). In Pergamon an der Fundftelle. — Abbildungen 1 : 10.

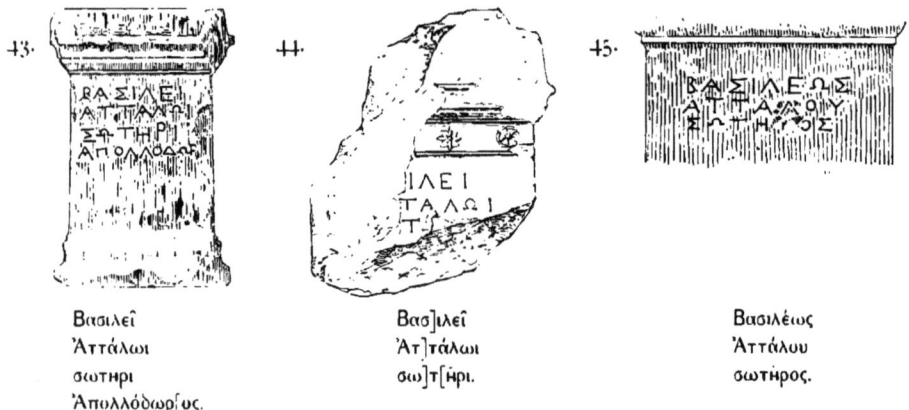

43.	44.	45.
Βασιλεῖ	Βασ]ιλεῖ	Βασιλέως
Ἀττάλωι	Ἀτ]τάλωι	Ἀττάλου
σωτηρι	σω]τ[ήρι.	σωτήρος.
Ἀπολλόδωρ[ος.		

Attalos Soter, an den diefe Weihungen fich wenden, kann nur Attalos I. fein; Attalos II. heifst Philadelphos, Attalos III. Philometor. Offenbar verdankt der erfte König den Beinamen der Errettung Afiens von dem Galaterfchrecken, wie ihn vermutlich aus demfelben Grunde fein Nachfolger Eumenes führte (f. unten zu Nr. 160 Z. 41 f.). Unfere Altäre find dem Könige unzweifelhaft fchon bei Lebzeiten geftiftet worden, da nach feinem Tode die Be-

zeichnung θεός nicht fehlen könnte. Denn
C. I. Gr. 3068 haben wir unter Eumenes II.
einen ἱερεὺς βασιλέως Εὐμένου, 3070 unter
Attalos II. dagegen einen ἱερεὺς θεοῦ Εὐμένου;
in gleichartigen Weihungen heifsen Hermes IX
S. 117 (Dittenberger, Sylloge 223 ff.) Eumenes II.
βασιλεὺς θεός, Attalos II. und feine Gemahlin
Stratonike nur βασιλεύς und βασίλισσα; der gleiche
Unterfchied zwifchen Toten und Lebenden ist
in einer im Berliner Mufeum befindlichen unveröffentlichten Infchrift aus Hierapolis in Phrygien
(Kat. n. 1176ᵃ) gemacht: ἐπεὶ βασίλισσ[α Ἀπ]ολλωνὶς
εὐσεβής, γυνὴ μὲν θεοῦ βασιλέως Ἀττάλου, μήτη[ρ
δ]ὲ βασιλέως Εὐμένου σωτῆρος, μεθέστηκεν εἰς
θεούς; ebenfo bei Lebas-Waddington, Asie 88
(Dittenberger, Syll 234) ἱερέα θεᾶς Ἀπολλωνίδος
καὶ τὴν ἱέρειαν αὐτῆς καὶ βασιλίσσης Στρατονίκης.
In diefer Infchrift kann daher an der von Waddington unzweifelhaft richtig ergänzten Stelle
ἱερέα [Ἀττάλου εὐσεβ]ους nur mit Waddington
der lebende Attalos II., nicht mit Dittenberger
der tote Attalos I. verftanden werden, und
wenn es Dittenberger, Sylloge 246 Z. 27 heifst:
ἱερεὺς ἀποδειχθεὶς τοῦ βασιλέως Ἀττάλου, fo bedeutet
dies, dafs der Geehrte Priefter des lebenden
Königs gewefen war, nicht des verftorbenen θεός.

Aus den Infchriften erhellt alfo, dafs die
pergamenifchen Fürften und ihre Gemahlinnen
fchon bei Lebzeiten göttliche Ehren genolfen
(auf das vor der Königszeit liegende Zeugnis
Nr. 18 Z. 35 f. ift fchon an feiner Stelle aufmerkfam gemacht); fpäteftens feit Eumenes II.
hatten fie auch eigene Priefter und Prieflerinnen.
Der Kreis der Verehrer des lebenden Königs
befchränkte fich unter Umftänden nicht einmal
auf feine Untertanen: aus Dank für erwiefene
Wohltaten decretirten die Sikyonier im Jahre
199 Attalos dem Erften ein jährliches Opfer
(Polybios 17, 16), während die Athener ihn im
Jahre 200 zum Heros eponymos einer Phyle
machten (Polybios 16, 25) und ihm demgemäfs
einen Priefter beftellten (C. I. A. II 1670). Zu
Göttern werden König und Königin aber erft
mit ihrem Tode; korrekt heifst es daher in
der Infchrift von Seftos bei Dittenberger 246
Z. 16 bald nach dem Ausfterben der pergamenifchen Könige: τῶν τε βασιλέων εἰς θεοὺς
μεταστάντων und ähnlich in der oben angeführten Stelle der Infchrift aus Hierapolis.
Ob und welche Unterfchiede im Kulte des
lebenden und des Gott gewordenen Königs beftanden, wiffen wir nicht; die dem letzten
Könige bei Lebzeiten vom Volke von Elaia
erwiefenen Ehren hätten nach feinem Tode
kaum noch gefteigert werden können: er wird
durch ein ἄγαλμα im Asklepieion zum σύννους des
Asklepios erhoben und auf dem Altar des Retters
Zeus wird ihm täglich geopfert (Nr. 246 Z. 7 ff.).

Von Heiligtümern der vergötterten Fürften
kennen wir ein Eumeneion in Philetaireia und
ein Attaleion, wahrfcheinlich in Pergamon, f.
unten zu Nr. 240.

---

46. Kymation aus weifsem Marmor, zu der Verkleidung eines grofsen Altars auf der Theater-
terralfe vor der zum ionifchen Tempel hinaufführenden Freitreppe gehörig. In drei Stücke gebrochen,
die ebenda April 1885 und Februar 1886 gefunden find (Inv. III 356). Länge 0,62; Höhe 0,137; Tiefe
unten 0,115; Ausladung 0,100. Der Altar (vergl. Bericht III S. 47) ist in römifcher Zeit mit Verwendung
der Werkftücke eines älteren Denkmals von vorzüglichfter Arbeit gebaut; gewifs von diefer zweiten Verwendung rühren die auf der Aufsenfeite einzelner Blöcke roh eingehauenen Verfatzmarken her: auf dem
vorliegenden Stücke ift das links durch die beiden erften Buchftaben gehende als Stigma, das rechte als
Zeta zu deuten, fo dafs fie fenkrecht zu den Fugen ftehen. Die Infchrift gehört ficher dem urfprünglichen
Bauwerke an, das vermutlich ebenfalls ein Bathron oder ein Altar gewefen ift. An wenig hervortretender
Stelle und in ungleichen Abftänden nach Mafsgabe des Raumes, aber in fcharfen und tiefen Zügen ift fie
auf den Grund zwifchen Aftragalos und Eierftab eingegraben. Die Buchftabenformen, wie auch die
Vorzüglichkeit der plaftifchen Arbeit weifen auf die befte Epoche hin. Abbildung des Ganzen 1 : 10, der
Infchrift 1 : 5.

-     - εἶῤ ασ(σ)ατυ Χίος

Die Stellung des Ethnikon hinter dem
Verbum kommt zwar auch in profaifchen
Infchriften vor, doch ift es, da der Reft des
Verbums nicht von einem der in Profa für
»weihen« oder »verfertigen« gewöhnlichen
Worte herrühren kann, kaum zu bezweifeln,
dafs wir den Schlufs eines Hexameters haben.
Ebenfo ift in dem oben ergänzten Verbum das
des Metrums halber nötige zweite Sigma bei
Rofs, Inscriptiones ineditae 298 (Kaibel, Epi-

grammata 778) ausgelaffen, gefchrieben ift es
C. I. A. I. 403.

Herr Studniczka hat die anfprechende
Vermutung geäufsert, dafs unfere Infchrift urfprünglich dem Bathron angehörte, welches die
Chariten des Bupalos trug: vergl. Pausanias
9, 35, 6 Χάριτες - - - Περγαμηνοῖς δὲ ὡσαύτως ἐν
τῷ Ἀττάλου θαλάμῳ, Βουπάλου καὶ αὗται. Unfere
Künftlerinfchrift könnte dann eine Copie der
urfprünglichen fein. Dafs man in der Königszeit zu Pergamon aufser diefen Chariten noch
andere Werke der älteren Kunft zufammen-
brachte, zeigen die Nummern 48. 50.

---

47. Grofse Bafis aus blauem Marmor. In zwei Stücke gebrochen, von denen das kleinere, linke
September 1883 im türkifchen Mittelturm auf der Südfeite des Athenaheiligtums gefunden wurde (Inv.
III 76), das gröfsere Februar 1879 in der byzantinifchen Mauer füdlich von der Agora (Inv. I 57. Bericht I 72'. Beide Stücke in Pergamon. Breit 1.997; hoch 0.450; Buchftaben 0.046. Der Block trug am
oberen und am unteren Rand ausladende Profile, die um alle vier Seiten herumgeführt waren, jetzt aber
überall abgefchlagen find. Er lag alfo urfprünglich auf allen Seiten frei, vermutlich auf einer Stufe (die

Unterfeite ift indeffen völlig eben und
forgfältig geglättet) und trug ein Weihgefchenk aus Bronze, deffen Standfpuren fich auf der freilich fehr zer-
ftörten Oberfeite erhalten haben. Abbildung der Oberfläche 1 : 20; der Infchrift 1 : 12,5.

Βασιλεὺς Ἄτταλος τῶν ἐξ Αἰγίνης ἀπαρχὴν Ἀθηναι. |
Τὰ ἐξ Αἰγίνης find die Einkünfte aus
Aegina. Die Infel wurde als Mitglied des
achäifchen Bundes etwa im Jahre 210 von
P. Sulpicius Galba erobert und die Einwohner
in Sklaverei verkauft; von den Römern durch
Vertrag den Aetolern überlaffen, erwarb König
Attalos I. Aegina für 30 Talente (Polybios 22, 11
23, 8]). Es blieb beim pergamenifchen Reiche
bis zum Ende desfelben und wurde von einem
Statthalter verwaltet (vergl. C. I. Gr. 2139 b.
Lebas-Foucart, Péloponnèse 35 a]).

Dafs diefe Weihung Attalos dem Erften
gehört, geht daraus hervor, dafs die fpäteren
Könige ihrem Namen das ihres Vaters ebenfo
ftändig hinzufügen, wie jener ihn fortläfst.
»Die Buchftabenformen find zwar entfchieden
jünger als die der früheren Zeit Attalos' I.
zuzuweifenden Infchriften, doch ift B und P
noch ganz ohne die Verfchnörkelung, wie fie
auf den Infchriften Eumenes' II. beginnt und
auf denen Attalos' II. fich fteigert.« (Fabricius.)

48—50. Werkstücke von Statuenbasen aus bläulich-weissem Marmor.

48. 0,425 breit; 0,215 hoch; 0,62 tief; Buchstabengröfse 0,018. Gefunden Mai 1886 am Abhang oberhalb der Terrasse zwischen dem Zuschauerraum des Theaters und dem ionischen Tempel (Inv. III 531. Bericht III 62). Beiderfeits Anschlufsfläche; die Vorderseite hat einen 0,015 breiten Randbeschlag, die Oberseite ist etwas gerauht und trägt nahe dem hinteren Rande ein Dübelloch. Vermutlich lag eine weitere Platte darüber, auf der das Bildwerk befestigt war. Die Buchstaben waren rot gefärbt; Spuren haben sich besonders in dem letzten Sigma erhalten. Abbildung der Inschrift 1:5.

ΣΜΙΚΩΝΟΣ ΑΙΓΙΝΗΤΗΣ

Ὀνάτας] Σμίκωνος Αἰγινήτης [ἐποίησεν.

49. 0,68 breit; 0,275 hoch; 0,54 tief; Buchstabengröfse 0,015—0,020. Gefunden 1879 auf der Nordseite des Säulenhofes im Gymnasium, wo der Block in einem späten Bathron vor der achten Säule von Osten her verbaut war (Inv. I 137). Auf der Oberseite befinden sich die Standspuren einer Bronzestatue, zwei Zapfenlöcher und eine weitere kleine und ganz flache Einarbeitung. Die Schmalseiten und die Rückseite sind geglättet; die Unterseite zeigt Lagerfläche. (a: Bericht I 111. Loewy, Inschriften griech. Bildhauer 156.) Abbildung der Inschrift 1:7,5.

a) ΘΗΡΩΝΒΟΙΩΤΙΟΣ ΕΠΟΙΗΣΕΝ

b) ΕΞΑΙΓΙΝΗΣ

a) Θήρων Βοιώτιος ἐποίησεν.

b) Ἐξ Αἰγίνης.

50. Bruchstücke in der Form eines kleinen ionischen Epistyls, oben nach beiden Seiten leicht dachförmig abgeschrägt, was auf Aufstellung im Freien schliefsen läfst. 0,142 hoch; 0,38 tief; Buchstaben

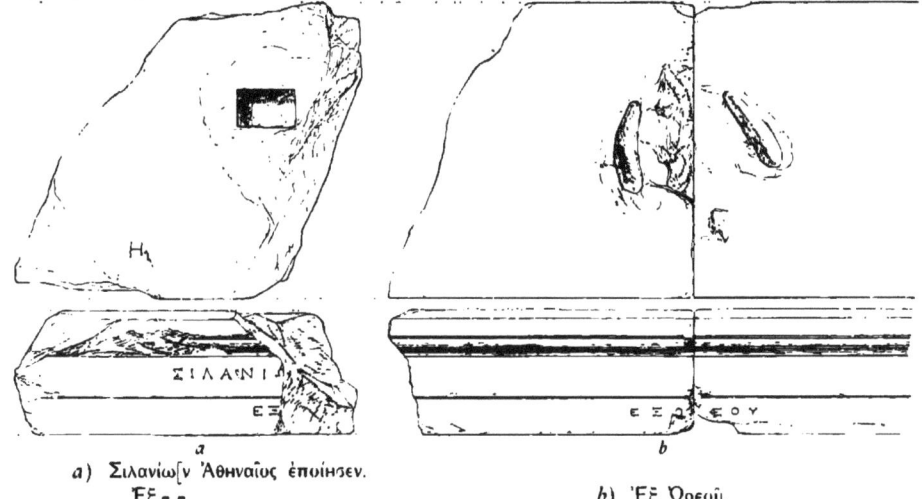

a) Σιλανίω[ν Ἀθηναῖος ἐποίησεν.
ΕΞ- -

b) Ἐξ Ὠρεοῦ.

Z. 1: 0.012, Z. 2: 0.008   0.009. Gefunden Auguſt 1883 am Südabhang des Athenaheiligtums Inv. III 52¹. *a* breit 0.34 iſt beiderſeits gebrochen und hat auf der Oberſeite ein viereckiges Einſatzloch. *b* iſt aus zwei Platten zuſammengeſetzt 1.08 breit , die an beiden Seiten gebrochen, während die inneren Stofsflächen erhalten ſind In der Stofsfuge von *b* unten ein Dübelloch, je eine Hälfte in jedem der beiden Fragmente; das linke trägt den zugehörigen vertikalen Gufskanal; auf der Oberſeite die Fufsſpuren einer Statuette, je 0.11 lang, davor ein kleines Zapfenloch. Abbildungen 1:7.5.

Die hier vereinigten Inſchriften ſchließen ſich ſowohl durch ihren Inhalt als durch die große Übereinſtimmung ihrer etwas gezierten Schriftzüge zu einer Gruppe zuſammen. Es ſind Aufſchriften älterer Kunſtwerke, welche als Trophäen teils politiſcher, teils kriegeriſcher Erfolge nach Pergamon entführt worden ſind. Für Nr. 50 iſt ſicher, dafs dies durch Attalos I. geſchah (ſ. unten); für Nr. 48 und 49, obwohl ihr urſprünglicher Standort, die Inſel Aegina, dauernd in pergameniſchem Beſitz war, das bei weitem Wahrſcheinlichſte, dafs auch ſie durch denſelben König bald nach der Erwerbung der Inſel (ſ. zu Nr. 47) herübergebracht ſind.

Es wirft ein helles Licht auf den Charakter jener Zeit, wenn wir bei der Entführung der Kunſtwerke ganz deutlich ein hiſtoriſches Intereſſe betätigt ſehen, wie ja auch König Attalos die Chariten des alten Bupalos erworben hatte (ſ. oben zu Nr. 46). Dem entſpricht es, dafs jedem Stücke ſorgfältigſt ein Vermerk über ſeinen Urheber hinzugefügt wird. Der Apollon des Onatas (Nr. 48) war gewifs einem Heiligtum entnommen und mit den übrigen erbeuteten Kunſtwerken wiederum , einer Gottheit dargebracht worden: dies war durch die Aufſtellung in einem Temenos hinreichend bezeichnet, während den Anlafs der Weihung die Provenienzangabe andeutet, mit welcher man zugleich wiederum dem wiſſenſchaftlichen Intereſſe entgegenkam. Bei Nr. 48 konnte die Hinzufügung der Provenienz neben dem Ethnikon des Künſtlers überflüſſig erſcheinen; ſie kann aber auch auf einem nicht erhaltenen Block geſtanden haben. Wir gewinnen die Vorſtellung von einem förmlichen Muſeum, das wir uns in und bei den Hallen des Athenaheiligtums aufgeſtellt denken möchten: es iſt nämlich Grund zu der Annahme vorhanden, dafs die jetzigen Aufſchriften erſt von Eumenes II., dem Erbauer dieſer Hallen (vergl. zu Nr. 149), hinzugefügt wurden (ſ. zu Nr. 164); wir hielten

es jedoch für zweckmäſiger ſie von den übrigen Zeugniſſen der Regierung Attalos' I. nicht loszutrennen. Die Sammlung älterer Kunſtwerke würde alſo wie in innerem, ſo auch in räumlichem Zuſammenhange mit der Bibliothek geſtanden haben¹.

Zu den einzelnen Stücken genügen hiernach wenige Bemerkungen.

48. Fabricius hat zuerſt geſehen, dafs wir die Baſis der von Pausanias 8, 42, 7 erwähnten Apolloſtatue des Onatas wiedergefunden haben: οἱ Φιγαλεῖς... Ὀνάταν τὸν Μίκωνος Αἰγινήτην πείθουσιν... ποιῆσαί σφισιν ἄγαλμα Δήμητρος. Τοῦ δὲ Ὀνάτα τούτου Περγαμηνοῖς ἐστιν Ἀπόλλων χαλκοῦς, θαῦμα ἐν τοῖς μάλιστα μεγέθους τε ἕνεκα καὶ ἐπὶ τῇ τέχνῃ. Dafs die Pergamener das Werk der Heimat des Künſtlers entnommen haben, kann nicht zweifelhaft ſein.

Da vor Αἰγινήτης ein Spatium die Worttrennung andeutet und ein ſolches auch vor dem Anfang der erhaltenen Schrift, nicht aber nach dem erſten Sigma vorhanden iſt, ſo ſteht, wie Schuchhardt bemerkt hat, feſt, dafs die archaiſche Namenform Σμίκωνος geſchrieben war.

49. Theron iſt gewifs identiſch mit dem bei Pausanias 6, 14, 11 als Künſtler der Statue eines meſſeniſchen Olympioniken erwähnten Βοιώτιος Θήρων, der vermutlich in der zweiten Hälfte des 4. Jahrhunderts gelebt hat (vergl. Brunn, Geſchichte der griech. Künſtler I 296); die Wahrſcheinlichkeit der Identität wird dadurch unterſtützt, dafs auf der olympiſchen Baſis wie auf der unſrigen die Heimat des Künſtlers nach der Landſchaft bezeichnet war. Wir dürfen dem Geſchmacke des Königs Attalos vertrauen, dafs das von ihm der Mitnahme aus Aegina gewürdigte Werk des Theron von hervorragendem Werte war, wie von dem des Onatas feſtſteht.

50. Silanion iſt ohne Zweifel der berühmte Erzgieſser des vierten Jahrhunderts, deſſen Heimat wir aus Pausanias (6, 4, 5 und 6, 14, 11)

---

¹ Vergl. Band II S. 47. 68. Sitzungsberichte der Berliner Akademie 1884 S. 1261. 1269 unten.   C.

kennen. Das Kunſtwerk, das aus Oreos ſtammte, war wohl ebenfalls von Silanion oder ſein Urheber war unbekannt. Die toten Güter von Oreos kamen, wie Livius 31, 46 ausdrücklich bezeugt, im Jahre 200 in die Gewalt des Attalos, als er die Stadt im Verein mit den Römern im Sturm nahm: *urbs regi, captiva corpora Romanis cessere.*

51   56. Bruchſtücke ſäulenförmiger Baſen aus weiſsem Marmor. Die Durchmeſſer ſcheinen alle ungefähr 0.60 betragen zu haben. Buchſtabenhöhe durchweg 0.030; Schriſt nicht ſehr ſorgfältig. Nach ähnlichen Merkmalen wie bei Nr. 33   37 läſst ſich ein Teil der Fragmente zuſammenordnen. Abbildungen 1 : 7.5.

Nr. 51.   Zwei Bruchſtücke mit ausladendem oberen Rand, das gröſsere *A* aus zwei Fragmenten zuſammengeſetzt   Nach der Krümmung der Schriftfläche von *A* läſst ſich der Radius der Säule auf 0,29 beſtimmen.   Gefunden: das gröſsere Stück von *A* Inv. II 33 September 1880 im türkiſchen Eckturm ſüdweſtlich vom Athenatempel, das kleinere Stück III 152 November 1883 ebendaſelbſt im Schutt; *B* (III 81a) September 1883 im türkiſchen Mittelturm auf der Südſeite des Athenaheiligtums.   Die Zuſammengehörigkeit von *A* und *B* iſt nicht völlig ſicher.

Nr. 52.   Zwei ſicher zuſammengehörige Bruchſtücke aus ſenkrecht geſchichtetem Marmor, von denen *A* aus zwei aneinanderpaſſenden Stücken beſteht.   Bei *B* oben Reſt des ausladenden Randes.   Hier iſt die Nachläſſigkeit in Schrift und Stellung der Buchſtaben beſonders auffallend: die Zeilen lieſen indeſſen nicht, wie es angeſichts des Fragmentes *A* ſcheint, ſpiralenförmig anſteigend um die Säule herum.   Gefunden: *A* das Stück links Inv. II 125 Juni 1881 im Athenaheiligtum, das Stück rechts (III 74 März 1884 unterhalb des Athenatempels; *B* III 401 Auguſt 1885 auf der Theaterterraſſe.

Nr. 53.   Zwei ſicher zuſammengehörige Bruchſtücke vom unteren Rand einer Säulentrommel.   Die erſte Zeile war etwas eingerückt. Gefunden: *A* Inv. III 300 Herbſt 1884, *B* III 153 November 1883 im Theater.

Nr. 54.   Zwei möglicherweiſe zuſammengehörige Bruchſtücke.   *A.* Oben und unten ebene Fläche: das Fragment hat vermutlich als Ausbeſſerungsſtück einer Lücke am unteren Rande einer Säulentrommel gedient.   Die Buchſtaben ſind, wie oftmals am Zeilenſchluſs, zuſammengedrängt.   Gefunden Herbſt 1878 auf der Agora Inv. Nr. I 18.   *B.* Vom oberen Rand einer Säulentrommel, gefunden Juni 1881 auf der Theaterterraſſe II 157.

55.   Zwei wahrſcheinlich zuſammengehörige Bruchſtücke vom oberen Rand einer Säulentrommel. Gefunden: *A* October 1883 in der byzantiniſchen Mauer unterhalb des Burgtores Inv. III 74, *B* Auguſt 1884 im Theater III 260.

56.   Zehn Bruchſtücke. *A, B* und *C* gehören wahrſcheinlich zu einer Baſis (ſie beſtehen aus dem gleichen, horizontal geſchichteten Marmor, während *D* eher nicht zu derſelben gehörig ſcheint: bei *A, B* und *D* ſind Anſätze des ausladenden oberen Randes, wie bei Nr. 51 und 52, erhalten.   Die anderen Fragmente laſſen ſich nicht zuſammenordnen.   Fundorte: *A* Inv. III 81c November 1883 im Theater, *B* III 259) Auguſt 1884 auf der Agora.   *C* III 280 Oktober 1884 im Theater, *D* III 81 b) September 1883 im türkiſchen Mittelturm auf der Südſeite des Athenaheiligtums. *E* III 109 Oktober 1883 im Theater. *F* (III 74), *G* (II A), *H* (III 62) Auguſt 1883 am Abhang unterhalb der Südſeite des Athenaheiligtums, *I* (III 273) Oktober 1884 im Theater. *K*

Die folgenden Siegesweihungen ſämtlich entweder auf Attalos I. oder Eumenes II. zu beziehen erſcheint dadurch begründet, daſs die Namenreſte der Urheber, wo ſie erhalten ſind, einem dieſer beiden Könige gehören: dem älteren Nr. 51 und 52, dem jüngeren Nr. 56 C.

51.

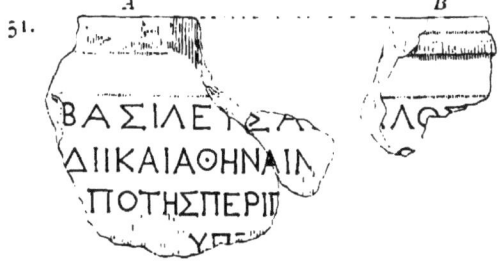

A   B

Βασιλε[ὺ]ς Ἀ[ττα]λος
Διὶ καὶ Ἀθηνᾶι Ν[ικηφόρωι
ἀ]πὸ τῆς περὶ - - - -
πρὸς .] υπ - - -
[μάχης.

52.

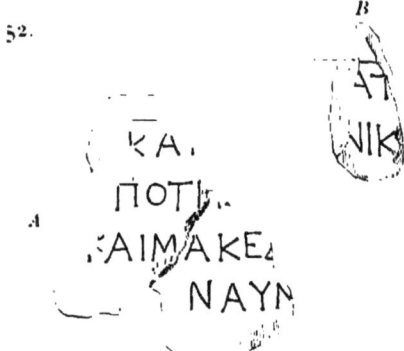

Βασιλεὺς] Ἄτ[ταλος
Δι]ὶ κα[ὶ Ἀθηνᾶι Νικηφόρωι
ἀ]πὸ τ[ῆς πρὸς - - -
καὶ Μακεδ[όνας παρὰ - - -
5   ναυμ[αχίας.

Diefe Weihung bezieht fich auf eine Seefchlacht, in welcher die Makedonen in zweiter
Reihe der pergamenifchen Flotte gegenüber-
geftanden haben. Dadurch fchon find die Ereigniffe des Bundesgenoffenkrieges gegen Philipp V. ausgefchloffen, an welchem Attalos in
den Jahren 208 und 207 beteiligt war; die zufammenhängende Darftellung diefes Krieges bei
Livius, welche auch den durchaus nicht glän-
zenden Anteil des Attalos genau verfolgt, erwähnt überdies weder einen Seefieg desfelben,
noch läfst fie eine Stelle erkennen, an welcher
ein folcher irgendwie wahrfcheinlich wäre.
Nachdem Attalos dann im Jahre 205 in den
Frieden der Römer mit Philipp eingefchloffen
worden war (Livius 29,12), geriet er 201 wieder
in Kriegszuftand mit Makedonien und feine
Flotte trug im Verein mit der rhodifchen bei
Chios einen grofsen Erfolg davon. Über diefe
bedeutende Schlacht haben wir den ausführ-
lichen Bericht des Polybios 16, 2 ff., der bei der
Angabe der Verlufte in Cap. 7 Verbündete des
Philipp bezeugt, ohne fie namhaft zu machen:
doch hätte eine Weihung für diefe Schlacht
die Makedonen keinenfalls an zweiter Stelle genannt und wäre gewifs auch monumentaler
ausgefallen wie die unfrige. Als Philipp im
Jahre 200 Afien verlaffen hatte (Polybios 16, 24),
operirte die pergamenifche Flotte in den nächften
Jahren im Verein mit den Römern und Rhodiern gegen die Bundesgenoffen Philipps im
ägäifchen Meere (Livius 31, 45 f. 32, 16 ff.): wie
wir hören, dafs Philipp die Städte durch makedonifche Befatzungen zu fichern gefucht hatte
(Andros: Livius 31, 45. Oreos: 31, 46. Eretria:

32, 16). Karystos und Kenchreä: 32, 17), fo ift
es mehr wie wahrfcheinlich, dafs er auch
Schiffe zu ihrem Schutze aufbot. In diefen
Seezügen werden wir den Anlafs unferes Weihgefchenkes zu fuchen haben, das mithin in
die letzten Jahre des Königs Attalos gehört.

53.

Βασιλεὺς Ἄτταλος ?]
Δι κ[αὶ Ἀθηνᾶι] Νικ[ηφόρωι
ἀπὸ [τῆς πρὸς Τυλισ]τυ[αρίους
παρὰ . . . . φα - - -
    [μάχης.

An der Richtigkeit der Ergänzung in Z. 3
ift kaum zu zweifeln, da Refte und Raum vollkommen dazu ftimmen. In Bezug auf den
Namen des Königs vergl. das zu Nr. 37 C bemerkte.

54.

Mit Hilfe der von Herrn Lolling vor dem
jetzt in Fragment A Erhaltenen noch gefehenen

Buchſtaben OY ergiebt ſich, die Zuſammengehörigkeit mit *B* vorausgeſetzt, etwa folgende
Faſſung:

Βασιλεύς - - -]
καὶ οἱ συμπλεύσαντες]
τὸν μετὰ - -]ου στόλον
Διὶ καὶ Ἀθηνᾶι Νικηφόρωι]
ἀπὸ τῆς πρὸς - - - - - - -]
παρὰ - - - - - - - - - - -]
       ναυμα]χίας.

Der Reſt - ου dürfte vom Namen eines
römiſchen Flottenführers herrühren.

55.

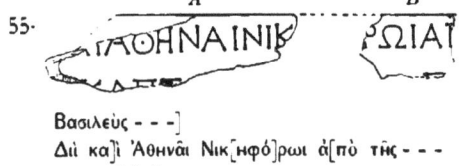

Βασιλεύς - - -]
Διὶ κα]ὶ Ἀθηνᾶι Νικ[ηφό]ρωι ἀ[πὸ τῆς - - -
. . . . . κ[α]π[ε - - - -
   μάχης oder ναυμαχίας.

Dieſe Inſchrift weicht in der Anordnung
der Zeilen von den übrigen ab. - καπε - wird
der Reſt eines barbariſchen Namens ſein; vor
der Vermutung, daſs μετὰ Καπ[παδοκῶν zu leſen
und die Inſchrift etwa auf den von Ariarathes
von Kappadokien unterſtützten Krieg Eumenes' II. gegen Pharnakes von Pontos (Polyb.
26, 6) zu beziehen ſei, iſt zu warnen, da der
Buchſtabe nach dem Pi nur E (oder Γ), ſicher
kein zweites Pi geweſen ſein kann.

56.

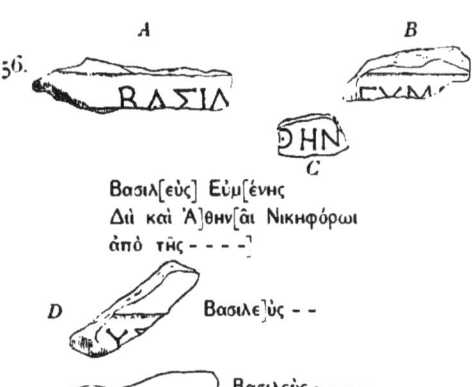

Βασιλ[εὺς] Εὐμ[ένης
Διὶ καὶ Ἀ]θην[ᾶι Νικηφόρωι
ἀπὸ τῆς - - - -]

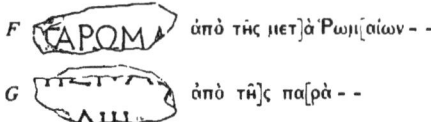

Βασιλε]ὺς - -

Βασιλεὺς - - - -
ἀπὸ τῆς π]ρὸς Πρ[ουσίαν - -

Falls die Ergänzung zutrifft, bleibt noch
fraglich, ob der Gegner des Pruſias hier König
Attalos I. iſt, in deſſen Reich er im Jahre 207
einfiel (Livius 28, 7. Stephanus Byz. unter Βοὸς
κεφαλαί), oder Eumenes II. (vergl. zu Nr. 65).

 ἀπὸ τῆς μετ]ὰ Ῥωμ[αίων - -

 ἀπὸ τῆ]ς πα[ρὰ - -

Die 2. Zeile läſst ſich als Reſt von Διὶ καὶ
Ἀθηνᾶι Νικηφόρωι deuten; trifft dies zu, ſo wich
die Faſſung dieſes Stückes von den übrigen ab,
in welchen die Götter vor der Ortsangabe ſtehen.

H ἀπ]ὸ [τῆς παρὰ oder περὶ - -

I   *K*

<hr>

57. Deckplatte eines Bathron aus weiſsem Marmor. Gefunden im türkiſchen Eckturm an der
Südweſtecke des Athenaheiligtums, wo der Block mit teilweiſe ſichtbarer Inſchrift eingemauert war (Inv.
I 114. II 147). In Pergamon. Urſprüngliche Länge 0,605; Höhe 0,205; Tiefe 0,50; Buchſtaben 0,025. Links
Anſchluſsfläche, auf der Oberſeite Standſpuren einer Bronzeſtatue. Die Vorderſeite ſtark zerſchlagen. Das
Stück mit den letzten 5 Buchſtaben der zweiten Zeile iſt bei dem Abbruch des Turmes abgeſprungen.
Abbildung 1:7,5

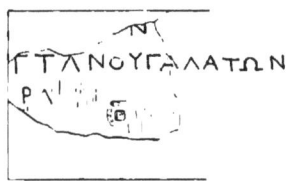

Es wird das wahrſcheinlichſte ſein, daſs
das Fragment von einer metriſchen Weihung
wegen eines Galaterſieges ſtammt und daſs
in Z. 2
       π]τανοῦ Γαλατῶν
zu leſen iſt. Die Verwendung des Wortes
πτηνός in einem Siegesdenkmal iſt in mehr-
facher Verbindung denkbar, ſo ſteht z. B. bei
Plato Protagoras p. 320 E πτηνὸν φυγήν.

10

58. Drei zufammenhängende Bruchstücke einer kleinen Bafis aus blauem, nicht geädertem Marmor Gefunden September und October 1880 in der türkifchen Feftungsmauer am Südrande des Athenaheiligtums Inv. II 43, II 7. Breit 0,32; Buchftaben 0,028—0,033, verhältnifsmäfsig fauber eingehauen. Die Bafis glich den unter Nr 33—37 und 63 mitgeteilten. Schrift- und Seitenflächen find mit feinem Zahneifen bearbeitet. Abbildung 1:7,5.

Βασιλεὺς Εὐμένης?
Διὶ καὶ Ἀθην αι Νικηφόρωι
ἀπὸ τῆς π[αρὰ τὸν
Ἅρπασον ἐ γ Καρίαι
5 πρὸς Ἀ̓ντ[ίοχον μάχης.

Einen Fluſs Harpasos giebt es in Armenien (Xenophon Anab. 4,7,18; bei Diodor 14,29 Ἅρπασος) und in Karien (Livius 38,13. Steph. Byz. u. Ἅρπασα. Etymol. magn. u. Ἅρπασος); nur der letztere wird hier gemeint fein können. Die Ergänzung des Namens Antiochos als Gegners der Pergamener (Z. 5) ift nicht zu bezweifeln. Antiochos Hierax kann nicht in Frage kommen, da die Siege Attalos' I. über diefen durch das grofse Schlachtenmonument (oben Nr. 21—28) gefeiert find; zwifchen Antiochos Epiphanes und Eumenes II., dem er feinen Thron verdankte, waren die Beziehungen fo freundlich, dafs fie den Argwohn der Römer

erweckten (Polyb. 31,5; vergl. unten Nr. 160): alfo kann es fich nur um Antiochos den Grofsen handeln. Ausgefchloffen fcheint ficher der von Eumenes II. im Bunde mit den Römern gegen diefen König im Jahre 190 geführte Krieg, als deffen Schauplatz Karien nirgends genannt wird. Bei dem Einfall Antiochos des Grofsen in Pergamon, über welchen fich Attalos I. im Jahre 198 in Rom beklagte, kann fchwerlich ein feindliches Zufammentreffen in Karien, am wenigften ein für Attalos fiegreiches, ftattgefunden haben (vergl. Livius 32,8 *vacuum namque praesidiis terrestribusque regnum Attali Antiochum invasisse*). Dagegen dürfte von den uns bekannten Ereigniffen der Zug des Antiochos gegen die aegyptifchen Befitzungen in Karien paffen (Livius 33,19 *per omnem oram Ciliciaeque et Cariae tentaturus urbes quae in dicione Ptolemaei essent*), denen die Rhodier Beiftand leifteten (Livius 33,20 *alias auxiliis iuverunt, alias providendo ac praemonendo conatus hostis, causaque libertatis fuerunt Cauniis, Myndiis, Halicarnassensibus Samiisque*). Dafs die rührige pergamenifche Macht die Abwehr der für fie bedrohlichen fyrifchen Übergriffe den Rhodiern allein überlaffen habe, ift nicht wahrfcheinlich. Da Livius unmittelbar nachher (33,21) den Tod Attalos' I. berichtet, fo ift die Infchrift, wenn ihre vermutete Beziehung richtig ift, eher feinem Nachfolger zuzuteilen.

59. Kleiner Block aus blaugrauem Marmor. 0,166 hoch; Buchftaben 0,020. Gefunden September 1880 in der türkifchen Feftungsmauer auf der Südfeite des Athenaheiligtums (Inv. II 6). Rechts und hinten gebrochen; in der linken Schmalfeite ein Dübelloch mit Gufskanal, der nur von einer anderweitigen Benutzung des Steines, vermutlich in einer Giebelwand, ftammen kann. Die ehemalige Oberfeite wurde dabei Vorderfeite, die Schriftfläche fenkrechte Stofsfuge, die linke Schmalfeite fchräg anfteigende Oberfeite. Die Schrift ift unforgfältig. Abbildung 1:7,5.

Βασιλέα Ἄτταλον?
θεὸν σω[τῆρα καὶ
τὸν βωμὸ[ν ὁ δεῖνα.

Die Bezeichnung θεὸς σωτήρ kommt fowohl Attalos I. als Eumenes II. nach dem Tode zu (vergl. zu Nr. 43—45); um welchen der beiden Könige es fich handelt, kann nicht entfchieden werden. Es fcheint, dafs jemand ein Bild des Gottkönigs und einen Altar desfelben neben einander aufgeftellt hatte.

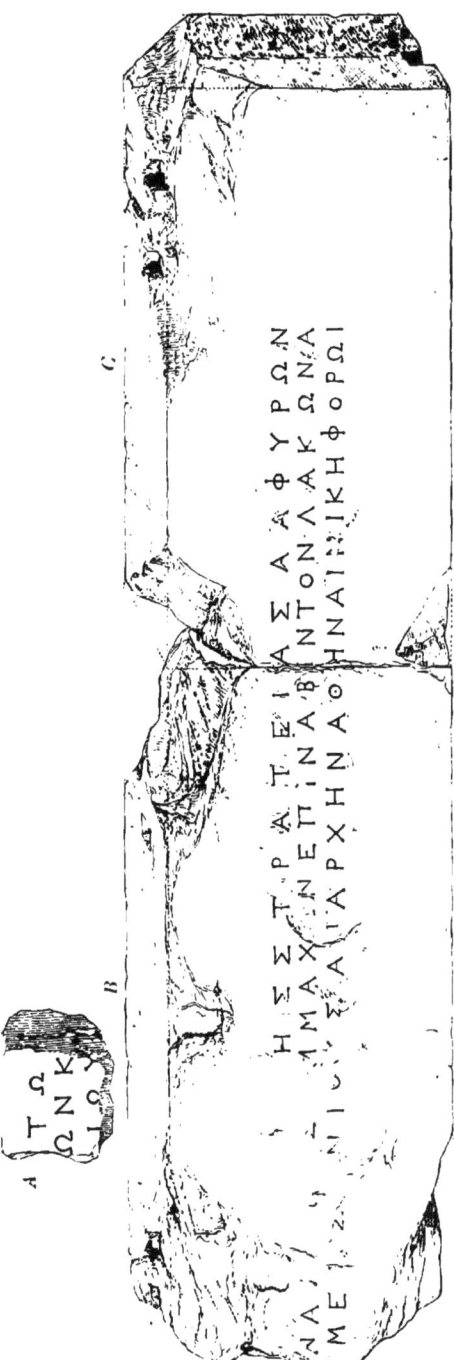

60. Zwei vollſtändige Standplatten *B. C* und das Bruchſtück einer dritten (*A*) von einem Bathron aus weiſsem Marmor. Gefunden *A* Juli 1883 im Theater, *B* März 1881 am Südrande des Athena-heiligtums, *C* September 1883 ebenda im türkiſchen Mittelturm (Inv. I 97ᵃ, II 81, III 97). Die Platten haben auf der Unterſeite Dübellöcher, auf der Ober-feite Öffnungen für die Verklammerung mit einander und Dübellöcher zur Befeſtigung der nächſthöheren Schicht. Bei jedem der Blöcke *A* und *B* find die beiden Schmalſeiten als Stofsfugen bearbeitet. Da die Platte, von welcher *A* stammt, nach Mafs-gabe der Ergänzung noch nicht den Anfang der In-fchrift getragen haben kann, ift anzunehmen, dafs das Ganze aus vier Platten zuſammengeſetzt und die Inſchriſt folglich doppelt fo lang war, als der auf den beiden vollſtändigen Platten *B* und *C* erhaltene Teil (2 × 2.55). *B* iſt 1,719, *C* 1,423 lang, beide find 0,716 hoch, 0,35 tief; Buchſtabenhöhe: 0.045. Die Schrift iſt mit Sorgfalt eingehauen, vielfach jedoch durch Abblätterung zerſtört. Facſimile - Probe bei Conze, Monatsbericht der Berl. Akad. 1881 Taf. II *A* zu S. 869. Abbildungen 1 : 15.

Βασιλεὺς Εὐμένης ἀπὸ] τῶ[ν γενομένων ἐκ τ]ῆς
  στρατείας λαφύρων,
ἣν ἐστρατεύσατο μετὰ Ῥωμαί[ων κ[αὶ τῶ]ν ἄ[λλων]
  σ[υ]μμάχων ἐπὶ Νάβιν τὸν Λάκωνα,
καταστρεψάμενον τοὺς Ἀργε[ίου]ς καὶ] Με[σ]σ[η]ν[ίου]ς,
  ἀ[π]αρχὴν Ἀθηνᾶι Νικηφόρωι.

Die Inſchrift bezieht ſich auf die Hilfe, welche Eumenes im Jahre 195 in dem Feldzuge der Römer und Achäer gegen den Tyrannen Nabis von Sparta leiſtete: ſie iſt durch Livius 34,29 bezeugt: *L. Quinctius .... certior deinde factus Gythium oppidum omnium maritimarum rerum Lacedaemoniis receptaculum esse nec procul a mari castra Romana abesse, omnibus id copiis adgredi constituit .... In tempore Quinctio rem haud facilem adgredienti rex Eumenes et classis Rhodiorum supervenerunt.* Argos hatte der Tyrann im Jahre 197 in ſeine Gewalt gebracht (Livius 32, 38. Polybios 17, 17), was die Römer als Kriegsgrund geltend machten (Livius 33, 44f. 34, 22); der Handſtreich gegen Messene (Pauſanias 4, 29, 10. 8, 50, 5. Plu-tarch Philopoimen 12. Polyb. 16, 13ff.), der nur einen ganz vorübergehenden Erfolg hatte, liegt bis ins Jahr 202 zurück. Dafs er dem Nabis

aber unvergeſſen war, deutet Livius 34, 32, 16
an, wenn er den Flaminin in der dem Friedens-
ſchluſs von 195 vorhergegangenen Zuſammen-
kunft, der auch der König Eumenes beiwohnte

(Liv. 34, 30), ſagen läſst: *Messenen, uno atque
eodem iure foederis quo et Lacedaemonem in
amicitiam nostram acceptam, socius ipse sociam
nobis urbem vi atque armis cepisti.*

---

61. Standplatte eines Bathron aus weiſsem Marmor, links und unten unvollſtändig. Höhe 0,45;
Breite 0,46; Dicke 0,215; Buchſtabenhöhe 0,025. Gefunden Frühjahr 1879 in der byzantiniſchen Mauer
öſtlich von der Agora ,Inv. I 59. Bericht I 84'. Die Schriftfläche iſt ſehr verwittert, die Leſung indeſſen
überall ſicher. Auf der Oberſeite ein Dübelloch. Abbildung 1 : 7.5.

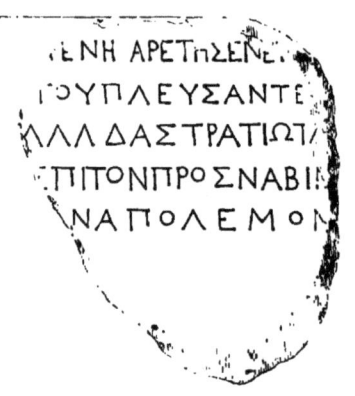

Βασιλέα Εὐμ[έ]νη ἀρετῆς ἕνε[κεν
οἱ μετ' αὐ]τοῦ πλεύσαντε[ς
εἰς τὴν Ἑ]λλ[ά]δα στρατιῶτ[αι
ἐξιόντος] ἐπὶ τὸν πρὸς Νάβι[ν
5 τὸν Λάκω]να πόλεμο[ν.

Der Anlaſs dieſes dem Könige von ſeinem
Heere dargebrachten Standbildes iſt derſelbe
Feldzug, nach welchem er ſelbſt das unter
Nr. 60 mitgeteilte Denkmal geſtiftet hat; ſ. dort.
Vergl. oben zu Nr. 29.

Zur Ergänzung von Z. 4 vergl. Dionys. Hal.
Antiq. 3, 65: Σαβῖνοι .... ἅμα πάντες .... ἐξῆλθον
ἐπὶ τὸν πόλεμον.

---

62. Standplatte eines groſsen Bathron aus blauem Marmor. 1,705 breit; 0,940 hoch; 0,220
dick; Buchſtaben 0,032 0,034, bei c 0,040. Aus 4 Bruchſtücken zuſammengeſetzt, von denen das gröſste
links mit dem zunächſt anſchlieſsenden kleinen Fragment Oktober 1879 in dem türkiſchen Feſtungsturm

an der Südweſtecke des Athenaheiligtums, das groſse Bruchſtück
rechts September 1883 an derſelben Stelle im Schutt, das kleine
Fragment in der Mitte Juni 1881 auf der Agora gefunden iſt .Inv.
I 115, III 147, II 120. Bericht I 84'. Die Platte hat urſprünglich ein
Bronzewerk, wahrſcheinlich das Bild eines Pferdes getragen, deſſen
Einſatzlöcher auf der jetzigen Rückſeite (ehemals Oberſeite) erhalten
ſind (vergl. die beiſtehende Skizze 1 : 30); zu dieſem früheren Weih-
geſchenk gehört die auf der linken Schmal-, ehemals Vorderſeite befindliche ſchon im Altertum halbzerſtörte Inſchrift c.

Bei der Verwendung als Standplatte für das Nabis-Monument iſt die ehemalige Unterſeite zur Vorderſeite gemacht und derartig abgearbeitet worden, daſs am oberen Rand ein 0,217 hoher vorſpringender
Streifen ſtehen blieb, der auch auf die Schmalſeiten herumgeführt iſt, ohne daſs die letzteren jedoch vollſtändig abgearbeitet wären. Während die Hauptinſchrift (a auf dem unteren Teil der Vorderſeite
angebracht iſt, trägt der erhabene Streifen darüber den Anfang einer zweiten Inſchrift (b), deren Buchſtaben ganz mit denen von a übereinſtimmen. In dem gröſseren Bruchſtück links ſind die Buchſtaben
ausgewaſchen, auf dem Fragment rechts in urſprünglicher Schärfe erhalten. Facſimile des gröſsten Fragmentes von a bei Conze, Monatsbericht der Berl. Akad. 1881 Tafel II B zu S. 869. (Dittenberger, Sylloge
203. Abbildungen 1 : 15.

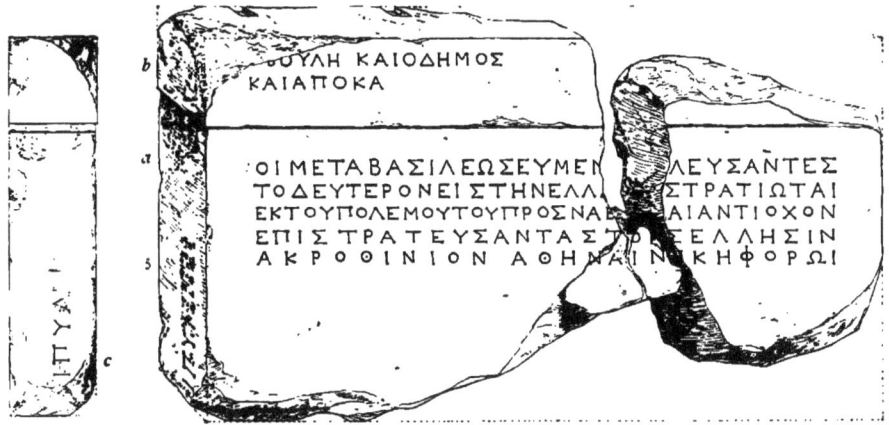

a) Οἱ μετὰ βασιλέως Εὐμέ[νου π]λεύσαντες
τὸ δεύτερον εἰς τὴν Ἑλλ[άδα] στρατιῶται
ἐκ τοῦ πολέμου τοῦ πρὸς Νάβ[ιν κ]αὶ Ἀντίοχον,
ἐπιστρατεύσαντας τοῖς Ἕλλησιν,
5 ἀκροθίνιον Ἀθηνᾶι Νικηφόρωι.

b) Ἡ] βουλὴ καὶ ὁ δῆμος (ἐπεσκεύασεν
καὶ ἀποκα(τέστησεν Ἀθηνᾶι.

c) - - - Σ]ιπυλ - - -

Die von einer früheren Verwendung des
Steines herrührende Infchrift c kann nach dem
Zeugnis des Schriftcharakters nur wenig älter
fein wie a; fie fcheint von einer Weihung wegen
eines Sieges παρὰ τὸν Σίπυλ[ον übrig, der etwa
in der letzten Zeit Attalos' I. erfochten fein müfste.
Die Kaffirung eines derartigen Denkmals in der
Königszeit ift nicht denkbar; der Stein kann nur
bei einer Reftitution überflüffig geworden fein.
Auch das durch die Infchrift a bezeichnete
Denkmal, zu welchem er dann verwendet wurde,
hat, wie die Infchrift b zeigt (die Ergänzungen
bis auf den zur Herftellung gleicher Zeilen-
längen wahrfcheinlich hinzuzufügenden Götternamen fchon bei Urlichs, Pergamen. Infchriften
S. 7), eine Reftitution erfahren und zwar mufs
diefe auch hier fehr bald nach der Errichtung
nötig geworden fein. Die Reftitutionsangabe ift
merkwürdiger Weife unvollendet geblieben, nachdem der Steinmetz vor Beendigung der erften
Zeile die zweite einzuhauen begonnen hatte.

Die Infchrift a bezeugt einen zweiten
Kriegszug des Königs Eumenes' II. nach Hellas,
nach dem gegen Nabis gerichteten vom Jahre
195, auf den fich die vorigen beiden Infchriften
beziehen. Die unfrige wird man zunächft fo
verftehen wollen, dafs die Gegner des Eumenes,
Nabis und Antiochos, mit einander vereinigt
gewefen feien. Dies ift aber unmöglich. Antiochos landete im Herbft 192 bei Pteleon am
pagafäifchen Meerbufen (Livius 35, 43, 4);
der ätolifche Heerführer Alexamenos, der dem
Nabis zum Schein die erbetene Hilfe zuführen,
in Wirklichkeit aber ihn befeitigen foll, ködert
ihn bei Livius (35, 35, 7) kurz vor der Ermordung mit dem Hinweis auf die bevorftehende
Ankunft des Antiochos in Hellas *(Antiochum
iam transisse in Europam, mox in Graecia
fore)*: alfo hat eine Vereinigung des Nabis und
Antiochos nicht ftattgefunden. Die Infchrift ift
demnach notwendig fo aufzufaffen, dafs auf
demfelben Kriegszuge Eumenes in Hellas erft
gegen Nabis und nach deffen Tode gegen Antiochos gefochten hat.

Über diefen zweiten Kriegszug des Eumenes gegen Nabis fchweigt die Überlieferung.
Denkbar ift er nicht, fo lange Nabis im Frieden
mit Rom lebte, was nach der Beendigung des
in Nr. 60 und 61 erwähnten Feldzuges vom
Jahre 195 bis zum Frühjahr 192 der Fall war,
wo er von den Aetolern angeftachelt losfchlug
(Livius 35, 12 f.). Da der Tyrann fchon im
Herbfte desfelben Jahres umkam, fo kann der
Feldzug des Eumenes gegen ihn nur im Sommer
192 ftattgefunden haben, alfo unmittelbar vor

dem gegen Antiochos in Hellas, was mit dem
sprachlichen Ausdruck unsrer Infchrift im besten
Einklange steht. Da sie den Kriegszug gegen die
beiden Gegner als einen einzigen bezeichnet.
Der pergamenische König hat also die Achäer
unterstützt, die den Krieg gegen Nabis, ehe
römische Hilfe zur Hand war (vergl. über die
Haltung der Römer zu Nr. 63), unter Philopoimen aufnahmen.

In der zusammenhängenden Geschichte
dieses Feldzuges, wie Livius 35, 25—30 sie,
unzweifelhaft aus Polybios, giebt, ist es unverkennbar, dass nicht blos die Ereignisse um
ihrer selbst willen erzählt werden, sondern mit
der Absicht sie zur Verherrlichung des Philopoimen wirksam zu machen: sie liess sich wie
die ἀριστεία des achäischen Feldherrn. Selbst
wo seine Unerfahrenheit im Seekriege berichtet
werden muss, geschieht es nicht, ohne den notwendigen Tadel mit dem grösten Lobe zu ver-
knüpfen (Cap. 26: *sicut terrestrium certaminum
arte quemvis clarorum imperatorum vel usu vel
ingenio aequabat, ita rudis in re navali fuit* etc.);
der gröste Teil des 28. Capitels ist von einer
Abschweifung ausgefüllt, welche in dramatischer
Lebendigkeit den Weg darlegt, auf welchem
der Held zu seiner Meisterschaft in der Benutzung des Terrains gelangt ist. Finden wir
nun den pergamenischen Anteil an der Be-
kämpfung des Nabis bei Livius gänzlich übergangen, so ist der Verdacht gerechtfertigt, dass
Polybios sich einer parteilichen Färbung seiner

Erzählung zu Gunsten seines von ihm bewun-
derten Lehrers schuldig gemacht hat.

Was von der Hilfsleistung der Pergamener
in dem Kriege der Römer gegen Antiochos den
Grossen in Hellas bekannt ist, enthält keinen
Anlass zur Weihung von Siegesbeute, so dass
unsre Überlieferung auch hierfür lückenhaft sein
muss. Attalos, Eumenes' II. Bruder, hatte per-
sönlich in Rom gemeldet, dass der Syrerkönig
den Hellespont überschritten habe (Livius 35, 23):
im Euripos traf Eumenes die Flotte des Flaminin. Man beschliesst eine Besatzung von
500 Pergamenern nach Chalkis zu legen, während
der König selbst nach Athen geht (35, 39): später
senden auch die Achäer 500 Mann nach Chalkis
und Eumenes noch ein *modicum auxilium*: ein
römischer Zuzug von 500 Mann wird bei De-
lion niedergemacht (35, 50). Chalkis wird von
Antiochos genommen, worauf die Achäer und
Pergamener Salganeus halten; von dem syrischen
Feldherrn Menippos angegriffen, erlangen sie nur
freien Abzug (35, 51). Nach dem Siege des
M.' Acilius Glabrio bei den Thermopylen ent-
weicht Antiochos im Jahre 191 nach Asien;
Eumenes war indessen in Aegina und traf nach
langem Schwanken, ob er zum Schutze seines
Reiches sich nach Asien begeben oder bei den
Römern bleiben solle, den Admiral C. Livius bei
Skyllaion (36,42). Dann wird der Krieg nach Asien
verlegt, wo Eumenes wie bekannt den folgen-
reichsten Anteil an der Entscheidung nimmt.

---

63. Zwei Bruchstücke einer kleinen Basis aus blauem Marmor. Gefunden das kleinere (Inv. III 350)
März 1885 im Theater, das grössere (Inv. II 1128) Mai 1881 im Athenaheiligtum. Die Schrift, 0.030 gross,
ist breit und unsicher eingehauen; die Flächen sind mit dem groben Zahneisen bearbeitet, die Oberseite
ist rauh gelassen. In dem grösseren, 0,28 breit erhaltenen Fragment oben zwei Zapfenlöcher. Gleichartig
sind Nr. 33-37 und 58. Abbildung 1 : 7,5.

B]ασ[ιλεὺς Εὐμένης
Διὶ κ[αὶ Ἀθηνᾶι Νικ[ηφόρωι
ἀπ[ὸ τᾶς μετὰ Ῥ]ωμαίων
καὶ Ἀχαιῶν πρὸς Νά]βιν τὸν
5 [Λάκωνα δευτέρας στρατείας.

Da die Weihung des Eumenes für den Feldzug des Jahres 195 in Nr. 60 enthalten ist, kann sich die Infchrift nur auf den des Jahres 192 beziehen, über welchen zu Nr. 62 das Nötige bemerkt wurde. Wir haben alfo für jeden der beiden Kriege gegen Nabis fowohl die von dem Könige als die von feinen Truppen gefetzte Siegesinfchrift (vergl. oben zu Nr. 29). Dafs Eumenes in feiner Siegesweihung die Erwähnung feiner römifchen Bundesgenoffen nicht unterlaffen durfte, verfteht fich, obwohl fie nicht tätig in den Krieg eingegriffen haben. Flaminin

hatte zwar die Achäer angewiefen die Ankunft der römifchen Flotte abzuwarten, wozu Philopoimen auch bereit war, *sed metuens ne dilationem res non pateretur . . . nares Achaeorum deduxit* (Livius 35, 25). Als nachher Nabis in Sparta eingefchloffen war, hat Flaminin zu feinen Gunften vermittelt: wie die Bewunderer des Philopoimen behaupteten, aus Neid über deffen Kriegsruhm, welchen die Achäer dem des römifchen Feldherrn gleichgeftellt hätten (Plutarch Philopoimen 15, Flaminin 13. Livius 35, 30).

---

64. Standplatte eines Bathron aus bläulich weifsem Marmor.   1,065 breit, 0,505 hoch, 0,30 tief; Buchftaben 0,022-0,025.   Gefunden September 1881 im Athenaheiligtum (Inv. II 196.   Bericht II 49). Die linke Seitenfläche ift geglättet, der Block bildete alfo eine Ecke; demgemäfs ift die Rückfeite links auf Anfchlufs gearbeitet, die rechte Seitenfläche ift ziemlich rauh und dazu befchädigt.   Hier fcheint fich eine

weitere Platte angefchloffen zu haben, nur fehlt die entfprechende Klammerbettung auf der Oberfeite, die über der Stofsfuge hinten links vorhanden ift.   Möglicherweife war die rechte Seite durch ein benachbartes Monument verdeckt.   Auf der Oberfeite, die als Anfchlufsfläche behandelt ift, zwei Löcher für die Dübel zur Befeftigung der Deckplatte. (Dittenberger, Sylloge 208.) Abbildung 1 : 10.

Ἄ]ττ[αλ]ον βασιλέως [Ἀττ]άλου,
ἀρετῆς καὶ ἀνδρα[γ]αθίας ἔνεκεν
καὶ τῆς εἰς ἑαυτοὺς εὐνοίας,
Ἀχαιῶν οἱ διαβάντες κατὰ συμμαχίαν
5 πρὸς βασιλέα Εὐμένη τὸν ἀδελφὸν αὐτοῦ
ἐν τῶι συστάντι πρὸς Ἀντίοχον πολέμωι
καὶ συναγωνισάμενοι τὴν ἐν Λυδίαι
παρὰ τὸν Φρύγιον ποταμὸν μάχην
Ἀθηνᾶι Νικηφόρωι.

Während im Jahre 191 König Eumenes II. zufammen mit der römifchen und rhodifchen Flotte gegen die Küfte von Lykien operirt, belagert Antiochos des Grofsen Sohn Seleukos Pergamon, das von ganz unzulänglicher Mannfchaft unter dem Befehl des nachmaligen Königs Attalos II.

verteidigt wurde; Antiochos felbft bezieht an den Quellen des Kaikos ein Standlager und läfst durch feine gallifchen Söldner die pergamenifchen Äcker verwüften. Auf diefe Nachrichten eilt Eumenes mit der Flotte nach Elaia, wohin ihm feine Bundesgenoffen folgen; er gelangt in feine belagerte Hauptftadt, mufs aber mit den Römern zum Schutze der Ebene von Adramytion aufbrechen, die zu plündern Antiochos vorrückt. In diefer Not langt die von Eumenes früher erbetene Hilfe der Achäer in Elaia an: 1000 Fufsfoldaten und 100 Reiter, alles kriegserfahrene Veteranen unter Führung des Diophanes, eines Schülers Philopoimen's. Es gelingt dem Attalos fie in der Nacht auf den Hügel geleiten zu laffen, auf welchen die Stadt

Pergamon damals noch befchränkt war, während das fyrische Heer an deffen Fufse lagert. Durch zwei ebenfo glückliche wie kühne Ausfälle zwingt Diophanes den Seleukos nicht nur die Belagerung aufzuheben, fondern das pergamenifche Gebiet überhaupt zu verlaffen (Livius 37,18—21. Polybios 21,9(7)ff. Appian Syr. 26).

Die Z. 7f. erwähnte Schlacht ift die Entfcheidungsfchlacht bei Magnefia im Jahr 190. Es heifst bei Livius: *Antiochus recepit se transgressus Phrygium amnem circaque Magnesiam quae ad Sipylum est posuit castra* … *Consul* … *secutus vestigia citra Phrygium am-* *nem, quattuor milia ab hoste posuit castra.* Am dritten Tage überfchreiten die Römer den Flufs, worauf fich vier Tage lang die Heere gegenüberftehen; am fünften kommt es zur Schlacht. Auf dem rechten Flügel der Römer — Appian fagt irrtümlich den linken — commandirt Eumenes; hier ftanden mit feiner eigenen Macht auch feine achäifchen Bundesgenoffen, zufammen etwa 3000 Mann zu Fufs und 800 Reiter. Eumenes foll in der Schlacht, die ihm ganz Afien diesfeits des Tauros einbrachte, nur 25 Mann verloren haben. (Livius 37,37 ff. Appian Syr. 31 ff.)

---

65. Deckplatte eines Bathron aus weifsem Marmor. In der griechifchen Knabenfchule in Pergamon (Inv. P 8). 0,507 breit; 0,170 hoch; Buchftabenhöhe 0,014. Der Stein ift fpäter zur Aufnahme einer Ehreninfchrift auf Tib. Claudius Vetus neu behauen worden, wobei die urfprüngliche Schriftfläche Unterfeite, die alte Unterfeite Schriftfläche, die Seitenflächen abgemeifselt wurden. Die Infchrift ift mit grofser Sorgfalt in einem den Infchriften des grofsen Altars fehr ähnlichen

Charakter eingehauen. Sie ift veröffentlicht Μουσεῖον καὶ βιβλιοθήκη τῆς εὐαγγελικῆς σχολῆς, Σμύρνη, II 1 p. 6; ohne das untere, kleinere Fragment bei Lebas, Asie 1720ª; die fpätere Infchrift Μουσεῖον ebenda. Lebas 1723ª. Gelzer, Abhandl. d. Berl. Akad. 1872 S. 72. Abbildung 1:8,5.

Ἄτ]ταλος βασι[λέως Ἀττάλου
Δ]ιὶ καὶ Ἀθηνᾷ Νικ[ηφόρωι
ἀπ]ὸ [τῆς πρ]ὸ[ς Βιθ]υνοὺς κ[αὶ Γαλάτας
π]ερὶ τὸ Λύ[π]εδρον [μάχης.

Die Zeit des Krieges zwifchen Eumenes II. und Prufias I. von Bithynien läfst fich nicht näher beftimmen, als dafs er im Jahre 183 fchon beendet war (Polybios 24, 1); bei Prufias weilte Hannibal als Flüchtling. Dafs die Bithyner im Landkriege unterlegen waren, meldet Juftin 32,4,6; aus unferer Infchrift erfahren wir, dafs Eumenes den Befehl über das Landheer feinem Bruder und Nachfolger Attalos übertragen hatte; dafs zur See er felbft commandirte, zeigt der Bericht des Nepos (Hannibal 10 f.) über die ihm von Hannibal durch Lift beigebrachte grofse Niederlage. Dort heifst es: *quem* (Prusiam) *cum rideret* (Hannibal) *domesticis opibus minus esse robustum, conciliabat ceteros reges adiungebatque bellicosas nationes.* Unter den *ceteri reges* ift hier Philipp von Makedonien zu verftehen, unter den *bellicosae nationes* gewifs die Galater (vergl. M. H. E. Meier, Hall. Encyclop. III 16 S. 379); in der Infchrift pafst die Ergänzung Γαλάτας, da Z. 3 ein wenig enger gefchrieben ift, vollkommen in den Raum. — Der Ort der Schlacht war der Berg Lypedron in Bithynien, der in corrupter Form bei Memnon erwähnt ift (Photius Bibl. p. 228a 27 Bkk. Fragm. 20 Müller): Ζιποίτης … κτίζει πόλιν ὑπὸ τῷ Λυπερῷ ὄρει τῇ αὐτοῦ κλήσει ἐπώνυμον.

---

66. Bruchftücke einer Bafis aus weifsem Marmor. *A*, 0,16 breit, 0,31 hoch, befteht aus zwei Stücken, von denen das obere (Inv. I 64ᵇ) in der byzantinifchen Mauer, das untere (Inv. III 174) December 1883 unterhalb des Athenaheiligtums gefunden ift. *B*, 0,08, und *C*, 0,07 breit (Inv. III 233. 233ª), find Juni 1884 auf dem weftlichen Teil der Agora; *D*, mit 0,11 breit erhaltener Schriftfläche (Inv. III 93), September 1883 weftlich in der byzantinifchen Mauer gefunden. Die rauhe Hinterfeite (nur bei *C* nicht erhalten) ift gewölbt, fo dafs die Tiefe bei *A* oben 0,18, unten 0,11 beträgt; bei *B* oben 0,16, unten 0,13; bei *D* oben 0,22, unten 0,20. Nach diefem Kennzeichen läfst fich das Oben und Unten der Fragmente beftimmen; *D* kann alfo nicht O N gelefen werden. Buchftabenhöhe 0,05. Abbildung 1:10.

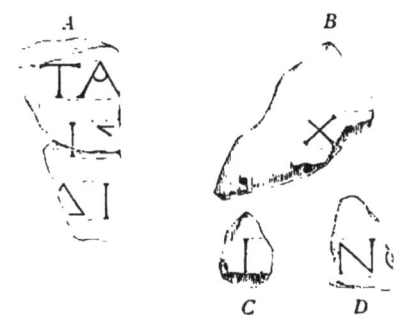

Ἄτ]ται̣λος βασιλέως Ἀττάλου
χαρ̣ι̣σ̣[τή-ριον - - - - - - - - -
Διῒ καὶ Ἀθηνᾶι Νικηφόρωι.

Fragment *B* kann nach äufserlichen Kennzeichen nicht fo geftellt werden, dafs fein Chi
von dem kaum zu bezweifelnden χαριστήριον in
Z. 2 ftammen könnte; es wird vielmehr ebenfo
wie Fragment *D* zu der fpäter in Z. 2 vorauszufetzenden Angabe des Anlaffes der Weihung
gehört haben. Z. 3 war etwas eingerückt.

---

67. Fragment eines aus einem Stück gearbeiteten Epiftyls und Triglyphenfriefes von
bläulichem Marmor, hoch 0,415; Buchftaben 0,04. Gefunden Juni 1881 in der byzantinifchen Mauer
unterhalb des Burgthores Inv. II 149. Links und rechts gebrochen; auf der Oberfeite ein Dübelloch und

eine nach hinten gerichtete Klammerbettung, auf der Unterfeite der
Reft eines Bandes. Abbildung 1:10.

Ἄ[τταλυς βασιλέως Ἀττάλου
τὸ τέμε[νος - - - - - - - - - - - - - -

Der Schriftcharakter diefer Nummer gleicht aufserordentlich
dem der vorigen. Stand in Z. 2 nur der Name einer Gottheit,
fo müfste er, befonders da ein den Begriff des Weihens aus-
drückendes Verbum in den königlichen Dedicationen von Pergamon nicht vorkommt, recht lang gewefen fein; gut in den Raum
paffen würde Διονύσωι Καθηγεμόνι.

68. Kleiner Altar aus weifsem Marmor, 0,155 breit, 0,165 hoch,
0.10 tief, als Tempelchen gebildet, mit zwei viereckigen Pfeilern
an den vorderen Ecken und zwei runden Säulen auf den hinteren
Schmalfeiten. Auf der Vorderfeite zwei fchlanke Amphoren in Relief,
über und auf dem Gebälk die Infchrift, deren Buchftaben in Z. 1
0,006—0,008, in Z. 2 0,005 grofs find. Gefunden März 1886 in der
Gebäudegruppe V der Hochburg (f. den Plan; Inv. III 517). Abbildung 1:3.

»Am Ende der unteren Zeile war bei der Auffindung
ΩΡ zu erkennen.« (Schuchhardt.)

Κορύ]βασι
Ἀηύντ]ωρ.

Im zweiten Jahrhundert n. Chr. nahm man
nach dem Orakel C. I. Gr. 3538 in Pergamon als
Geburtsftätte des Zeus die Stadtburg in Anfpruch, wobei wir die Kabiren, nicht die Korybanten als nächfte Begleiter der afiatifchen Göt-
termutter finden; jene hätten den Neugeborenen
zuerft erblickt. Man wird dies nur als eine
nicht weiter bedeutungsvolle Äufserung des Lo-
calpatriotismus anfehen dürfen, ähnlich wie frü-

her der Skepfier Demetrios den kretifchen Zeus-
mythus keck feiner Heimat zuzueignen bemüht
war (Strabo 472 C., vergl. Haupt, Opuscula II
54 f.). Unfre Infchrift zeigt denn auch, dafs den
Korybanten in der Königszeit ihre Geltung nicht
verkümmert war. Dafs der pergamenifche Cult-
name ihrer Göttin damals Μεγάλη Μήτηρ war, beweift Varro de lingua latina 6, 15, indem er Με-
γαλήσιον als den Namen ihres dortigen Heiligtums

bezeugt, in welchem, wie er berichtet, das Attalos dem Erften für die Römer ausgelieferte peffinuntifche Idol der Gottin zunächft niedergelegt wurde (f. unten zu Nr. 248 Z. 52). Die Beziehungen der pergamenifchen Könige zu Peffinunt bezeugen auch die infchriftlich erhaltenen Briefe Eumenes' II. und Attalos' II. an den dortigen Priefter (vergl. zu Nr. 171—176) und die

Nachricht Strabo's 567 C.: Πεσσινοῦς δ' ἐστὶν ἐμπόριον... ἱερὸν ἔχον τῆς μητρὸς τῶν θεῶν.... κατεσκεύασται δ' ὑπὸ τῶν Ἀτταλικῶν βασιλέων ἱεροπρεπῶς τὸ τέμενος ναῷ τε καὶ στοαῖς λευκολίθοις. Im zweiten Jahrhundert n. Chr. war nach einigen in der Nähe der unfrigen gefundenen Infchriften (f. Bericht III 59) der pergamenifche Name der Göttin in Μήτηρ ἡ βασίλεια variirt.

69–128. Die Infchriften vom grofsen Altar.

Die an dem grofsen Altar angebrachten Infchriften zerfallen in folgende vier Gruppen:

1. Die Infchrift auf dem Epiftyl der Säulenhalle: Nr. 69.
2. Die Künftlerinfchriften auf dem Sockelglied der Reliefs und, wo diefes an den Treppenwangen fehlt, auf dem Deckgefims: Nr. 70—85.
3. Die Namen der Götter auf dem Deckgefims und einmal auf einer Reliefplatte der Gigantomachie: Nr. 86—111.
4. Die Namen der Giganten auf dem Sockelglied unterhalb der Reliefs und an den Treppenwangen, fo weit dort das Sockelglied fehlt, auf den Reliefplatten felbft: Nr. 112—128.

Die Inschriften find durchweg ohne Rückficht auf die Fugen eingehauen. Abbildungen der Infchriften fämtlich 1:7,5.

1. Epiftyl-Infchrift.

69. Zwei Bruchftücke, die in dem türkifchen Feftungsturm öftlich vom Burgtor verbaut waren. A wurde November 1883 beim Abbruch des Turmes gefunden (Inv. III 146), B (Inv. I 153) war ftets von aufsen fichtbar. Form, Mafse, Material und Arbeit ftimmen genau mit den unverfehrt erhaltenen Epiftylblöcken des Altars überein, fo dafs die Zugehörigkeit trotz des Fundortes nicht zweifelhaft fein kann. Die unverfehrten Blöcke find 0.255 hoch und unten 0.36 tief, zeigen vorn drei Fafcien und darüber ein Profil, hinten nur das letztere und darunter glatte Fläche. Die Schrift ift in 0.050 (Theta 0,038) hohen Buchftaben äufserft forgfältig eingehauen: bei beiden Stücken ift die obere Fafcie weggebrochen. Die Schriftfläche ift bei A 0.53, bei B 0.60 lang erhalten.

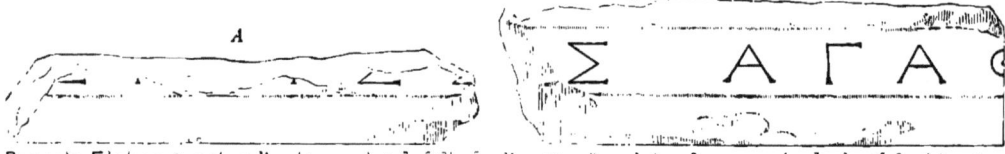

Βασιλεὺς Εὐμένης βασιλέως Ἀττάλου καὶ βα]σι[λ᾿ίσσ]ης Ἀπολλωνίδος ἐπὶ τοῖς γεγενημένοι]ς ἀγαθ[οῖς Διὶ καὶ Ἀθηναι Νικηφόρωι.

Die Infchrift, die in grofsen Buchftaben an der bevorzugteften Stelle des Altarbaues geftanden hat, ift zweifellos die Weihung gewefen. Dafs der Altar unter Eumenes II. errichtet ift, hat Conze, ehe unfre Fragmente herangezogen werden konnten, aus dem Aufseren der übrigen Infchriften gefchloffen (Monatsber. d. Berl. Akad. 1881 S. 869 ff.), ein Anfatz, deffen Wahrfcheinlichkeit durch unfre Weihung noch erheblich verftärkt wird. Denn da in Fragment A βασιλισσ- unverkennbar ift, die Mutter des Dedicanten mithin als Königin bezeichnet war, fo kann, da in die kurze Regierungszeit des letzten Attaliden niemand die Gründung des Altars zu verlegen

geneigt fein wird, aufser Eumenes II. überhaupt nur noch Attalos II. in Frage kommen. Die Angabe der Mutter bei der Weihung eines pergamenifchen Königs finden wir auch an der von Attalos II. in Athen geftifteten Stoa (C. I. A. II 1170): Β]ασ[ιλ]εὺς Ἀττ[αλος] βασιλ[έως Ἀττάλου καὶ β[α]σ[ιλί]σσης Ἀπολλων[ίδος - -

Dafs in Fragment B das Sigma ein Wortende bildete, zeigt das Spatium. ἐπὶ τοῖς γεγενημένοις ἀγαθοῖς »zum Dank für die erwiefenen Wohltaten« fteht in Nr. 246 Z. 3. Der Altar war alfo der Dank für die Gefamtheit der dem Könige zu Teil gewordenen Glücksfälle, nicht für einen einzelnen Erfolg.

Conze (Sitzungsber. 1884 S. 12 f.) und ihm folgend Fabricius (in Baumeifters Denkmälern des Altertums unter »Pergamon« Bd. II S. 1214) haben gemeint, dafs der Altar dem Zeus Soter geweiht gewefen fei, doch entfällt von den beiden Infchriften, auf denen diefe Anficht beruht, die eine von vorn herein, da fie einen Altar in Elaia, nicht in Pergamon nennt (f. unten zu Nr. 246 Z. 10 f.), und dafs der in der andern, dem Dekret Nr. 251, erwähnte Altar des Zeus Soter gerade der grofse Altar fei, kann durch nichts geftützt werden. Ein Altar des Zeus Soter ift auf dem Markte einer hellenifchen Stadt nicht nur nichts Ungewöhnliches, fondern faft obligatorifch (vergl. Robert, Hermes XXIII S. 431): nun wäre es ja an fich möglich, dafs der Prachtbau des Königs Eumenes die Erneuerung eines von Alters her für den Retter Zeus beftehenden Altars war, aber es ift im höchften Grade unwahrfcheinlich. Denn wir müfsten erwarten, dafs der durch ein folches Bauwerk ausgezeichnete Gott in Pergamon auch fonft in wefentlicherem Mafse mit Weihungen bedacht worden fei, aber unter den vielen, die dort gefunden find, gilt nur ein einziges, fpätrömifches dem Zeùς μέγιστος σωτήρ. Man wird über die Gottheiten des Altars gar nicht im Zweifel bleiben, wenn man erwägt, eine wie grofse Vorliebe feit der fpäteren Zeit Attalos' I. in den monumentalen Weihungen der Könige für Zeus und Athena Nikephoros herrfcht und dafs eben diefe Gottheiten in der Reliefcompofition mit einander ge-

paart und durch reiche Gruppenbildung, Athena insbefondere noch durch die Beigabe der wehklagenden Gigantenmutter vor allen anderen Göttern auf das Augenfälligfte hervorgehoben find.

Die Bautätigkeit Eumenes' II. fchildert Strabo (624 C.: κατεσκεύασε δ᾽ οὗτος τὴν πόλιν καὶ τὸ Νικηφόριον ἄλσει κατεφύτευσε, καὶ ἀναθήματα καὶ βιβλιοθήκας καὶ τὴν ἐπὶ τοσόνδε κατοικίαν τοῦ Περγάμου τὴν νῦν οὖσαν ἐκεῖνος προςεφιλοκάλησε. Von den hier berührten Unternehmungen des Königs können wir die Ausgeftaltung des Nikephorion auf das Jahr 183 beftimmen (f. unten zu Nr. 167), und wir werden nicht irren, wenn wir in den Zeitraum von etwa 183—174, in welchem Eumenes auf der Höhe feiner Macht ftand und fein Reich, abgefehen von dem Kriege gegen Pharnakes, Frieden genoffen zu haben fcheint, den gröfsten Teil feiner künftlerifchen Unternehmungen verlegen: im Jahre 173 nahm Eumenes durch feine Reife nach Rom an den Verwickelungen mit Perfeus von Makedonien tätigen Anteil, worauf feine durch den Überfall von Delphi herbeigeführte Krankheit (f. zu Nr. 164) und der Krieg folgte, die Jahre 168 bis 166 find durch den fchweren Galaterkrieg ausgefüllt (f. unten zu Nr. 167) und in feiner letzten Regierungszeit mufste der Sinn des Königs durch die wefentliche Herabminderung, welche feine Stellung erfuhr, bedrückt fein: hatte er doch die Mifsgunft der Römer, ja bei feinem in Rom beabfichtigten Befuche eine demütigende Zurückweifung zu erdulden.

---

2. Die Künftlerinfchriften.

Die Künftlerinfchriften waren auf dem Sockelglied unter den Reliefs angebracht: nur da, wo der einfchneidenden Treppe wegen diefes Glied fortfallen mufste, auf dem Deckgefims.

Das Sockelglied ift aus rd. 0,150 hohen Platten von durchfchnittlich 0,50 Tiefe bei ganz verfchiedener Länge zufammengefetzt. Die Vorderfeite diefer Platten zeigt das nebenftehende  Profil (1:7,5). Auf den Oberfeiten vergl. die Abbildungen von Nr. 70 S. 56, wo als Probe die Oberfeite im Mafsftabe von 1:15 mit dargeftellt ift erkennt man 1) beiderfeits je zwei Bettungen für die verbindenden Klammern, 2) Löcher mit Gufskanälen für die Dübel zur Befeftigung der Reliefplatten, 3) Stemmlöcher und Auffchnürungslinien, welche die Fugen der Reliefplatten bezeichnen, 4) die Spuren des unteren Konturs der Relieffächen, 5) Buchftaben als Verfatzmarken, deren ein jeder Block zwei trug und zwar fo angeordnet, dafs immer neben der Fuge diefelben Zeichen ftanden.

Die Künftlerinfchriften waren, tiefer geftellt als die Gigantennamen, meift weit ausgedehnt in einer einzigen Zeile über die Vorderfeiten einer gröfseren Anzahl von Blöcken des Sockelgliedes eingehauen und find deshalb zum gröfsten Teile nur in kleinen Bruchftücken erhalten. Für die Zufammenordnung giebt es folgende Hilfsmittel: 1) die weitere oder engere Stellung der Buchftaben die Zwifchenräume fchwanken

(70.)

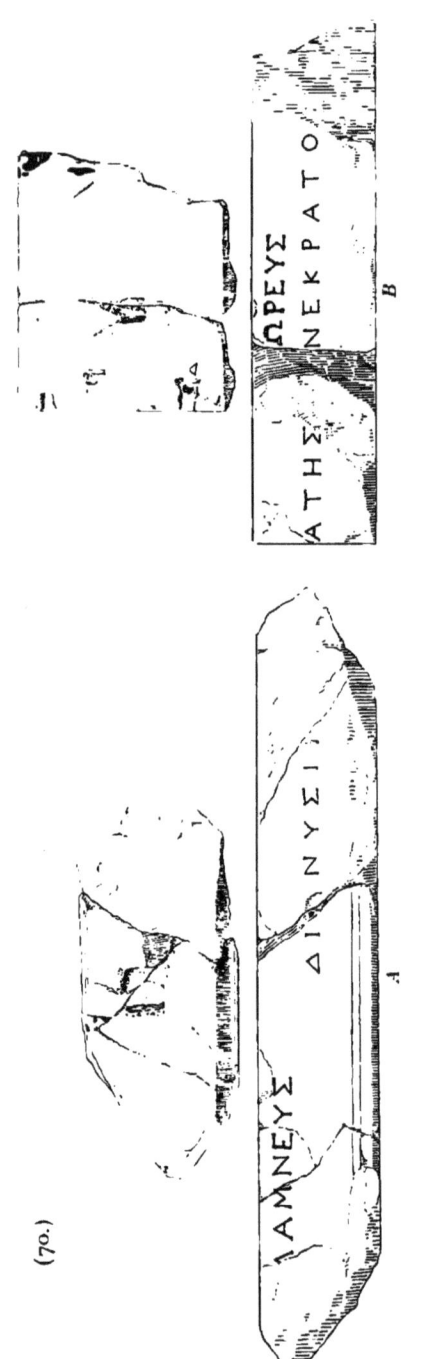

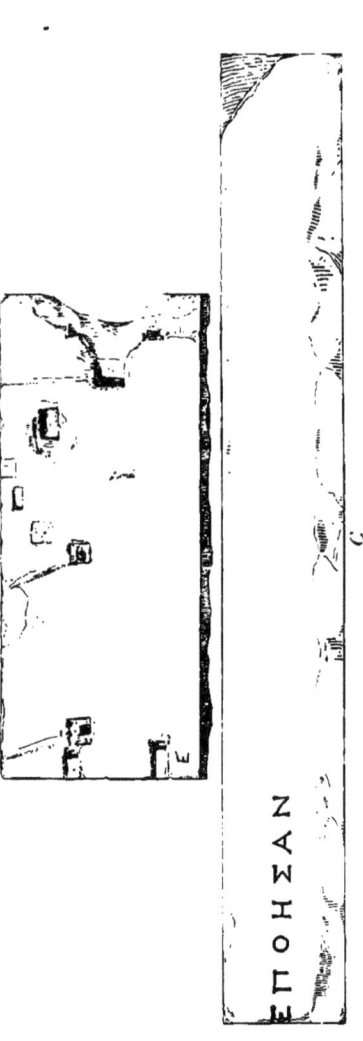

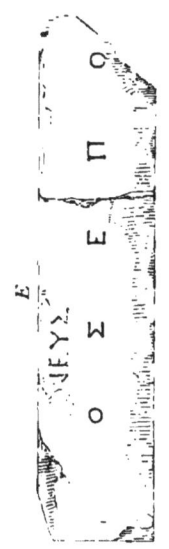

zwifchen 0,03 und 0,11 , 2) die Höhe der Blöcke, die an den verfchiedenen Stellen des Baues keineswegs die gleiche war: an den Stücken mit Infchriftreften bewegt fie fich zwifchen 0,0141 und 0,0161, 3) die Stellung der Infchriften: einzelne waren nur rd. 0,065, andere 0,09 über der Unterfläche angebracht, 4) die Schriftgröfse, 5) die äufsere Befchaffenheit der Blöcke, Bearbeitung, Verfatzmarken.

Bei Bruchftücken bezieht fich im Folgenden die Angabe der Länge immer auf den erhaltenen Teil der Schriftfläche.

70. Drei Stücke mit der Blockhöhe von 0,149 und dem Buchftabenabftande von 0,040. Vergl. Bericht I 64, II 45, III 52. Loewy, Infchr. griech. Bildhauer S. 124. — A) 0,70 lang, aus drei Stücken zufammengefetzt; das linke und mittlere (Inv. I 72) wurden 1879 an der Südfeite des Altars gefunden; der Fundort des rechten, ftark verwitterten ift nicht feftzuftellen. B) links erhalten, 0,525 lang, mit der Verfatzmarke Δ. Aus zwei Stücken zufammengefetzt; beide Juli 1881 gefunden, das linke in der byzantinifchen Kirche füdlich neben dem Theater (Inv. II 228), das rechte auf der Theaterterraffe unterhalb des Altars (Inv. II 182). C) voll-ftändiger Block, 1,165 lang, mit der Verfatzmarke Ε; gefunden 2. Juli 1881 auf der Weftterraffe unterhalb des Altars. — Dafs B und C zufammengehören, zeigen die Verfatzmarken. Die Zugehörigkeit von A ergiebt fich aus der Übereinftimmung in dem Buchftabenabftande und der Zeilenhöhe.

(Abbildung f. S. 56.)

Δι[ο]νυσι[άδης τοῦ δεῖνος καὶ Μενεκρ]άτης [Με]νεκράτο[υς (Ethnikon?)] ἐπόησαν.

71. Fünf Bruchftücke. A) 0,09 lang, gefunden Juli 1885 im füdlichen Teil der Weftterraffe (Inv. III 386). B) links erhalten, 0,15 lang; Buchftabenabftand etwa 0,100. Gefunden Mai 1883 auf der Theaterterraffe füdlich (Inv. III 11). C) 0,37 lang, 0,145 hoch, Buchftabenabftand 0,110. Die rechte Ecke ift gebrochen und angefetzt. Der Block wurde Juni 1881 in den Ruinen der byzantinifchen Mauer feitwärts vom Altar gefunden (Inv. II 167. Bericht II 44 f. — Loewy, Infchriften griech. Bildhauer S. 124), das angefetzte Stück Mai 1883 auf der Theaterterraffe füdlich (Inv. III 8). D) 0,13 lang, 0,145 hoch; gefunden Juli 1883 öftlich vom Altar (Inv. III 42). Sehr verwittert. E) links erhalten, 0,64 lang, 0,145 hoch; Buchftabenabftand 0,110. Aus zwei Stücken zufammengefetzt; das gröfsere, linke Juli 1883 füdlich vom Altar gefunden (Inv. III 37), das rechte Mai 1883 auf der Theaterterraffe füdlich (Inv. III 16; vergl. Bericht III 52). — Die Zufammengehörigkeit von B, C, E ergiebt fich aus dem gleichen, fehr grofsen Buchftabenabftande; dafs auch A und D zu diefer Gruppe gehören, wird durch die gleiche Zeilenhöhe fehr wahrfcheinlich.

(Abbildung nebenftehend.)

Eine fichere Ergänzung der Künftlerinfchrift läfst fich nicht geben. Möglich wäre z. B. Με]λά[νιππος Με]λασ[ί]ο[υ - - -]ος ἐπό[ησεν.

72. Drei Bruchftücke. A) 0,13 lang, Buchftabenabftand 0,062—0,070; gefunden Mai 1883 auf der Theaterterraffe füdlich (Inv. III 13). B) rechts erhalten, 0,195 lang, Buchftabenabftand 0,068 0,070; gefunden December 1883 im unteren Teile des Theaters (Inv. II 162). C) 0,20 lang, 0,150 hoch, Buchftabenabftand 0,068; gefunden Mai 1884 auf der Theaterterraffe (Inv. III 212). Unter dem Reft des letzten Buchftabens ein Strich, wohl ein Merkzeichen des Steinmetzen, wie weit er die Infchrift auszudehnen hatte. Die Zufammengehörigkeit der drei Stücke ergiebt fich aus dem gleichen Buchftabenabftande. — Bericht III 52.

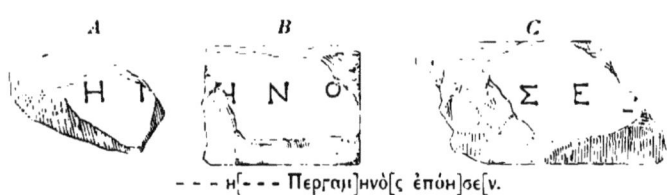

73. Drei Bruchſtücke. A¹ 0,15 lang, gefunden Mai 1884 auf der Theaterterraſſe ⟨Inv. III 211). Stark verrieben. B¹ 0,20 lang, Buchſtabenabſtand 0,045—0,048; gefunden Juli 1885 im Schutt früherer Ausgrabungen auf der ſüdlichen Theaterterraſſe ⟨Inv. III 381). C) 0,15 lang, Buchſtabenabſtand 0,048; gefunden Juni 1884 auf der weſtlichen Agora ⟨Inv. III 217). — Die Zuſammengehörigkeit von B und C ergiebt ſich aus dem Buchſtabenabſtand; A zeigt genau denſelben grobkörnigen Marmor und die gleiche auffällige Verwitterung wie B und C.

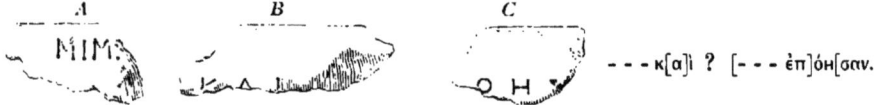

74. Drei Bruchſtücke. A) 0,09 lang, gefunden Juni 1884 auf der Theaterterraſſe (Inv. III 216). B) 0,38 lang, 0,155 hoch, Buchſtabenabſtand 0,056; rechts die Verſatzmarke ϒΓ. Gefunden Juli 1881 an der Nordoſtecke des Altars (Inv. II 183. Bericht II 44 f. Loewy S. 124). C) rechts erhalten, 0,55 lang, 0,155 hoch, Buchſtabenabſtand 0,055—0,060; rechts die Verſatzmarke ΧΓ. Aus zwei Stücken zuſammengeſetzt; das linke Juli 1885 im ſüdlichen Teile der Theaterterraſſe gefunden (Inv. III 389), das rechte Mai 1886 im Schutt der früheren Altargrabung am Südende der Theaterterraſſe (Inv. III 525). — Block A dürfte zu B und C gehören, weil er in der Zeilenhöhe übereinſtimmt. Die Zuſammengehörigkeit von B und C iſt durch die Verſatzmarken geſichert.

»B und C ſcheinen nach dem völlig gleichen Buchſtabenabſtande zu einer und derſelben Künſtlerinſchrift zu gehören. Wenn man, wie die vorgeſchlagene Ergänzung, dies annimmt und demgemäſs B links von C ſetzt, ſo würden die Verſatzmarken von rechts nach links laufen, während ſie bei Nr. 70 BC von links nach rechts gehen: dieſe Verſchiedenheit läſst ſich leicht dadurch erklären, daſs beim Bau die Blöcke von einer Ecke aus gleich nach beiden Seiten gelegt und numerirt wurden. Ausgeſchloſſen iſt es jedoch nicht, daſs B rechts von C gehörte. Dann würden die Blöcke zwei verſchiedenen Künſtlerinſchriften angehören; B müſste außer den zu επον - gehörigen Buchſtaben - ſεν noch den Namen des Künſtlers und die erſten Buchſtaben des mit - ηναίου endigenden Vaternamens getragen haben. Der Name des Künſtlers dürfte, wenn wir für den ganzen Block die Länge von Nr. 70 C = 1,19 anſetzen, nur aus 6—7 Buchſtaben beſtanden haben.« (Schuchhardt.)

75. Zwei Bruchſtücke. A) links erhalten, 0,67 lang, 0,141 hoch; Buchſtabenabſtand 0,055. Die Verſatzmarke, welche hierneben abgebildet iſt, kann, da ΓΓ ſchon vertreten iſt (Nr. 126), nur EΓ oder ΣΓ bedeuten: das letztere iſt wahrſcheinlicher. Oben rechts befindet ſich ein Klammerloch, es fehlt alſo nicht viel bis zur Stoſsfuge. Aus zwei Stücken zuſammengeſetzt: das linke April 1886 in der Gebäudegruppe V der Hochburg (f. den Plan) gefunden (Inv. III 520), das rechte Juli 1883 im Altarperibolos öſtlich (Inv. III 38). B) 0,17 lang, Buchſtabenabſtand 0,055—0,057; gefunden Juli 1885 im Schutt früherer Ausgrabungen im ſüdlichen Teil der Theaterterraſſe (Inv III 383). B ſcheint nach Buchſtabenabſtand und Zeilenhöhe zu A zu gehören. — Bericht III 52.

Ὀ]ρέστης Ὀρ[έ]στο[υ Περγ]αμ[ηνὸς ἐπόησεν.

76. Zwei Bruchſtücke. A) 0,35 lang, 0,150 hoch, Buchſtabenabſtand 0,040; gefunden Juni 1884 auf der weſtlichen Agora (Inv. III 226). B) rechts erhalten, 0,31 lang, 0,150 hoch, Buchſtabenabſtand 0,040. Aus zwei Stücken zuſammengeſetzt: das linke Mai 1883 auf der Theaterterraſſe gefunden (Inv. III 17), das rechte 1879 an der Südſeite des Altars (Inv. I 73). A und B gehören nach Buchſtabenabſtand und Zeilenhöhe zuſammen. — Bericht III 52.

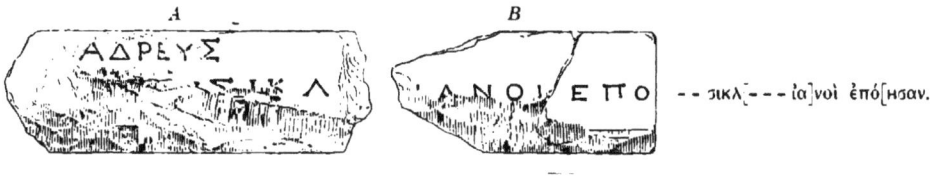

- - ϳικλ[- - - ἰα]νοὶ ἐπό[ησαν.

77. Bruchſtück. Rechts erhalten, 0,23 lang. Gefunden Juni 1883 auf der Theaterterraſſe ſüdlich (Inv. III 30).

78. Bruchſtück. 0,12 lang, 0,157 hoch, Buchſtabenabſtand 0,051. Gefunden September 1883 in der byzantiniſchen Mauer weſtlich (Inv. III 95).

ἐ]πό[ησ-?

79. Bruchſtück. Links erhalten, 0,17 lang, 0,150 hoch. Gefunden November 1883 auf der Oſtſeite der Agora (Inv. III 129). Die Schriftfläche iſt ſehr verwittert.

80. Bruchſtück. 0,32 lang, 0,158 hoch, Buchſtabenabſtand 0,055—0,056. Gefunden 1879 in der byzantiniſchen Mauer (Inv. I 40). Bericht I 65). — Loewy S. 124.

ἐ]πόησε[ν.

81. Bruchſtück. 0,22 lang, 0,160 hoch. Gefunden Mai 1884 auf der Agora (Inv. III 209).

ἐπόησε]ν oder ἐπόησα]ν.

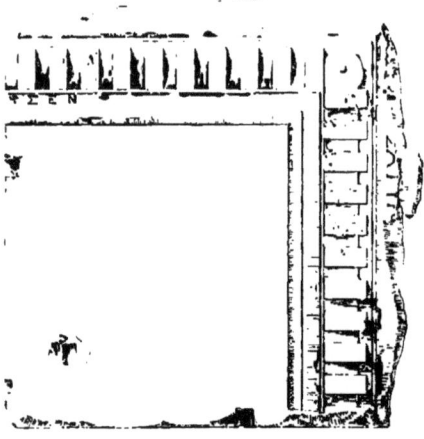

82. Vollſtändiges Eckſtück vom Deckgeſims links. Am unteren Rande der Hohlkehle gemeſſen 0,730, rechts 0,735 lang; Verſatzmarke ME. Gefunden Juli 1881 auf dem ſüdlichen Teil der Weſtterraſſe (Inv. II 177. Bericht II 44, III 51). Unteranſicht beiliehend 1 : 15.

Der Reſt der Künſtlerinſchrift ſteht links auf dem Kymation unter dem Zahnſchnitt. Daſs ſie hier ihren Platz erhielt, hängt mit dem Fehlen der Sockelplatten an der Treppe zuſammen, und zwar muſs der Block, da die Künſtlerinſchrift links von der Ecke ſteht, die Vorderecke der rechten Treppenwange gebildet haben. Die ausladenden Teile ſind derartig beſtoſsen, daſs von der Hohlkehle nur etwa die untere Hälfte erhalten iſt. Auf der rechten Seite ungefähr in der Mitte ſteht der Göttername Σά[τ]υρο[ι (Nr. 82 a, S. 64). Auf der linken Seite über die Fuge hinweggehend war ein zweiter Göttername eingehauen, von dem nur eine wagerechte Haſta erhalten iſt (Nr. 82 b, S. 64).

[Η Σ Ε Ν ἐπό]ΗϹΕΝ.

---

83. Vollſtändiger Block vom Deckgeſims. 1,06 lang, Verſatzmarke ΠΕ. Gefunden Juli 1884 im Pflaſter der Anbauten der byzantiniſchen Kirche beim Theater (Inv. III 230).

Die Inſchrift ſteht auf der rechten Hälfte des Blockes auf dem Kymation bis zur Stoſsfuge hin. Das Werkzeichen beweiſt, daſs zwiſchen dieſem Block und Nr. 82 drei andere ſich befanden, ſo daſs Nr. 82 nicht das Ende von Nr. 83 bilden kann. Da aber Nr. 83 jedenfalls von der rechten Treppenwange ſtammt und zwar von ihrem oberſten Teile, ſo ſind die an jener Stelle befindlichen Platten (ſ. Bericht I Taf. V) von dem in Nr. 83 genannten Künſtler ausgeführt worden. — Bericht III 51.

Θ Ε Ο Ρ Ρ Η Τ Ο Σ   Θεόρρητος [- - - - - ἐπόησεν.

84. Kleines Bruchſtück vom Kymation des Deckgeſimfes. Rechts erhalten, 0,09 lang; gefunden Juli 1885 im Schutt früherer Ausgrabungen auf der ſüdlichen Weſtterraſſe (Inv. III 380).

- - - Περγ]α[μηνὸς ἐπόΗϹΕΝ.

»Es iſt möglich, daſs Nr. 84 die Fortſetzung von Nr. 83 bildete, Theorretos alſo Pergamener war«. (Schuchhardt.)

85. Kleines Bruchſtück vom Ablauf des Deckgeſimfes. 0,05 lang; gefunden Mai 1883 auf der ſüdlichen Weſtterraſſe (Inv. III 10).

---

3. Die Götternamen.

Die Beiſchriften der Götter ſtehen mit Ausnahme von Nr. 91 in der Hohlkehle des Hauptgeſimſes über den Reliefplatten. Vergl. die Unteranſicht eines Eckſtücks bei Nr. 82. Die Platten des Geſimfes tragen auf den Oberſeiten auſser den Dübel- und Klammerlöchern, Aufſchnürungslinien und Stemmlöchern deutlich eingehauene Verſatzmarken. Über die Verſatzmarken ſ. Puchſtein, Sitzungsberichte der Akademie der Wiſſenſchaften zu Berlin 1888 S. 1231 ff.

Die Namen find im Folgenden alphabetifch geordnet, foweit der Anfang erhalten ift oder mit Wahrfcheinlichkeit ergänzt werden konnte; die übrigen an's Ende geftellt. Wo ein Name fich mit einer fchon mitgeteilten Infchrift auf derfelben Platte befindet, ift die Nummer derfelben unter Beifügung eines Buchftabens in Klammern angegeben.

86. Vollftändiges Stück von 0.873 Länge. Verfatzmarke XΔ. Gefunden 1879 öftlich vom Altarfundament, nahe der Fundftelle der Zeusgruppe Inv. I 105. Bericht I 64. Die Ecke rechts oben ift abgeftofsen und die Infchrift, deren Ende nur 0.09 von der rechten Kante entfernt ift, ftark verrieben.

Ἀθ]ηνᾶ.

87. Vollftändiges Eckftück. Am unteren Rand der Hohlkehle gemeffen links 1.345 lang, rechts 0.740. Verfatzmarke E. Gefunden 1879 in dem ehemaligen Thor der byzantinifchen Mauer, das ungefähr die Stelle einnahm, an welcher der Hauptweg die Südfeite der Agora durchbricht Inv. I 32 i. Auf der linken Seite unmittelbar an der Kante fteht die hier mitgeteilte Infchrift (Bericht I 64); rechts von der Ecke, ebenfalls an der hier beftofsenen äufseren Kante des Blockes Nr. 87 a (Νηρεύς f. S. 63).

AMΦITPITH Ἀμφιτρίτη.

88. Vollftändiges Eckftück. Linke Seite 1.975, rechte 0.70 lang. Die im Mafsftabe von 1:10 hierneben abgebildete Verfatzmarke ift von Puchftein Ber. d. Akad. 1888 S. 1234) als Delta mit Sampi erkannt. Gefunden 1879 an dem Tor der byzantinifchen Mauer; vergl. zu Nr. 87 Inv. I 32 k. Bericht I 64). Die Infchrift fteht faft genau in der Mitte der längeren Seite links von der Ecke. — Loewy S. 124.

A P H Σ Ἄρης.

89. Vollftändiges Stück, ftark beftofsen, von 1.082 Länge. Verfatzmarke BΔ. Der Hauptteil ift 1879 im öftlichen Teil der Agora gefunden Inv. I 32 l; Bericht I 64. — Loewy S. 124, das anpaffende Bruchftück mit Reften der beiden erften Buchftaben Juni 1883 im füdlichen Teil der Theaterterraffe Inv. III 26). Die Infchrift fteht etwas links von der Mitte des Blockes.

ἈΣ]τ]ερίη.

Asteria, Schwefter der Leto und Mutter der Hekate: Hesiod Theogonie 404 ff. — Die Anwendung der ionifchen Lautform giebt einen deutlichen und fehr beachtenswerten Hinweis,

dafs diefe und andere Göttergeftalten von den Künftlern des Friefes nicht aus einer in irgend welchem Grade lebendigen und volkstümlichen Vorftellung, fondern unmittelbar aus der theogonifchen Dichtung entnommen find.

90. Vollftändiger Block von 1.093 Länge, aus zwei Stücken zufammengefetzt. Verfatzmarke (jetzt nicht mehr vorhanden) PΔ. Gefunden Juni 1879 in der Nordoftecke des Altarfundaments Inv. I 81. Bericht I 64). Die Infchrift fteht links an der Kante.

Ἀφρο[δ[ίτ]η.

91. Diefe Infchrift ift allein von allen Götternamen auf dem Reliefgrund felbft, links neben dem Kopf der Göttin eingehauen vgl. Nr. 113. Die Platte ift 1879 unmittelbar an der Nordoftecke des Altarfundamentes gefunden Inv. I 32 m. Bericht I 64.

Γῆ.

92. Vollständiger Block von 1.06 Länge. Versatzmarke ΞΔ. Gefunden Juni 1879 unweit der Nordostecke des Altarfundaments (Inv. I 80. Bericht I 64). Die Infchrift fteht auf der linken Seite, 0.225 von
der Fuge. Loewy S. 124.

ΔΙΩΝΗ   Διώνη.

93. Bruchftück. Rechts erhalten, 0.20 lang. Gefunden Herbft 1878 auf
der Nordfeite des Altarfundaments (Inv. I 32 b. Bericht I 64).

Ἐ]νυ[ώ.

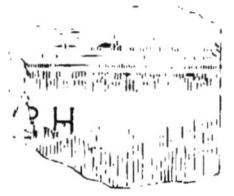

94. Bruchftück. 0.52 lang; die linke Seitenfläche
teilweife erhalten. Gefunden 1879 auf der Nordfeite des
Altarfundaments (Inv. I 32 g. Bericht I 64). Die Infchrift
beginnt 0.42 von der Kante links.

Εὐ[νομία? Εὔ[ρος? Εὐ[τέρπη?

Der zweite Buchftabe könnte auch ein Chi
gewefen fein.

95. Bruchftück. 0.25 lang, rechts erhalten; Fundort nicht feftzuftellen.

Ἡβ[η.

96. A) Vollftändiger Block, lang 1.02. Versatzmarke ΚΓ. Gefunden 1879 an der Südoftecke des
Altars. Der Buchftabenreft fteht 0.08 von der rechten Stofsfuge. B) Bruchftück, 0.18 lang; linke Stofsfuge erhalten, von welcher das A 0.02 entfernt ift. Gefunden in der byzantinifchen Mauer.

A   *B*   Ἡ[ρ]α. Die Zufammengehörigkeit von *A* und *B* ift nicht ficher, aber
wahrfcheinlich, da H der Anfang, A das Ende eines Namens
war und dazwifchen gerade der Raum für einen Buchftaben
bleibt.

97. Vollftändiges Stück von 0.958 Länge. Versatzmarke ΔΓ (von Γ nur die fenkrechte Hafta erhalten). Gefunden Juli 1879 vor der Mitte der Oftfeite des Altarfundaments (Inv. I 90. Bericht I 64). Die
Infchrift fteht 0.125 von der Kante links. — Loewy S. 124.

ΗΡΑΚΛΗΣ   Ἡρακλῆς.

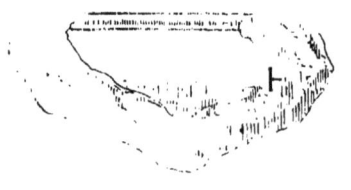

98. Bruchftück. Rings gebrochen, 0.27 lang. Gefunden Mai
1886 im Schutt der byzantinifchen Mauer am Südende der Theater-
terrafle.

Ἥ[λιος? Ἥ[φαιστος?

99. Vollständiges Stück von 0.752 Länge. Verfatzmarke HΔ. Gefunden 1879 südlich von der Agora, unterhalb des ehemaligen Tores der byzantinifchen Mauer (vgl. zu Nr. 87 , öftlich vom Hauptweg Inv. I 32e. Bericht I 64). Die Infchrift fteht 0,180 von der Kante links. — Loewy S. 124.

OEMIΣ Θέμις.

100. Bruchftück. Links erhalten, 0.150 lang. Gefunden Juli 1884 im Schutte der byzantinifchen Mauer auf dem öftlichen Teil der Agora Inv. III 227. Bericht III 51). Die Infchrift beginnt unmittelbar an der linken Kante des Blockes.

Κλωθ[ώ.

101. Zwei vollftändige Stücke. Das linke, 1,103 lang, mit der Verfatzmarke YΓ, gefunden 1879 südlich von der Agora aufserhalb der byzantinifchen Mauer an der öftlichen Seite des Hauptweges Inv. I 32f. Bericht I 64), ift rechts etwas beftofsen. wobei ein Teil der über die Fuge hinweg eingehauenen Infchrift zerftört worden ist. Das rechts anftofsende Stück mit der Verfatzmarke TΓ. 1.025 lang, ift 1879 auf der Oftfeite des Altarfundaments gefunden Inv. I 32h).

 Λ[ΗΤ]ώ.

(87a.) NHT Νηρεύς.

102. Vollftändiges Stück von 0,680 Länge mit der Verfatzmarke ΞE. Gefunden Juli 1884 auf dem füd-lichen Teil der Theaterterraffe Inv. III 229. Bericht III 51). Die ausladenden Teile des Gefimfes find mit Aus-nahme eines fchmalen Streifens der Hohlkehle abgefplittert. Die Infchrift fteht 0,142 von der linken Kante.

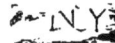 Νύ[ϳα? Νύ[μφη oder Νύ[ϳμφαι?

Wie Fabricius im vorläufigen Bericht III

S. 51 bemerkt hat, gehörte diefe Platte nach dem Ausweis der Verfatzmarken zwifchen Nr. 82 und 83 an die rechte Treppenwange.

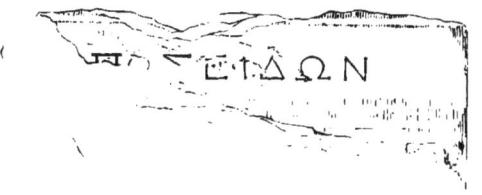

103. Bruchftück. Rechts erhalten, 0,515 lang. Gefunden Auguft 1879 vor der Oftfeite des Altar-fundaments Inv. I 85. Bericht I 64). Die Infchrift endet 0.126 von der Kante rechts.

Ποσειδῶν.

(82a.) Σάτυροι. (82b.) Reft eines fchliefsenden Sigma oder Omega.

104. Vollftändiges Stück von 0.765 Länge. Verfatzmarke KE. Gefunden 1879 in der byzantinifchen Mauer auf der Südfeite der Agora öftlich vom Hauptweg Inv. I 32d. Bericht I 64). Die Infchrift fteht ein wenig rechts von der Mitte des Blockes. — Loewy S. 124.

TPITΩN Τρίτων.

105. Bruchftück. Rechts erhalten, 0.54 lang. Gefunden 1878 Inv. I 32a. Bericht I 64. Die vollftändig erhaltene Infchrift fteht 0.145 von der Kante rechts. — Loewy S. 124.

ΩΚΕΑΝΟΣ Ὠκεανός.

106. Vollftändiges Stück. 1.044 lang, Verfatzmarke ΝΔ. Gefunden 1879 öftlich von dem Altarfundament, öftlich vom Hauptweg.

—   —

Die erfte der beiden erhaltenen Haften ftammt ficher von Ω, die zweite vom Wortende und zwar entweder von Σ oder von Ξ. Wäre Ω der Anfang der Infchrift gewefen, fo könnte zwifchen diefem und dem Endbuchftaben nur allenfalls ein Buchftabe geftanden haben, wobei fich, foviel ich fehe, eine mögliche Ergänzung nicht ergiebt. Alfo ging dem Ω etwas voraus, und da die links davor erhaltene unverletzte Stelle keine Schriftfpur aufweift,

war der Buchftabenabftand gröfser wie fonft, fo dafs zwifchen Ω und dem Endbuchftaben kein Zeichen geftanden haben kann. Da es einen Götternamen auf ωξ nicht giebt, müffen wir als Ende unferer Infchrift ως annehmen. Diefe Erwägungen würden bei der durch die Verfatzmarken geficherten Nachbarfchaft der Dione und Aphrodite die Lefung Ἔρως ficher zu ftellen fcheinen, wenn nicht nach Puchftein (Ber. d. Akad. 1888 S. 1235) der Block über eine kräftige Männergeftalt gehörte, die er (S. 1246) als Perfonifikation eines Geftirns, und zwar eines der Zwillinge deutet.

107. Eckblock, am unteren Rande der Hohlkehle gemeffen beiderfeits 0.97 lang, Verfatzmarke ΗΕ. Die Schriftrefte ftehen links von der Ecke, 0.245 von der linken Kante. Der Block war in  die byzantinifche Mauer öftlich vom Wege verbaut.

Möglich wäre unter anderem die Lefung Κυβ̓έλη; doch gehört nach Puchftein der Infchriftblock nicht zu diefer im Friefe unverkennbaren Göttin, fondern zu einer anderen

weiblichen, neben einem Löwen fchreitenden Geftalt; Puchftein meint, dafs fie die von Kybele unterfchiedene Titanin Ῥέα fei (vergl. Ber. d. Akad. 1888 Tafel bei S. 1242).

 108. Kleines Bruchftück von 0.125 Länge. Gefunden Juni 1884 auf dem weftlichen Teil der Agora Inv. III 223). Rechts von den erhaltenen Buchftabenreften ift freier Raum.

– – – υς.

109. Bruchftück, 0.11 lang. Gefunden Juli 1885 im Schutt früherer Ausgrabungen auf der Theaterterrafse füdlich Inv. III 384).

Am Bruche rechts ift der Reft eines Ο erkennbar.

Φό[βος? Τισιφό[νη? »Φο̣ιβη?« (Puchftein.)

110. Bruchftück. Links vollftändig, 0.180 lang. Gefunden Auguft 1883 auf dem füdlichen Teil der Theaterterrafse (Inv. III 55).

Εὐ̓ρυνόμη, die Mutter der Chariten (Hesiod Theogonie 907)? Die Hesperide Ἐρύ̓θεια? »Εὐ̓ρυ[άλη?« (Puchftein.)

 111. Bruchftück. Allfeitig gebrochen, 0.22 lang. Gefunden 1879 auf der Nordfeite des Altarfundaments Inv. I 32c. Bericht II 44.

Λευκοθ]έα? Παςιθ̓έα, die Ilias 14, 26 eine der Chariten ift? »Μέδυυ]ςα?« (Puchftein.)

4. Die Gigantennamen.

Die Infchriften der Giganten find mit Ausnahme von Nr. 113 auf denfelben Sockelplatten eingehauen, auf denen auch die Künftlerinfchriften ftehen. Während aber die letzteren annähernd in der halben Front-höhe des Blocks angebracht find, befinden fich die Gigantennamen dicht unter dem oberen Rande und unterfcheiden fich auch dadurch von jenen, dafs fie gröfsere, gewöhnlich 0,025 hohe und dicht zu-fammenftehende Buchftaben zeigen.

Die Anordnung der Gigantennamen ift ebenfo wie die der Götternamen; vergl. oben S. 61.

112. Bruchftück. 0,38 lang, 0,145 hoch; aus zwei Stücken zufammengefetzt. Das linke Ende 1878

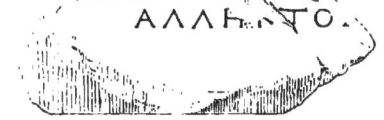

in der Nähe des Altars gefunden Inv. I 36a. Bericht I 64, III 52), das rechte September 1883 in der byzantinifchen Mauer weftlich Inv. III 92).

ᾺΛΛΗΚΤΟ[ς.

Vergl. die Erinys Ἀλεκτώ oder Ἀλληκτώ.

113. Auf dem Reliefgrund der Platte felbft, neben dem Kopf des Giganten eingehauen. Die Platte ftammt vom oberen Teil der rechten Treppenwange; ihr fehlte alfo das Sockelglied, auf dem fonft die Giganten- und Künftlernamen angebracht find. Sie ift abgebildet Bericht I Taf. V; vergl. S. 64 f.

Ḅ Γ̣ O̠ »Βρο[ντέας, Βρο[τέας, Βρυ[ντῖνος« Conze. Auch Βρύμος ift möglich.

114. Bruchftück. 0,32 lang, links erhalten. Gefunden füdöftlich vom Altare (Inv. I 37a. Bericht I 64).

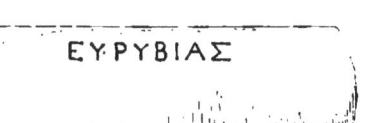 Ἐρυσίχθων.

Erysichthon ift der Name des Frevlers, der einen heiligen Hain der Demeter fällt und mit unerfättlichem Hunger geftraft wird, f. Kallimachos Hymnus an Demeter 25 ff.

115. Bruchftück. 0,48 lang, 0,153 hoch. Gefunden November 1885 in einer fpäten Mauer im Norden des höchften Burgplateaus (Inv. III 465).

Εὐρυβίας.

Εὐρύβιος heifst ein Kentaur bei Nonnos 14, 188.

(73a.) Μίμας.

Der Gigant Mimas wird oft erwähnt, f. O. Jahn, Annali dell' Instituto 1863 S. 253. Bei Euripides Ion 215 ift er der Gegner des Zeus; bei Apollonius Rhodius III 1227, Claudian

Gigantomachia 85 und auf der Vafe des Aristophanes und Erginos (Berlin 2531), auf welcher der Name in Μίμων variirt ift, der des Ares.

(71c.) Μόλοδρος.

Μόλοδρος ift wohl identifch mit μολοβρός Freffer« (Odyssee 17, 219. 18, 26). Vergl. auch

Aelian Tiergefch. 7, 47 τῶν δὲ ἀγρίων ὑῶν τὰ τέκνα μολόβρια ὀνομάζουσιν.

116. Bruchftück. 0,40 lang, 0,152 hoch. Gefunden 1881 auf der Agora (Inv. II 197. Bericht II 44). — Loewy S. 124.

Ὄβριμος.

Derfelbe Gigantenname fteht im Scholion zu Hefiod Theogonie 186 in der Form Ὀβριμος.

117. Bruchſtück. 0,38 lang, aus zwei Stücken zuſammengeſetzt; das linke Herbſt 1884 im Theater gefunden (Inv. III 338. Bericht III 51), das rechte September 1885 in einem aus den Grabungen beim Theater herrührenden Marmorhaufen (Inv. III 411).

Ὑλύκτωρ.

118. Bruchſtück. 0,45 lang, 0,147 hoch, links erhalten; auf der Oberſeite Verſatzmarke Ν8 (Abbildung derſelben 1:15). Gefunden September 1881 in der Burgmauer zwiſchen Theaterterraſſe und Altar (Inv. II 11. Bericht II 44). — Loewy S. 124.

   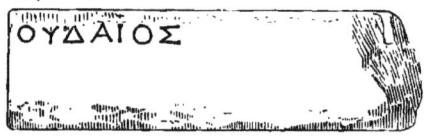

Οὐδαῖος.

Οὐδαῖος hiefs einer der Sparten, ſ. Pherekydes und Hellanikos bei Apollodor 3, 4, 1, 7.

Scholion zu Apollon. Rhod. 3, 1179. 1186. Timagoras Schol. Euripid. Phoen. 670 u. A.

119. Bruchſtück. 0,37 lang, 0,153 hoch. Gefunden Mai 1879 öſtlich vor der Nordſeite des Altars Inv. I 76. Bericht I 64).

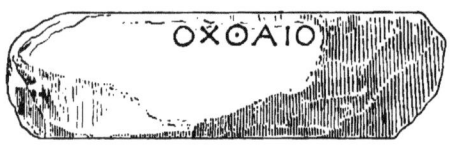

Ὀχθαῖυ[ς.

(70a.) Πα]λαμνεύς.

Vergl. Παλαμναῖος »der Mörder«. Das Lambda iſt ſicher; die Leſung Δαμνεύς (Heydemann, Gigantomachie auf einer Vaſe aus Altamura S. 11 Anm. 46; vergl. S. 20) daher unmöglich. Die Ergänzung ſchon bei Loewy, Inſchriften griech. Bildhauer S. 124.

(70b.) Πελ]ωρεύς.

Als Gigantenname bezeugt bei Nonnos 48, 39: Pelorus bei Claudian Gig. 79 und im Gigantenverzeichnis des Hygin. Ein Sparte Πέλωρ oder Πέλωρος an den zu Nr. 118 angeführten Stellen.

120. Bruchſtück, 0,27 lang. Gefunden Juni 1881 auf der Theaterterraſſe (Inv. II 166. Bericht II 44). — Loewy S. 124.

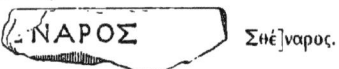   Σθέ]ναρος.

Stenius vermutete Scheffer für das bei Hygin als Gigantennamen überlieferte Ienios.

121. Bruchſtück. 0,08 lang; auf der Oberſeite Verſatzmarke ⚹ (IB). Gefunden Anfang 1879 in der Südoſtgegend des Altars (Inv. I 37b. Bericht I 64).

   Στύ.φελ[ος.

Styphelos d. i. »der Rauhe« heiſst ein Kentaur bei Ovid Metam. 12, 459.

122. Bruchſtück. 0,26 lang, Rand rechts erhalten; auf der Oberſeite Verſatzmarke ΔΓ (Abbildung derſelben 1:15). Gefunden Mai 1881 ſüdöſtlich vom Altar (Inv. II 152. Bericht II 44).

Τα - -

123. Bruchſtück. 0,53 lang, 0,144 hoch, links erhalten. Gefunden Ende 1878 in der Nähe des Altars (Inv. I 36b. Bericht I 64).

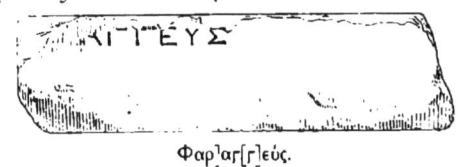

Φαρ᾽αγ[ρ]εύς.

Φαραγγεύς »Kluſtmann« iſt gewiſs ein paſſender Gigantenname (vergl. Nr. 76a Χαρ]αδρεύς). Gleichbedeutend wäre das von Heydemann, Gigantomachie S. 11 Anm. 46 vermutete Σηρ]αγρεύς, doch iſt eine Namenbildung von dem ſeltenen σήραγξ nicht wahrſcheinlich.

(76a.) Χαρ]αδρεύς.
Der hier vermutete Name hätte dieſelbe Bedeutung wie der unter Nr. 123 vorgeſchlagene.

124. Bruchſtück. 0,57 lang, 0,150 hoch. Gefunden 1879 öſtlich vom Altar (Inv. I 71. Bericht I 64). Loewy S. 124.

Χθονόφυλος.
Einen Giganten Χθόνιος kennt Nonnos 98, 21. Auch ein Sparte hieſs ſo nach den zu Nr. 118 angeführten Stellen.

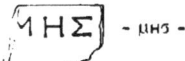 – μης –

125. Bruchſtück. 0,11 lang, rechts erhalten. Gefunden Juli 1885 auf der Theaterterraſſe ſüdlich (Inv. III 388).

126. Bruchſtück. 0,27 lang; Werkzeichen ΓΓ (Abbildung desſelben 1:15). Gefunden Mai 1883 auf der Theaterterraſſe nördlich (Inv. III 19).

Εχῖων?
Auch der Spartenname Εχῖων, der für einen Giganten bei Claudian Gig. 104 vorkommt, wird

im Frieſe verwendet worden ſein, wie wir ſchon drei Giganten fanden, die mit Sparten gleiche oder ähnliche Namen führen (Nr. 118. 70b. 124; ſ. auch 128). Übrigens verzeichnet Jahn Annali 1863 S. 250 ff. noch eine ganze Reihe von Gigantennamen auf - ων: Αἰγαίων, Εὐρυμέδων, Θόων, Λέων, Ὀφίων, Πορφυρίων, Τυφών.

 – – ς

127. Bruchſtück, 0,13 lang. Gefunden Juli 1885 bei den Gemächern der Theaterterraſſe (Inv. III 385).

128. Bruchſtück. 0,14 lang, links erhalten. Gefunden Juli 1885 auf der Theaterterraſſe ſüdlich (Inv. III 391. Bericht III 52).

Das Bruchſtück iſt gewiſs χθων oder χθον (z. B. Χθόνιος, ſ. zu Nr. 124) zu leſen; an ſich möglich wäre auch κυων.

(71a.) - υξ -

(71e.) - νεύς.
Von den überlieferten Gigantennamen, die O. Jahn, Annali 1863 S. 250 ff. verzeichnet, paſst Ἀλκυο᾽νεύς und Παλλη]νεύς.

(74a.) - ης.
Ἐφιάλτης? Πολυβώτης? Ἀγασθένης? (Dieſe Gigantennamen auf ης verzeichnet Jahn.)

(74b.) - ος.

9'

ΛΑΟΔΙΚΗΝΛΙΜΝΑΙΟΥΙΕΡΗ
ΤΕΥΣΑΣΑΝΟΔΗΜΟΣ

Λαοδίκην Λιμναίου ίερη-
τεύσασαν ό δῆμος.

129. Deckplatte einer vermutlich für mehrere kleine Statuen bestimmten Basis aus weissem Marmor, 0,59 breit, 0,24 hoch, 0,62 tief; Buchstaben 0.020. Gefunden Mai 1879 auf der Nordseite des grofsen Altars; Stein in Pergamon Inv. I 78. Bericht I 76). Während die rechte Seite frei lag, ist links Stofsfuge mit dem entsprechenden Klammerloch unten und oben; auf der Oberseite drei Einsatzlöcher für die Statuette. Abbildung 1 : 7.5.
Vergl. zu Nr. 130.

130. Bruchstück einer Statuenbasis aus bläulichem Marmor, 0,37 breit erhalten, 0,245 hoch; hinten gebrochen. Buchstabengröfse 0.017. Gefunden 1879 in der byzantinischen Mauer Inv. I 67. Bericht I 76. Auf der Oberseite ist ein 0,07 langes ovales Einsatzloch, wie es scheint, von einem Statuettenfufs, und daneben ein kleines viereckiges Loch erhalten. Die Schrift hat grofse Ähnlichkeit mit derjenigen auf den Sockelgliedern des grofsen Altars. Abbildung 1 : 7.5.

ΑΛΕΞΑ.
ΙΕΡΗΤΕ.

Ἀλεξἀνδραν Λιμναίου?
ίερητεύ[σασαν ό δῆμος.

Trotz der verschiedenen Angabe über den Marmor hat Nr. 129 mit der unsrigen gewifs zu einer Basis gehört, und zwar wird, da die Ergänzung Λιμναίου dem Raume vollständig entspricht, der Grund dieser Vereinigung gewesen sein, dafs die beiden Geehrten — unzweifelhaft Athenapriesterinnen — Schwestern waren.

131. Rundaltar aus weifsem Marmor, in zwei Stücke zerbrochen: das bestser erhaltene untere 1879 Bericht I S. 93), das sehr zerschlagene obere November 1883 beim Trajaneum gefunden Inv. III 132. Bericht III 57). In der Mitte der Oberseite ein quadratisches Dübelloch von 0.09 Breite bei 0.10 Tiefe. Höhe des Altars 1.06, Durchmesser 1,16; Schriftgröfse 0.020—0.025. Der Schriftcharakter stimmt vollkommen mit den Giganten- und Künstlerinschriften am grofsen Altar überein. Abbildung der Inschrift 1 : 7.5.

ΕΥΜΕΝΗΣ
ΘΕΟΙΣΠΑΣΙ ΚΑΙΠΑΣΑΙΣ

Β[ασιλεύς] Εὐμένης
θεοῖς πᾶσι καὶ πάσαις.

Die Weihung erinnert an den Anfang von Demosthenes' Kranzrede: πρῶτον μέν, ὦ ἄνδρες

Ἀθηναῖοι, τοῖς θεοῖς εὔχομαι πᾶσι καὶ πάσαις. Vergl. auch oben Nr. 13 Z. 25. 53 und C. I. Gr. 3137 II Z. 60. Xenophon Anabasis 5. 9. 31.

132—134. Deckplatten eines Bathron aus blauem Marmor. Vorn und oben glatte, an den Seiten Stofs- und unten Lagerfläche.
132. Zwei sicher zusammengehörige, wenn auch nicht unmittelbar an einander schliefsende Stücke. Beide 0.215 hoch, hinten gebrochen, die Buchstaben 0.014 grofs und 0.065 vom oberen Rande entfernt. Gefunden das linke Stück Februar 1884 in der Orchestra des Theaters Inv. III 180. Bericht III 62), das rechte November 1885 im Athenaheiligtum unter den Überresten der byzantinischen Kirche Inv. III 461). Unter Z. 2 die 0.032 hohen Buchstaben ΤΑΙ, wie es scheint aus späterer Zeit. Abbildung 1 : 7.5.

Νικήρατος] Εὐκτήμονος Ἀθ[ηνα]ῖος
ἐποίησεν.

Den Vater und die Heimat des Künstlers Nikeratos nennt nur Tatian Adv. Graecos 53. Kalkmann (Rheinisches Museum 42, 489 ff.) hat dargetan, daſs Tatian für seine sonst nicht controlirbaren kunstgeschichtlichen Nachrichten auf Glaubwürdigkeit keinen Anspruch hat; daſs er aber in diesem Falle das Richtige überliefert, kann nicht bezweifelt werden. Denn die Tätigkeit eines Nikeratos für Pergamon unter Eumenes II. ist urkundlich bezeugt durch das Epigramm eines Weihgeschenkes, das ein gewisser Sosikrates für Galatersiege des Philetairos, Bruders des Königs, nach Delos gestiftet hat (Homolle, Monuments Grecs 8 p. 44. Loewy 147):

ὧν ἕνεκεν τάδε σοι Νικηράτου ἔκκριτα ἔργα
Σωσικράτης Δήλῳ θῆκεν ἐν ἀμφιρύτῃ.

Die delische und die pergamenische Inschrift zeigen, daſs auch die bei Apianus et Amantius, Inscriptiones sacrosanctae vetustatis, Ingolst. 1543. S. 507 (s. Bursian, Berichte d. Münchener Akad. 1874 S. 139 ff. Loewy 496) mitgeteilte Aufschrift einer Statue in Pergamon: Opus Nicerati. fertur autem imaginem fuisse Eumenestis regis auf Grund einer echten antiken Inschrift verfaſst ist. Endlich ist Bursian's Vermutung (a. a. O. S. 154) wahrscheinlich, daſs die von Nikeratos herrührenden Bilder des Asklepios und der Hygieia, die sich nach Plinius 34, 80 im Tempel der Concordia zu Rom befanden, ebenfalls aus Pergamon stammten.

Eine in Delos gefundene Inschrift (Bullet. de corr. hellén. II p. 397. Loewy 118) lautet Νικήρατος, Φυρόμαχος Ἀθηναῖοι ἐπόησαν: »Identität dieses Nikeratos mit dem pergamenischen ist

mir bei der bedeutenden Differenz des Schriftcharakters nicht wahrscheinlich«, sagt Loewy. Ebenso wie die Tätigkeit eines Nikeratos ist aber auch die eines Phyromachos für Pergamon durch Plinius 34, 84 und Polybios 37, 27 (25) bezeugt, und wenn es auch nicht undenkbar ist, daſs etwa die Grofsväter gemeinsam für Delos, die Enkel beide für Pergamon gearbeitet hätten, so wird man einen solchen Zufall doch nur annehmen können, wenn ein ganz zwingender Grund gegen die Identität entscheidet. Ein Vergleich zwischen Loewy's Facsimile der delischen Inschrift und unserem Stein ergiebt aber keineswegs einen solchen zwingenden Grund; der Unterschied ist jedenfalls bei weitem geringer, als der zwischen der pergamenischen Basis und der oben erwähnten unzweifelhaft denselben Nikeratos nennenden delischen Inschrift Loewy 147: der subjective Schrifteindruck ist ein äuſserst trügerisches chronologisches Kriterion.

Es scheint bisher nicht beachtet zu sein, daſs sich für die gemeinsame Tätigkeit des Nikeratos und Phyromachos ein weiteres Zeugnis beibringen läfst. Bei Plinius heiſst es 34, 80: Pyromachi quadriga ab Alcibiade regitur: 34, 88: Niceratus .... repraesentavit Alcibiadem lampadumque accensu matrem eius Demaraten sacrificantem. Diese Nachrichten beziehen sich offenbar auf zwei Gegenstücke, gewiſs Reliefs, welche den berühmten olympischen Wagensieg des Alkibiades und ein dafür dargebrachtes Dankopfer darstellten. Mit Recht ist Bursian a. a. O. S. 153 f. für die Möglichkeit eingetreten, daſs die Persönlichkeit des Alkibiades auch in hellenistischer Zeit für einen dankbaren Stoff künstlerischer Gestaltung angesehen worden sei; wir haben also nicht nötig, die von Plinius genannten Werke einem Künstlerpaar älterer Zeit zuzuschreiben.

133. Kleines Bruchstück, 0,09 lang, 0,12 hoch. Durch Schriftcharakter, Schriftgröfse und Zeilenstellung demselben Monument zugewiesen wie Nr. 132. Gefunden Herbst 1884 im Theater (Inv. III 392). Abbildung 1 : 5.

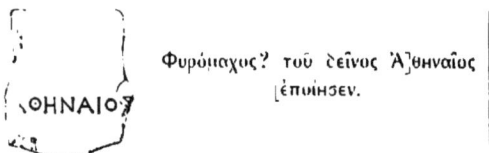

Φυρόμαχος? τοῦ δεῖνος Ἀ]θηναῖος
[ἐποίησεν.

Nach dem zur vorigen Inschrift Bemerkten liegt die Vermutung sehr nahe, dafs der Arbeitsgenofse des Nikeratos kein anderer als Phyromachos ist.

134. Zwei wegen derselben Schriftart, Schriftgröfse (0,035) und Zeilenhöhe (0,037 vom oberen Rande) zusammengehörige Blöcke, die bei der Gleichheit der Höhe und des Marmors mit Nr. 132 ficherlich von demfelben Denkmal stammen. A) Vollständige Platte, 0,77 lang, 0,52 tief, mit Standfpuren einer Bronzestatue auf der Oberseite (Abbildung hierbei 1 : 15). Gefunden August 1880 in der mittelalterlichen Mauer füdöstlich vom Athenaheiligtum (Inv. I 152 = II 2). Auf der rechten Stofsfläche ein ⊙ als Werkzeichen. B) Bruchstück, 0,35 lang, hinten gebrochen; gefunden Juni 1883 in mittelalterlichem Mauerwerk im Südwesten der Agora (Inv. III 29). Abbildung 1 : 7,5.

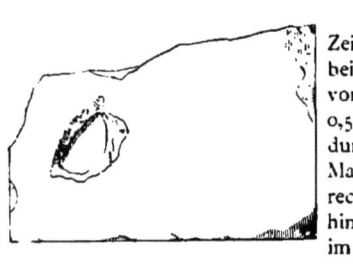

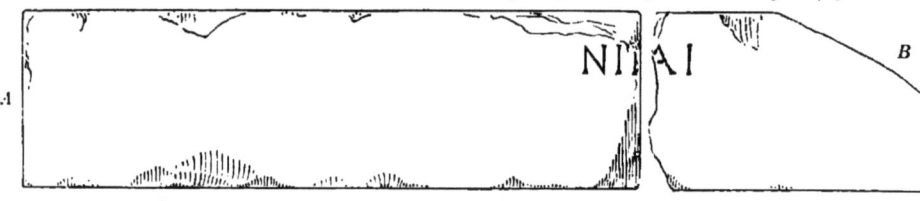

Νικ - - - - Ἀθηνᾱῖ.

Da diese Inschrift gröfsere Buchstaben zeigt wie die beiden andern und näher an den oberen Rand gerückt war, so ist kein Zweifel, dafs

fie von der Weihung übrig ist. Es darf aber nicht etwa Νι[κηφόρωι Ἀθηνᾱῖ gelefen werden: vielmehr fing mit Νικ- der Name des Weihenden an, der notwendig angegeben fein mufste.

135—140. Deckplatten von einem grofsen Bathron aus blauem Marmor. Höhe der Platten 0,235—0,240, der Buchstaben 0,020—0,025.

135—137. Zwei aus vier Bruchstücken zufammengefetzte vollständige Platten; jede 1,225 lang, die erfte 0,50, die andere 0,51 tief. Gefunden: Nr. 135 Ende 1878 in der byzantinifchen Mauer (Inv. I 16. Bericht I 82); Nr. 136, die linke Hälfte December 1879 in der byzantinifchen Mauer südlich von der Agora (Inv. I 63), die rechte August 1880 im Athenaheiligtum (Inv. II 1. Bericht II 46); Nr. 137 (Inv. II 16. Bericht II 47) September 1880 im Athenaheiligtum. Loewy Nr. 154 l m n o. Abbildungen nicht ganz 1 : 10.

138. Linke Hälfte einer dritten Platte, 0,78 lang, 0,51 tief. Gefunden September 1880 im mittelalterlichen Turm auf der SW-Ecke des Athenaheiligtums (Inv. II 12. Bericht II 47). Loewy Nr. 154 k. Abbildungen nicht ganz 1 : 10.

139. Bruchstück einer vierten Platte, 0,14 lang. Gefunden Februar 1885 im Theater. Abbildung 1:7,5.

140. Zwei vielleicht zufammengehörige Bruchstücke derfelben oder einer fünften Platte, lang 0,9 und 0,16; beide gefunden Juni 1881 im Athenaheiligtum (Inv. II 113. 105d). Abbildungen 1:7,5.

Das Bathron war von ganz ähnlicher Form wie Nr. 21—28, nur waren hier die Anatheme von verfchiedenen Künstlern ausgeführt, deren Namen daher nicht wie dort derjenige des Epigonos auf den Standplatten, fondern auf den Deckplatten unter den betreffenden Werken angebracht waren. Flache Rillen machten die Grenzen der verfchiedenen Anteile kenntlich. Die Standfpuren, foweit erhalten, laffen durchweg Paare in mäfsig bewegter aufrechter Stellung erkennen, die mehr auf Ehrenstatuen als auf Kämpfergruppen deuten.

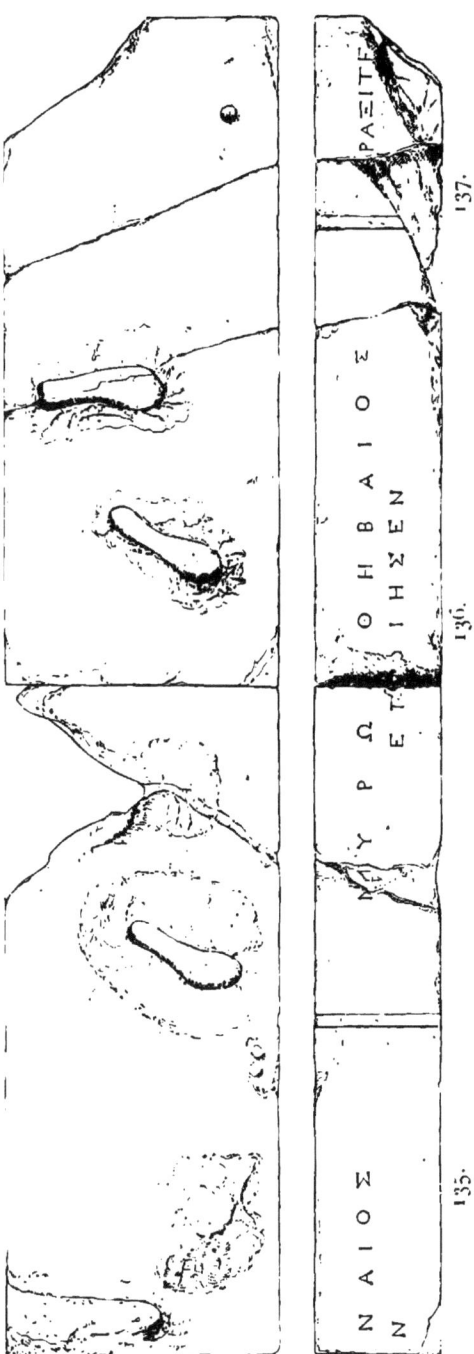

Dem Schriftcharakter nach gehört diefes Denkmal in die Zeit Eumenes' II.

135.   Ὁ δεῖνα Ἀθηναῖος
             ἐποίησε]ν.
Vergl. zu Nr. 138.

136.   Μ]ύρω[ν] Θηβαῖος
             ἐποίησεν.

Diefer Myron ist der dritte uns bekannte Künstler, der den berühmten Namen trägt. Den bei Pausanias 6, 8, 5 als Urheber einer olympifchen Siegerftatue angeführten hat nämlich die aufgefundene Infchrift derfelben (Archaeol. Zeitung 1878 S. 84. Loewy 126) als einen Künstler des dritten Jahrhunderts, alfo verfchieden von dem grofsen Myron erwiefen.

137.   Π]ραξιτέ[λης - - -
             [ἐποίησεν.

Einen jüngeren Bildhauer Praxiteles nennt der Scholiast des Theokrit 5, 105 mit der Zeitangabe οὗτος δὲ ἦν ἐπὶ Δημητρίου βασιλέως. Dies Zeugnis zu verwerfen, wie früher gefchah, ist nicht der geringste Grund; dafs die Quelle des Scholiaften eine genauere Zeitangabe machte, verbürgt vielmehr die Glaubwürdigkeit der Nachricht, wobei es gar nicht in's Gewicht fällt, dafs Theokrit feinen Hirten fich gewifs eines Bechers von der Hand des grofsen Praxiteles berühmen laffen wollte. Wenn, wie Urlichs (Pergamenifche Infchriften S. 25) annimmt, der vom Scholiaften genannte König Demetrios der Sohn des Antigonos Gonatas wäre, fo hätte fein Zeitgenoffe Praxiteles noch allenfalls für Eumenes II. arbeiten können; aber wir haben kein Recht, die blofse Bezeichnung »König Demetrios« ohne zwingenden Grund anders zu verstehen, als von dem berühmten Poliorketes. Benndorf (Kunstchronik XIII S. 781) hält den Praxiteles des Theokrit-Scholiaften für identifch mit demjenigen Praxiteles, den das Teftament des um 287 v. Chr. verftorbenen Theophrast bei Laertios Diogenes V 2, 14 nennt: mit Recht, obwohl es aus dem nicht ohne weiteres verständlichen Inhalte diefes Teftamentes erst des Nachweifes bedarf, dafs der in demfelben genannte Praxiteles in der Tat ein Bildhauer ist. Georg Bruns hat in feiner vortreflichen Abhandlung: die

Teftamente der griechifchen Philofophen (Zeitfchrift der Savigny-Stiftung I, Roman. Abt. S. 29)
gelehrt, dafs der Ausdruck ἀπὸ τῶν παρ' Ἱππάρχου
συμβεβλημένων das von einem gewiffen Hipparchos
verwaltete Kapitalvermögen (die Obligationen)
des Theophraft bedeutet (es wird jedoch παρ'
Ἱππάρχῳ gelefen werden müffen): aus diefem
Vermögen wird aufser anderen Aufwendungen
auch die Anfertigung zweier plaftifcher Porträts
verfügt und es heifst dann τὸ μὲν τῆς πλάσεως
ἔχει Πραξιτέλης, τὸ δ' ἄλλο ἀνάλωμα ἀπὸ τούτου
(Hipparch) γενέσθω. Es ift nun fchwer ein Grund
denkbar, aus welchem von dem bei Hipparch
hinterlegten Vermögen der für die Bildniffe beftimmte Teil abgezweigt und bei einer anderen
Zwifchenperfon deponirt fein follte, und es ift
das einzig Wahrfcheinliche, dafs der Künftler,
der die Porträts anfertigen foll, den Preis derfelben fchon erhalten hat. Freilich meint Over-
beck (Gefchichte der Plaftik 3. Aufl. II S. 173
Anm. 69), aus einer Aristoteles-Vita (bei Wester-
mann Biographi p. 402 § 20) »gehe mit voller

Sicherheit hervor, dafs der bei Theophraft angeführte Praxiteles gar kein Bildhauer, fondern
ein Philofoph gewefen ift«, aber es fteht vielmehr mit voller Sicherheit feft, dafs »diefes
Zeugnis« — ich laffe Zeller fprechen (Philo-
fophie der Griechen II 2 p. 927) — »lediglich
nicht zu brauchen ift«. Denn als eine glaub-
würdige Diadochenlifte und vollends eine κατὰ
τάξιν entworfene kann doch ein Bericht nicht
gelten, welcher zwifchen Strato und Lyko, deren
unmittelbare Aufeinanderfolge urkundlich feft-
fteht, den fonft ganz unbekannten, nicht einmal in Strato's Teftament genannten Praxiteles
einfchiebt«. Offenbar ift Praxiteles durch eine
Dittographie des nachfolgenden Namens Praxi-
phanes in die Vita eingedrungen.

Es ergiebt fich, dafs wir in die Reihe der
Künftler mit dem Namen Praxiteles den für
Pergamon arbeitenden als einen neuen einzu-
fügen haben; der Zeitgenoffe des Königs De-
metrios und des Theophraft kann fehr gut fein
Grofsvater gewefen fein.

138.

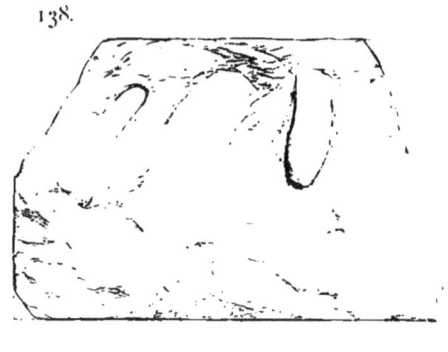

Ξενοκράτης - - -
ἐποίησεν.

Einen Künftler Xenokrates erwähnt Plinius 34, 83: *Xenocrates Tisicratis discipulus,*
ut alii Euthycratis. Für die Zeit des Tisikrates (f. Brunn Künftlergefch. I 410) gewährt
die Tatfache einen Anhalt, dafs er das Por-

trät des 283 verftorbenen Demetrios Poliorketes bildete. Tisikrates war alfo fchon vor
283 ein namhafter Meifter; war er im Jahre 283
auch nur dreifsigjährig, fo wird man die Lehr-
zeit des Xenokrates fpäteftens um 243, deffen
Geburt fpäteftens etwa 263 fetzen müffen. Selbft
bei diefen äufserften und daher gewifs unrich-
tigen Annahmen wäre Xenokrates beim Regierungsantritt des Königs Eumenes nicht viel
unter 70 Jahre alt gewefen. — Noch weniger
wahrfcheinlich ift die Identität des von Plinius
genannten Xenokrates mit dem unferer Infchrift,
wenn er Schüler des Euthykrates war. Euthykrates, den Sohn Lysipps, fetzt Plinius 34, 151
in Ol. 121; nehmen wir ihn damals als dreifsigjährig an — er war gewifs älter, da fein Vater
hochbejahrt fchwerlich lange nach Ol. 116 ftarb,
f. Brunn I 359 — und Xenokrates' Schülerfchaft
felbft 40 Jahre fpäter und in deffen 20. Lebens-
jahr, fo hätte er im erften Jahre des Königs
Eumenes Ol. 145.4 die Siebzig fchon weit über-
fchritten gehabt.

Bohn bemerkt Folgendes: »Ich glaube, dafs
Nr. 138 unmittelbar vor 135 gehört. Da fich

nämlich aus Nr. 135—137 für die flachen Rillen der Platten ein Abstand von rd. 1,47 ergiebt und ein kleiner Rest der Rille auch auf Nr. 138 erhalten ist, so bleiben in dieser Nummer hinter dem H bis zur Stofsfuge rd. 0,25, ein für vier Buchstaben passender Raum:

Ξενοκράτη[ς Ἀθη]ναῖος
ἐποίησε]ν.«

Leider läfst sich bei der gröfseren Anzahl von Künstlerinschriften, die zu demselben Denkmal gehört hat, diese Vermutung nur als eine Wahrscheinlichkeit ansehen, die indessen dadurch erhöht wird, dafs auch ein älterer, vermutlich mit dem Xenokrates des Plinius identischer Künstler dieses Namens nach der Inschrift bei Loewy 135a aus Athen war.

139.

T O I H . . . ἐ]ποίησ[εν.

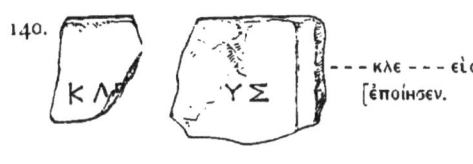

140.

K Λ   Υ Σ   - - - κλε - - - εἰς [ἐποίησεν.

Π Ρ Α

141. Fragment von der Deckplatte eines Bathron aus bläulichem Marmor, 0,19 lang; Buchstabenhöhe 0,020. Gefunden im Sommer 1881 im Athenaheiligtum (Inv. II 114). Am oberen Rande der Vorderseite ist der Rest eines ausladenden Profils, von der Unterseite ein kleines Stück mit einem Dübelloch erhalten. Abbildung 1 : 5.

Πρα[ξιτέλης - - - ἐποίησεν.

Vergl. oben Nr. 137.

142. Bruchstück der Standplatte eines Bathron aus bläulichem Marmor, 0,33 breit, 0,19 tief; Schrifthöhe 0,012 bis 0,015. Gefunden August 1883 am Südabhang des Athenaheiligtums (Inv. III 60). Die Platte, welche eine Ecke des Bathron gebildet haben muss, da der vorspringende Sockel auf die linke Schmalseite herumgeführt ist, zeigt auf dieser linken Seite ein Klammerloch mit Gufskanal von einer späteren Benutzung. Abbildung 1 : 7,5.

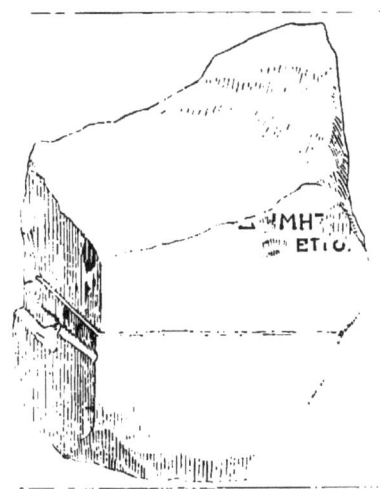

ΜΗ ΕΤΙ Ο

Δ[η]μή[τριος - - - -
ἐπο[ίησεν.

Es scheint, dafs von den uns bekannten Bildhauern des Namens Demetrios die beiden durch die Inschriften 187 und 193 Loewy bezeugten Rhodier Zeitgenossen des unsrigen sein könnten, womit freilich auch nicht mehr als die Möglichkeit der Identität gegeben wäre.

143. Die Basis, auf welcher diese Inschrift steht, ist unter Nr. 3 beschrieben. Hierbei Abbildung der bei der zweiten Benutzung zur Oberfläche gewordenen Seite im Mafsstabe von 1 : 30, der jüngeren Inschrift von 1 : 10.

ΑΜΗΝΟΣ ΕΠΟΙΗΣΕΝ   Ὁ δεῖνα Περγ]αμηνὸς ἐποίησεν.

144. Bruchftück einer Bafis aus weifsem Marmor, 0,43 lang, 0,385 hoch, 0,57 breit; Buchftabenhöhe 0,025. Gefunden December 1885 in der türkifchen Mauer nördlich vom Trajaneum (Inv. III 483. Bericht III 62). Auf der Oberfeite befindet fich die Standfpur einer Bronzefigur, wie auch auf der Unterfeite von einer zweiten Benutzung des Steines; links Anfchlufsfläche und Dübelloch; Hinterfläche glatt. Abbildung 1:7,5.

Πολύμνηστος Ἀθην[αῖος ἐποίησεν.

Ein Künftler von gleichem Namen und gleicher Heimat ift aus den Infchriften 70—72 Loewy bekannt, nach deren Zügen er noch dem vierten Jahrhundert v. Chr. angehört hat. Die pergamenifchen Infchriften liefern alfo verhältnismäfsig zahlreiche Beifpiele von Gleichnamigkeit bei Künftlern verfchiedener Perioden d. h. von der Zähigkeit der künftlerifchen Tradition in den Familien. Es fei ausdrücklich bemerkt, dafs der einheitliche Schriftcharakter der unter Nr. 48—50 zufammengeftellten Signaturen älterer Kunftwerke mit dem unferer Infchrift keine Ähnlichkeit hat.

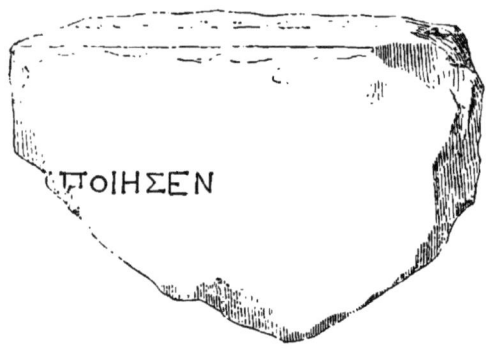

145. Bruchftück von der Standplatte eines Bathron aus weifsem Marmor, 0,53 lang; Schrifthöhe 0,025. Gefunden September 1880 im Athenaheiligtum (Inv. II 36. Bericht II 47). Die allein erhaltene Oberfeite ift auf Anfchlufs gearbeitet. Die Infchrift ift nicht fehr gleichmäfsig eingehauen. Abbildung 1:7,5.

- - - ἐ]ποίησεν.

146. Kleines Bruchftück aus graublauem Marmor; 0,054 lang; Buchftabenhöhe 0,016. Gefunden November 1885 am Abhang zwifchen dem Trajaneum und dem ionifchen Tempel (Inv. III 459). Zwifchen Υ und Θ ift ein gröfserer Zwifchenraum (Worttrennung), oberhalb und unterhalb des erhaltenen Zeilenreftes freier Raum. Abbildung 1:5.

 Ὁ δεῖνα - - υ]υ Θε[σπιεὺς? ἐποίησεν.

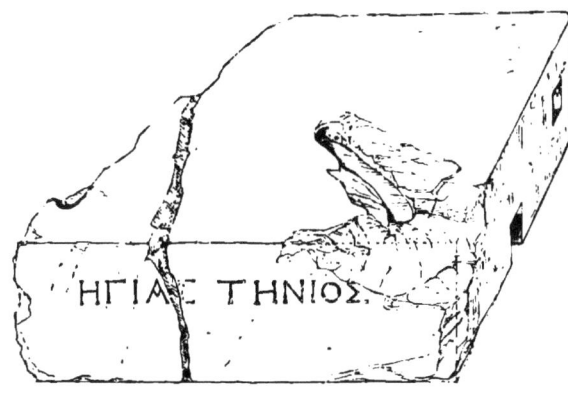

147. Deckplatte eines Bathron aus blaugrauem Marmor, 0,55 breit, 0,17 hoch, 0,56
tief; Buchstabenhöhe 0.030. Aus zwei Stücken
zusammengesetzt, von denen das linke im
Herbst 1878 im Bezirk des grofsen Altars (Inv. I
14), das rechte, gröfsere März 1884 am Ost-
rande der Agora gefunden ist (Inv. III 194). Das
rechte Bruchstück ist stark verwittert. Die Inschrift scheint vollständig zu sein, da kein Anfatz einer weiteren Hasta zu sehen ist. Auf
der Oberseite befinden sich Standspuren einer
Bronzefigur. Links ist die Platte gebrochen,
rechts Stofsfuge. Aufserdem sind rechts Zapfenlöcher von anderweitiger Benutzung. Abbildung 1:7,5.

148. Bafis aus weifsem Marmor. 0,55 breit, 0,70 hoch, 0,45 tief; Buchstabengröfse 0,026. Gefunden
Februar 1886 am Abhang zwischen dem Zuschauerraum des Theaters und dem ionischen Tempel (Inv. III 511).
Die ursprüngliche Oberfläche ist auf allen Seiten stückweise erhalten und überall glatt. Auf der Oberseite
befinden sich die Standspuren einer Bronzefigur (rechter Fufs 0,190, linker 0,195 lang). Bei einer späteren
Benutzung des Blocks ist die Vorderseite unter der erhaltenen Inschrift als Lagerfläche zugerichtet worden,
wobei indefs weitere Inschriftzeilen nicht weggemeifselt zu sein scheinen. Auch der auf der Vorderseite
sichtbare Dübel mit Gufskanal entstammt der späteren Verwendung des Steins. Abbildung der Inschrift 1:7,5.

147. Ἡγία[ς] Τήνιος.   148. Ἡγίας Τήνιο[ς.

Es ist nicht anzunehmen, dafs demselben Manne zwei bronzene
Ehrenbilder errichtet worden sind; Hegias ist daher als Dedicant aufzu-
fassen. Dafs und wem er weihte, ging aus dem Aufstellungsorte der
Bildwerke hervor.

---

149. Bruchstücke des Epistyls vom Propylon des Athenaheiligtums, 0,365 hoch, unten
0,605 tief; Buchstaben 0,105—0,115 hoch und 0,22 von einander entfernt. Über die ursprüngliche Länge
der Inschrift vergl. Band II S. 53. A (Inv. III 28) und B (Inv. II 59b und III 58) haben links, C (Inv. III 543)
rechts Stofsfläche. Die Stücke sind zu verschiedenen Zeiten in der byzantinischen Mauer südlich vom Burgtor
gefunden worden. A und B sind bereits Band II Taf. XXIX veröffentlicht. C, später gefunden, ist in Pergamon geblieben. Abbildung 1:20.

A   B   C

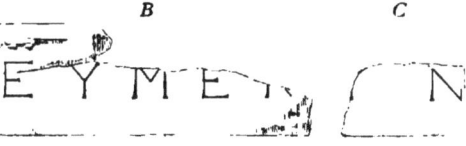

B[ασιλεὺς] Εὐμέν[ης Ἀθηνᾶι] Ν[ικηφόρωι.

Die Ergänzung auf Attalos III., welche neben
der oben gegebenen möglich erscheinen könnte:
B[ασιλεὺς Ἄτταλος βασιλέως] Εὐμέν[ου - - hat Bohn
(Altertümer von Pergamon II S. 53) mit Recht
zurückgewiesen. Nicht stichhaltig ist freilich das

erste der von ihm geltend gemachten Bedenken,
da Attalos III. von Eumenes II. anerkannt war
und sich eines Andern Sohn weder nannte noch
nennen konnte (s. unten Nr. 246 Z. 24 f. 248
Z. 29: Ἄτταλος ὁ θεῖός μου), aber die Ergänzung
auf ihn käme mit dem Raume in Conflict. »Den

Schlufs der Infchrift am Propylon«, fagt nämlich Bohn S. 54, »habe ich in der Reconftruc-
tion (Taf. 31) mit Αθηναι Νικηφόρωι ergänzt, was
nach dem gegebenen Buchftabenabftande und
der Länge des Architravs wenigftens genau pafst«,
und die ganze Weihung ift fo wie er fie vermutet hatte durch das nachträglich gefundene

Bruchftück C vollkommen ficher geftellt worden:
diefes kann, da das gröfsere Spatium vor dem
Ny Worttrennung anzeigt, nicht von Άθηναι,
fondern nur von Νικηφόρωι herrühren, und den
feftftehenden Abmeffungen nach ift jede weitere
Ausdehnung der Infchrift ausgefchloffen.

150. Bruchftücke des Epiftyls von der Stoa des Athenaheiligtums. Das Epiftyl hat diefelben
Höhenmafse wie das vom Propylon (Nr. 149); wie weit es in feiner Gefammtlänge von der Infchrift eingenommen wurde, ift nicht zu beftimmen. Die Buchftaben find 0,125—0,130 grofs und 0,68 von einander
entfernt. A 1879 in der byzantinifchen Mauer gefunden (Inv. II 59a) und Band II S. 54 abgebildet, B December 1884 füdlich vom Theater, C (mit Stofsfuge rechts) ift November 1880 vor den Stufen der Stoa
gefunden und Band II Taf. XXII veröffentlicht (Inv. II 59). Abbildung 1:20.

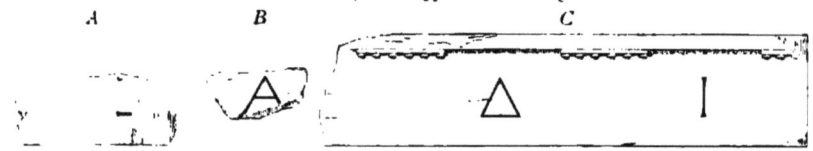

Dafs die Architrav-Infchrift der Athenahallen bei der Geringfügigkeit der Refte nicht
hergeftellt werden kann, hat Bohn (Band II
S. 54) nicht verkannt. Wenn er es für möglich hielt, Άθηναι Πολιά]δι zu lefen, fo wäre dies,
wie gleich gezeigt werden wird, auch dann un-
ftatthaft, wenn das Epiftyl der Hallen der Göttin
einen anderen Beinamen erteilen könnte als das
des Eingangstores. Gegen die andere von Bohn
aufgeftellte Möglichkeit Διΐ καὶ Άθηναι fpricht das
fchwere Bedenken, dafs die Hallen felbft kaum
dem Zeus mitgeweiht werden konnten, wenn,
wie der Raum Bohn erfchliefsen liefs, das Propylon der Athena allein gehörte. Dafs aber die
Hallen neben dem Propylon ihre eigene Weih-
infchrift getragen haben, ift überhaupt nur unter
der Vorausfetzung glaublich, dafs die Dedicanten
verfchieden waren, dafs alfo etwa Attalos I. die
Hallen gebaut, Eumenes II. das Tor hinzugefügt
hätte, während doch nach Bohn »die Hallen mit
ihrem Propylon durchaus aus einem Guffe erfcheinen«. Am wahrfcheinlichften wird es daher
fein, dafs die Infchrift des Hallenarchitravs die
am Propylon bekundete Weihung der ganzen
Anlage durch die Angabe des Anlaffes ergänzte,
fei es in einem Gedicht, fei es in einer Faffung
wie Άπαρχὴ τῶν ἐξ- - (vergl. Nr. 47; in Fragment A kann man mit Bohn den Anfatz der
mittleren Querhafta eines Xi zu fehen glauben).
Die Bedeutung des Reftes ΔΙ kann nicht erraten

werden; er kann von der Praepofition δι[ά und
von vielen andern Wörtern herrühren. —
Wir geben im Folgenden eine Überficht
über die Benennungen der Athena in Pergamon, wobei wir uns nur an das in den Infchriften ganz Sichere halten. Die beiden erhaltenen vorköniglichen Weihungen Nr. 1 und
14, deren erftere vom Tempel der Göttin felbft
herrührt, geben derfelben kein Beiwort; ein
folches fehlt auch in den Siegesweihungen Attalos' des Erften Nr. 20. 21 und 30, wie in der
feines Feldherrn Epigenes Nr. 29. Das frühefte
bezeugte Beiwort ift Άρεία unter Eumenes I.
(Nr. 13 Z. 24 und die dort angeführten Münzen):
dort ift fchon bemerkt, dafs die Exiftenz diefer
Bezeichnung die als Νικηφόρος zu damaliger Zeit
ausfchliefst. Da fich die Άθηνᾶ Νικηφόρος fchon
in einigen Weihungen Attalos' I. (Nr. 35. 51.
52) findet und Polybios 16, 1 unter diefem Könige (im Jahre 202) das Nikephorion in der unteren Stadt bezeugt, fo ift er es gewefen, welcher durch einen neuen Beinamen die Athena
als Urheberin feiner Siege bezeichnen wollte.
Diefes fichere Refultat verleiht einem Punkte
in der Anordnung der pergamenifchen Königs-
münzen durch Imhoof-Blumer (Münzen der
Dynaftie von Pergamon S. 26) eine glänzende
Beftätigung: »die Einführung des neuen Athena-
typus mit dem Siegeskranze (in der rechten
Hand) ift ohne Zweifel Attalos I. zuzufchrei-

ben- Nur die daran geknüpfte Vermutung, dafs der grofse Galaterfieg der Anlaſs diefer Änderung gewefen fei, widerlegen die Infchriften: das Beiwort ift erft fpäter entftanden, da das Weihgefchenk für den grofsen Sieg wie auch dasjenige für die Siege über Antiochos und die Gallier es noch nicht kennen. Die Ἀθηνᾶ Νικηφόρος ift dann in den Weihinfchriften der fpäteren Könige feft, nur eine vermutlich Eumenes II. gehörende (Nr. 151) läſst es fort, wie auch die in feine Zeit zu fetzende anfehnliche Weihung eines Privaten Nr. 134. Von den Volksdecreten hat das Beiwort nur ein einziges: Nr. 167 Z. 6 und 14 aus dem Jahre 167/166. Ἀθηνᾶ Πολιάς kann als eine officielle Bezeichnung der Göttin in Pergamon nicht anerkannt werden. Dafs fie einmal unter Eumenes I. in einer metrifchen Weihung Πολιάς genannt wird (Nr. 15), kommt nicht in Betracht, denn im Gedichte ift natürlich jede Benennung erlaubt, die dem allgemeinen Wefen der Gottheit entfpricht. In keiner einzigen von einem Könige gefetzten Infchrift findet fich diefes Beiwort. auch unter allen den vom Volk den Athenaprieſterinnen gewidmeten Ehreninfchriften nennen die Göttin blos Ἀθηνᾶ Πολιάς nur

zwei: Nr. 223 aus dem Jahre 157/6 und die fpäte Bafis der Tochter des Dionyſodor: gegenüber der Menge der übrigen mufs dies als Nachläſſigkeit angefehen werden, während Πολιάς καὶ Νικηφόρος gefchrieben werden follte.

Die Bezeichnung Πολιάς καὶ Νικηφόρος tritt zum erften Male im Jahre 149/148 auf (Nr. 226), vom Demos angewendet. Ein König bedient fich ihrer nie: für Attalos III. heifst die Göttin im Jahre 135/4 immer noch blos Νικηφόρος (Nr. 248 Z. 52); ebenfo für ihre Hieronomen in einer vermutlich nachköniglichen Aufzeichnung. Im Jahre 133 läſst der Demos wieder einmal jedes Beiwort weg (Nr. 250): in der ganzen römifchen Zeit herrfcht der Beiname Πολιάς καὶ Νικηφόρος. Dafs einmal in einer fpäten Weihung die Benennung Παλλάς vorkommt — fo auch in dem Gedicht Nr. 14 —, ift gleichgiltig.

Es verdient noch hervorgehoben zu werden, dafs die Decrete, wo fie von der Aufftellung von Stelen im Athenaheiligtum fprechen, jedes Beiwort fortlaſſen: Nr. 13 Z. 18. 156 Z. 23. 158 Z. 32. 161B Z. 11. 245C Z. 45. Eine Ausnahme macht nur die oben fchon genannte Nr. 167; Nr. 160 Z. 54 kommt als ein Decret der Stadt Antiochia nicht in Betracht.

151. Zwei Deckplatten eines Bathron aus weifsem Marmor; die Zufammengehörigkeit ift nicht völlig ficher. Die Schrift ift nach Gröfse (0,050), Stellung zum oberen Rande und Charakter bei beiden Stücken gleich; auch die Oberfeite ift bei beiden in gleicher Weife geglättet und die Unterfeite als Lagerfläche behandelt. Aber A ift 0,263 hoch, war über 0,67 tief und hat auf der Oberfeite Einfatzfpuren eines Weihgefchenks aus Bronze; B ift 0,274 hoch, 0,48 tief, links ganz glatt, rechts abgefchrägt und hat auf der Oberfeite ein Dübelloch mit Gufskanal. Gehören die Blöcke zufammen, fo mufs das Anathem auf einer Bronzeplatte geftanden haben, die mit Zapfen in die marmorne Bafis eingriff. A Inv. III 148 ift November 1883 an der füdweftlichen Ecke des Athenaheiligtums gefunden. B Inv. I 113 = II. 28. Bericht I 78 war in dem an derfelben Stelle befindlichen mittelalterlichen Turme vermauert. Abbildungen 1 : 15.

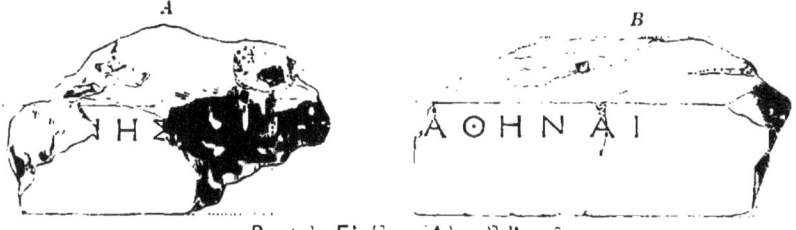

Βασιλεὺς Εὐμένης Διὶ καὶ Ἀθηνᾶι.

152—155. Trachytepiftylia von der Theaterterraſse. Die Stücke teilen fich in zwei Hauptarten: Nr. 152 Inv. III 313 ift 0.34 hoch, hat auf der Vorderfeite zwei Fafcien und darüber die Refte eines Profils, auf der Unterfeite ein Band; auf der oberen Fafcie fteht in 0,10 grofsen Buchftaben die Infchrift. Diefem Stück fteht fehr nahe Nr. 153 Inv. II 180, deffen Fläche keine Fafcie zeigt, deffen Buchftaben aber diefelbe Gröfse und denfelben Abftand vom unteren Rande haben. Die zweite Art ift vertreten

durch Nr. 154 und 155 Inv. II 180 a, b. Diefe find 0,24 hoch und zeigen über den beiden Fascien noch einen Fries; auf der oberen Fascie ftehen die 0,055—0.060 grofsen Buchftaben. Die Stücke find im Juli 1881, Nr. 152 im Herbft 1884 auf der Theaterterraffe gefunden. Bohn nimmt an, dafs diefe Epiftylia zu den beiden der Terraffe öftlich und weftlich begrenzenden Hallen gehört haben. Nr. 153 und 155 waren in einen Kalkofen vermauert und find in Folge deffen ftark verbrannt; von Nr. 155 ift das hell gezeichnete Stück, welches bei der Auffindung vorhanden war und rechts die Stofsfuge zeigte, fpäter verloren gegangen. Abbildungen 1:20.

152.

A   B

153.

154.   155.

Sicher ift nur, dafs Nr. 152 und 154 B die Weihung als ἀπὸ] προσόδων erfolgt bezeichne-ten. Als Dedicant von 154 A nannte fich wahr-fcheinlich ein ατρατηγ]ὸς τῆς κ[ατὰ--, wie wir

einen pergamenifchen ατρατηγὸς τῆς Χερρονήσου καὶ τῶν κατὰ τὴν Θρᾴκην τόπων finden (Ditten-berger, Sylloge 246, 13).

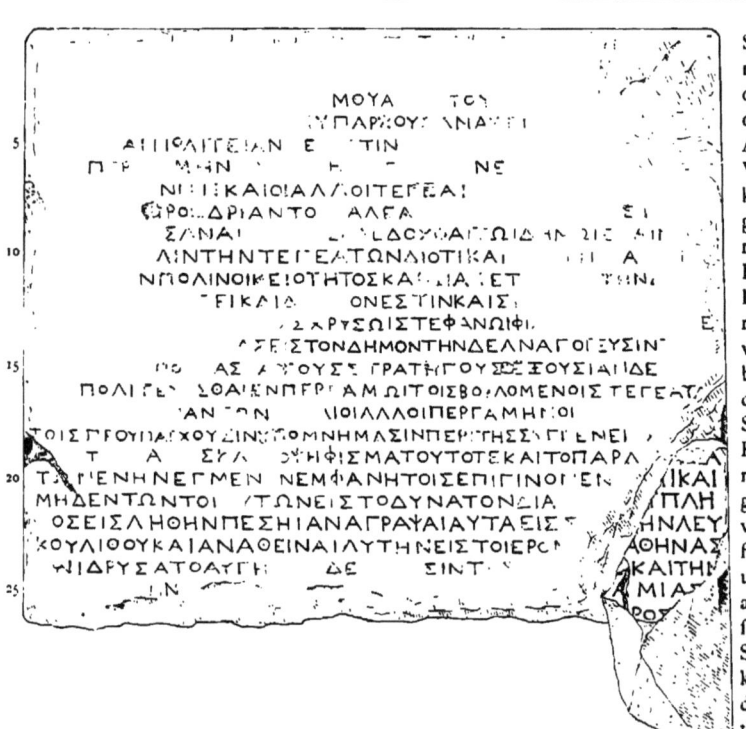

156. Oberer Teil einer Stele aus weifsem Mar-mor. 0,58 breit, 0,50 hoch, 0,16 dick; Buchftabenhöhe 0,010. Das gröfsere Stück April 1881 unterhalb der Weftmauer des Altarbezir-kes in fpätem Mauerwerk gefunden (Inv. II 99), das rechts unten anfchliefsende Fragment Juli 1885 im füd-lichen Teil der Theaterter-raffe (Inv. III 393). Die Stele war fchon im Altertum ge-brochen und ift damals durch eine in der rechten Schmalfeite angebrachte Klammer wieder zufam-mengefügt worden. Das gröfsere Stück ift fo ftark verwittert, dafs die Ober-fläche an vielen Stellen bis unter den Buchftabengrund abgefcheuert und die Le-fung von der äufserften Schwierigkeit ift; wie das kleine Fragment lehrt, war die Schrift urfprünglich fehr tief und forgfältig einge-hauen. Abbildung 1:5.

- - - - - - - -
- - - - - - - -
- - - - - - - - - - - - - μου α .... του- - - - - - - - - - - -
- - - - - - - - - - - τὴ]ν ὑπάρχουσ[α]ν αὐτ[ῆι - - - - - - -
5 - - - - - αι [π]ολιτείαν . ε ... τιν - - - - - - - - - - - - - -
- - Π[ε]ρ[γα]μην[ῶ]ν [- - - - - -] ν ἐ[ξεῖναι αὐτοῖς μετέχου-
σι πάντω]ν [ὦν] καὶ οἱ ἄλλοι Τεγεᾶτ[αι - - - - - - - - - -
- - - - - π]ρο[ε]δρίαν το[ῖς] Ἀλε[αίοις - - - - - - - - - - - -
- - - - - ς [ἀ]να ..... σι· [δε]δόχ[θ]αι τῶι δ[ήμ]ωι [ἐπ]αι[νέσαι
10 μὲν τὴν πόλιν τὴν Τεγεατῶν, διότι καὶ .... α[.... εἰς
ἡμῶν τὴ]ν πόλιν οἰκειότητος καὶ [δ]ι᾽ ἀ[ρ]ετ[ὴν?...]την δ..
- - - - - - ἐπ]εὶ κ[α]ὶ [δίκαι]όν ἐστιν καὶ σ[ύμφορον, στεφανῶσαι
δὲ καὶ Παναθηναί[οις χρυσῶι στεφάνωι φ[ιλοτιμίας ἕν]ε-
κεν καὶ εὐνοία]ς εἰς τὸν δῆμον, τὴν δὲ ἀναγόρευσιν [τοῦ
15 στεφάνου] πο[ή]σα[σ]θ[α]ὶ τοὺς στρατ[η]γούς. ἐξουσίαν δὲ [εἶναι
καὶ] πολιτε[ύε]σθαι ἐν Περ[γ]άμωι τοῖς βο[υ]λομένοις Τεγεάτ[αις
μετέχυυσι π]άν[τω]ν [ὦν κα]ὶ οἱ ἄλλοι Περγαμηνοί. [ἵνα δὲ τὰ ἐν
τοῖς προϋπάρχουσιν [ὑπ]ομνήμ[α]σι περὶ τῆς συγ[γ]ενεί[ας ἡμῶν
πρὸς] Τ[εγε]ά[τα]ς κ[αὶ τ]ὸ ψήφισμα τοῦτό τε καὶ τὸ παρ[ὰ Τεγε]α-
20 τῶ[ν] ἐνηνεγμέν[ο]ν ἐμφανῆ τοῖς ἐπιγινο[μ]έν[οις ἦ]ι καὶ
μηδὲν τῶν τοι[ού]των εἰς τὸ δυνατὸν διὰ [χρόνο]υ πλῆ-
θ]ος εἰς λήθην πέσηι, ἀναγράψαι αὐτὰ εἰς σ[τήλ]ην λευκοῦ λίθου καὶ ἀναθεῖναι [α]ὐτὴν εἰς τὸ ἱερὸ[ν τῆς] Ἀθηνᾶς,
ἣ]ν ἱδρύσατο Αὔγη. [τὴν δὲ [στά]σιν τῆς [στήλης] καὶ τὴ[ν
25 ἀναγραφὴ]ν [ποήσασθαι τοὺς στρατηγούς, τοὺς δὲ τ]αμίας
δοῦναι ἐς αὐτὰ τὸ ἀνάλωμα ἐκ τῶν πολιτικῶν π]ροσ[όδων.

In der Inschrift finden sich nur folgende nicht durch Interpunction legitimirte Hiate: Z. 7. 17 καὶ οἱ ἄλλοι. Z. 16 πολιτεύεσθαι ἐν. Z. 22 ἀναγράψαι αὐτὰ εἰς. Z. 23 καὶ ἀναθεῖναι.

In Z. 1—9 war aufser dem Praescripte die Begründung des nachfolgenden Ehrendecretes für die Stadt Tegea enthalten und zwar ist es, wie Z. 19 f. zeigt, durch ein vorangegangenes Psephisma der Tegeaten veranlafst worden, welches, wie wir erkennen, den Pergamenern das tegeatische Bürgerrecht (Z. 5 und 7, verglichen mit Z. 17) und den Vorsitz in den bei dem berühmten Heiligtum der Athena Alea in Tegea gefeierten Spielen (Z. 8) zusprach. Diese Aleaia sind bei Pausanias 8, 47, 3 (καὶ ἄγουσιν ἀγῶνας ἐνταῦθα Ἀλεαῖα ὀνομάζοντες ἀπὸ τῆς Ἀθηνᾶς) und in den tegeatischen Inschriften bei Rofs, Archaeol. Auffätze II S.668 (= Lebas-Foucart II 341b) und C. I. Gr. 1515 bezeugt.

Z. 12. στεφανῶσαι κτλ. Da das Psephisma eine auf die Überfendung des Kranzes wie überhaupt der pergamenischen Beschlüffe an die Te-

geaten bezügliche Beftimmung offenbar nicht enthielt, ift anzunehmen, dafs die Gesandten, die das Psephisma der Tegeaten überbracht hatten, fie in die Heimat mitnehmen follten.

Z. 13. Παναθηναί[οις. Vergl. oben Nr. 18 Z. 17.

Z. 18 f. περὶ τῆς συγγενείας. Bekannt ift die Verwandtfchaft der beiden Städte durch den Stammheros der Pergamener Telephos, den Sohn der tegeatischen Königstochter Auge und des Herakles. In Pergamon war diejenige Form der Sage angenommen, nach welcher die von ihrem Vater verftofsene Auge zunächst allein nach Mysien kommt und ihr Sohn erft als Jüngling an der Spitze anderer arkadifcher Auswanderer nachfolgt. Dies bezeugt Aristides in der in Pergamon gehaltenen Rede περὶ ὁμονοίας I p. 722 Dind.: καὶ γίγνεται τοῖς μὲν χρόνοις αὕτη (des Asklepios) δευτέρα τις ἀποικία ἐκ τῆς Ἑλλάδος μετὰ τὴν ἐξ Ἀρκαδίας τῶν ἄμα Τηλέφῳ und Pausanias 1, 4. 6: αὐτοὶ δὲ (Περγαμηνοὶ) Ἀρκάδες ἐθέλουσιν εἶναι τῶν ὁμοῦ Τηλέφῳ διαβάντων ἐς τὴν Ἀσίαν; ein weiteres Zeugnis enthält der kleinere Fries des pergamenischen Altarbaues, vergl. Robert, Jahrbuch des archaeol. Instituts 1887 S. 246.

Z. 21 f. διὰ χρόνου πλήθους. Der Ausdruck ist formelhaft: Thukydides I 1 τὰ γὰρ πρὸ αὐτῶν καὶ τὰ ἔτι παλαιότερα σαφῶς μὲν εὑρεῖν διὰ χρόνου πλήθους ἀδύνατα ἦν. Plato Politikos 269 B διὰ δὲ χρόνου πλήθος τὰ μὲν αὐτῶν ἀπέσβηκε. Aristoteles Meteorol. I 14 (p. 351 b 22) εἰκὸς - - ἐπιλελῆσθαι διὰ χρόνου πλῆθος, Politik II 8 (p. 1269 a 22) τὸ ἔθος οὐ γίνεται εἰ μὴ διὰ χρόνου πλῆθος. — Vergl. auch Plato Theaetet 158 D. Aristoteles Nikom. Ethik VI 9 (p. 1142 a 15). Demosth. Leptinea 130. Theophrast De causis plant. 1, 12, 4.

Z. 23 f. τὸ ἱερὸν [τῆς] Ἀθηνᾶς, [ἣ]ν ἱδρύσατο Αὔγη. Courtoisie gegen die Tegeaten hat veranlaßt, der Urkunde den merkwürdigen Relativsatz einzufügen, welcher ein nachdrückliches Zeugnis der συγγένεια beider Städte beibringt: wir erfahren, daß Auge den Cult der Athena nach Pergamon verpflanzt haben sollte, deren Priesterin sie in der Heimat gewesen war (Apollodor III 9, 1, 4). Da das Relativum auf Ἀθηνᾶς, nicht auf τὸ ἱερόν bezogen ist, muß das Cultbild im Athenatempel von Pergamon auf Auge zurückgeführt worden sein. Wir sehen dasselbe auf einigen kleinen Münzen von Pergamon (eine goldene abgebildet British Museum, Guide to the coins of the ancients pl. 49, 9) und namentlich auf dem sehr seltenen Goldstater aus dem Funde von Saida (Friedlaender und von

Sallet, das Königliche Münzcabinet 2. Aufl. S. 86 Nr. 214; abgeb. Jahrbuch des archaeol. Instituts 1888 S. 46) als ein mit Kleidern behangenes Idol, den Modius auf dem Kopfe, mit Schild und Lanze: auch auf einem in Pergamon gefundenen Relief ist es dargestellt (Band II S. 25). Der Fund von Saida ist um das Jahr 310 vergraben (Waddington, Revue numismatique 1865 p. 6 f.); also ist das Idol schon lange vor der Gründung der pergamenischen Dynastie bezeugt. — In Pergamon zeigte man nach dem Zeugnisse des Pausanias 8, 4, 9 das Grab der Auge: καὶ νῦν ἔστι μὲν Αὔγης μνῆμα ἐν Περγάμῳ τῇ ὑπὲρ τοῦ Καΐκου, γῆς χῶμα λίθου περιεχόμενον κρηπῖδι, ἔστι δὲ ἐν τῷ μνήματι ἐπίθημα χαλκοῦ πεποιημένον, γυνὴ γυμνή.

Z. 24. στά]σιν. Dieses unter den Synonymen hier durch den Raum geforderte Wort findet sich in gleicher Verwendung Nr. 161 B Z. 13.

Z. 25. Man beachte, daß die Kosten, die hier sicher auf ταμίαι angewiesen werden, in Nr. 161 B Z. 13 f. von den Hieronomen der Athena zu tragen sind. — Ob mit dem Worte στρατηγοὺς das Richtige getroffen ist, bleibt ungewiß.

Da nach Z. 17 ff. auf eine Stele 1. das pergamenische, 2. das tegeatische Psephisma, 3. τὰ ἐν τοῖς προϋπάρχουσιν ὑπομνήμασι περὶ τῆς συγγενείας eingegraben werden sollen, wovon wir nur die erste Aufzeichnung besitzen, so ist uns der größere Teil der Stele verloren.

---

157. Fünf Bruchstücke einer Stele aus weißem Marmor, dick 0,097—0,107; Buchstabenhöhe 0,009. A aus zwei Stücken zusammengesetzt (Inv. II 29. 139), 0,35 breit, links 0,09, rechts 0,097 dick. B) (Inv. III 240 0,11 breit. links 0,097 dick erhalten. C) (Inv. II 116) 0,12 breit, 0,10 dick. D) aus vier Stücken bestehend Inv. III 569. II 61. I 70. II 82), 0,35 breit, 0,100—0,107 dick, rechts erhalten. E) (Inv. III 575) 0,14 breit, bei späterer Benutzung oben geglättet zu einem Profil, das sich hinten fortsetzt; die ursprüngliche Rückseite ist nicht erhalten. Die Fragmente sind zwischen Sommer 1879 und Herbst 1886 an verschiedenen Stellen gefunden: die meisten und größten in den mittelalterlichen Mauern und dem Schutt am Südrande des Athenaheiligtums, sowie an dem darunter liegenden Abhang bis zur Nordwestecke des großen Altars: nur die beiden kleinen Stücke B und E sind dieses unterhalb des Trajaneums, jenes auf der Theaterterrasse zu Tage gekommen.

Die Stele war von einem Giebel gekrönt, unter welchem sich eine freie Fläche befindet (0,16 hoch) mit dem in flachem Relief gearbeiteten Bilde eines stehenden vollgerüsteten Kriegers, der am linken Arme den Schild hält. während in der erhobenen Rechten offenbar eine Lanze durch Malerei angegeben war. Da diese Figur vermutlich grade in der Mitte des Ganzen angebracht war, läßt sich die ursprüngliche Breite der Stele ungefähr dahin berechnen, daß sie oben 0,49 betragen hat. Nach unten zu verbreitert sich die Stele nicht nur, sondern wird auch stärker, so daß sich nach der Dicke der Fragmente deren ursprüngliche Stellung ungefähr bestimmen läßt. Abbildung 1 : 5.

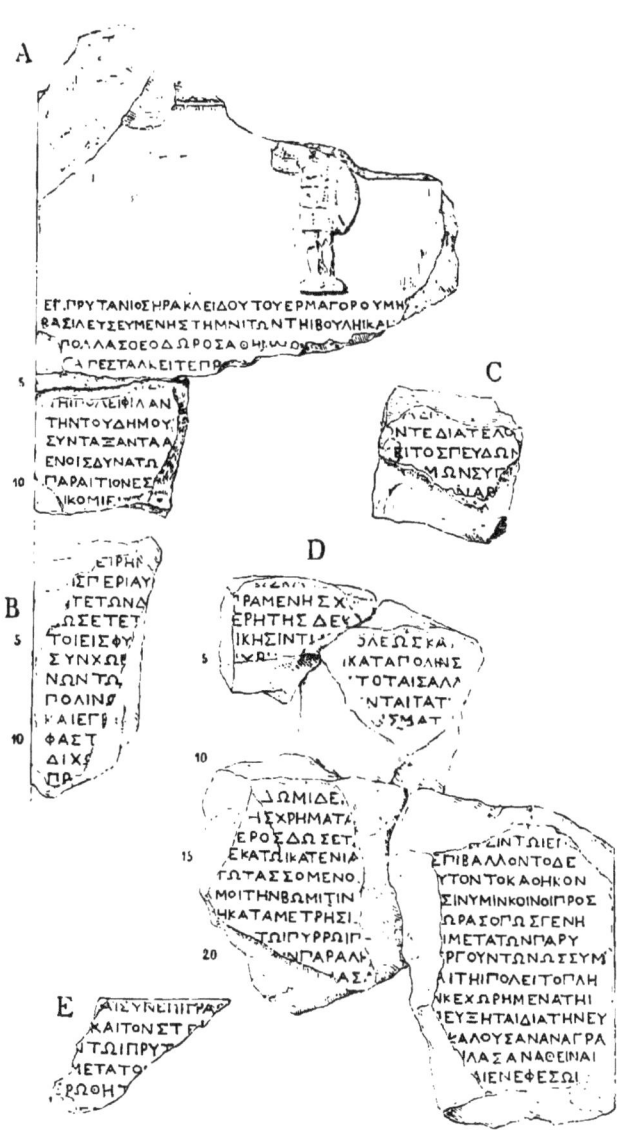

Fragment A.

Ἐπὶ πρυτάνιος Ἡρακλείδου τοῦ Ἑρμαγόρου, μη[νὸς - - - - - - -·
Βασιλεὺς Εὐμένης Τημνιτῶν τῆι βυυλῆι καὶ [τῶι δήμωι χαίρειν·
Ἀ]πυλλᾶς, Θεόδωρος, Ἀθήν[α]ιο[ς, - - - - - - - - - - - - - - - ,
υὓς] ἀπεστάλκειτε πρ[εσβευτὰς πρὸς ἡμᾶς - - - - - - - - - - - -
5   - - - - - - - ᾱ -
τῆι πόλει φιλανθρωπ -

την του ⸌ημιου -
συντάξαντα α -
ἔνοις (oder ἐν οἷς) δυνατω - - - - - - - - - - - - - - - - - -
10   παραίτιον ἐϛ -
κα᾽ὶ κωμεῖν oder - εἶτε -

Fragment B.

    . . . εἰρηη[έν -
   . . ς περὶ αὐ[τ -
   . . τε τῶν δ -
    δώϲετε τ -
5   τοι εἰς φυ[λὴν?
    ϲυνχω[ρ -
    νων τῶ[ι (oder τῶ[ν)
    πόλιν ω -
    καὶ ἔг[ραφ - oder ἔг[ραψ - - - - гρα?]-
10   φὰς τ -
    δι χω[ρ -
    πρ -

Fragment C.

   - - λει -
   - - ντε διατελο[υ -
   - κ]ειτο σπεύδων
   - - - μων ϲυг -
5   - - - - να[ρ (oder να[β).

Fragment D.

- - - - - - - - - - - - - - - - ως κα[ὶ - - - - - - - - - - - - - - - - - -
- - - - - - - - - - - - - πε]πραμένης χ[ώρας - - - - - - - - - - - - - -
- - - - - - - - - - - μ]έρη τῆς δὲ κ - - - - - - - - - - - - - - - -
- - - - - - - - - διο]ίκησιν τ[ῆς π]όλεως κα[τ - - - - - - - - -
5   - - - - - - - - - - - - μ]υ[ρ]ι [- - - -] κατὰ πόλιν ϲ - - - - - - - - -
- - - - - - - - - - - - - - - - - - το ταῖς ἄλ[λαις - - - - - - - - - -
- - - - - - - - - - - - - - - - ε]υνται τὰ τ - - - - - - - - - - - - -
- - - - - - - - - - - - - - - ψηφ]ίσματα - - - - - - - - - - - - - - -
- -
10   -
- -
- - - - - - - - - - - - δί]δωμι δὲ -
- - - - - - - - - - - - - - - ης χρήματα - - - - - - - - - - - - - - -
- - - - - - - - - - - - μ]έρος δώϲετ[ε - - - - - - - - -]ϲιν τῶι επ.
15   - - - - - - - - - - - - δ]εκάτωι κατ᾽ ἐνια[υτὸν τὺ] ἐπιβάλλον, τὸ δὲ
- - - - - - ἐ]гῶ (- ἐτ]ω?) ταϲϲόμενο[ς ([ν?) κατ᾽ ἐνιαυτὸν τὸ καθῆκον
- - - - - - - - - - - - - - α]μοι τὴν βωμῖτιν - - - ϲιν ὑμῖν κοινοὶ πρὸς
- - - - - - - - - - - - - ἡ καταμέτρηϲις - - - τῆς χ]ώρας ὕπως гένη-
ται - - - - - - - - - - - - - -]τωι Πύρρωι π - - - ι μετὰ τῶν παρ᾽ ὑ-
20   μῖν oder μῶν - - - -]ν παραλη[ψ - - - - ἐνε - oder ϲυνε]ροῦντων ὡς ϲυμ-
- - - - - - - - - - - - - - - - - - ιας [- - - - - - κ]αὶ τῆι πόλει τὸ πλῆθος - τὰ ϲυ]νκεχωρημένα τῆι
πόλει - ἐ]πεύξηται διὰ τὴν εὐ-
καλοῦϲαν. ἀναгρα-
25   ψαμένους δὲ τοὺς ϲτρατηгοὺς τὸ δόгμα τόδε εἰς (Zahl) ϲτή]λας ἀναθεῖναι
ἐν τῶι τοῦ Ἀπόλλωνος ἱερῶι καὶ ἐν Περгάμωι ἐν τῶι τῆς Ἀθηνᾶς κ]αὶ ἐν Ἐφέϲωι
[ἐν τῶι τῆς Ἀρτέμιδος - - - - - -

Fragment E.

κ̣αὶ συνε[π̣]ιγρά[ψ - (oder [φ -)
καὶ τὸν στέφ[ανον
ἐ̣ν τῶι πρυτ[ανείωι
μετὰ τὸ[ν
5 ἱ̣]ερωθήτ[ω (ἐλευθ]ερωθήτ[ω ist unwahrſcheinlich)

- - -

Königlicher Befcheid an die Temniten auf ein durch Gefandte übermitteltes Gefuch, der ihnen Bewilligungen erteilt (vergl. Fragm. *B* 6 und *D* 22 συγχωρεῖν: *D* 12 δίδωμι). Es ist fo viel erkennbar, dafs es fich um Ländereien handelt, die zu vermeffen (*D* 18) und aufzuteilen find (*D* 14 μέρος, *D* 3 μέρη, *D* 15 τὸ ἐπιβάλλον sc.

μέρος). Nach *D* 17 (βωμῖτις) handelt es fich, mindeftens zum Teil, um heiliges Land: vergl. auch *E* 5. Das Wort βωμῖτις ist, wie es fcheint, neu: analoge Bildungen find ἀργυρῖτις, χρυσῖτις, σιδηρῖτις (zufammen bei Galen Vol. XII p. 184 *K.*): ἀμπελῖτις (γῆ) Infchrift von Rosette Z. 30: λυχῖτις (ἐκκλησία Dionys. Antiqu. 4, 20. 4, 75 und öfter): λυχνῖτις (φλομίς Dioscor. 4, 104. Plinius 25, 121): νησῖτις (Anthol. Pal. 7, 2, 3): σχοινῖτις (Anthol. Pal. 7, 295, 7) u. a. — Zu der für Z. 26 vermuteten Erwähnung des Apollotempels in Temnos vergl. Polyb. 32, 25 (27), 12. In der Überfchrift ist πρυτάνιος ein Aeolismus.

Über die Beziehungen zwifchen Pergamon und Temnos f. oben zu Nr. 5.

158. Zwei Bruchftücke einer Stele aus bläulich-weifsem Marmor, 0,17 dick; Buchftabenhöhe 0,010. *A* 0,45 breit, 0,80 hoch, aus zwei Stücken zufammengefetzt, von denen das gröfsere untere November 1884 im Theater, das oben anfchliefsende kleinere Juli 1885 auf der Agora gefunden wurde (Inv. III 296). *B* 0,14 breit, am linken Rande 0,08 hoch erhalten, December 1884 bei der byzantinifchen Kirche füdlich vom Theater gefunden Inv. III 336). Abbildung 1 : 7,5.

- - - - - - - - - - - - - - - - - - - μενο̣ς̣ κα̣ὶ α - (oder κα[τ]ὰ) - - - -
- - - - - - - - - - - - - - - - - - - τε τά τε καταμετ̣ρ̣- - -
- - - - - - - - - - - - - - - - - - - ων ψιλῆς πλέθρ̣α - - - -
4 - - - - - - - - - - - - - - - - - - κα̣ὶ πρότ̣ερυν- - - - - -
8 - - - - - - - - - - - - - - - - - - ν ὑμι- - - - - - - - - -
- - - - - - - - - - - - - - - - - - - ν ἀναδωκόσ̣[ιν - - - - - - - - - -
10 - - - - - - - - - - - - - - - - - - μ̣ένοις τυὺς κλήρους ψιλῆς πλ̣έ-
θρα- - - - - - - - - - - - - - - - - α̣ δεκαδὺυ ἡμίπλε̣[θ]ρον τὰ μέρ̣
- - - - - - - - - - - - - - - - - - - τὺὺς τοιούτους οὐ βουληθέντας ἐν

11*

- - - - - - - - - - - - - μὲ]ν τοῖς πλείοσι κοινωνεῖν, τῶν δὲ ἄλλων τοῖς ἐστεγνοποιημέν’οις ἐν τῆι πόλει ψιλῆς πλέθρα ἑκατόν,
15 ἀ]μπέλων π.λέθρα δέκα, τῶν‘ δὲ μήπω ἐστεγνοποιημένων ἑκά
στωι ψιλῆς [πλέθρα πεντήκ’υντα, ἀμπέλων πέντε, τελοῦσιν ἐκ
τούτων ἐ‚κ μὲν τοῦ οἴνου τα]ὐ τε σίτου καὶ τῶν λοιπῶν καρπῶν δεκά-
την, τῶ‚ν δὲ - - - - - - - καὶ] τῶν ἄλλων ἐγγαίων ὧν ἀπέδοτο δη-
μαρχ? - - - - - - - - - - - - κ]αὶ τινες ἄλλοι τῶν τα βασιλικὰ πραγματευ-
20 όντων - - - - - - - - - - - ἐὰν] ταῦτα πωλῶσιν, ἔσονται αἴ τε κτήσεις κύ-
ριαι - - - - - - - - - - - - τὰ ταχθ]έντα ἑκάστοις, εἰς δὲ τὰ τεμένη τὰ εἰς
- - - - - - - - - - - - - - - - - - ἐτ’ἐτάχειν πρότερον δημιάρχωι παραδει-
- καὶ τὴν ἀτέλειαν αὐτῶν ἐπεχώρησα
- ων ἔδωκα τοῖς νέοις εἰς τὸ ἔλαιον
25 - - - - - - - - - - - - - - - - - - - κλη]ρονομίαι τῶν ἀτέκνων φαινον-
τ - - - - - - - - - - - - - - - -τάγ?, πράγ?]ματα εἰς τὸ βασιλικὸν καθήκοντα - - - - - - - - - - - - - - - -] ἐν τοῖς ἄλλοις καὶ ἐν τού-
τ -τ?α]ὐτας ὑμῖν καὶ ἀτέλειαν
- τ]ῶν μισθοφόρων τοῦ ἐν
30 - τά]ξητε ἐπωνύμους ὧν
- ἀναγράψαντας εἰς στήλας δύο ἀναστῆσαι τὴν μὲν ἐν τῶι ἱερῶι τῆς Ἀθηνᾶς, [τ]ὴν δὲ ἐγ Γρυνει-
[ωι ἐν τῶι τοῦ Ἀπόλλωνος.

Wie die Verbalformen erſter und zweiter
Perſon in Z. 22. 23. 24. 30 und ὑμῖν in Z. 28 beweiſen, haben wir es mit einem königlichen Erlaſs
zu tun: es werden Landanweiſungen, wie nach
Z. 20 angenommen werden muſs an Söldner, verfügt, nach Z. 16 ff. mit der Verpflichtung gewiſſer
Abgaben vom Fruchtertrage an den königlichen
Schatz. Dies iſt die Bedeutung von τὸ βασιλικύν
(Z. 26); vergl. z. B. Inſchrift von Roſette Z. 17
(τῶν τ’ εἰς τὸ βασιλικὸν συντελουμένων βυσσίνων)
und Z. 29 (ἀφῆκεν δὲ καὶ τὰ ἐν τοῖς ἱεροῖς ὀφει-
λόμενα εἰς τὸ βασιλικόν..., ὡσαύτως δὲ καὶ τὰς τι-
μὰς τῶν μὴ συντετελεσμένων εἰς τὸ βασιλικὸν βυσσίνων); C. I. Gr. 3137 (Dittenberger, Sylloge 171)
am Ende: καὶ προνοῆσαι τὸν δῆμον ὅπως αὐτοῖς δι-
δῶται ἐκ βασιλικοῦ τά τε μετρήματα καὶ τὰ ὀψώνια
τἄλλα, ὅσα εἴωθει ἐκ βασιλικοῦ δίδυσθαι αὐτοῖς. Der
Ausdruck οἱ τὰ βασιλικὰ πραγματεύοντες (Z. 19) bezeichnet die Beamten der unmittelbar königlichen Verwaltung, im Gegenſatz zur communa-
len. Von dieſen kennen wir einen mit dem Titel
ὁ ἐπὶ τῶν ἔργων τῶν βασιλικῶν, f. unten zu Nr. 249
Z. 21. — Die Adreſſe unſeres Erlaſſes iſt gewiſs
Rat und Volk von Pergamon, da ſonſt bei der
Anordnung der Aufſtellung im Athenaheiligtum
(Z. 32) vermutlich der Zuſatz ἐν Περγάμωι geſtanden hätte, was offenbar nicht der Fall war.
Z. 14. 15. ſτεγνοποιεῖν führen die Lexika

nur aus Hermes Trismegiſtos bei Ideler, Phy-
ſici Gr. minores I p. 395, 9. 430, 1 an, wo es
im mediciniſchen Sinne »verſtopfen« bedeutet.
Den Weg zum Verſtändnis des Wortes in der
Inſchrift werden uns Stellen zeigen können,
in denen ſτεγνόν von einem Kriegslager unter
Dach und Fach gebraucht wird: ſo Xenophon
Anabaſis 7, 4, 12 ἥδιόν τ’ ἄν ἔξω αὐλίζεσθαι ἔφη
ἐν ἐχυροῖς χωρίοις μᾶλλον ἢ ἐν τοῖς στεγνοῖς ὥστε
ἀπολέσθαι. Diodor 18, 25 τῶν περὶ Κράτερον στεγνὰ
κατασκευασάντων καὶ συναναγκαζόντων τοὺς πολεμίους
μένειν τὸν χειμῶνα. Danach möchte zu vermuten
ſein, daſs ſτεγνοποιεῖν das techniſche Wort von
der Anſiedelung in einer Militärcolonie iſt. Nach
den zweifelloſen Ergänzungen in Z. 14—16 gab
es neben den durch die gegenwärtige Landan-
weiſung zu Coloniſten gemachten Söldnern eine
zweite Kategorie, welche dieſen zwar noch nicht
(μήπω) zugerechnet, aber durch Gewährung je
des halben Bodenraumes doch ſchon ſeſshaft gemacht wird. Unſere Colonie befand ſich auf
ſtädtiſchem Gebiete (Z. 14); ſie ſcheint eigene
Culte (Z. 21) und für ihre νέοι ein eigenes Gym-
naſium (Z. 24) gehabt zu haben.

Z. 23. ἀτέλειαν bietet ein frühes Beiſpiel
des Erſatzes von ει durch η vor Vocalen; vergl.
Blaſs, Ausſprache des Griechiſchen 2. Aufl. S. 59.
Z. 28 ſteht ἀτέλειαν.

Z. 32 f. In dem Apollotempel von Gry- | Herrſcher eine auf die Rechte ſeiner Söldner
neion ſtellt auch Nr. 13 Z. 18 der pergameniſche | bezügliche Stele auf.

159. Unterer Teil einer Stele aus bläulichem Marmor. 0,54 breit, 0,62 hoch, 0,14 dick; Buchſtaben-
höhe 0,010—0,012. Gefunden im Athenaheiligtum als Fufsbodenplatte der byzantiniſchen Kirche (Inv. II 131).
Der Block iſt bei der ſpäteren Benutzung oben geradlinig zugehauen, die Vorderſeite ſo abgetreten, dafs die
Leſung äufserſt ſchwierig und an manchen Stellen nicht mehr möglich iſt. Abbildung 1 : 3,75.

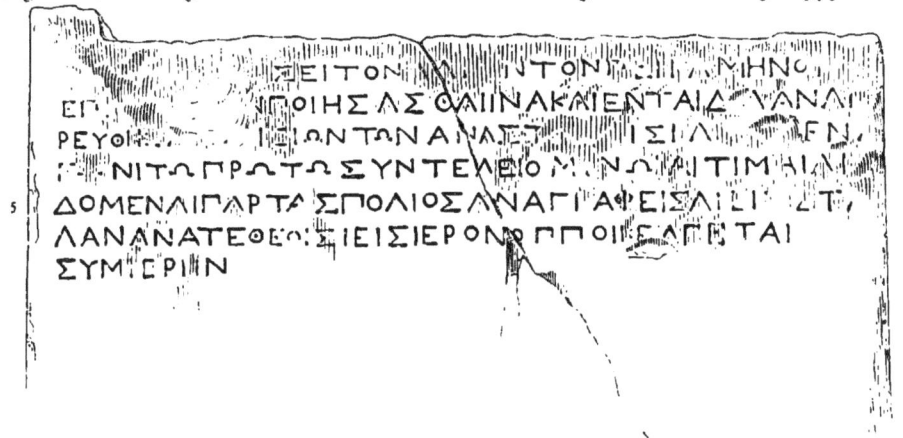

[χειροτόνησαι δὲ πρεσβευτὰν ὅστις παραγένομενος εἰς Πέργαμον παρακαλέσ]σει τὸν [δᾶμο]ν τὸν [Π]ε[ργά]μηνο[ν
ἐπ[ιμέλεια]ν ποιή[σ[α]σ[θα]ι, ἵνα κ[α]ὶ ἐν τᾶ ἰδ[ία] ἀν[αγο-
ρεύθ[η - - - - - - -]ἀνάστ[ασις ε]ἰς - - - - - - ἐν [ἄ-
γ]ωνι τῶ πρώτω συντελε⟨ι⟩ομ[έ]νω, [κ]αὶ τῖμαι [α]ὶ [δ]τ-
5 δόμεν[α]ι π[ὰ]ρ τᾶς πόλιος [ἀ]ναγ[ρ]άφεισ[α]ι [ε]ἰ[ς σ]τ[ά-
λαν [ἀ]νατεθέ[ω]⟨ι⟩σι εἰς ἱερον, ὅπποι κ[ε ἄ]γ[η]ται
συμ[φ]έρ[η]ν.

Decret einer äoliſchen Stadt zu Ehren eines
Pergameners.

In Z. 3, wo wahrſcheinlicher ιωντων als anſtatt eines der beiden Ω ein O ſtand, war der
Sinn: es ſoll bei dem nächſten Feſte der Pergamener verkündet werden, dafs ein Standbild
ihres Landsmannes in der decretirenden Stadt
errichtet worden iſt. — Z. 4 ſcheint in συντελειο-
μένῳ, Z. 6 in ἀνατεθέωισι ein überflüſſiges Iota
geſchrieben zu ſein. — Zum Ausdruck in Z. 6. 7
vergl. Collitz, Dialekt-Inſchriften I 214 Z. 34 ὅ

δὲ δᾶμος ἀκο]ύσαις, αἴ κε ἄγηται συμφέρην, βυλλευ-
έτω; zum Inhalt ebenda 304A Z. 46 f. στάλ-
λαν.... στᾶσαι ὅππα κε Θερσίππῳ συναρέσκη....
ἐξέστω δὲ Θερσίππῳ καὶ ἄλλα ὅππα κε θέλῃ τῶν
ἴρων στᾶσαι τὸ ψάφισμα. Ob zu ἄγηται der Geehrte Subject iſt oder der Demos von Pergamon, bleibt zweifelhaft.

Die Zeilen ſchlieſsen nicht in gleicher Ent-
fernung vom Rande; die vorletzte läfst ein
gröfseres Stück frei, um das Wort συμφέρην
nicht teilen zu müſſen.

160. Zwei Bruchſtücke einer Stele aus weiſsem Marmor. Das grofse, nur oben gebrochene Fragment B iſt 1,58 hoch, oben 0,50, unten 0,525 breit, 0,17 dick; Höhe der Buchſtaben 0,010—0,015; gefunden Februar 1885 auf den mittleren Stufen des Theaters (Inv. III 354). Bericht III 54). A, 0,08 breit, 0,12
hoch, iſt Auguſt 1884 am Abhang unterhalb des Athenatempels (Inv. III 266) gefunden. Die Schriftzüge
ſind ſo verwittert, dafs ſie vielfach ſehr breit geworden und zuſammengefloſſen, ſtellenweiſe auch ganz
verrieben und nur noch an der Färbung der Oberfläche zu erkennen ſind. Auf der Ober- und Unterſeite, ſowie an den beiden Schmalſeiten je ein Dübelloch. Abbildung 1 : 7,5.

A

B

```
ΕΤΕ
ΓΩΣΥΠΑΡΞ
ΙΕ ΩΤΕΡΟΝΦΙΛ
ΤΟΥΠΑΤΡΟΣ
ΝΟΣ ΤΗΝΑΝΑΣΤΡΟΦ
ΗΣΕΙΣΕΥΣΣΤΑΣΙΝ ΙΟΙ
ΚΑΙΑΔΕΛΦΟΥΠΕΜΠΤΟΥΤ Ε
ΤΑΛΛΑΞΑΝΤΟΣΣΕΛΕΥΚΟΥ
ΑΣΠΑΡΑΚΑΛΟΥΣΗΣΟΕΩΡΟΥΝΤΕΣ
ΟΓΚΑΙΡΟΜΠΑΡΑΔΙΔΟΝΤΑΠΡΟΣΤΟΚΑΤΑ
ΘΑΙΧΑΡΙΓΚΑΙΕΥΕΡΓΕΣΙΑΝΠΑΝΤΑΠΑΡΕΡΓΑ
ΑΛΛΑΠΟΙΗΣΑΜΕΝΟΙΚΑΙΕΑΥΤΟΥΣΕΠΕΧΡΗΣΑΝΚΑΙ
ΜΕΧΡΙΤΩΝΟΡΙΩΝΤΗΣΙΔΙΑΣΒΑΣΙΛΕΙΑΣΣΥΜΠΡΟ
ΕΛΘΟΝΤΕΣΚΑΙΧΡΗΜΑΣΙΧΟΡΗΓΗΣΑΝΤΕΣΚΑΙ
ΔΥΝΑΜΕΙΣΠΑΡΑΣΚΕΥΑΣΑΝΤΕΣΚΑΙΤΩΙΔΙΑΔΗΜΑΤΙ
ΜΕΤΑΤΗΣΑΛΛΗΣΚΑΤΑΣΚΕΥΗΣΚΟΣΜΗΣΑΝΤΕΣ
ΩΣΚΑΘΗΚΕΝΚΑΙΒΟΥΘΥΤΗΣΑΝΤΕΣΚΑΙΠΙΣΤΕΙΣ
ΠΟΙΗΣΑΜΕΝΟΙΠΡΟΣΑΛΛΗΛΟΥΣΜΕΤΑΠΑΣΗΣΕΥΝΟΙΑΣ
ΚΑΙΦΙΛΟΣΤΟΡΓΙΑΣΑΞΙΟΛΟΓΩΣΣΥΓΚΑΤΕΣΤΗΣΑΝΕΠΙΤΗΝ
ΠΑΤΡΩΙΑΝΑΡΧΗΝΤΟΜΒΑΣΙΛΕΑΑΝΤΙΟΧΟΝΟΠΩΣΑΝΟΫ
ΟΔΗΜΟΣΕΓΧΑΡΙΤΟΣΑΠΟΔΟΣΕΙΦΑΙΝΗΤΑΙΠΡΩΤΕΥΩΝ
ΚΑΙΤΟΥΣΕΑΥΤΟΝΚΑΙΤΟΥΣΦΙΛΟΥΣΕΥΕΡΓΕΤΟΥΝΤΑΣ
ΑΠΑΡΑΚΛΗΤΟΥΣΦΑΝΕΡΟΣΕΙΤΙΜΩΝΚΑΙΤΑΚΑΛΑΤΩ
ΕΡΓΩΝΕΙΣΑΙΔΙΟΜΜΝΗΜΗΝΑΝΑΓΩΝΚΑΙΝΥΝΚΑΘΑΠΕΙ
ΛΑΙΠΡΟΤΕΡΟΝΑΓΑΘΕΙΤΥΧΗΙΔΕΔΟΧΘΑΙΤΕΙΒΟΥΛΕΙ
ΤΟΥΣΛΑΧΟΝΤΑΣΠΡΟΕΔΡΟΥΣΕΙΣΤΗΝΕΠΙΟΥΣΑΝΕΚΚΛΗΣΙΑ
ΧΡΗΜΑΤΙΣΑΙΠΕΡΙΤΟΥΤΩΝΓΝΩΜΗΝΔΕΞΥΜΒΑΛΛΕΣΘΑΙ
ΤΗΣΒΟΥΛΗΣΕΙΣΤΟΝΔΗΜΟΝΟΤΙΔΟΚΕΙΤΕΙΒΟΥΛΕΙ
ΕΠΑΙΝΕΣΑΙΤΟΜΒΑΣΙΛΕΑΕΥΜΕΝΗΒΑΣΙΛΕΩΣΑΤΤ
ΚΑΙΒΑΣΙΛΙΣΣΗΣΑΠΟΛΛΩΝΙΔΟΣΚΑΙΣΤΕΦΑΝΩΣΑΙΧΡΥΣ
ΣΤΕΦΑΝΩΑΡΙΣΤΕΩΙΚΑΤΑΤΟΝΝΟΜΟΝΑΡΕΤΗΣΕΝΕΚΕΝ
ΚΑΙΕΥΝΟΙΑΣΚΑΙΚΑΛΟΚΑΓΑΘΙΑΣΗΝΑΠΕΔΕΙΞΑΤΟ
ΠΑΣΙΝΑΝΘΡΩΠΟΙΣΣΠΕΥΣΑΣΥΠΕΡΤΟΥΒΑΣΙΛΕΩΣΑΝΤΙΟΧΟ
ΚΑΙΣΥΓΚΑΤΑΣΤΗΣΑΥΤΟΝΕΙΣΤΗΝΤΩΜΠΡΟΓΟΝΩΝΑ
ΚΑΤΑΤΑΥΤΑΔΕΣΤΕΦΑΝΩΣΑΙΚΑΙΑΤΤΑΛΟΝΟΤΙΜΕΤΑ Υ
ΑΔΕΛΦΟΥΕΥΜΕΝΟΥΣΠΑΝΤΑΣΥΝΕΠΡΑΞΕΝΑΟΚΝΩΣ
ΚΑΙΦΙΛΟΚΙΝΔΥΝΩΣΕΠΑΙΝΕΣΑΙΔΕΚΑΙΤΟΥΣΑΔΕΛΦΟΥΣ
ΑΥΤΩΝΦΙΛΕΤΑΙΡΟΝΚΑΙΑΘΗΝΑΙΟΝΚΑΙΣΤΕΦΑΝΩΣΑΙΧΡΥΣΩ
ΣΤΕΦΑΝΩΙΕΚΑΤΕΡΟΝΑΥΤΩΝΕΥΝΟΙΑΣΕΝΕΚΕΝΚΑΙ
ΦΙΛΟΤΙΜΙΑΣΗΜΠΑΡΕΣΧΟΝΤΟΚΑΤΑΤΗΓΚΑΟΟΔΟΝΤΟΥ
ΒΑΣΙΛΕΩΣΑΝΤΙΟΥΟΥΕΠΑΙΝΕΣΑΙΔΕΚΑΙΤΟΥΣΓΟΝΕΙΣ
ΑΥΤΩΝΤΟΝΤΕΒΑΣΙΛΕΑΑΤΤΑΛΟΝΚΑΙΤΗΜΒΑΣΙΛΙΣΣΑΝ
ΑΠΟΛΛΩΝΙΔΑΚΑΙΣΤΕΦΑΝΩΣΑΙΧΡΥΣΩΣΤΕΦΑΝΩΙ
ΑΡΙΣΤΕΙΩΙΑΡΕΤΗΣΕΝΕΚΕΝΚΑΙΚΑΛΟΚΑΓΑΘΙΑΣ
ΗΜΠΕΡΙΕΠΟΙΗΣΑΝΤΟΙΣΥΙΟΙΣΠΡΟΣΤΑΝΤΕΣΤΗΣΠΑΙΔΕΙΑΣ
ΑΥΤΩΓΚΑΛΩΣΚΑΙΣΩΦΡΟΝΩΣΑΝΑΓΟΡΕΥΣΑΙΔΕΤΟΥΣ
ΣΤΕΦΑΝΟΥΣΤΟΥΤΟΥΣΕΝΤΕΤΟΙΣΑΓΩΣΙΝΟΙΣΑΝΑΓΕ C
ΩΣΑΥΤΗΣΔΕΚΑΙΕΝΟΙΣΟΒΑΣΙΛΕΥΣΕΥΜΕΝΗΣΜΕΤΑΤΕ ΑΝ
ΑΔΕΛΦΩΝΚΑΙΤΟΥΔΗΜΟΥΤΟΥΠΕΡΓΑΜΗΝΩΝΚΑΤΑΤΑΥΤΑΔΕ
ΚΑΙΕΝΟΙΣΟΒΑΣΙΛΕΥΣΑΝΤΙΟΧΟΣΕΠΙΔΑΦΝΕΙΘΕΙΣΕΙΚΑΟΟΑΠΕ
ΑΥΤΟΙΣΕΟΣΕΝΝΙΝΑΔΕΚΑΙΤΩΝΠΟΜΝΗΜΑΔΙΑΜΕΝΕΙΣ ΙΛ Γ
ΕΙΣΤΟΝΑΙΩΝΙΟΓΧΡΟΝΟΝΑΝΑΓΡΑΤΑΙΤΟΔΕΤΟΨΗΦΙΣΜΑΕΙΣΤΗΛΑ
ΛΙΟΙΝΑΣΚΑΙΣΤΗΣΑΙΤΗΜΜΕΝΕΝΑΓΟΡΑΙΠΑΡΑΤΑΣΕΙΚΟΝΑΣΤΑΣ
ΤΟΥΒΑΣ ΛΕΩΣΑΝΤΙΟΧΟΥΤΗΝΔΕΕΤΕΡΑΝΤΟΥΑΠΟΛΛΩΝΟΣΙΕΡΩΙ
ΤΗΣΔΕΔΙΑΓΟΣΤΟΛΗΣΑΥΤΟΥΠΡΟΣΤΕΤΟΜΒΑΣΙΛΕΑΚΑΙΤΗΝ
ΜΗΤΕΡΑΚΑΙΤΟΥΣΑΔΕΛΦΟΥΣΕΠΙΜΕΛΗΟΗΝΑΙΤΟΥΣΣΤΡΑΤΗΓ
ΟΠΩΣΕΠΙΜΕΛΩΣΓΕΝΗΤΑΙΚΑΙΤΗΝΤΑΧΙΣΤΗΝ
```

Fragment A.

Dies kleine Bruchſtück ſtammt, wie der erhaltene Rand und der freie Raum darunter beweiſt, vom Anfang der Inſchrift, der eine Datirung enthalten zu haben ſcheint, etwa

Ἐπὶ πρυτάνεως Μελ]ετε[ῶνος· ἔδοξεν τῶι δήμωι·
ἐπεὶ βασιλεὺς Εὐμέ]ν[ης - - -

Fragment B.

```
- - - - - - - - - - - - - - - ἀρ[χο.....
- - - - - - - - - - - γως ὑπαρξ....
- - - - - - - - - - ν]εώτερυν φιλ[εῖν?
- - - - - - - - - - ἐκ?] τοῦ πατρός..
- - - - - - - -ποιούμ?]ενος τὴν ἀναστροφ[ὴν
- - - - - - - - - ὡς εἰς σύσστασιν ἢ θε[λ-
- - - - - - - -καὶ ἀδελφοῦ πέμπτου τὰ ε ..
- - - - - - μετ]αλλάξαντος Σελεύκου [καὶ
τῆς συμφορ]ᾶς παρακαλούσης θεωρούντες
10 πύρον τ]ὸγ καιρὸμ παραδιδόντα πρὸς τὸ κατα-
θέσ]θαι χάριγ καὶ εὐεργεσίαν, πάντα πάρεργα
τ]ἄλλα ποιησάμενοι καὶ ἑαυτοὺς ἐπέχρησαν καὶ
μέχρι τῶν ὁρίων τῆς ἰδίας βασιλείας συμπρο-
ελθόντες καὶ χρήμασι χορηγήσαντες καὶ
15 δυνάμεις παρασκευάσαντες καὶ τῶι διαδήματι
μετὰ τῆς ἄλλης κατασκευῆς κοσμήσαντες
ὡς καθῆκεν καὶ βο[υθ]υτήσαντες καὶ πίστεις
ποιησάμενοι πρὸς ἀλλήλους μετὰ πάσης εὐνοίας
καὶ φιλοστοργίας ἀξιολόγως συγκατέστησαν ἐπὶ τὴ[μ
20 πατρώιαν ἀρχὴν τὸμ βασιλέα Ἀντίοχον. ὅπως ἂν οὖ[ν
ὁ δῆμος ἐγ χάριτος ἀποδόσει φαίνηται πρωτεύω[ν
καὶ τοὺς ἑαυτὸν καὶ τοὺς φίλους εὐεργετοῦντα[ς
ἀπαρακλήτους φανερὸς εἶ τιμῶν καὶ τὰ καλὰ τῶ[ν
ἔργων εἰς ἀίδιομ μνήμην ἀνάγων καὶ νυν καθάπε[ρ
25 καὶ πρότερον· ἀγαθεῖ τύχηι δεδόχθαι τεῖ βουλεῖ
τοὺς λαχόντας προέδρους εἰς τὴν ἐπιούσαν ἐκκλησίαν
χρηματίσαι περὶ τούτων, γνώμην δὲ ξυμβάλλεσθαι
τῆς βουλῆς εἰς τὸν δῆμον ὅτι δοκεῖ τεῖ βουλεῖ
ἐπαινέσαι τὸμ βασιλέα Εὐμένη βασιλέως Ἀττά[λου
30 καὶ βασιλίσσης Ἀπολλωνίδος καὶ στεφανῶσαι χρυσ[ῶι
στεφάνωι ἀριστέωι κατὰ τὸν νόμον ἀρετῆς ἕνεκεν
καὶ εὐνοίας καὶ καλοκαγαθίας, ἣν ἀπεδείξατο
πᾶσιν ἀνθρώποις σπεύσας ὑπὲρ τοῦ βασιλέως Ἀν-
τιόχου
καὶ συγκαταστήσας αὐτὸν εἰς τὴν τῶμ προγόνων
[ἀ]ρ[χήν
35 κατὰ ταὐτὰ δὲ στεφανῶσαι καὶ Ἄτταλον, ὅτι μετὰ
τοῦ
ἀδελφοῦ Εὐμένους πάντα συνέπραξεν ἀόκνως
καὶ φιλοκινδύνως. ἐπαινέσαι δὲ καὶ τοὺς ἀδελφούς
```

αὐτῶν Φιλέταιρον καὶ Ἀ[θ]ήναιον καὶ στεφανῶσαι
χρυσῶι
στεφάνωι ἑκάτερον αὐτῶν εὐνοίας ἕνεκεν καὶ
40 φιλοτιμίας, ἣμ παρέσχοντο κατὰ τὴγ κάθοδον τοῦ
βασιλέως Ἀντιόχου. ἐπαινέσαι δὲ καὶ τοὺς γονεῖς
αὐτῶν, τόν τε βασιλέα Ἄτταλον καὶ τὴμ βασίλισσαν
Ἀπολλωνίδα, καὶ στεφανῶσαι χρυσῶι στεφάνωι
ἀριστείωι ἀρετῆς ἕνεκεν καὶ καλοκαγαθίας,
45 ἣμ περιεποίησαν τοῖς υἱοῖς προστάντες τῆς παιδείας
αὐτῶγ καλῶς καὶ σωφρόνως. ἀναγορεῦσαι δὲ τοὺς
στεφάνους τούτους ἔν τε τοῖς ἀγῶσιν οἷς . . . . ,
ὡσαύτως δὲ καὶ ἐν οἷς ὁ βασιλεὺς Εὐμένης μετὰ
τε τῶν
ἀδελφῶν καὶ τοῦ δήμου τοῦ Περγαμηνῶν, κατὰ
ταὐτὰ δὲ
50 καὶ ἐν οἷς ὁ βασιλεὺς Ἀντίοχος ἐπὶ Δάφνει [θ]ήσει,
καθάπε[ρ
αὐτοῖς ἔθος ἦν. ἵνα δὲ καὶ τὸ ὑπόμνημα διαμένει
συμ[φ]α[νὲς
εἰς τὸν αἰώνιογ χρόνον, ἀναγράψαι τόδε τὸ ψήφισμα εἰς στήλας
λιθίνας καὶ στῆσαι τὴμ μὲν ἐν ἀγορᾶι παρὰ τὰς
εἰκόνας τὰς
τοῦ βασιλέως Ἀντιόχου, τὴν δὲ ἐν τῶι ἱερῶι τῆς
Νικηφόρου
55 Ἀθηνᾶς, τὴν δὲ ἐν τῶι ἐπὶ Δάφνει τοῦ Ἀπόλλωνος
ἱερῶι.
τῆς δὲ διαποστολῆς αὐτοῦ πρός τε τὸμ βασιλέα
καὶ τὴ[μ
μητέρα καὶ τοὺς ἀδελφοὺς ἐπιμεληθῆναι τοὺς στρατηγ[οὺς,
ὅπως ἐπιμελῶς γένηται καὶ τὴν ταχίστην.

Die hiſtoriſchen Umſtände der Inſchrift ſind
vollſtändig in dem Berichte Appians Syr. 45
enthalten: Ἀντιόχου δ᾽ὑστερον τοῦ μεγάλου βασιλέως
τελευτήσαντος γίγνεται Σέλευκος ὁ υἱὸς διάδοχος. καὶ
τὸν ἀδελφὸν ὅδε Ἀντίοχον ἐξέλυσε τῆς ὑπὸ Ῥωμαίοις
ὁμηρείας, ἀντιδοὺς τὸν ἑαυτοῦ παῖδα Δημήτριον.
Ἀντιόχου δ᾽ἐπανιόντος ἐκ τῆς ὁμηρείας καὶ ὄντος ἔτι
περὶ Ἀθήνας ὁ μὲν Σέλευκος ἐξ ἐπιβουλῆς Ἡλιοδώρου
τινὸς τῶν περὶ τὴν αὐλὴν ἀποθνήσκει. τὸν δ᾽Ἡλιό-
δωρον Εὐμένης καὶ Ἄτταλος ἐς τὴν ἀρχὴν βιαζόμενον
ἐκβάλλουσι καὶ τὸν Ἀντίοχον ἐς αὐτὴν κατάγουσιν
ἑταιριζόμενοι τὸν ἄνδρα· ἀπὸ γάρ τινων προσκρου-
μάτων ἤδη καὶ υἷε Ῥωμαίοις ὑπεβλέποντο. οὕτω
μὲν Ἀντίοχος ὁ Ἀντιόχου τοῦ μεγάλου Συρίας ἐπε-
κράτησεν, ὅτῳ παρὰ τῶν Σύρων ἐπώνυμον ἦν Ἐπι-
φανής, ὅτι τῆς ἀρχῆς ἁρπαζομένης ὑπὸ ἀλλοτρίων
βασιλεὺς οἰκεῖος ὤφθη. συνθέμενος δὲ φιλίαν καὶ

συμμαχίαν Εὐμενεῖ Συρίας καὶ τῶν περὶ αὐτὴν ἐθνῶν
ἐγκρατῶς ἦρχε. Ausgeſtellt iſt die Urkunde un-
zweifelhaft vom Rat und Volk der ſyriſchen
Hauptſtadt Antiocheia; ihre Zeit iſt durch die
Ermordung des Seleukos Philopator auf das
Jahr 175 v. Chr. beſtimmt.

Den Hiat erlaubt ſich die Inſchrift mehrmals
nach καί (Z. 7. 11. 12. 32. 48), auſserdem Z. 28
βουλεῖ ἐπαινέσαι. Z. 31. 44 στεφάνῳ ἀριστείῳ. Z. 35 f.
τοῦ ἀδελφοῦ Εὐμένους. Z. 51 τὸ ὑπόμνημα. Z. 52
ψήφισμα εἰς. Z. 54 und 55 τὴν δὲ ἐν. Z. 55 τῷ ἐπί.

Z. 6. σύστασιν. Das auslautende ν von συν
iſt vor σ nicht ausgeworfen, ſondern ebenſo
aſſimilirt wie in der Inſchrift vielfach vor andern
Conſonanten geſchehen iſt: Z. 10 τὸγ καιρόμ,
Z. 11 χάριγ, Z. 19 σύγ, Z. 20. 29. 56 τόμ, Z. 21 ἐγ,
Z. 24 αἴδιομ, Z. 34 τῶμ, Z. 40. 45 ἣμ, Z. 40 τήγ,
Z. 42. 53 τήμ, Z. 46 αὐτῶγ, Z. 52 αἰώνιογ. — σύ-
στασις hat hier gewiſs die Bedeutung »Verſchwö-
rung«, nämlich des Heliodor.

Z. 7. ἀδελφοῦ πέμπτου. Antiochos Epiphanes
war einer von fünf Söhnen Antiochos' des
Grofsen, von dem wir auſserdem vier Töchter
kennen (ſ. Clinton, Fasti Hellenici III S. 308
und 314 Anm. d), ſo daſs hier von den oder
einer der Schweſtern des regierenden Syrerkönigs die Rede geweſen zu ſein ſcheint. Ausgeſchloſſen wird Kleopatra ſein, die als Vor-
münderin ihres Sohnes Ptolemaios Philometor
in Aegypten lebte, und Antiochis, die Gemahlin
des Ariarathes von Kappadokien, da wir nur
eine in Syrien Anweſende im Zuſammenhange
mit den Ereigniſſen annehmen können: es bleiben Laodike, die Wittwe des 193 verſtorbenen
Thronerben Antiochos, ihres Bruders, und die
einſt vergeblich dem Eumenes zur Ehe ange-
botene (Appian Syr. 4. 5).

Z. 9. τῆς συμφορᾶς παρακαλούσης. Das Object des abſoluten Satzes ſind die königlichen
Brüder von Pergamon. Da nun Z. 23 ausdrücklich als die Abſicht des gegenwärtigen Decretes
die Bezeigung der Dankbarkeit gegen ἀπαρα-
κλήτους hervorgehoben wird, kann das Subject
zu παρακαλούσης nur ein Abſtractum ſein.

Z. 12. ἑαυτοὺς ἐπέχρησαν »ſie ſetzten die
eigene Perſon aus«. Ähnlich C. I. Gr. 3281 ὁ
ἐπιχρήσας ἑαυτὸν ἐς ἀπαλλοτρίωσιν.

Z. 14. χρήμασι χορηγήσαντες. Sowohl die ver-
allgemeinerte Bedeutung von χορηγεῖν als auch

die Conftruction mit dem Dativ der Sache ift
in helleniftifcher Zeit häufig (»verfehen mit«),
z. B. Polybios 5, 42, 7 φησὶ καὶ ναυσὶ καὶ χρήμασι
χορηγήσειν. 10, 27, 2 (ἡ Μηδία) τοῖς γὰρ ζώοις
τούτοις σχεδὸν ἅπασαν χορηγεῖ τὴν Ἀσίαν.

Z. 23. εἰ – ἡ; die Schreibung entfpricht
dem faſt durchgängigen Gebrauch der Infchrift:
ἀγαθεῖ Z. 25, τεῖ βουλεῖ Z. 25. 28, Δάφνει Z. 50. 55,
διαμένει Z. 51. Dagegen ἡ Z. 6, τύχηι Z. 25.

Z. 30 und 43, die unten folgende Nr. 169,
das zu Nr. 43—45 erwähnte Decret von Hierapolis und fchon früher bekannte Infchriften beweifen, daſs die Gemahlin Attalos' I. Ἀπολλωνίς
hieſs, wie Strabo p. 624 und 625 C, das Lemma
zum 3. Buch der palatinifchen Anthologie und
Plutarch, de fraterno amore 5 (p. 480 C) haben;
Ἀπολλωνιάς lefen die Handfchriften des Polybios 22, 20 (23, 18) und Suidas u. d. W. in
der Wiedergabe der Polybios-Stelle; bei Suidas
u. Ἄτταλος lautet der Name Ἀπολλωνία.

Z. 31. ἀριστέωι gegen ἀριστείωι Z. 44.

Z. 33. πᾶσιν ἀνθρώποις. Man beachte den
Servilismus, mit welchem die Einfetzung des
Antiochos für eine der ganzen Menfchheit er-
wiefene Wohltat ausgegeben wird.

Z. 35 ff. Die Infchrift erweift den Bericht
Appians auch dadurch als ganz zuverläffig, daſs
fie eine Mitwirkung bei der Hilfeleiftung des
Eumenes nur von Attalos ausfagt (πάντα συνέ-
πραξεν), während fie an den beiden jüngeren
Brüdern des Königs nur die bewiefene gute
Gefinnung (εὔνοια καὶ φιλοτιμία) rühmen kann.

Z. 41 f. ἐπαινέσαι δὲ καὶ τοὺς γονεῖς κτλ. Der
längst verftorbene Attalos I. wird ohne Unter-
fcheidung in die Ehrenbezeigung einbegriffen;
die Bezeichnung θεός (f. oben zu Nr. 43—45)
fehlt wohl, weil er wie ein Lebender behandelt
wird. Daſs feine Gemahlin ihn lange überlebt
hat, fagt Polybios 22, 20 (23, 18); aus dem eben
erwähnten Decret von Hierapolis geht hervor,
daſs fie während der Regierungszeit Eumenes' II.,
und zwar als diefer fchon σωτήρ genannt wurde,

geftorben ift. Haussoullier (Bulletin de corresp.
hellén. V 386) hat gewiſs richtig vermutet, daſs
Eumenes den Beinamen feinem grofsen Galaterkriege verdankt (vergl. über diefen unten zu
Nr. 167); alfo fällt der Tod der Apollonis zwifchen 166 und 159. Geboren war fie, da fie
im Jahre 220 ihren zweiten Sohn zur Welt
brachte, fpäteftens 238.

Z. 47. Am Ende der Zeile find die Spuren
nicht ficher deutbar; eine mit ihnen zu ver-
einende Lefung zu finden ift nicht geglückt.
Es muſs wohl die Rede von Spielen fein, die
das Volk von Antiocheia feiert.

Z. 50. ἐπὶ Δάφνει. Daphne ift als Feftort
der Antiochener wohlbekannt, f. z. B. Strabo
750 C: ἐνταῦθα δὲ πανηγυρίζειν ἔθος τοῖς Ἀντιοχεῦσι
καὶ τοῖς ἀστυγείτοσι. Die nach der Schlacht bei
Pydna von Antiochos Epiphanes hier gefeierten
Spiele find ausführlich bei Polybios 31, 3 befchrieben.

Z. 51. διαμένει Conjunctiv, vergl. zu Z. 23.

Z. 53 f. παρὰ τὰς εἰκόνας τὰς τοῦ βασιλέως
Ἀντιόχου κτλ. Doch wohl des regierenden Königs,
der alfo mehrere Standbilder auf dem Markte
von Antiocheia, vermutlich fchon als Prinz
hatte, da er nur eben erft zur Regierung gelangt ift.

Z. 54 f. ἐν τῶι ἱερῶι τῆς Νικηφόρου Ἀθηνᾶς.
Unzweifelhaft ift nicht ein Heiligtum der Athena
Nikephoros in Antiocheia gemeint, von dem
wir nichts wiffen, fondern das in Pergamon;
wir haben ja die in Pergamon aufgeftellte Stele.
Es liegt alfo eine Nachläffigkeit in der Ausfertigung vor, die fich in Z. 56 wiederholt, wo
nach βασιλέα der Name Εὐμένη, da zuletzt ὁ βασιλεὺς Ἀντίοχος genannt war, von Rechtswegen
nicht fehlen dürfte.

Z. 55. ἐν τῶι ἐπὶ Δάφνει τοῦ Ἀπόλλωνος ἱερῶι.
In Daphne waren mehrere Heiligtümer, deren
vornehmftes dem Apollo und der Artemis gemeinfam gehörte (Lebas-Waddington, Asie
2713,a; vergl. Strabo a. a. O.).

---

161. Bruchftücke einer 0,525 breiten, 0,13 dicken Stele aus bläulichem Marmor; Buchftabenhöhe
0.015. Die Schrift ift tief eingehauen und war braunrot gefärbt. A, 0,25 breit, linker Rand erhalten,
gefunden September 1885 im Athenaheiligtum (Inv. III 409). B aus zwei Stücken zufammengefetzt; das
gröfsere mit dem Schluſs der Infchrift gefunden December 1880 in der Mitte der Nordftoa des Athenaheiligtums (Inv. II 69), das rechts oben anfchliefsende 0.24 breite Fragment April 1886 im Schutt der erften
Altargrabungen am Südende der Theaterterraffe (Inv. III 519). Abbildung 1 : 7.5.

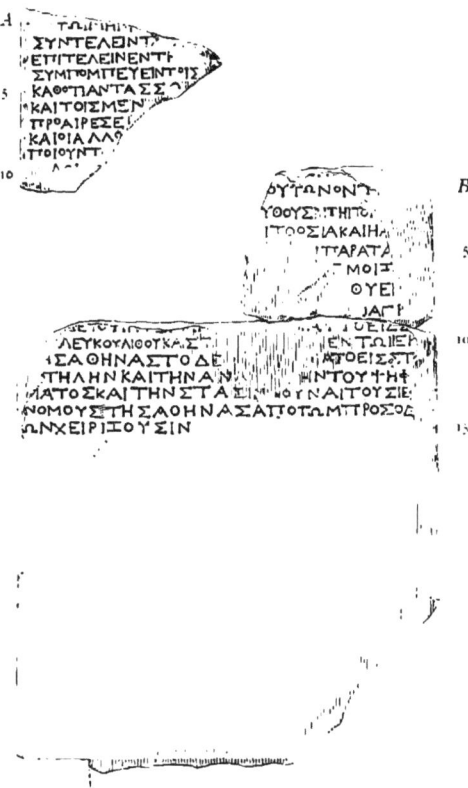

Fragment A.

τωι μη νι
ϲυντελεῖν τ α -
ἐπιτελεῖν ἐν τηι
ϲυμπομπεύειν τοῖϲ
καθότι ἂν τάϲϲωμεν
καὶ τοῖϲ μὲν
πρωαιρέϲει
καὶ οἱ ἄλλοι
ποιοῦντ-
ἄλλοι

Fragment B.

- -
- - - - - - - - - - - - - - τούτων ὄντινα?
- - - - - - - - - -ἀκολουθοῦϲιν τηι το....
- - - - - - - - - - - ιτυ ὅϲια και η...
- - - - - - - - - - - - - παρὰ τὰ..
- - - - - - - - - - - - - - - μοι ζ..
- - - - - - - - - - - - - - - -θύει..
- - - - - - - - - - - - - - - -ἂν ἀγρία-
ψαι δὲ τὸ ψήφιϲμα, καθὰ διετέτακτο, εἰϲ [ϲτή-
λην λευκοῦ λίθου καὶ ϲτ[ῆϲαι αὐτὴν ἐν τῶι ἱερῶι
τῆϲ Ἀθηνᾶϲ. τὸ δὲ ἀνάλωμα τὸ εἰϲ τὴν
ϲτήλην καὶ τὴν ἀναγραφὴν τοῦ ψηφίϲ-
ματοϲ καὶ τὴν ϲτάϲιν δοῦναι τοὺϲ ἱερο-
νόμουϲ τῆϲ Ἀθηνᾶϲ ἀπὸ τῶν προϲόδων,
ὧν χειρίζουϲιν.

A Z. 1. τωι ist von einer Ordinalzahl übrig.
B Z. 12. εἰϲ. So zweimal in der attischen
Tributquotenliste von Ol. 83, 2 C.I.A. I 233,
C.I.A. II 272, Add. 573b: immer, wie in unserer
Inschrift, vor Tau. Weitere Beispiele der Ver-
doppelung des Sigma, auch vor anderen Con-
sonanten, bei G. Meyer, Griech. Grammatik
2. Aufl. S. 225 f.

162. Rechte obere Ecke einer Stele aus weissem Marmor,
0,36 breit, 0,47 hoch, 0,12 dick; Buchstabenhöhe 0,012. Gefunden
April 1884 in der mittelalterlichen Festungsmauer auf der Ostseite der
Hochburg. Die Schriftfläche ist ringsum völlig abgeschlagen. Auf
der Oberseite zwei Dübellöcher, die wohl zur Befestigung eines Ge-
simses (θριγκός) gedient haben. Abbildung 1 : 7,5.

Ἔδοξεν τῆι βουλῆ καὶ τῶι δήμωι
- - - - - - - οϲ πυλλῆϲ Ἡρακλείδηϲ
- - - - - - - μια, ἐν ὧι διὰ πλειό[νων
- - - - - - τὴν πόλιν ἐχομένω[ν
- - - - ἐν πᾶϲι τοῖϲ καιροῖϲ ϲ -
- - - - πρὸϲ ἡμᾶϲ εὔνοια
- - - - πολῖτῶν καὶ νῦν?
- - - - τῆϲ δὲ τ -
- - - - - την
- - - - - καὶ θλιβ -
- - - - - - πατρὸϲ (oder πατρόθεν)

Ehrendecret für einen gewiſſen Herakleides. berger, Sylloge 246 Z. 54. 59. 247 Z. 15. —
Das Wort ὁλοθεσυαι (Z. 10) findet ſich nicht In βουλῆ (Z. 1) iſt ſchon das Iota nicht ge-
ſelten in helleniſtiſchen Inſchriften, f. z. B. Ditten- ſchrieben.

---

163. Vollſtändige Blöcke und Bruchſtücke einer Quadermauer von weiſsem Marmor, wahrſcheinlich einer Verkleidungsmauer, an welche ſich, wie die Bearbeitung der Blöcke B und C zeigt, links
eine im rechten Winkel anſetzende Mauer ſchloſs. Die Inſchrift war in mindeſtens 3 Columnen eingehauen und ging der Höhe nach über mindeſtens 5 Quaderſchichten hinweg. Nach Maſsgabe der üblichen
ſpätgriechiſchen Wandconſtruction iſt anzunehmen, daſs die unterſte Schicht durch Orthoſtaten gebildet
war, über denen abwechſelnd Schichten flachgelegter und hochgeſtellter Quadern folgten.

Die Stücke C, D und M gehören der unterſten, von Orthoſtaten gebildeten Schicht an, und zwar C
der erſten, D wahrſcheinlich der letzten vollſtändigen Inſchriftencolumne, da hier rechts bis zum Bruche
freier Raum von gröſserer Breite als die Zwiſchenräume der Columnen erhalten iſt; ein freier Raum findet
ſich rechts auch auf den Fragmenten I und w. Die Blöcke A und B ſtammen von Flachſchichten, deren
mehr als eine von der Inſchriſt bedeckt geweſen ſein müſſen, weil nach der Stellung der Zeilen zu den
Lagerfugen und nach den erhaltenen Dübellöchern die Blöcke A und B nicht unmittelbar über C gelegen
haben können, über den Orthoſtaten zunächſt aber eine Flachſchicht folgen mufste. Somit können die
Blöcke A überhaupt nicht, der Block B nicht der erſten Columne dieſer unterſten Flachſchicht angehören.

Von einer Schicht hochgeſtellter Quadern, vermutlich alſo der drittunterſten Steinreihe, ſtammt das
Bruchſtück E, das höher als die Flachſchichten und unten auf Anſchluſs gearbeitet iſt. Da von den erhaltenen Blöcken der Flachſchichten keiner die oberſten Zeilen der Inſchrift bietet, ſo wird ſie noch auf
eine zweite Schicht hochgeſtellter Quadern hinaufgereicht haben.

Die Zugehörigkeit der zahlreichen Fragmente erweiſt ſich namentlich durch die Übereinſtimmung in
der Schriftart, ſowie in der Höhe der Buchſtaben (meiſt 0.015) und Zeilen meiſt 0.030. Stärkere Abweichungen von dieſen Maſsen bieten nur die Stücke K M N c e mit 0.016—0.017 : 0.033—0.035. Q U mit
0.020 : 0.039 und t mit 0.018 : 0.028.

A beſteht aus zwei mit den Stoſsflächen an einander ſchließenden Blöcken Inv. II 75. 79. Der linke
iſt 0.888 breit, 0.262 hoch und 0.45 tief. Auf der Vorderſeite iſt links ein etwa 0.30 breites Stück auf Anſchluſs gearbeitet, an das offenbar eine Wand rechtwinklig anſetzte. Der gröſste Teil der Oberſeite iſt als
Lagerfläche behandelt, nur links iſt ein 0.24 breiter und hinten ein 0.11 breiter, erhöhter, rauher Rand ſtehen
geblieben. Die linke Seitenfläche iſt grob bearbeitet, ſie trägt das 0.16 hohe Zeichen Λ, die rechte zeigt
eine feine Stoſsfläche. Am oberen Rande war ein kleines Stück abgeſplittert Inv. III 54. Der rechte Block
iſt 1.71 breit, 0.265 hoch und 0.625 tief. Auf der Oberſeite iſt vorn ein 0.30 tiefer Streifen Lagerfläche,
der hintere Teil ein 0.02 höherer, rauher Rand; beiderſeits Stoſsfuge. Beide Stücke zuſammen tragen
zwei vollſtändige 0.72 und 0.70 breite Columnen und die Zeilenanfänge einer dritten.

B Inv. II 80, 1.627 breit, 0.263 hoch, 0.433 tief, oben einfache Lagerfläche. Die in der Mitte erhaltene Columnenbreite beträgt 0.69.

C aus zwei Stücken Inv. III 157 und II 5 beſtehend, 0.71 breit, 0.81 hoch, unten mit 0.205 hohem
0.015 vortretenden Rande, 0.22 tief.

D aus 10 Stücken zuſammengeſetzt Inv. I 168. II 100. III 78; die beiden unteren, ſowie das vier-
eckige Mittelſtück mit den Buchſtaben ANAΓ und ΣΥΜΙ ſind nur in Gipsabgüſsen in Berlin, die Originale
in der griechiſchen Schule in Pergamon. Das ganze Stück iſt 0.61 breit und 0.55 hoch; 0.11 unter der
letzten Zeile iſt der Anſatz des Sockels erkennbar.

Unter den kleineren Stücken läſst ſich auſser für E und M f. oben) nur für H I L T I beſtimmen,
zu was für einer Schicht ſie gehörten. H T und wohl auch I müſſen wegen ihrer Höhe, die 0.45, 0.42
und 0.262 beträgt, von einer Hochſchicht, ſei es Orthoſtat oder Quader, ſein; I iſt rechts vollſtändig, zeigt
aber hier keine Stoſsfuge, ſondern eine glatte Fläche von 0.195 Tiefe; man würde es danach für ein
Eckſtück halten müſſen, wenn nicht die leicht gehöhlte Seitenfläche anders als gewöhnlich behandelt
erſchiene. I und L müſſen ebenfalls Bruchſtücke einer Hochſchicht ſein, da ſich in ihrem oberen Rande
von vorn ausgehende Guſskanäle befinden, die nur bei Hochſchichten vorkommen. Während nämlich
die Dübel auf den von Flachſchichten herrührenden Platten von hinten her vergoſſen wurden wie die
Oberſeiten von A und B zeigen, konnte man bei den Hochſchichten wegen der darauf lagernden tiefen

Flachplatte nur von vorn vergiefsen. Eine Fugenfläche ist aufser der eben erwähnten von *I* und *L* erhalten: bei *F* und *G* oben, bei *N* unten und rechts, bei *O* links, bei *Q* unten und rechts, bei *S* und *T* oben, bei *V* unten, bei *X* oben, bei *Y* unten und links, bei *Z* rechts, bei *c* oben und rechts, bei *i* unten, bei *k* links, bei *l* oben und rechts, bei *q* links, bei *s* oben und links, bei *t* links.

Die Blöcke *A* und *B* find Februar 1881 im Weftturme des Türkenthores, das auf der Südseite der Hochburg über dem antiken Burgthore erbaut war, gefunden, *C* November 1883 im Oftturme deffelben Thores. In denfelben Türmen oder daneben in anderen fpäten Mauern oder im Schutt find auch die weitaus meiften kleineren Bruchftücke zu Tage gekommen, nämlich die nicht in der griechifchen Schule befindlichen Splitter von *D* (Inv. II 78. III 78. II 100), *F G J N O P S T* (unterftes Bruchftück) *W X Z c* Bruchftück rechts, *d e f g i m n o s* fämtlich 1881 gefunden und unter Inv. II 100 geftellt, ferner das an *C* oben angefetzte Stück (II 5), die oberften vier Stücke von *H* (II 77), *Q* (III 54a), *R* (III 69), *h* (III 54c), *l* III 54o, Südoften der Hochburg). Aus dem benachbarten Athenaheiligtum ftammen *E* (II 76 aus der Cifterne füdlich vom Tempel, *K* (II 105 f), *L* (II 51), *M* (II 178 Oft-Stoa), *T* (III 552. III 96), *Y* (II 105 e), *p* (III 96 a); aus dem Theater *a* III 278, *b* (III 349), *k* (III 299), *q* III 347), *r* (III 215); von der Theaterterraffe *V* (III 246) *c* (Bruchftück links, III 243); von der weftlichen Agora *U* (III 217). Unbekannt find die Fundorte der beiden unten angefetzten Stückchen von *H* und des kleinen Splinters *u*. Das Bruchftück *w* ift erft December 1886 nach dem Transport der Fundftücke zwifchen der Bibliothek und der Gebäudegruppe *V* der Hochburg, also nördlich unweit des Burgthores gefunden worden und in Pergamon geblieben (Inv. III 567). Seine Zugehörigkeit ift nach Fundort, Charakter und Gröfse der Schrift wahrfcheinlich. Unficherer ift die Zugehörigkeit von *t* und *v* (Inv. I 33. 34), die December 1878 in der byzantinifchen Mauer gefunden und von Herrn Lolling abgefchrieben, aber fpäter abhanden gekommen find.

Es kann nicht zweifelhaft fein, dafs die Adreffe an welche diefer umfangreiche Erlafs eines Königs, nach den Schriftzügen gewifs Eumenes' II., gerichtet ift, die dionyfifchen Künftler in Teos find, in welcher zum pergamenifchen Reiche gehörigen Stadt diefelben, wie bekannt ift, ihre Hauptniederlaffung hatten. Schon Böckh hatte zu dem von ihm herausgegebenen Fragment *D* (f. zu demfelben), da er hier die Teier und einen Dionyfostempel erwähnt fand — diefer war wie wir jetzt fehen freilich in Pergamon —, gemutmafst, dafs es fich um die Techniten handelt. Dies beftätigt der Inhalt der neuen Bruchftücke: die Adreffaten müffen in enger Gemeinfchaft mit den Teiern geftanden und doch ein ihnen fremdes Element gebildet haben, da ein Schiedsgericht zwifchen beiden beftand, wie es fonft nur für Zwifte felbftändiger Gemeinden bezeugt ift (f. zu *A* Col. II); von einem συνοικισμός ift *A* Col. III die Rede. In Fragment *S* ift das Privilegium der Afylie erwähnt, das, wie wir wiffen, den Techniten auf Geheifs des delphifchen Orakels von allen Hellenen verliehen (C. I. Gr. 3067 Z. 17; vgl. C. I. A. II 551) und um das Jahr 193 auf ganz Teos ausgedehnt wurde (Lebas, Asie 60ff.). Die Beziehungen der teifchen Techniten zum Könige Eumenes und feinem Haufe find durch ihre für ein hervorragendes

Mitglied ihrer Genoffenfchaft erlaffenen Ehrendecrete C. I. Gr. 3067 ff. bezeugt: der Geehrte hat alles Gehörige den Göttern und der Genoffenfchaft geleiftet, τοῖς τε βασιλεῦσι καὶ ταῖς βασιλίσσαις καὶ τοῖς ἀδελφοῖς βασιλέως Εὐμένου (3067 Z. 11 ff.); der Agonothet der Techniten ift zugleich Priefter des Königs Eumenes, fowohl des lebenden (3068A Z. 17 f.) wie des verftorbenen (3070); die Genoffenfchaft begeht ἐν τῇ βασιλέως Εὐμένου ἡμέρα eine Feftfeier (3068A Z. 18).

Aus den Reften unfrer Infchrift ift klar, dafs zwifchen den Teiern und den Künftlern Streitigkeiten entftanden waren, welche den König zum Einfchreiten veranlafsten: er beftimmt in einem Statut die Grundfätze, welche für das Zufammenleben der Parteien künftig mafsgebend fein follen. Doch wurde die Abficht der Friedenftiftung nicht dauernd erreicht: aus Strabon S. 643 wiffen wir, dafs die Techniten bei einem Aufftande aus Teos fliehen mufsten; fie begaben fich nach Ephefos, von wo »Attalos« fie nach Myonnefos zwifchen Teos und Lebedos umfiedelte; die Römer verfetzten fie dann auf Bitten der Teier nach Lebedos. Der bei Strabon genannte Attalos kann früheftens der zweite König diefes Namens fein, da nach C. I. Gr. 3070 im 7. Jahre feiner Regierung die Niederlaffung der Techniten noch in Teos beftand. Dafs die Techniten den Teiern

.A   I

```
ΑΠ....ΤΕΚΤΟΣ..                    ..Γ    ΣΚΑΝΙΑΣ
ΕΑΜΜΗΤΙΝΕΣΑΥΤΑΙΣ                  .ΕΠΙΣΤΡΕ
ΠΤΩΣΕΧΩΣΙΝΑΛΛΑ                    .ΝΑΣΕΝΑΛΛΗ
ΛΑΙΣΔΙΑΦΟΡΑΣΕΞΩΝΤΑΡΑΧΗ            .CΙΝΑΙΒΛΑΒΑΙ
ΣΥΜΒΑΙΝΟΥΣΙΝΣΦΟΔΡΑΘΕΩ             .ΔΩΣΚΑΙΜΑ
ΛΙΣΤΑΜΕΝΔΙΕΑΥΤΩΝΟΘΕΛΕΙΝ          .ΝΕΙΔΕΜΗΔΙΔΟ
ΝΑΙΟΥΤΩΣΕΜΑΥΤΟΝΟΠΩΣΕΙΣ           .ΝΑΠΟΚΑΤΑ
ΣΤΗΣΑΣΒΕΒΑ                        .ΝΧΡΟΝΟΝ
```

läftig fielen, kann bei ihrer im Altertum notori-
fchen fchlechten Ausführung nicht verwundern
(vergl. Aristoteles Probleme 30,10: διά τι οἱ Διο-
νυσιακοὶ τεχνῖται ὡς ἐπὶ τὸ πολὺ πονηροί εἰσιν).

Das Verständnis der Infchrift im Einzelnen
bietet ganz befondere Schwierigkeiten, da fie
in einem eigentümlich verfchnörkelten Curialftil
abgefafst ift und die Sätze fo verfchränkt find,
dafs auch in den gröfseren erhaltenen Stücken
notwendige Satzglieder noch fehlen. Dafs die
königliche Kanzlei dem Erlafs die Wohltaten
der rhetorifchen Kunftmittel angedeihen laffen
wollte, zeigt fich auch in der forgfältigen Vermeidung des Hiatus, der nur in folgenden
ficheren Fällen geduldet ift:

1) beim Artikel: B I 5 αἱ ἀντιλογίαι. C 15
τῆ ἐπιστολῆ. A II 6 ὁ ὑπέρ. A II 8 und A III 5
τὸ αὐτό. e ἢ α -.

2) bei καί: A II 5 καὶ ἔμπροσθεν. B II 7 καὶ
ἦν. B II 9 καὶ ἀφ'. A III 3 καὶ ἐν. D 10 καὶ ἴσον.
D 13 καὶ ἐάν. S καὶ ἀςυλία. g καὶ ἐμ.

3) bei der Verbalendung αι: A I 7 διδόναι
οὕτως. B II 2 οἰκονομήσασθαι ἂ (vermutlich ftarke
Interpunktion). D 9 ἀναγραφῆναι εἰς. E 2 - θαι
ὑπό. (In A I 6 - αι εἰ, H 4 - νται ὅπως ift nach
- αι Paufe.)

4) bei μή: A III 4 μη ἀμφοτέροις. A III 5 μὴ
ἀπαιδεύτοις. B III 2 μὴ ὑπευθύνους.

5) bei μοί: B III 4 μοι ἀγωνιοῦειν.

6) D 4 ςυγγραφέντι ὑπό.

7. 8) D 15 πεμπομένου ἀεὶ ἐπί.

In B III 5 ift ὅρκου ὄν. C 13 προαιρέσει οἱ,

D 9 κρίνω ἀναγραφῆναι, D 10 Διονύσου ὅπως durch
die Paufe legitimirt; in C 9 δὲ ὡσαύτως ift nur
die Elifion nicht in der Schrift bezeichnet, wie
auch unter den oben aufgeführten Hiaten noch
ein Teil in der Ausfprache fortfiel.

Am Anfang der Columnen findet fich zwifchen zwei Zeilen mehrfach ein kleiner wage-
rechter Strich, dem zumeift in der vorangehenden Zeile ein kleines Spatium entfpricht. Die
Striche follen offenbar darauf hinweifen, dafs
an einer gröfstenteils durch das Spatium näher
bezeichneten Stelle der vorhergehenden Zeile
ein neuer Paragraph, manchmal auch nur ein
befonders hervorzuhebender Satzteil beginnt.
Es ift dies genau diefelbe Art der Interpunktion,
welche in dem Papyrus mit Hypereides' Rede
gegen Athenogenes angewendet ift, »in den
Buchausgaben feit Aristoteles herrfchend war
und fich in einzelnen Handfchriften in etwas
veränderter Stellung bis zum zehnten Jahrhundert erhalten hat« (Diels, Sitzungsber. d.
Berl. Akad. 1889 S. 603). Wir haben in der
Umfchrift an den Stellen, auf welche diefe
Interpunktion, wo es das Spatium andeutet
ficher oder beim Mangel desfelben mutmafslich,
zu beziehen ift, das Zeichen ¿ gefetzt.

Die Fragmente find fo geordnet, dafs die
gröfseren zufammenhängenden Stücke voran-
geftellt find, worauf diejenigen folgen, deren
Inhalt Beziehungen zu einander erkennen läfst,
endlich die Menge der übrigen.

A Col. I.

αι μ αλιϲτ ἐκ τόϲου .... βα ϲκανιας.
ἐαμ μὴ τινες αὐται τ ηρεῖν τὰ δέοντα ἐπιστρέπτως ἔχωϲιν, ἀλλ' ἀ νιστωϲι τὰς δειᾶϲ ἐν ἀλλή-
λαις διαφοράς, ἐξ ὧν ταριχή τε καὶ κ οιναὶ βλάβαι
ϲυμβαίνουϲιν, ϲφοδρα νεωι ζημιω δῶϲ, καὶ μά-

λιστα μὲν δι' ἑαυτῶν θέλειν ϲυλλῦϲα ι εἰ δὲ μή, διδόναι οὕτως ἐμαυτόν, ὅπως εἰς ὁμόνοια ν ἀποκατα-
ϲτήϲας βεβαι - - - - - - - - - - - - - υ ρ χρόνον
- - - - - -

Z. 2. 3. ἐπιστρέπτως. Die Verwendung des
Wortes in activem Sinne »sorgfältig«, wie fonst

A   II   III

```
ΤΟΥΣ ΝΟΙ . . . . . . . . . . . . . . . . . . . . . .        . . . . . . . . . . . . . . . . . . . . . . . . . . . .
ΤΗΜΙΤΡΟΝΟΙΑΜΠΟΕΤΕ . . ΙΠΡΟΣ . . . . . . . . . ΙΑΝ       ΡΩΓΓΕΝΩΓΚΑΙΟΥΔΕΝΗΣΣΟΝΤΑ
ΤΑΤΟΓΧΡΟΝΟΝΑΥΤΟΙΣ ΔΙΟΙΚΕΙΣΩ . . ΕΠΑΓΓΑΚΑΤΑΤΟ           ΤΑΙΣΚΑΙΕΝΕΤΕΡΟΙΣΠΛΕΙΟΣΙΝΕΠ
ΚΟΙΝΟΔΙΚΙΟΝΩΣΠΕΡΣΥΝΕΘΕΝΤΟΠΡΟΣΥΜΑΣΟΡΚΙΣΟ              ΜΗΑΜΦΟΤΕΡΟΙΣΕΣΤΙΝΟΜΟΙΑΚΑΙΤΑΥΤ
5 ΜΕΝΩΝΤΩΝΔΙΚΑΣΤΩΝΟΝΤΡΟΠΟΓΚΑΙΕΜΠΡΟΣΘΕΝ               ΤΑΤΟΙΣΜΗΑΓΙΑΙΔΕΥΤΟΙΣ ΤΟΑΥΤΟΔΗΚ
ΕΙΔΕΠΡΟΣΔΕΙΤΑΙΔΙΟΡΘΩΣΕΩΣΟΥΠΕΡΤΟΥΤΟΥΝΟΜΟΣ          ΣΧΕΔΟΝΕΩΡΩΓΓΕΓΟΝΟΣΚΑΤΑΤΗΝΕ
ΚΑΙΠΡΟΤΕΡΟΝΕΤΟΙΜΩΣΕΧΕΙΝΣΥΝΔΙΟΡΘΟΟΥΣΟΑΙΚΑΙ         ΡΕΣΙΝΔΙΑΤΕΤΟΥΤΟΚΑΙΣΥΝΟΘΚΗΓΓΡ
ΝΥΝΤΟΑΥΤΟΠΟΙΟΥΝΤΑ . . . . Η . . . . ΥΡΕΟΗΣΕΣΟΑ       ΚΑΠΑΡ . . . . . . ΙΣΤΟΝΣΥΝΟΙΚΙΣΜΟ
                                                          . . ΤΛΟΕΝΙΣΕ
```

B   I   II   III

```
                                  ΝΟΜΗΣΑΣΘΑΙΑΔΕΠΑΡΑΥΤΑΝΤΩΝΤΗΤΩΝΟΥΚΟΙΝΗΝ        ΡΩΝΝΟΜΩΓΚΑΙΕΘΙΣ
                                  ΣΑΜΕΝΕΠΙΤΗΝΣΥΝΤΕΛΕΙΑΝΑΥΤΗΣΑΛΛΥΜΕΤΕ          ΠΑΝΗΓΥΡΙΝΜΗΥΠΕΥΟ
. . . ΕΣΕΣ  ΡΑΜΜΕΓΚΕΚΡΙΚΟΤΩΝΙΔΙΑΝ ΕΙΔΕΤΙΠΡΟΣΤΑΣΠΡΟΣ          ΠΟΛΕΩΣΕΙΣΗΜΠΑΡΕΙΣ
. . ΤΕΡΟΥΣ ΕΙΝΑΙ ΑΝΤΙΛΟΓΙ  ΟΔΟΥΣΣΥΝΕΤΕΙΝΕΤΗΣΠΟΛΕΩΣΤΗΝΥΠΕΡΤΩΝΤΟΙΟΥ           ΟΥΦΑΙΝΕΤΑΙΜΟΙΑΓΝΩ
. . ΣΠΟΛΥΧΡΟΝΙΑΓΡΑΜ  ΤΩΝΣΥΓΧΩΡΗΣΙΝΠΡΟΣΕΑΥΤΟΥΣΔΙΕΙΛΗΦΟΤΩΝΑΝ        ΟΡΚΟΥΟΜΠΡΟΤΕΡΟΝΕΙΘ
. . Ζ ΣΑΙΔΕΜΟΝΟΝ  ΗΚΕΙΝΟΚΑΙΗΝΔΙΚΑΙΟΝ ΚΑΙΤΑΜΕΝΟΛΟΣ ΧΕΡΗΠΡΟΣΤΗΝ         ΚΙΣΕΣΟΑΙΠΕΡΙΕΧΟΝΤΑ
. . Ω ΜΗΙΚΑΙΔΙ   ΑΜΦΙΣΒΗΤΗΣΙΝΗΝΕΔΟΚΕΙΜΟΙΔΙΑΝΟΙΑΝΕΧΕΙΝ ΚΑΙ        ΝΟΜΟΥΣΚΑΙΤΑΣΕΠΙΣΤ
                 ΑΦΗΣΑΙΤΙΑΣΕΙΑΣΤΑΣΥΝΣΤΑΘΗΝΑΙΤΑΥΤΕΣΤΙΝΤΩΝ         ΤΑΥΗΦΙΣΜΑΤΑΤΟΥΔΙ
                                                                   ΠΟΛΛΟΙΣΕΤΕΣΙΝΕΜΕΡΕ
```

C

```
                    Σ . ΤΕ . ΡΗΜΕΝ
                    ΕΙ . ΝΚΑ ΑΞΙΟΥ
                    ΤΗΙΧΩΡΑΙΠΑΝΕ
                    ΛΟΤΙΣΥΝΑΛΛΑΣ                         5
                    ΥΦΥΜΩΜΠΑΝΗΓΥΓΙΑΡΧΑΙ ΚΑΤΑΤΕΤΗΝΥΜ
                    ΤΗΣΠΑΝΗΓΥΡΕΩΣΕΠΑΓΓΕΛΙΑΓΚΑΙΚ
                    ΤΑΤΩΜΒΑΣΙΛΕΩΝΕΤΕΡΟΣΔΕΜΗΔΕΙΣΤ
                    ΑΡΧΗΣΑΝΤΙΠΟΗΤΑΙ ΦΡΟΝΤΙΣΑΙΔΕΩΣΑΥ
                    ΤΩΝΑΛΛΩΝΤΩΓΚΑΤΑΚΕΧΩΡΙΣΜΕΝΩΝΕΝ  10
                    ΩΣΚΑΤΑΠΛΕΟΝΕΚΤΟΥΜΕΝΩΝΥΜΩΝ ΤΑΥΤ
                    ΤΑΝΕΠΟΗΣΕΙΝΑΚΟΛΟΥΘΟΑΤΗΙΠΡΟΣΤΟΥΣΤ
                    ΡΕΣΕΙ ΟΙΔΕΤΗΙΟΙΔΙΑΤΟΥΨΗΦΙΣΜΑΤΟΣΑ
                    ΝΟΙ ΤΑΥΠΕΜΟΥΔΙΑΣΑΦΗΟΕΝΤΑΥΤΟΙΣΕΝΤ
                    ΤΗΙΕΠΙΣΤΟΛΗΙΔΙΗΣΕΜΦΑΝΙΣΑΝΤΩΜΜ  15
                    ΜΩΜΠΡΕΣΒΕΥΤΩΝΟΤΙΚΕΧΕΙΡΟΤΟΝΗΝΤ
```

ἐπιστρεφῶς, ſcheint neu; bei Aiſchylos Choeph. 340. Suppl. 964 Kirchh. bedeutet ἐπιστρεπτον das dem Sorgfalt zugewendet wird.

Z. 5 ff. ϲφόδρα θεῶι ζημιω̂ϲῶϲ »zu groſsem Schaden der Gottheit«, inſofern der Unfriede

die im Dienſte des Dionyſos geübte Tätigkeit der Techniten ſchädigt. ζημιῶδεϲ Synonym von βλαβερόν bei Platon Kratylos 417 D und Pollux 8, 147; πάντα ταυτα ζημιώδη καὶ ἄτηρὰ πρὸς ἀρετήν Platon Kratylos 395 D.

Mit καὶ μάλιϲτα beginnt der Nachfatz: die
Infinitive θέλειν und διδόναι find von einem Begriffe wie »es ift mein Wille« abhängig: »fo
follen fie auf jede Weife fich auch von felbft
wieder zu vertragen fuchen; tun fie es aber
nicht, fo ift es meine Abficht, mich fo einzu-
fetzen, dafs ich fie zur Eintracht zurückbringe«.
— Zu διδόναι οὕτως ἐμαυτόν (Z. 6 f.) vergl. Polybios 8, 18, 11 οὕτως ἔφη δώϲειν ὁ Βῶλις αὐτὸν
εἰς τὴν χρείαν. 10, 6, 10 ἔτος γὰρ ἕβδομον ἔχων πρὸς
τοῖς εἴκοϲι πρῶτον μὲν ἐπὶ πράξεις αὐτὸν ἔδωκε.

B Col. I.

```
- - - - - - - - - - - - - - - πανηγυρ?`εως ἔϲεϲ-
θε (oder θαι) - - - ἀναφ]έρουϲιν αἱ ἀντιλογί-
αι εἰς - - - - - - - καὶ εἰ]ς πολυχρόνια γράμ-
ματα - - - - - - - - - - διορθ]ῶϲαι δὲ μόνον
- - - - - - - - - - - - - - - - γ]νώμηι καὶ δι-
κ - (oder δια-)- - - - - - - - - - - - - ]οτε
```

Z. 1. Über die Panegyris vergl. Fragm. C,
B Col. III, E—K.

Z. 7. διορθῶϲαι. Vergl. A Col. II Z. 6. —
Über den mutmafslichen Zufammenhang des
Fragmentes f. zu A Col. II am Ende.

C.

```
. . . . . . . . τῆς [ἄλλους? - - - - - - - - - - -
ϲ . . . κε`ν εἰ`ρημένω- - - - - - - - - - - - - -
ϲ . . ν. ξ καὶ τ]αξιοῦ[μεν- - - - - - - - - - -ἐν
τῆι χώραι π[α]νη[γυρ- - - - - - - - - - - - ἄλ-
λω τι ϲυναλλαϲ[ϲ - - - - - - ὅπως καθιϲτῶνται
ὑφ᾽ ὑμῶ<ν> πανηγυριάρχαι ξ κατά τε τὴν ὑμ[ετέραν
                                              ὑπὲρ
τῆς πανηγύρεως ἐπαγγελίας καὶ κ[ατὰ τὰ δόγμα-
τα τῶν βαϲιλέων, ἕτερος δὲ μηδεὶς τ[αύτης τῆς
ἀρχῆς ἀντιπίπτηται. ξφροντιϲαι δὲ ὡϲαύτ[ως καὶ περὶ
10 τῶν ἄλλων τῶν κατακεχωριϲμένων ἐν τ[ῆι γραφῆι
ὡς πλεονεκτουμένων ὑμῶν, ξ ταῦτ᾽ [ἐν οἷς ἡμάρ-
ταν<ε> ποιήϲειν ἀκόλουθα τῆι πρὸς τοὺς Τ[ηίους προαι-
ρέϲει ξ οἱ δὲ Τῆιοι διὰ τοῦ ψηφίϲματος ἀ[ναδεξάμε-
νοι τὰ ὑπ᾽ ἐμοῦ διαϲαφηθέντ᾽ αὐτοῖς ἐντ[υχόντος
15 τῆι ἐπιϲτολῆι, δι᾽ ἧς ἐμφανιϲάντων μοι[ι καὶ τῶν ἑ-
ημῶι πρεϲβευτῶν ὅτι κεχειροτόνηντ[αι - - - -
```

Z. 9 ff. »ich will aber, dafs ebenfo auch
in Betreff der anderen Punkte, welche in eurer
Denkfchrift in dem Sinne, dafs ihr benachteiligt
würdet, angeführt find, Fürforge getragen werde,
dasjenige, worin er gefehlt hat, fo einzurichten,
wie es meiner Abficht gegen die Teier ent-

fpricht.« Subject zu ἡμάρτανε ift gewifs ein
königlicher Commiffar — ein folcher ift ficher in
Fragment D erwähnt —, über deffen Anordnungen fich die Techniten in einer Denkfchrift
befchwert hatten: der ganze Abfchnitt enthielt
den königlichen Revifionsbefcheid auf diefe Befchwerde. Es handelte fich dabei zum Teil um
die Beftellung von Panegyriarchen, für welche
die Teier das von den Techniten beftrittene
Recht der Mitwirkung in Anfpruch genommen
hatten.

καταχωρίζειν (Z. 10) im Sinne von »aufzeichnen« ift aus der Litteratur und aus Infchriften
wohlbekannt; von letzteren z. B. C. I. Gr. 3650.
3800. Bullet. de corr. hellén. V 384. IX 326.

Z. 13 ff. Die Ergänzung ift fchwer; das Vorgefchlagene fchien fich den gegebenen Bedingungen am beften anzupaffen. Der Sinn wäre
— was in dem verlorenen Schluffe des Satzes geftanden hat, ift im Folgenden eingeklammert —:
»die Teier aber [werden fich zu fügen haben],
denn fie haben ja durch Volksbefchlufs die Er-
öffnungen anerkannt, die ich ihnen in Folge
eines Berichtes meiner Gefandten gemacht habe:
in Übereinftimmung mit euch (καὶ war Z. 15
des Raumes wegen einzufügen) meldeten diefe,
dafs [früher nach dem von euch beanfpruchten
Modus] gewählt worden ift.«

A Col. II.

```
τ]οὺς νό[μους - - - - - - - - ]ν ϲ[- - - - - - - -] εἰς
τὴμ πρόνοιαμ ποιεῖϲθαὶ πρὸς - - - - - - - - πάν-
τα τὸγ χρόνον αὐτοῖς. ξ διοικεῖϲθ]αι] δὲ καὶ [τ]ὰ
                                              κατὰ τὸ
κοινοδίκιον ὥϲπερ ϲυνέθεντο πρὸς ὑμᾶς, ὁρκιζο-
5 μένων τῶν δικαϲτῶν ὃν τρόπον καὶ ἔμπροϲθεν. ξ
εἰ δὲ προϲδεῖται διορθώϲεως ὁ ὑπὲρ τούτου νόμος,
καὶ πρότερον ἐτοίμως ἔχειν ϲυνδιορθοῦϲθαι, ξ καὶ
νῦν τὸ αὐτὸ ποιοῦντ[ας παρ᾽] ἡ[μῶν] εὑρεθήϲεϲθαι --
```

Z. 4. κοινοδίκιον kennen wir als eine kre-
tifche Inftitution aus C. I. Gr. 2556 Z. 58 und
Polybios 22, 19 (23, 15), wo κοινοδίκαιον überliefert und von Böckh aus der Infchrift verbeffert ift. Seine Erklärung lautet: »univerfa
ut videtur Creta olim habuit κοινοδίκιον, cuius
participes fingulae civitates dicuntur, hoc eft
inftitutum, quo efficitur, ut diverfarum civitatum
caufae communi iure dirimantur.« In unferer

Infchrift bedeutet κοινοδίκιον offenbar ein Schiedsgericht zwifchen den Teiern und Techniten,
das aus beiden Parteien zufammengefetzt war.
Z. 6 ff. »wenn aber das auf das Schiedsgericht bezügliche Gefetz einer Verbefferung
bedarf, fo war es fowohl vorher angemeffen es
zu verbeffern, als ihr jetzt bei der gleichartigen
Bemühung von meiner Seite [alle Förderung]
erfahren werdet.«

Gewifs ift das Dikafterion, von dem B
Col. III handelt, mit dem κοινοδίκιον identifch,
follte alfo einen Streit über die Panegyris fchlich-
ten, von dem auch B Col. I gehandelt zu haben
fcheint. Vergl. auch die Fragmente L—P.

B Col. II.

παλ̣αιῶν [ἀ̣]ε̣ι̣?.........]ω̣[- - - - - - - - - - - οἰ-
κ̣ονομῆσασθαι· ἃ δὲ παρ' αὐτῶν τῶν Τηίων, οὐ
                      κοινὴν
ποη̣σαμένων τὴν συντέλειαν αὐτῆς, ἀλλ' ὑμετέ-
ραμ μὲγ κεκρικότων ἰδίαν, § εἰ δέ τι πρὸς τὰς προς-
5 ύσους συνέτεινε τῆς πόλεως, τὴν ὑπὲρ τῶν τοιούτων σοχώρησιν πρὸς ἑαυτοὺς διειληφότων ἀνήκειν, ὃ καὶ ἦν δίκαιον. § καὶ τὰ μὲν ὁλοσχερῆ
                    πρὸς τὴν
ἀμφισβήτησιν, ἣν ἐδόκει μοι διάνοιαν ἔχειν καὶ
ἀφ' ἧς αἰτίας ἕκαστα συνσταθῆναι, ταῦτ' ἐστίν. § τῶν

Ich möchte von Z. 2 an fo verftehen: »was
aber das von den Teiern felbft geltend Gemachte betrifft, fo fagen fie, dafs fie nicht den
Beitrag derfelben (gewifs der σύνοδος der Techniten) als einen für allgemeine Zwecke zu ver-
wendenden behandelt, vielmehr den eurigen als
einen befonderen abgetrennt haben, dafs fie
aber, wenn irgend etwas die Einkünfte ihrer
Stadt berührte, der Anficht waren (διειληφότων),
die für dergleichen Fälle erteilte Erlaubnis träfe
auf fie zu: welche Anficht auch berechtigt war.«
Vorher war die Behauptung der Techniten angeführt, dafs beftimmte an die Teier von ihnen
abzuführende Gelder von diefen widerrechtlich
zum einfeitigen Nutzen der Stadt verwendet
worden waren.

Ganz klar ift der in Z. 7 beginnende Paragraph, der den Schlufs des voraufgegangenen
Abfchnittes bildete: »und was die allgemeinen
Gefichtspunkte in Bezug auf den Streitfall betrifft, fo ift diefes die Meinung, die zu hegen

und der Grundfatz, von welchem aus alles Einzelne abzuwägen mir gut fchien.«

A Col. III.

κ̣[α]ς̣ [εἰθι σ̣]μ̣[ε̣ν ̣α̣ι̣]ς δ' ἀμ̣φ̣[ο̣]τ̣[ε̣]ρ - - - - - - -
ρων γενῶρ καὶ οὐδὲν ἦσσον τα - - - - - - - - - -
ταις καὶ ἐν ἑτέροις πλείοσιν ἐπ̣[ι - - - - - - - - - -
μὴ ἀμφοτέροις ἐστὶν ὅμοια καὶ ταῦτα [- - - συνε-?
5 τὰ τοῖς μὴ ἀπαιδεύτοις. § τὸ αὐτὸ δὴ κ̣[αὶ - - - -
σχεδὸν ἑώρων γεγονὸς κατὰ τὴν ε̣[ξ - - - - - - αι̣?-
ρεσιν, διά τε τοῦτο καὶ συνθήκηc γρ[αφ (̣αψ?) - - § - -
κα παρ̣[ε......]ι̣ς τὸν συνοικισμο̣[γ - - - - - - - - -
- - - - - - - - - σταθὲν [ο̣]ἷς ε - - - - - - - - - - -

B Col. III.

[Am Schlufs der vorhergehenden Columne:
                     τῶν ἱε-]
ρῶν νόμωρ καὶ ἐθισμ̣[άτων συντελεῖν τὴι
πανήγυριν μὴ ὑπευθύνους [ταῖς ἀρχαῖς τῆς
πόλεως, εἰς ἣμ πάρεισιν. § κε - - - - - -
οὐ φαίνεταί μοι ἀγνωμονεῖ ̣ν - - - - - - τοῦ
5 ὅρκου, ὅτι πρότερον εἴθιστο τ̣[οὺς δικαστὰς ὁρ-
κίξεσθαι περιέχοντα δικάξ[ειν κατὰ τε τοὺς
νόμους καὶ τὰς ἐπιστολὰς τ̣[ῶν βασιλέων καὶ
τὰ ψηφίσματα τοῦ δήμο̣υ - - - - -
πο̣λλ̣οῖς ἔτεσιν ἔμπ̣[ρο]σθε - - -

Z. 3 ift vor κε ein freier Raum, fo dafs der
kleine Strich unter Z. 4 wohl verfehentlich eine
Zeile zu tief gefetzt ift.

Über den Inhalt vergl. zu A Col. II am
Ende.

Das Fragment D ift als teifch von Böckh
im C. I. Gr. unter Nr. 3063 herausgegeben, indem er bemerkt: 'hic titulus mihi a Pittaco
Atheniensi missus est quasi Atticus; sed pluri-
mos, quos ille Athenis positos perhibet alibi positos fuisse pridem docui. Hic ubi collocatus
fuerit nescio: sed quum Teiorum res contineun-
tur, huc refero'. Dabei war ihm entgangen,
dafs das Stück mit der richtigen Fundangabe
von Dallaway veröffentlicht war, aus welchem
er es unter Nr. 3537 nochmals abdruckte mit
dem Lemma: 'Pergami, in lapide, qui solo
vel fundamento turris ex parte immersus est:
ed. Dallaway Constantinop. p. 304. ed. Brit.
(p. 348 sq. translat. Germ.), qui ipse notat mu-
tilum esse titulum'. Die von uns wiedergefun-
denen Fragmente erweifen Pittakis' Abfchrift
als recht zuverläffig (nur Z. 6 giebt er ΤΩΝ ftatt

D

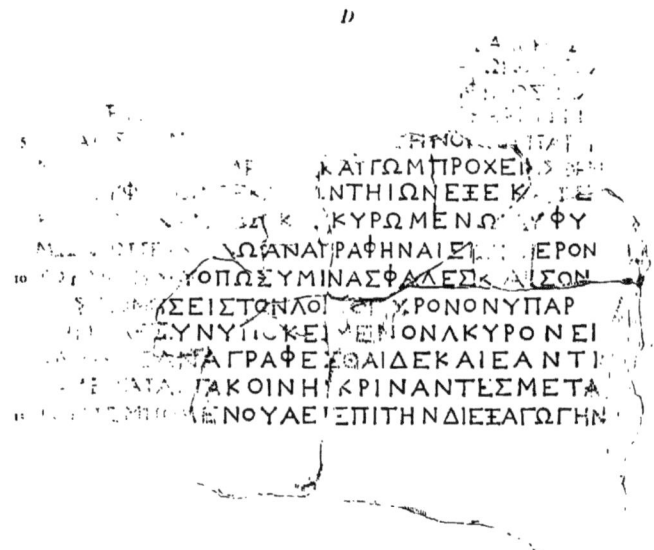

ΚΑΤΩΜΠΡΟΧΕΙ
.ΝΤΗΙΩΝΕΞΕΚ
...ΚΥΡΩΜΕΝΩ ΥΦΥ
ΩΑΝΑΓΡΑΦΗΝΑΙΣ.... ΙΕΡΟΝ
ΟΠΩΣΥΜΙΝΑΣΦΑΛΕΣ ΑΙΣΟΝ
ΣΕΙΣΤΟΝΛΟ.... ΧΡΟΝΟΝΥΠΑΡ
ΣΥΝΥΠΟΚΕΙΜΕΝΟΝΑΚΥΡΟΝΕΙ
ΑΓΡΑΦΕΣΘΑΙΔΕΚΑΙΕΑΝΤΙ
ΚΟΙΝΗΙΚΡΙΝΑΝΤΕΣΜΕΤΑ
ΝΟΥΑΕ ΕΠΙΤΗΝΔΙΕΞΑΓΩΓΗΝ

ΤΩΜ: die Ausgänge der erſten Zeilen ſind zu
weit nach rechts gerückt, jedoch iſt andererſeits
ſogar das Spatium in Z. 9 angegeben); Dallaway's
Copie iſt dagegen von der äuſerſten Schlechtig-
keit. In unſerer Zeichnung ſind die jetzt noch
vorhandenen Buchſtaben in ausgezogenen, die
auf Pittakis beruhenden in unterbrochenen
Linien gegeben. Die Geſtalt der Pittakis ent-
nommenen Buchſtaben iſt nach der Norm der
erhaltenen geändert und die Ausdehnung der
Lücken richtig geſtellt; auch hielten wir uns
durch den ſonſtigen Gebrauch der Inſchrift und
die in Z. 6 nachweisbare Änderung Pittakis'
für berechtigt, anſtatt ſeines ΑΝΔΡΩΝ in Z. 8,
ΛΟΙΠΟΝ in Z. 11 die Aſſimilation des auslauten-
den Ny vorzunehmen. Mit den bei Pittakis
überlieferten Reſten der erſten vier Zeilen und
dem am Schluſs notwendig zu ergänzenden An-
fange einer ſechszehnten ergeben ſich für dieſes
Sockelſtück genau ſo viel Zeilen wie bei dem
Sockelſtück *C*.

Zur Kennzeichnung von Dallaway's Abſchrift teilen wir ſeine Abweichungen von den
erſten vier Zeilen des erhaltenen Bruchſtückes
mit: Z. 5 ΣΥΤΟΥ. Z. 6 ΤΩΝΠΡΟΞΕΝΩΝ. Z. 7
ΤΗΣΑΛΕΞΑ...ΚΑΤΕ. Z. 8 ΡΥΚΩΝΕΝΘΑΔΥΦΗ. —
Am Schluſſe giebt Dallaway eine Zeile mehr
wie Pittakis: ΕΙΣΤΟΙΕΡΟΝΤΗΣΑΡΤΕΜΙΔΟΣ. Daſs

dieſe Worte nicht unmittelbar nach dem Erhaltenen, alſo nicht zu Anfang von Z. 16 geſtanden haben können, zeigt der Sinn und überdies hätten ſie auf dem links weggebrochenen
Teil des Blockes gar nicht Platz gehabt; weiterhin aber, wo der Rand erhalten iſt, hat nie
Schrift geſtanden. Unzweifelhaft haben wir es
alſo mit einer Interpolation zu tun, die ſo entſtanden ſein wird, daſs der Copiſt, weil er ſeine
erſte Niederſchrift für undeutlich hielt, die Worte
εἰς τὸ ἱερὸν τοῦ Διονύσου aus Z. 9. 10 am unteren
Rande wiederholt hatte, worauf ſie bei der Her-
richtung zum Druck für einen Beſtandteil des
Textes gehalten wurden; daſs dabei ein anderer
Göttername eingeſetzt wurde, entſpricht der
ſonſt bei der Veröffentlichung an den Tag ge-
legten Nachläſſigkeit.

- - - - - - - - - - - - - - ἐ ῖ(ν)αι? ἱερεωσ(υ)-
ν - - - - - - - - - - - - - - -]ς ἀγωνοθέτης
- - - - - - - - - - - - - - - - - Δίφιλος. δο-
κιμά(ζ)ω δ' ἐπὶ τῶι λόγωι τῶι? ου]γγραφέντι
5 ὑπ' Ἀριστομάχου [τοῦ Περγαμ]ηνοῦ τοῦ παρ' ἡ-
μῶν ἀποσταλέντος καὶ τῶμ προχειρισθέν-
των ὑφ' ὑμῶν τε καὶ τῶν Τηίων ἐξ ἑκατέρων τριῶν ἀνδρῶ, κεκυρωμένωι δ' ὑφ' ὑ-
μῶν. ὅπερ κρίνω, ἀναγραφῆναι εἰς τὸ ἱερὸν
10 τοῦ Διονύσου, ὅπως ὑμῖν ἀσφαλὲς καὶ ἴσον τοῖς
νόμοις εἰς τὸν λοιπὸν χρόνον ὑπάρ-

χΗΙ· το δε συνυποκείμενον ἄκυρον ει
ναι. προςαναγράφεσθαι καὶ ἐάν τι
να μετὰ ταῦτα κοινῆι κρίναντες μετὰ
15 τοῦ πεμπομένου ἀεὶ ἐπὶ τὴν διεξαγωγὴν
ᵕδιαγνῶτε.

Z. 1. ἱερεωσ(υ)ν - Vergl. zu Nr. 248 Z. 32.
Mit Sigma als dem erften Buchftaben eines
Wortes konnte die Zeile nicht fchliefsen. Mög-
lich ift auch, dafs nur ἱερέως ftand.

Z. 3 f. δυκιμάζω »ich urteile«, »beftimme«.
Vergl. z. B. Thukyd. 2, 35 τοῖς πάλαι οὕτως ἐδο-
κιμάσθη ταῦτα καλῶς ἔχειν. Xenophon Memorab.
1, 2, 4 τὸ μὲν ... ἀπεδοκίμαζε, τὸ δὲ ... ἱκανῶς
ἐκπονεῖν ἐδοκίμαζε. Infchrift aus Mytilene Archäol.
Zeitung 1885 S. 141 Z. 10 ζαμίαν, ἄν κα δυκιμάζωντι.
Dittenberger, Sylloge 158, 24 οὗ ἄν δυκιμάζῃς.

Z. 6. προχειριςθέντων »gewählt«. Das Me-
dium oft bei Polybios, auch Dittenberger, Sylloge 246 Z. 46: das Passivum ebenda Z. 50.
Polyb. 3, 100. 3, 106.

Z. 12. τὸ συνυποκείμενον offenbar: jede auf die
Materie des gegenwärtigen Erlaffes bezügliche
neben ihm vorhandene (frühere) Beftimmung.

Z. 13. διεξαγωγή »endgiltige Entfcheidung«
vergl. C. I. Gr. 2556 Z. 59. II Add. 2334d. Das
Verbum διεξάγειν in demfelben Sinne unten
Nr. 245 A Z. 34 und 36.

Über Inhalt und Zufammenhang des Stückes
ift Folgendes zu bemerken.

Z. 3 ff. wird nur fo aufgefafst werden können,
dafs ein vom Könige zur Unterfuchung der
tatfächlichen Verhältniffe nach Teos entfandter·
befonderer Commiffar Aristomachos aus den
beiden Parteien einen Ausfchufs von fechs Perfonen gebildet und gemeinfam mit diefem einen
fchriftlichen Bericht verfafst hatte, der den Ent-
fchliefsungen des Königs zur Grundlage diente.
Da diefer Bericht den Techniten zur Beftätigung
vorgelegt worden war, fo müffen fie es gewefen
fein, welche fich als die Befchwerten hingeftellt
und die Entfcheidung des Königs angerufen
hatten (vergl. C Z. 11 πλεονεκτουμένων ὑμῶν).

Auf die Frage, welche Aufzeichnung in
Z. 9 ff. angeordnet wird, muſs ausführlicher ein-
gegangen werden, da fie, wie wir fehen werden,
für die Topographie von Pergamon von Wichtigkeit ift. In der Umfchrift ift durch die Inter-

punktion die Überzeugung ausgedrückt, daſs
ἀναγραφῆναι imperativifch fteht; doch könnte man
den Infinitiv auch von κρίνω abhängen laſſen
wollen, indem man ὅπερ auf ein Neutrum be-
zöge, das die Stelle des von uns in Z. 4 vor-
fchlagsweife gefetzten λόγῳ eingenommen hätte.
Es ergäbe fich dann aber, dafs der König den
Erlafs von Beftimmungen, die Gefetzeskraft
haben und früheres Recht annulliren, alfo grund-
legend fein follen, von der Genehmigung der
Techniten abhängig gemacht hätte, was völlig
undenkbar ift. Ferner wäre der Hiatus κρίνω
ἀναγραφῆναι durch keine Paufe gerechtfertigt,
während er auf das Leichtefte vermieden werden
konnte: wer die S. 91f. gegebene Lifte der in der
Infchrift vorkommenden Hiate muftert, wird das
Gewicht diefes Grundes nicht unterfchätzen.
Unzweifelhaft ift alfo der Gegenftand der be-
fohlenen Aufzeichnung der gegenwärtige Erlafs:
κρίνω fteht parallel dem δοκιμάζω in Z. 3 f., und
gewifs hat der rhetorifch gebildete Verfaffer den
relativifchen Ausdruck (anftatt etwa τὸ κρίμα
τόδε) befliffen in der Abficht angewendet, diefen
Parallelismus hervorzubringen. Die Worte ἀναγραφῆναι εἰς τὸ ἱερὸν τοῦ Διονύσου können füglich
nur bedeuten: »es foll auf eine Mauer des Dio-
nysosheiligtums gefchrieben werden«: da nur
eine Aufzeichnung angeordnet wird, fo ift es
ganz ficher, dafs die in der That von einer
Mauer herrührenden Blöcke unferer Infchrift
einem Dionysosheiligtum der Burg von Pergamon angehörten, das unfere Ausgrabungen nicht
nachgewiefen haben. Dafs man eine ausdrück-
liche Angabe über den Ort des Tempels in der
Infchrift erwartet, kann diefes Refultat nicht um-
ftofsen. Wenn, wie durchaus fcheint, Bohn
(Abhandlungen der Berliner Akademie 1884)
mit Recht einen Tempel neben der Agora auf
Dionysos bezogen hat, fo hatte diefer Gott ähnlich wie Athena fowohl auf der Hochburg wie
weiter unten ein Heiligtum.[1] Bei der Kleinheit
des anderen Tempels und da der von uns nach-
gewiefene einer näheren Bezeichnung nicht bedurfte, war diefer ohne Zweifel der vornehmere:
in ihm wird fich alfo am Tage der Schlacht
von Pharfalus das Wunder zugetragen haben,
das bei Caesar Bellum civile 3, 105 und Cassius

---

[1] Die Schwierigkeiten diefer Annahme werden in Band I befprochen. C.

Dio 41, 61 erzählt ist. Zufälliger Weise trug
auch die Wand des teischen Dionysostempels
Inschriften, nämlich die oben S. 91 erwähnten
Atylie-Decrete Lebas, Asie 60 ff.

Z. 13 ff. ist fo zu verstehen: »es soll auch
dazugeschrieben werden, was ihr etwa in Zukunft auf Grund von Beschlüssen festsetzen
werdet, die ihr in Gemeinschaft mit einem
immer zur endgiltigen Entscheidung abzuord-
nenden königlichen Commissar gefaßt habt«.
Sehr charakteristisch ist es, daß hiermit die Entscheidung über Änderungen und Erweiterungen
des gegenwärtigen Statutes tatsächlich sehr deutlich einem vom Könige instruirten Vertrauens-
manne zugewiesen wird, der urbanen Form
nach aber einem unter seiner bloßen Mitwirkung zu fassenden Beschlusse der Techniten.

Da das Fragment *D* die Bestimmung über
die Aufzeichnung der Inschrift enthielt, stammt
es unzweifelhaft nicht bloß, wie das Lemma
offen hält, von der letzten vollständigen Columne,
sondern ist der Schluß des Ganzen gewesen.
Wegen des einen Wortes, das zum Abschluß
des uns Erhaltenen erforderlich ist, hat man
natürlich eine neue Columne nicht begonnen.

Wir lassen zunächst die Fragmente folgen,
die sich auf die Panegyris beziehen, s. zu *B* Col. I.

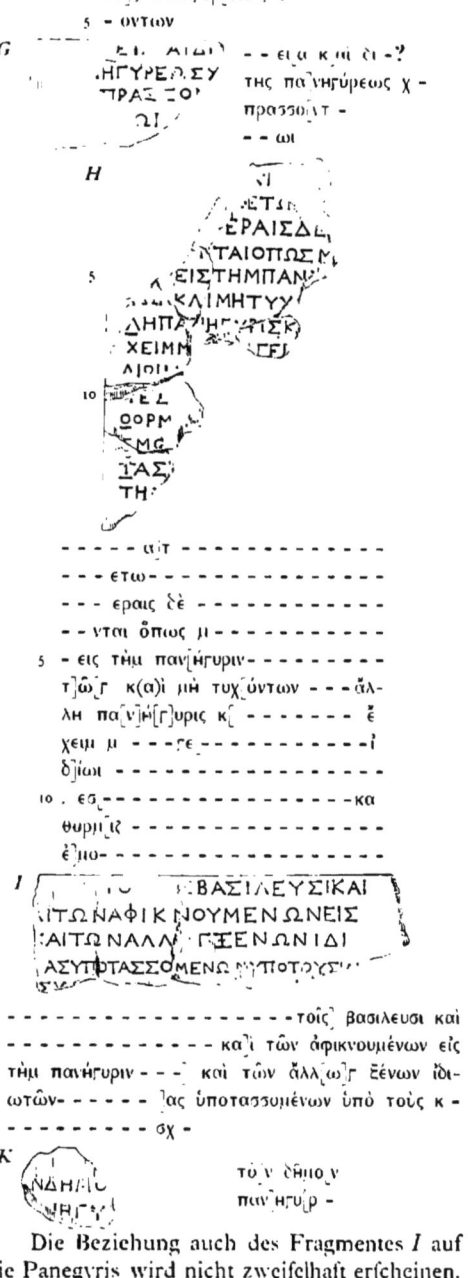

Die Beziehung auch des Fragmentes *I* auf
die Panegyris wird nicht zweifelhaft erscheinen.
In Fragment *E*, *F* und *G* handelt es sich um
die Aufbringung der Kosten für die Festfeier,

wobei die Erwähnung von δάνεια (*E* Z. 8) an das Ehrendecret der Techniten aus Eleusis C. I. A. II 628 (Lebas I 375) Z. 29 erinnert: προενοήθη δὲ ἐκτενῶς καὶ τῆς τῶν κοινῶν ἐμ πᾶσιν ἐπανορθώσεως καὶ τὸν κύκλον τῶν δανείων μεταπαρέδωκεν ἐκβαίνων ἐκ τῶν ἐπιμελειτειῶν πολλοῖς ἐπηυξημένον χρήμασιν.

Die folgenden Fragmente erwähnen eine richterliche Entscheidung oder einen Eid; vergl. zu *A* Col. II.

L

ΕΠΙΤΗΣΔΙΑΚ
ΝΔΥΜΙΝΔΙΑΦ
ΔΙΟΝΤΙΝΑ Δ
ΤΕΤΑΧΟΑΙ
ΟΤΙΛ

ἐπὶ τῆς διακρίσεως
γενομένω ἡν δ᾽ ὑμῖν διαφ᾽ορῶν
- - - - - οἷόν τινα δι -
- - - - - τετάχθαι
- - - - - ὅτι [δ᾽ικ - -

M

ΔΙΑΚΡΙΘΗΝ   διακριθηναι

N

ΑΜ
ΙΕΡΟΓ
ΗΚΩΣΚΡΙΝ

δρα᾽χμ᾽ὰς
καθά᾽περ ὁ γ -
ἠ᾽ικ᾽ἡκὼς κρίν᾽ειν
- - ς κα᾽ὶ

O

ΟΡΚΟΓΚ
ΤΕΡΩΜ
ΙΤΑΔ

ὅρκογ κ -
- τέρωμ
τά δ -

P

ΔΙΚΑΙ
ΤΟΤΟΔ

δίκαι (?)
- το τό᾽δε

Ob das Fragment *P* in diese Reihe gehört, ist zweifelhaft, da Z. 2 auch - ᾽ει καὶ gestanden haben kann.

Q

ΚΙ
ΔΕΚΑΣΤ
ΑΣΑΙΤΙΑΣ

- κ -
καθ᾽ ἕκαστ᾽ον
τὰς αἰτίας . . . τ

R

Σ
ΟΣΧ
ΕΤΑ

- σ -
ὑλ᾽οσχ᾽ερ - -
συν᾽στα᾽υ - -

Fragment *Q* und *R* haben offenbar einen ähnlichen Gedanken ausgedrückt wie *B* Col. II Z. 7 ff.

S

ΑΝΟΜΙΣΕ
ΚΑΙΑΣΥΛ
ΡΕ

- α (ἄ?) νομίζετ[ε ([αι?)
καὶ ἀσυλ᾽ία
πρεσ]βεία

Über dies Fragment vergl. oben S. 91.

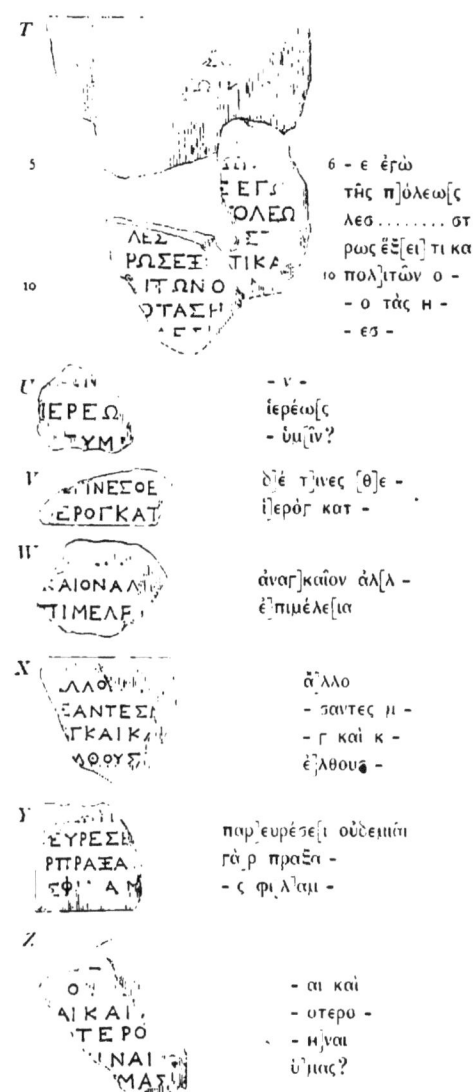

T

ΕΓ
ΟΛΕΩ
ΛΕΣ
ΡΩΣΕΞ ΤΙΚΑ
ΙΤΩΝΟ
ΤΑΣΗ
ΕΤ

6 - ε ἐγὼ
τῆς π]όλεω[ς
λεσ . . . . στ-
ρως ἕξ[ει] τι κα-
10 πολ]ιτῶν ο -
- ο τάς η -
- εσ -

U

ΙΕΡΕΩ
ΥΜ

- ν -
ἱερέω[ς
- ὑμ᾽ῖν?

V

ΙΝΕΣΟΕ
ΕΡΟΓΚΑΤ

δ᾽έ τ᾽ινες [θ]ε -
ἱερὸγ κατ -

W

ΑΙΟΝΑ
ΤΙΜΕΛΕ

ἀναγ]καῖον ἀλ[λ -
ἐ]πιμέλε[ια

X

ΛΛΟ
ΣΑΝΤΕΣ
ΓΚΑΙΚ
ΘΟΥΣ

ἄ]λλο
- σαντες μ -
- γ καὶ κ -
ἐ]λθου᾽ς -

Y

ΣΥΡΕΣΕ
ΡΤΡΑΞΑ
ΣΦ ΑΜ

παρ᾽ευρέσε[ι οὐδεμίαν
γὰ]ρ πραξα -
- ς φι᾽λ᾽αμ -

Z

Ο
ΔΙΚΑΙ
ΤΕΡΟ
ΝΑΙ
ΜΑΣ

- αι καὶ -
- υτερο -
- ηιναι
ὑ᾽μας?

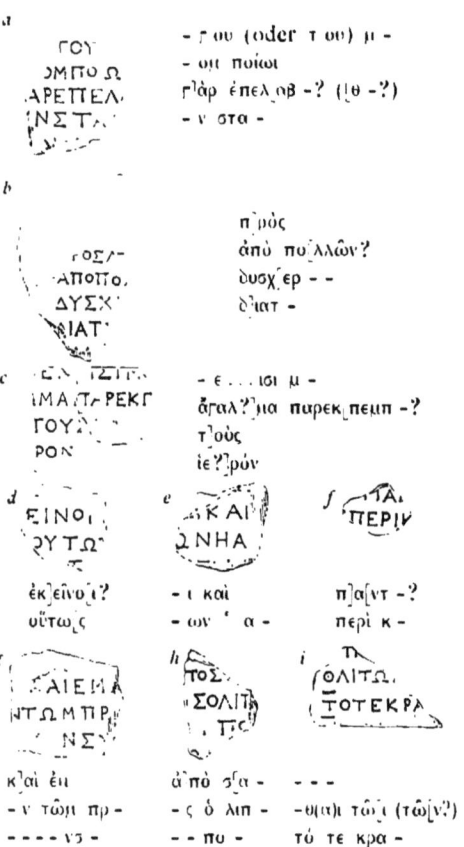

a)

ΓΟΥ
ϽΜΠΟΩ
ΑΡΕΠΕΛ·
ΝΣΤΛ

- ɣ ου (oder τ ου) μ -
- οιι ποίωι
ɣ]ὰρ ἐπελ_οβ -? (|θ -?)
- ν στα -

b)

ɣΟΣ/-
ΑΠΟΠΟ.
ΔΥΣΧ·
ϺΑΤ·

π ρὸς
ἀπὸ πο[λλῶν?
δυσχ ερ - -
δ'ιατ -

c)

ϹΝ. ΙΣΠ.
ΙΜΑ Τ-ΡΕΚΓ
ΓΟΥ
ΡΟΝ

- ε . . . ιοι μ -
ἄɣαλ?]ια παρεκ[πεμπ -?
τ]οὺς
ἱε?]ρόν

d)

ΕΙΝΟ[
ΡΥΤΩ·

ἐκ]εῖνο[ι?
οὕτω[ς

e)

ϹΚΑ[ϳ
ΩΝΗΑ

- ι καὶ
- ων 'α -

f)

ΤΑ[
ΠΕΡΙΝ

π]α[ντ -?
περὶ κ -

g)

ΕΑΙΕ ΗΛ
ΝΤΩΜΠΡ[
ΝΣ'

κ]αὶ ἐπ
- ν τῶι πρ -
- - - - νϽ -

h)

ΤΟΣ'
ΣΟΛΙΤϞ
ΤϹ'

ἀ]πὸ Ͻ[α -
- ς ὁ λιπ -
- - πυ -

i)

Τ\
ΟΛΙΤΩ.
ΤΟΤΕΚΡΑ

- - -
-υ(α]ι τῶ[ι (τῶ[ν?)
τό τε κρα -

k)

ΓϞ ΖΣ
ΕΚΕΙ
ϹΝΟΙ

- - ως
ἐκεῖ (ἐκει ν -)
ɣε νο[μεν -?

l)

Ε
Ε
Μ
ΡΙ
Ι
ΤΑ
Ε

m)

ΑΤ/,
ΝΣϳ

n)

ΔϹ

o)

ΝΤΓ

p)

ΩΙ
ΡΑΤ
ΝΤ

q)

ΣΕ
ϽΜ
ΓΟ
ΟΙ
ΓΕ
Μ

r)

ΕΜΓ
ΤΑΙ

s)

ΟΝ

t)

ΗΚϹ
ΚΑΙ
ΕΠΙ
ΡΟΥ
ΠΑΡ
ΟΡΟ
ΤΑΙΕ
ΦΕΡ
ΤΑ

u)

ΙΟ

v)

ΕΚΤΩ
ΠΟΙΗ
ΑΣΧΑ
ΤΩΓ

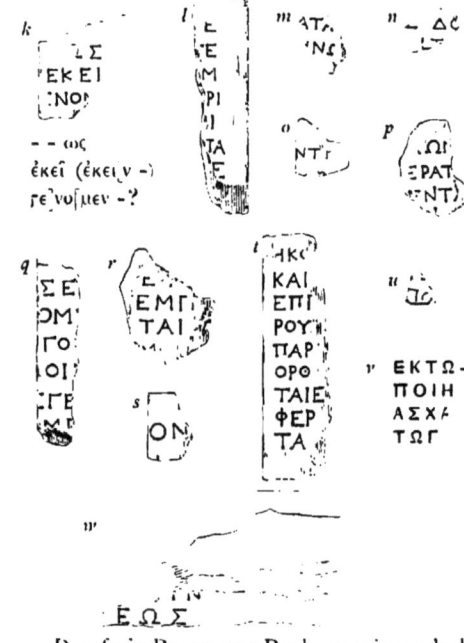

w)

ϹΝ
ΕΩΣ

Der freie Raum zur Rechten wie auch die
weiten Buchstabenabstände machen es mehr wie
wahrscheinlich, daß Z. 2 eine Überschrift bildete.
Offenbar enthielt sie die Anrede des Erlasses:

Βασιλεὺς Εὐμένης βασιλ'έως
Ἀττάλου - - - χαίρειν.

Voran ging vermutlich ein Decret der Techniten
zu Ehren des Königs.

---

164. Deckplatte von einer Basis, 0,91
lang, 0,11 hoch, 0,41 tief; Buchstaben 0,012.
Gefunden August 1883 am Südabhange des
Athenaheiligtums Inv. III 53. Auf der Oberfeite (Abbildung nebenstehend 1 : 10), über
jeder der beiden Inschriften die 0,08 langen
Fußspuren einer Statuette, beiderseits Stoßfläche. Auf der Vorderseite rechts eine Versatzmarke von späterer Verwendung des Steins.
Abbildung der Vorderseite 1 : 6.

ΠΑΝΤΛΛΕΟΝΤΟΣ

a) Σ]ικυωνίου. *b)* Πανταλέοντος.

Σικυωνίου als Eigennamen aufzufaſſen wird
deshalb nötig ſein, weil zu Πανταλέοντος ſicher
ein Ethnikon nicht hinzugefügt war. Ein als
Perſonenname verwendetes Ethnikon hat nichts
Auffallendes; als Beiſpiel ſei an das in Pergamon nächſtliegende Ἀθήναιος erinnert; eine ganze
Reihe von Belegen bietet die grofse deliſche
Inſchrift Bullet. de corr. hellén. VI p. 1 ff.: Εὐβοεύς
p. 7 Z. 20 und öfter, Φωκαεύς p. 8 Z. 21 und
öfter, Ἕλλην, Μαντινεύς p. 8 Z. 22 und öfter,
Μαραθώνιος p. 20 Z. 153, Ἰστιαιεύς p. 33 Z. 41;
Ἀρκάς in Delos Bullet. VII p. 112 Z. 24; Τροι-
ζήνιος, Σάμιος in Iasos Bullet. V p. 494 Z. 29. 33.

Wir kennen einen Mann Namens Pantaleon, deſſen Denkmal wir in Pergamon erwarten
dürfen. Als König Eumenes II. im Jahre 172
in Rom den Krieg gegen Makedonien betrieben
hatte, wurde er während der Rückreiſe auf einem
engen Pfade zwiſchen Kirra und Delphi von
vier durch König Perseus gedungenen Mördern
überfallen. *Ubi ad eum locum ventum est* —
heiſst es bei Livius 42, 15 — *qua singulis eun-
dum erat, primus semitam ingressus Pantaleon
Aetoliae princeps, cum quo institutus regi sermo
erat. tum insidiatores exorti saxa duo ingentia
devolvunt, quorum altero caput ictum est regi,
altero humerus. sopitus ex semita proclivi ruit in
declive multis super prolapsum iam saxis con-
gestis. et ceteri quidem etiam amicorum et sa-
tellitum postquam cadentem videre diffugiunt,
Pantaleon constanter impavidus mansit ad pro-
tegendum regem.* (Vergl. auch Appian Maced.
9, 9. 2. Polybios 27, 6 7.) Pantaleon hat alſo
zur Lebensrettung des Königs weſentlich beigetragen, der nach Aegina gebracht und dort
langſam geheilt wurde; da man ihn tot geſagt
hatte, übernahm ſein Bruder Attalos die Regierung und vermählte ſich mit Eumenes' Gattin
Stratonike, erſtattete ihm aber Krone und Gemahlin nachher zurück. Pantaleon war drei
Mal, zuletzt im Jahre 174 3, Stratege des aito-
liſchen Bundes geweſen (Weſcher, Inscript. de
Delphes 179. 191. 284. Archäolog. Zeitung 1885
S. 145; vergl. A. Mommſen, Philologus 24,
S. 44 ff.): Polybios 20, 92 erwähnt ihn im Jahre
191 als Geſandten an den Conſul M'. Acilius

Glabrio und erzählt 28, 4 von ſeinem Auftreten
in einer Volksverſammlung des Jahres 169. —
Da unſere Platte beiderſeits Stofsfläche hat, waren
unzweifelhaft auf derſelben Baſis mehr wie zwei
Statuetten aufgeſtellt, und zwar aller der Perſonen, die ſich in Folge jenes Unfalls Verdienſte
um den König erworben hatten. Wenn man
mehreren Ehrenbildern ein gemeinſames Poſta-
ment gab, ſo mufste man ſelbſtverſtändlich auf
der Deckplatte angeben, wen jedes einzelne dar-
ſtellte; der Anlafs der Weihung war gewifs auf
der Baſis aufgezeichnet. Der verhältnismäſsig
kleine Mafsſtab der Figuren erklärt ſich aus der
Ausdehnung der ganzen Anlage.

Für den Gebrauch des Genetivs zur Bezeichnung des Dargeſtellten bieten die Grab-
ſteine keine völlige Analogie, da hier zunächſt
der Begriff des σῆμα vorſchwebt und der des
εἰκών nicht einmal zuzutreffen braucht. Doch
findet ſich dieſer Caſus auch ſonſt; häufig auf
Vaſen (ſ. O. Jahn, Vaſenſammlung K. Ludwig's
p. XCV Anm. 839); auf den Weihreliefs C.I.A. I
428 30; von Ehrenſtatuen führt Franz, Elementa
epigraphices p. 331 f. C. I. Gr. 1626. 2657. 2719
an; aufserdem C. I. A. III 430 ff. 607.

Die Schrift unſerer Baſis gleicht aufserordentlich der Nr. 50, wie auch der Fundort
derſelbe iſt. Wir haben deshalb ſchon S. 42
die Vermutung ausgeſprochen, dafs die Aufſchriften der Nr. 50 und der übrigen in gleicher
Weiſe von Attalos I. entführten Statuen erſt
von Eumenes II. angebracht ſind, als dieſer
die von ihm erbauten Athenahallen mit Kunſtwerken ausſtatten wollte. Conze (Sitzungsberichte der Berliner Akademie 1884 S. 1262)
hat, ſich darauf ſtützend, dafs wir Πανταλέων
und Σικυώνιος als Komödientitel kennen, als ur-
ſprünglichen Standort unſerer Baſis und dem-
zufolge der unter Nr. 50 mitgeteilten die Bibliothek angenommen. Der Anſicht, dafs wir es
bei unſerer Nummer mit Darſtellungen aus dem
litterariſchen Gebiet zu tun hätten, iſt jedoch
ſchon durch die Erkenntnis der wahren Bedeutung von Nr. 50 der Boden entzogen: überdies
wären ſtatuariſche Darſtellungen beſtimmter Ko-
mödienrollen, ſoviel ich weiſs, ohne Analogie.

---

165. Fragmente eines ioniſchen Epiſtyls von weiſsem Marmor. Es hatte zwei Fascien und ein
Eierſtab-Kyma mit Zahnſchnitt darüber, auf der Unterſeite ein Band. Tief 0,46; die Höhe iſt nirgend ganz

erhalten, die Fascien find jede 0,115 hoch. Das Epiftyl war, wie *A* und *G* zeigen, auf der ganzen Vorderfeite befchrieben und gehörte wahrfcheinlich einem ναΐσκος an.

   A Inv. II 154 und III 317, linkes Anfangsftück der unteren Fascie und ein Stück der oberen, 0,54
lang, links erhalten, das Profil auf die linke Seite herumgeführt, auf der Unterfeite rechts Band, links
Lagerfläche; bis zur Hinterfeite erhalten. *B* Inv. II 143 von der unteren Fascie, 0,20 lang; Unterfeite
erhalten. *C* Inv. III 257 und 397 Stück der oberen Fascie mit Anfatz der unteren, 0,28 lang. *D* Inv. II 136)
unbeftimmt von welcher Fascie, 0,11 lang. *E* Inv. III 317 a¹ 0,26 lang, untere Fascie mit Anfatz der
oberen; Hinterfeite erhalten. *F* Inv. II 104 und 195¹ vorn 0,38 lang, beide Fascien fowie Reft des Eierftabs
mit Zahnfchnitt erhalten, desgleichen die Unterfeite. *G* Inv. II 116 und III 47, 0,22 lang, zwei Fascien, die
auf die rechte Seite herumgeführt find, und Unterfeite erhalten.

   Die Stücke find von Juni 1881 ab im Athenaheiligtum gefunden, nur die rechten Hälften von *A*
und von *C* im Theater und die linke Hälfte von *C* auf der Agora. Abbildung 1:12.

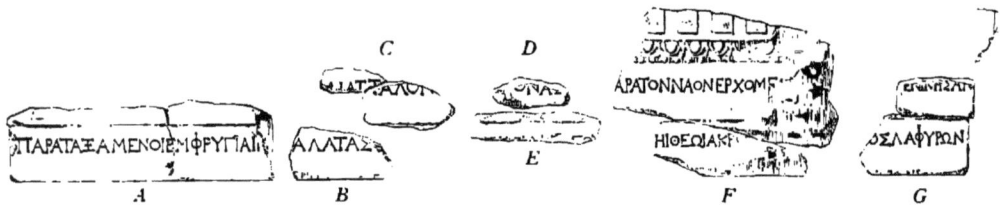

C   *D*   *E*   *A*   *B*   *F*   *G*

   Eine fichere Herftellung der Infchrift ift bei
ihrer offenbaren Eigenart und der Ungewißheit
über ihre Ausdehnung und die urfprüngliche
Folge der Fragmente *B* — *F* nicht möglich. Daß
die Wortftellung eine unregelmäßige war, zeigt
fich am Ende von Z. 1 und Anfang von Z. 2,
wo man erwarten würde, daß das Particip und
die Ortsbeftimmung dem Verbum finitum voran-
gingen. Unter Berückfichtigung der Bedingung
gleichmäßiger Raumfüllung in beiden Zeilen
möchte fich folgende Faffung vorfchlagen laffen:

'Ο δεῖνα τοῦ δεῖνος βασιλέα Εὐμένη κ]αὶ Ἄτταλον [αὐτοῦ τ]ὸν ἀδ[ελφόν, οἱ Ἀθηνᾶς π]αρὰ τὸν ναὸν ἐρχο-
μέ[νης ἐς βοήθειαν] ἐνίκησαν
παραταξάμενοι ἐμ Φρυγία [nähere Ortsbeftimmung Γ]αλάτας, [τὴν στρατείαν ἀναγυύσηι τ]ῆι θεῶι
ἀκρο[θίνιον εὐξάμενο]ς λαφύρων.

   Hierzu bemerken wir, daß in Z. 1 blos
Ἄτταλον τὸν ἀδελφόν nicht möglich ift, da die
Fragmente *C* und *D* nicht fo dicht bei einander
ihre Stelle gehabt haben können. In Fragment *E* können die erften Zeichen kaum etwas
anderes als ειαν oder σιαν gewefen fein; dann
folgte A oder Δ, ficher N, ein ganz wegge-
brochener Buchftabe, του oder εθυ.

   Nach den Fundftätten ftand das Denkmal,
welchem unfer Epiftyl angehörte, unzweifelhaft
im Temenos der Athena auf der Burg. Unfer
Vorfchlag nimmt an, daß die Göttin während
einer Schlacht, welche in Phrygien nahe bei
einem Tempel derfelben ftattfand, dem pergamenifchen Heere zur Hilfe gekommen war und
dasfelbe an eine höher gelegene günftige Stelle
geführt hatte; wie lebendig in Pergamon der
Glaube an Götterepiphanien war, zeigen Nr. 247
II Z. 4. 248 Z. 52. In dem vorliegenden Falle
hatte fich vielleicht die Thatfache, daß die weit-
hin fichtbare Lage eines Athenatempels für die
Marfchrichtung des Heeres ein Merkzeichen abgegeben hatte, in die Vorftellung von der Erfcheinung der Göttin umgefetzt. Dafür hatte
fchon in der Schlacht ein Corpsführer der Göttin
ein Weihgefchenk aus der auf feinen Truppen-
teil entfallenden Siegesbeute gelobt, welches Ge-
lübde er einlöft, indem er die Bilder des Königs
und feines älteften Bruders, die in jener Schlacht
den Oberbefehl geführt hatten, in einem Naiskos
aufftellt.

   Weniger zweifelhaft als die Faffung der
Infchrift ift ihre Beziehung auf den Galaterkrieg Eumenes' II., deffen Schauplatz nach dem
Zeugnis des Livius 30, 3, 8 im Jahre 167 Phrygien war. Das Nähere über diefen Krieg findet
man in der Erläuterung zu Nr. 167.

166. Drei kleine, vermutlich zu einer und derselben Stele gehörige Bruchstücke. Eine Seiten- oder Hinterfläche ist nirgend erhalten. Buchstabenhöhe 0,012. *A* 0,07 breit, 0,20 hoch; gefunden November 1883 südlich von der Agora gegen Westen Inv. III 128). *B* 0,12 breit, 0,13 hoch; gefunden December 1885 in den Gemächern am Südrande der Agora Inv. III 470). *C* 0,06 breit, 0,08 hoch; gefunden 1879 neben dem grofsen Altar Inv. I 75. Die Schrift ist bei allen drei Bruchstücken sehr ausgewittert. Abbildung 1 : 5.

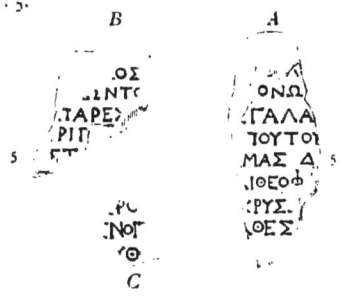

B   *A*

```
          .ΟΣ          ᷍Λ
       ᷍ΙΝΤϹ         ΟΝΩ
      ΤΑΡΕΣ᷍,ₙₙ      ΓΑΛΑ
       ΡΙΤ          ΤΟΥΤΟΙ
     ϝΤ᷍             ΜΑΣ Δ᷍
                     ΙΘΕΟΦ᷍
       ᷍ϝϲ           ΡΥΣ᷍
     ΝΟΓ᷍           ΟΕΣ
      ᷍Θ
       *C*
```

Fragment *A.*

- - - βασι?]λ - - - - - - - - - - - - - - - - - - -
διὰ προγ]όνω[ν? - - - - - - - - - - - - - - - - -

- - - - - Γαλα᷍τ - - - - - - - - - - - - - - - - - -
- - - - - που τοῦ - - - - - - - - - - - - - - - -
5 - - - ἡ]μας· δ[εδόχθαι τηι βουληι καὶ τῶι δήμωι
ἐπαινέσα]ι Θεοφ[- - - - - - - - - - - - καὶ στε-
φανῶσαι] χρυσ[ῶι στεφάνωι - - - - - - - - - - - -
- - ἀνα᷍θεσ- - - - - - - - - - - - - - - - - - -

Fragment *B.*

Z. 3 παρεχ -   Z. 4 χά]ριϛ   Z. 5 μ]ετ[ά?

Fragment *C.*

Z. 2 - ε]νοι τ - oder γέ]νοιτ[ο.

Von dem Ehrendecret eines Theoph - -, der sich Verdienste im Galaterkriege erworben hatte.

167. Rundbasis aus weifsem Marmor. 0,47 hoch, oberer Durchmesser 0,59; Buchstaben in Z. 1—4: 0,025. 0,015. 0,012. 0,010, von Z. 5 ab 0,008. Gefunden 1879 in der byzantinischen Mauer an der Nordostecke der Agora Inv. I 101; Bericht I 75). Der oben mit ausladendem Rundstab und Ablauf versehene Block ruhte jedenfalls auf einem profilirten Sockel. Die der Inschrift gegenüberliegende Seite ist glatt abgeschnitten und unten rechtwinklig ausgetieft; das Denkmal war also auf den Stufen eines Gebäudes an eine Wand oder Säule angelehnt und gehört somit wahrscheinlich zu denen, welche auf den Stufen des Athenatempels und der ihn umgebenden Hallen standen. Auf der Oberseite sind drei Zapfenlöcher zur Befestigung der die Bronzestatue tragenden Deckplatte. Abbildung 1 : 5.

Ο ΔΗΜΟΣ
ΜΗΤΡΙΝ ΑΡΤΕΜΙΔΩΡΟΥ
ΙΕΡΗΤΕΥΣΑΣΑΝΤΑΕΝΑΤΑ
ΝΙΚΗΦΟΡΙΑΤΟΥΣΤΕΦΑΝΙΤΟΥΑΓΩΝΟΣ
5 ΕΔΟΞΕΝΤΗΙΒΟΥΛΗΙΚΑΙΤΩΙΔΗΜΩΙΓΝΩΜΗΣΤΡΑΤΗΓΩΝΕΠΕΙΙΕΡΗΤΕΥΟΥΣ ΗΣ
ΤΗΣ ΝΙΚΗΦΟΡΟΥΑΘΗΝΑΣΜΗΤΡΙΔΟΣΤΗΣΑΡΤΕΜΙΔ ΩΡΟΥΤΟΥΘΕΟΤΙΜΟΥΟΥΓΑΤΡΟΣ
ΜΕΙΞΟΝΑΕΥΗΜΕΡΗΜΑΤΑ ΕΓΟΝΕΝΤΟΙΒΑΣΙΛΕΙΕΞΩΝΤΑΜΕΓΙΣΤΑΠΟΑΤΩΙΤΕΗΜΕ
ΡΕΡΤΩΔΗΜΩΙΚΑΙΤΟΙΣΑΛΛΟΙΣΑΠΑΣΙΝΠΕΡΙΓΕΓΟΝΕΝΚΑΟΗΚΟΝ ΕΣΤΙΝΠΡΟΣ
ΤΗΝ ΚΟΙΝΗΝΤΙΜΗΝΤ ΟΥΠΡΑΓΜΑΤΟΣΑΝΗΚΟΝΤΟΣΠΡΟΝΟΙΑΝΗΜΑΣΠΟΙΗΣΑΣΘΑΙΤΩΝΠΟΙΟΥΤΩΝ
10 ΤΗΝΜΕΓΙΣΤΗΝΔΙΟΑ:Α ΑΓΑΘΗΙΤΥΧΗΙΔΕΔΟΘΑΙΤΗΙΒΟΥΛΗΙΚΑΙΤΩΙΔΗΜΩΙΣΤΗ
ΝΗΣΘΑΙΤΕΜΗΤΡΙΝΤΗΙΙΕΡΕΙΑΝΤΗΣΑΘΗΝΑΣΕΠΙΤΩΙΠΡΟΣΗΝΗ ΓΕΓΕΝΗΣΘΑΙ
ΑΥΤΗΝΤΗΙΘΙΟΕΑΙΚΑΙΤΗΝΚΑΛΛΙΣΤΗΝΚΑΤΑΣΤΑΣΙΝΑΠΗΝΘΗΚΕ ΝΑΙΤΩΝΠΡΑΓΜΑΤΩΝ
ΛΑΙΣΤΕΦΑΝΩΣΑΙΑΥΤΗΝΧΡΥΣΩΙΣΤΕΦΑΝΩΙΤΩΙΕΚΤΟΥΝΟΜΟΥΚΑΙΕΙΚΟΝΙ
ΧΑΛΚΗΙΗΝΣΤΗΣΑΙΕΝΤΩΙΕΡΩΙΤΗΣΝΙΚΗΦΟΡΟΥΑΘΗΝΑΣΚΑΙΕΠΙΓΡΑΨΑΙΕΠΙ
15 ΤΟΥΒΗΜΑΤΟΣΟΤΙΟΔΗΜΟΣ ΜΗΤΡΙΝΑΡΤΕΜΙΔΩΡΟΥΙΕΡΗΤΕΥΣΑΣΑΝΤΑΕΝΑΤΑΝΙ
Κ ΗΦΟΡΙΑΤΟΥΣΤΕΦΑΝΙΤΟΥΑΓΩΝΟΣΤΗΝΔΕΑΝΑΓΟΡΕΥΣΙΝΠΟΙΗΣΑΣΘΑΙΤΩΝ
Ε ΨΗΦΙΣΜΕΝΩΝΤΙΜΩΝΤΟΝΑΓΩΝΟΘΕΤΗΝΤΡΙΕΤΗΡΙΔΩΝΤΗΙΔΕΥΤΕΡΟΝΗΜΕΡΑΙ
ΕΝΗΙΤΟΥΣ ΧΟΡΟΥΣΙΣΤΗΣΙΝΗΠΟΛΙΣΤΗΙΘΕΑΙ

Ὁ δῆμος
Μητριν Ἀρτεμιδώρου
ἱερητεύσασαν τὰ ἔνατα
Νικηφόρια του στεφανίτου ἀγῶνος

Ἔδοξεν τηι βουληι καὶ τῶι δήμωι· γνώμη στρατηγῶν· ἐπεὶ ἱερητευούσης
τῆς Νικηφόρου Ἀθηνας Μήτριδος, τῆς Ἀρτεμιδώρου του Θεοτίμου θυγατρός,
μείζονα εὐημερήματα γέγονεν τῶι βασιλεῖ, ἐξ ὧν τὰ μέγιστ' ἀγαθὰ τῶι τε ἡμε
τέρωι δήμωι καὶ τοῖς ἄλλοις ἅπασιν περιγέγονεν, καθήκοντ' ἐστίν, πρὸς
τὴν κοινὴν τιμὴν του πράγματος ἀνήκοντας, πρόνοιαν ἡμας ποιήσασθαι τῶν τοιούτων
10 τὴν μεγίστην. διὸ καὶ ἀγαθηι τύχηι δεδόχθαι τηι βουληι καὶ τῶι δήμωι· ἐπη-
νῆσθαί τε Μήτριν τὴν ἱέρειαν τῆς Ἀθηνας ἐπὶ τῶι προσηνη γεγενῆσθαι
αὐτὴν τηι θεαι καὶ τὴν καλλίστην κατάστασιν ἀπηντηκέναι τῶν πραγμάτων
καὶ στεφανῶσαι αὐτὴν χρυσῶι στεφάνωι τῶι ἐκ του νόμου καὶ εἰκόνι
χαλκηι, ἣν στῆσαι ἐν τῶι ἱερῶι τῆς Νικηφόρου Ἀθηνας, καὶ ἐπιγράψαι ἐπὶ
15 του βήματος ὅτι «ὁ δῆμος Μήτριν Ἀρτεμιδώρου ἱερητεύσασαν τὰ ἔνατα Νικηφόρια του στεφανίτου ἀγῶνος». τὴν δ' ἀναγόρευσιν ποιήσασθαι τῶν
ἐψηφισμένων τιμῶν τὸν ἀγωνοθέτην Τριετηρίδων τηι δευτέρ(αι) ἡμέραι,
ἐν ἧι τοὺς χοροὺς ἵστησιν ἡ πόλις τηι θεαι.

Den Zufatz του στεφανίτου ἀγῶνος in der
Überfchrift (ebenfo unten Nr. 223) werden wir
dahin deuten müffen, dafs die Amtsperioden
der Athenaprieſterinnen nicht ſchlechthin nach
den verfloffenen Nikephorien gezählt werden,
ſondern nach den Nikephorien der kranzver-
leihenden Feier, woraus folgt, dafs die Nikephorien nicht von Anfang an als ein στεφανίτης
ἀγών gefeiert wurden. Genau ebenfo wurde als
die erſte Pythiade diejenige gezählt, in welcher
die Pythien zum erſten Male ſtatt eines χρηματι-
τίτης ein στεφανίτης ἀγών waren (f. Clinton, Faſti
Hellenici II p. 195). Nun hat ſchon Hauſfoullier
richtig gefehen, dafs das von ihm Bulletin de
correspondance hellén. V p. 372 herausgegebene
Decret aus Delphi (auch bei Dittenberger, Sylloge 215), in welchem die Aitoler die von König
Eumenes II. erbetene Anerkennung der Nikephorien ausfprechen, nicht durch die Gründung,
ſondern durch die Ausgeftaltung des Feftes ver-
anlaſst iſt, da Spiele zu Ehren der Athena in
Pergamon ſchon unter Attalos I. bezeugt find
(Polybios 4, 49, 3 ἐρέθιζε δ᾽ αὐτὸν Prusias καὶ
τὸ δοκεῖν Βυζαντίους πρὸς μὲν Ἄτταλον εἰς τοὺς τῆς
Ἀθηνας ἀγῶνας τοὺς συνθύσοντας ἐξαπεσταλκέναι).
Dafs aber das Feſt des Eumenes στεφανίτης war,
bezeugt die delphifche Infchrift Z. 8 f.: παρα-
καλεῖ δὲ καὶ τοὺς Αἰτωλοὺς (Εὐμένης) .... ἀποδέξα-
σθαι τοὺς ἀγῶνας τῶν Νικαφορίων στεφανίτας, τὸν
μὲν μουσικὸν ἰσοπύθιον, τὸν δὲ γυμνικὸν καὶ ἱππικὸν

ἰσολύμπιον (ebenfo Z. 14 f.); die Neugründung
unter Eumenes II. iſt alſo unzweifelhaft das
Epochenjahr der Nikephorien. Mit der Neugründung der Spiele, bei welcher nach der
delphifchen Infchrift (Z. 10. 17 ff.) der Tempel-
bezirk der Nikephoros mit dem Vorrecht der
Asylie begabt wurde, hängt gewifs die Ausge-
ſtaltung des Heiligtums zufammen, die Strabo
S. 624 bezeugt: τὸ Νικηφόριον ἄλσει κατεφύτευσε
(Εὐμένης).

Z. 7 f. der Infchrift iſt gefagt, dafs während
der Amtszeit der Prieſterin Metris dem Könige
Taten gelangen, welche nicht blos für das eigene
Volk, ſondern für alle Völker den gröſsten Segen
zur Folge hatten. Es drängt ſich fogleich der
Gedanke auf an die durch die pergamenifchen
Könige von den Völkern Afiens abgewehrte gal-
lifche Geifsel. In der Tat läſst ſich in der pergamenifchen Königsgefchichte von Eumenes II.
abwärts kein Ereignis ausfindig machen, von
dem der Ausdruck der Infchrift hätte angemeffen
erfcheinen können, als die Befiegung der Galater durch diefen König.

Die litterarifche Überlieferung über den Verlauf diefes Krieges iſt recht kärglich; einige Ergänzungen ergeben die Infchriften. Es find jedoch nachdrückliche Zeugniffe vorhanden, dafs
die gallifche Invafion das pergamenifche Reich
damals in grofse Gefahr gebracht hat; wir ſtellen
ſie hier zufammen, indem wir anfügen, was ſich

über die Ereigniffe des Krieges ermitteln läfst. Im Jahre 168 kommt Attalos, des Königs Eumenes Bruder, nach Rom, ἔχων μὲν πρόφασιν τὸ κατὰ τοὺς Γαλάτας σύμπτωμα περὶ τὴν βασιλείαν (Polybios 30, 1, 2), διὰ τὴν Γαλατικὴν περίστασιν ἠναγκασμένος (30, 1, 3); 30, 2, 8 ermahnt ihn der Arzt Stratios zur Treue gegen feinen Bruder: μεγάλην γὰρ εἶναι πᾶσι τοῖς θεοῖς χάριν, εἰ συμπνεύσαντες καὶ μιᾳ γνώμῃ χρώμενοι δύναιντο τὸν ἀπὸ Γαλατῶν φόβον ἀπώσασθαι καὶ τὸν ἀπὸ τούτων ἐφεστῶτα κίνδυνον. Attalos bittet dann den Senat Gefandte abzufchicken τοὺς παρακαθέξοντας τὴν τῶν Γαλατῶν ἀπόνοιαν καὶ πάλιν εἰς τὴν ἐξ ἀρχῆς αὐτοὺς ἀποκαταστήσοντας διάθεσιν (30, 3, 2). Bei Polybios 30, 20 (17), 12 heifst es: μεγάλου γὰρ ὑπὸ τῶν Γαλατῶν ἐπικρεμαμένου κινδύνου τῇ βασιλείᾳ; bei Livius 45, 19: *Ad-rertae gladiis regnum in dubium adductum esse;* hierher gehört auch ein Fragment des Diodor (31, 12), nach welchem Eumenes, als er nach der Niederlage des Perseus eine Zeit ficherer Ruhe erwartete, vielmehr τοῖς μεγίστοις περιέπεσε κινδύνοις.

Nach dem Eintreffen einer römifchen Ge-fandtfchaft unter P. Licinius wird für den Win-ter 168 7 ein Waffenftillstand gefchloffen; im folgenden Frühjahr dringen die Galater bis Syn-nada in Grofsphrygien vor. Als das Refultat eines dort perfönlich gemachten Vermittelungs-verfuches berichtete Licinius nur, dafs der gal-lifche Heerführer noch mehr gereizt worden fei (Livius 45, 34, 10); Polybios deutet an, dafs die Römer in diefer Angelegenheit ein heimtücki-fches Spiel getrieben hatten (30, 3, 8; vergl. 30, 17 ꞌ20ꞌ, 12). Dafs die Galater dann in Phry-gien eine Niederlage erlitten, lehrt unfere In-fchrift 165; dafs fie fich trotzdem nach Lydien wandten und Sardes bedrohten, ergiebt fich aus dem delphifchen Decret im Bulletin de corre-spondance hellén. V p. 383 ff.: die Sarder hatten bei den Delphern die Anerkennung von Spielen zu Ehren des Königs Eumenes Soter nachge-fucht, die Athenäen und Eumeneen heifsen follen, διαφυγόντες τὸν μέγιστον κίνδυνον μετά τε τᾶς τῶν θεῶν εὐνοίας καὶ μετὰ τᾶς τοῦ βασιλέως Εὐμένευς ἀρετᾶς. Wir werden nicht zweifeln, dafs, wie fchon Haussoullier a. a. O. p. 386 vermutet hat, es fich auch hier um den Ga-laterkrieg handelt, und dafs Eumenes diefem feinen Beinamen σωτήρ verdankte. Unzweifel-

haft vollführte in diefem Kriege auch Philetairos, Eumenes' jüngster Bruder, die Waffentat, die das ihm in Delos von Sosikrates gefetzte Denk-mal feiert (f. oben zu Nr. 132):

ὥς ποτε δυσπολέμοις Γαλάταις θοὸν Ἄρεα μείξας
ἤλασας οἰκείων πολλὸν ὑπερθεν ὁρῶν.

Schliefslich mufsten die Galater die römifche Intervention nachfuchen, um ihre Unabhängig-keit zu bewahren, die ihnen im Jahre 166 unter der Bedingung gewährt wurde, dafs fie ihre Grenzen in kriegerifcher Abficht nicht über-fchreiten durften (Polybios 31, 2); Diodor (31, 14) fagt fogar: παν τὸ τῶν Γαλατῶν ἔθνος ὑποχείριον ἐποιήσατο (Εὐμένης). Diefer den Waffen des Eu-menes verdankte Erfolg mufste um fo bedeu-tender erfcheinen, unter je gröfseren Schwierig-keiten er erreicht worden war, und wir ver-ftehen, dafs unfere Infchrift unter diefem Ein-druck zu der ganz eigenartigen Begründung der Ehrenerweifung durch die Taten des Königs kommen konnte: das Gebet der PrieIterin hat zu ihrem Gelingen beigetragen, da fie der Göttin wohlgefällig ift (Z. 11).

Wenn nach Z. 16ff. die Ehren der nach Nike-phorien fungirenden Priefterin an einem triete-rifchen Feft ihrer Göttin verkündet werden follen, fo find doch ficher eben die Nikephorien diefes Feft gewefen; durch die der Zeit des Caracalla angehörende pergamenifche Ehren-infchrift einer Aurelia Claudia Apollonia ift uns auch ausdrücklich bezeugt, dafs die Amtsperio-den der AthenaprieIterinnen zweijährig, alfo trieterifch waren: ἱερασαμένην διετεῖ χρόνῳ καὶ τῇ ἑξῆς διετίᾳ εὐσεβῶς πᾶσαν θρησκείαν ἐπιτελέσασαν τῇ θεῷ. Das Prieftertum der Metris umfafste alfo entweder die beiden Jahre 167 und 166 oder 166 und 165; wir dürfen den früheren Zeitraum annehmen, da unter dem frifchen Eindruck der Ereigniffe ihre fo eigentümliche Hervorhebung natürlicher erfcheint.

Fallen die neunten Nikephorien in die Jahre 167 und 166, fo ift das Epochenjahr 183 v. Chr. Die auf ihre Gründung bezügliche, zu Anfang erwähnte delphifche Infchrift fetzt ihr Herausgeber Haussoullier (a. a. O. S. 378) frei-lich fpäter, zwifchen 179 und 172, weil die Mehr-zahl von Kriegen des Eumenes, die fie nennt, die Zeit bald nach der Niederlage Antiochos' des Grofsen ausfchlöffe (ἐπεὶ βασιλεὺς Εὐμένης - - γεγονύτων αὐτοι πολλῶν καὶ μεγάλων εὐημερημάτων διὰ τοὺς πολέμους, ἐπαυξήκως τὰν βασιλείαν καὶ ἐν τὰν καλλίσταν διάθεσιν ἀγηκὼς κέκρικε τιθέναι ἀγῶνας κτλ.). Allein fchon vor dem Feldzuge gegen Antiochos hatte Eumenes fich an zwei Kriegen gegen Nabis von Sparta beteiligt (f. oben Nr. 60 bis 63), noch während der Friedensverhandlungen mit Antiochos ein pergamenifches Corps an dem Zuge des Confuls Cn. Manlius gegen die Galater (f. oben zu Nr. 37 C); der Krieg gegen Prusias von Bithynien war im Jahre 183 beendigt (f. oben zu Nr. 65); dem Pluralis πολέμους der delphifchen Infchrift entfpricht alfo unfer Refultat vollkommen. Bis zum Jahre 181, wo der Krieg gegen Pharnakes I. von Pontos ausbrach, hat, foweit unfere Kenntnis reicht, das pergamenifche Reich fich des Friedens erfreut, fo dafs die ermittelte Zeit für die Neugründung der Nikephorien durchaus günftig erfcheint. — Im Einzelnen möchte noch Folgendes zu bemerken fein:

Z. 7. μείζονα εὐημερήματα, nämlich gröfser als früher. Die Erfolge des Galaterkrieges werden alfo fogar noch über die nach der Schlacht bei Magnesia von Eumenes erreichten geftellt. Sollte der Ausdruck Jemanden zu der Meinung verleiten, dafs vielmehr die letzteren gemeint feien, fo widerlegt fich das dadurch, dafs zur Zeit der 18 Jahre voranliegenden Neugründung der Nikephorien urkundlich fchon Eumenes regiert hat.

Z. 8. Man beachte den Plural καθήκοντα.

Z. 8 f. πρὸς τὴν κοινὴν τιμὴν τοῦ πράγματος ἀνήκοντος: »da die Sache die öffentliche Ehre angeht«. ἀνήκειν πρὸς häufig bei Polybios; oben Nr. 163 B Col. II Z. 6; unten Nr. 245 A Z. 23 ἀνήκειν πρὸς τοὺς συγγενεστάτους; C. I. Gr. 3067 Z. 11 πάντα τὰ πρὸς τιμὴν καὶ δόξαν ἀνήκοντα.

Z. 11. προσηνῆ τῇ θεᾷ »wohlgefällig der Göttin«: ebenfo Geminus p. 32 B Petav. τοῦτο γὰρ ὑπέλαβον προσηνές καὶ κεχαρισμένον εἶναι τοῖς θεοῖς.

Z. 12. ἀπηντηκέναι im Sinne von evenisse fchon bei Aristophanes Lysistr. 420 τοιαῦτ' ἀπήντηκ' ἐς τοιαυτὶ πράγματα. Bei Polybios ift in diefer Verwendung das Passivum am häufigften; doch fteht das Praesens Activi 4, 38, 10, das Futurum 32, 7, 10.

Z. 14 ff. Während nur die Aufzeichnung der als Überfchrift auf unferem Steine erfcheinenden Worte angeordnet wird, ift doch aufserdem das ganze Psephisma in den Stein gegraben worden.

Z. 17. δεύτερον ift ein offenbarer Schreibfehler für δευτέραι, gewifs daher entftanden, dafs in der Vorlage nur B' ftand.

---

168. Deckplatten der Exedra Attalos des Zweiten (Inv. I 118). Die Exedra ift auf der fpäter zum Trajaneum umgebauten Terraffe nordweftlich vom Tempel, an die aus der Königszeit ftammende hintere Stützmauer angelehnt, in wohlerhaltenem Zuftande gefunden worden. Sie ift vollftändig nach Berlin gebracht und von Raschdorff Bericht I Taf. VII veröffentlicht (vergl. ebenda S. 92). Die Infchrift fteht dicht unter dem Profil derjenigen vier Deckplatten, welche die Mitte des halbrunden Monumentes einnehmen, und liegt ficher vollftändig vor. Buchftabenhöhe 0,055. Abbildung 1 : 18.

Ἄτ]ταλος βασιλέως Ἀττάλου.

Attalos II. als Prinz, da vor feinem Namen die Bezeichnung βασιλεύς fehlt. Weihungen desfelben find fchon unter Nr. 65 f. mitgeteilt.

---

169. Grofses Rundbathron aus weifsem Marmor. Es fetzte fich zufammen aus einem reich profilirten Sockel, einem cylindrifchen Schaft mit der Infchrift und aus einer wiederum profilirten Deckplatte. Gefunden find davon der Sockel und der Schaft, die je aus zwei halbrunden Stücken hergeftellt waren;

je eine Hälfte derselben ist nach Berlin gebracht. Der 0,76 hohe Sockel war durch Dübel mit einem Fundament (Euthynteria) verbunden. Senkrechte Gufskanäle befinden sich über diesen Dübeln in der Fuge. Unter sich waren die beiden Hälften verklammert, mit Versatzmarken versehen und mit dem Schaft des Denkmals wieder verdübelt.

Der Schaft ist 1,038 hoch und hat unten 1,222, oben 1,165 Durchmesser. Die Hinterseite des Halbstücks ist an den Rändern glatt, dann ein Stück rauh und in der Mitte tief ausgehauen. Auf der Oberseite befindet sich aufser einem Dübel- und zwei Klammerlöchern ein fein gearbeitetes, nach unten sich erweiterndes Loch für den sogenannten Wolf (Hebezange), rechts ein bei späterer Benutzung ausgehauenes Balkenlager; in den hinteren Ecken stehen Werkzeichen: links Koppa, rechts Stigma. Das Stück mit der Inschrift wurde October 1880 im Athenaheiligtum gefunden (Inv. II 45. Bericht II 49), die übrigen schon in der ersten Campagne in der byzantinischen Mauer.

Die Inschrift hat 0,04 grofse Buchstaben und gehört kalligraphisch zu den schönsten der Königszeit. Facsimile bei Conze, Monatsbericht der Akademie 1881 Tafel III A zu S. 869 (Dittenberger, Sylloge 219). Abbildung der Inschrift 1:10; Vorder- und Oberansicht 1:30.

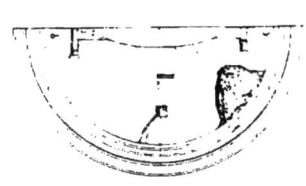

ΚΟ

ΑΤΤΑΛΟΣΒΑΣΙΛΙΣΣΑΝΑΠΟΛΛΩΝΙΔΑ
ΤΗΜΜΗΤΕΡΑΦΙΛΟΣΤΟΡΓΙΑΣΕΝΕΚΑ
ΤΗΣΠΡΟΣΑΥΤΟΝ

Ἄτταλος βασίλισσαν Ἀπολλωνίδα, τὴμ μητέρα, φιλοστοργίας ἕνεκα τῆς πρὸς αὐτόν.

Der nachmalige König Attalos II. preist auf der Basis des seiner Mutter gesetzten Ehrenbildes ihre φιλοστοργία nicht aus Convention; die wechselseitige Liebe der Mutter und ihrer Söhne war vielmehr im Altertum hochberühmt und nimmt in der schönen Charakterschilderung der Königin, die uns aus Polybios (22, 20 [23, 18]) erhalten ist, den ersten Platz ein. Es heifst darin: τέτταρας υἱοὺς γεννήσασα πρὸς πάντας τούτους ἀνυπέρβλητον διεφύλαξε τὴν εὔνοιαν καὶ φιλοστοργίαν μέχρι τῆς τοῦ βίου καταστροφῆς, καίτοι χρόνον οὐκ ὀλίγον ὑπερβιώσασα τἀνδρός. Die zu Nr. 43—45 erwähnte Inschrift von Hierapolis preist sie, nachdem ihr Verhalten gegen Götter,

Eltern und Gemahl gerühmt ist, (διὰ τὸ) προσενηνέχθαι δὲ καὶ τοῖς τέ[κν]οις μετὰ πάσης ὁμο[ν]οίας, γνησίως [κ]αλλι[τ]εκνήσασά τε [με]γάλους ἐπαίνους πρὸς εὐδοξίαν ὑπε[λείπ]ετο τὰς παρὰ τῶν τέκν[ω]ν ἐπιφανεῖς κομισαμένη χάρι[τας]. An den Säulen des ihr in ihrer Vaterstadt Kyzikos errichteten Tempels waren denn auch mythische Beispiele von Liebe der Kinder zur Mutter in Relief dargestellt (Anthol. Pal. Buch III) und Plutarch (De fraterno amore 5. p. 480 C) erzählt, dafs sie sich nicht wegen ihres Reichtums und ihrer königlichen Stellung, sondern wegen ihres Mutterglückes selig gepriesen habe.

Über die Lebensdauer der Königin Apollonis I. oben zu Nr. 160 Z. 41; über ihren Namen ebenda zu Z. 30.

Die über der ersten Zeile stehenden Buchstaben ΚΟ sind späte Kritzelei.

170. Bruchſtück der convexen Platte eines grofsen Beckens aus weifsem Marmor. Die Vorderſeite iſt ſorgfältig geglättet, die Hinterſeite rauh; ſie iſt 0,295 lang erhalten und 0,047 dick, verſtärkt ſich aber oben wie zu einem Profilanſatz. Die Buchſtaben ſind 0,027 grofs. Gefunden Mai 1880 ∙Inv. III 527∙ im öſtlichen Teile des mittleren Palaſtcomplexes. Abbildung 1:7,5.

Βασίλι͜σσα Ἀπ[υλλωνὶς ἀνέθηκε - -

171—176. Vollſtändige Standplatten und Fragmente gleichartiger Werkſtücke von einem der Exedra Attalos des Zweiten Nr. 168⁾ ähnlichen grofsen halbkreisförmigen Bathron aus weifsem Marmor ∙Bericht III 60. Die Platten zeigen an der Schriftfläche alle die gleiche concave Rundung, deren Radius ſich auf 2,20 berechnen läfst. Sie waren, wie die vollſtändigen Platten 171 und 172 beweiſen, 1,085 hoch, unter ſich verklammert und aufserdem nach oben wie nach unten verdübelt; ſie ruhten auf einem aus Stufen und profilirten Sockelplatten gebildeten Unterbau und waren von gleichfalls profilirten Platten überdeckt, die zum Teil noch vorhanden ſind und auf der Oberfläche aufser fufsförmigen Standſpuren von Bronceſtatuen kreisförmige Lagerflächen von circa 0,70 Durchmeſſer, wie es ſcheint von beſondern Sockelplatten der Statuen herrührend, tragen. Die Buchſtaben meſſen 0,022 — 0,025.

Nr. 171 ∙Inv. III 245∙. vollſtändig erhalten, 1,30 lang, 0,25 tief, iſt an der Vorderſeite links in einem 0,31 breiten verticalen Streifen auf Anſchlufs gearbeitet; auf der Oberſeite befindet ſich in der Mitte über jenem Streifen eine nach vorn gerichtete Klammerbettung. Das glatte Halbrund mufs demnach in der Mitte oder an den Enden durch antenartige Vorſprünge unterbrochen geweſen ſein.

Bei der vollſtändig erhaltenen Platte Nr. 172 (Inv. III 185) ſteht die Inſchrift auf der geſchweiften Schmalſeite ∙0,31 des Blockes; die 1,030 tiefe, gerade linke Seite iſt ebenſo wie die Hinterſeite völlig geglättet; die rechte Seite zeigt hingegen Stofsfläche. Das Tiefenmafs dieſer Platte iſt ſomit zugleich dasjenige des Bathron an ſeinen Enden. Dafs dasſelbe aber hier etwas ſtärker war als in der Mitte, lehrt die folgende Platte.

Nr. 173 ∙Inv. III 353∙. 0,10 breites Bruchſtück vom oberen Rande und zwar, nach den erhaltenen Reſten eines Dübellochs mit Gufskanal zu ſchliefsen, aus der Mitte der Platte.

Nr. 174 ∙Inv. III 314∙. 0,50 breites Bruchſtück von der rechten Hälfte einer Platte.

Nr. 175 ∙Inv. II 54∙. 0,355 breit mit oben und rechts erhaltenem Rande.

Nr. 176. A ∙Inv. III 279⁾ 0,13 breit, vom oberen Rande mit dem Reſt eines Gufskanals. B ∙Inv. III 334⁾ 0,125 breit, ringsum gebrochen.

Nr. 175 iſt October 1880 im Athenaheiligtum, die übrigen Stücke 1884 und 1885 im Zuſchauerraum oder der Orcheſtra des Theaters gefunden worden. Abbildungen 1:10.

171.

ΒΑΣΙΛΕΑ Α͜
ΚΑΙΕΥΕΡΓΕΤΗΙ∙
ΜΗΝΟΦΑΝΤΟΥ
ΑΡΕΤΗΣΕΝΕΚΕ͜
5   ΤΗ͜

Βασιλέα Ἄ[τταλον θεὸν
καὶ εὐεργ΄την [Μηνογένης
Μηνοφάντου, [ὁ ἐπὶ τῶν πραγμάτων,
ἀρετῆς ἕνεκε[ν καὶ εὐνοίας
5   τ[ῆς εἰς ἑαυτόν.

172.

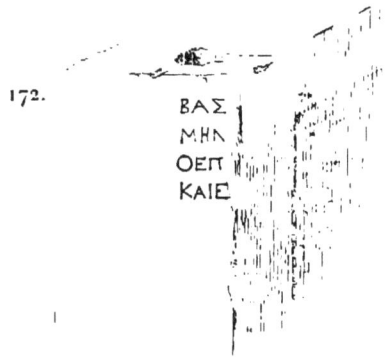

Βασ[ίλισσαν Ἀπολλωνίδα
Μην[ογένης Μηνοφάντου,
ὁ ἐπ[ὶ τῶν πραγμάτων, ἀρετῆς ἕνεκεν
καὶ ε[ὐνοίας τῆς εἰς ἑαυτόν.

173.

Βασίλισσαν] Στρα[τονίκην
Μηνογένης] Μη[νοφάντου,
[ὁ ἐπὶ τῶν πραγμάτων, ἀρετῆς ἕνεκεν
[καὶ εὐνοίας τῆς εἰς ἑαυτόν.

174.

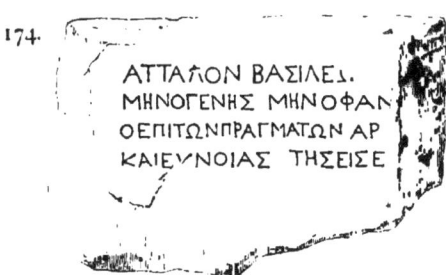

Ἄτταλον βασιλέω[ς Ἀττάλου
Μηνογένης Μηνοφάν[του,
ὁ ἐπὶ τῶν πραγμάτων, ἀρ[ετῆς ἕνεκεν
καὶ εὐνοίας τῆς εἰς ἑ[αυτόν.

175.

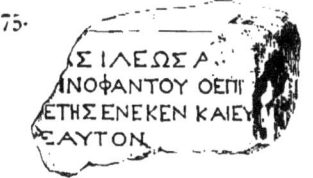

Φιλέταιρον βα[σιλέως Ἀ[ττάλου
Μηνογένης Μη[νοφάντου, ὁ ἐπὶ [τῶν
πραγμάτων, ἀρ[ετῆς ἕνεκεν καὶ εὐ[νοίας
τῆς εἰς] ἑαυτόν.

176.

Ἀθ[η]ναιο[ν βασιλέως Ἀττάλου
Μη]νογέν[ης Μην]οφά[ντου,
ὁ ἐπὶ τῶν πραγμάτ]ων, ἀ[ρετῆς ἕνεκεν
[καὶ εὐνοίας τῆς εἰς ἑαυτόν.

Der Stifter dieſes grofsen Denkmals iſt gewifs derſelbe Menogenes, der in einem Briefe
des Königs Attalos II. an den Prieſter von Pessi-
nunt unter den Mitgliedern einer vom Könige
berufenen Ratsverſammlung genannt wird (Berichte der Münchener Akademie 1860 S. 180 f.
Archaeolog.-epigraph. Mittheil. aus Öſterreich
VIII S. 98 f.; vergl. Mommſen, Röm. Geſchichte
6. Aufl. II S. 52 Anm.): ἐλθόντων ἡμῶν εἰς Πέργαμον καὶ συναγαγόντος μου οὐ μόνον Ἀθήναιον καὶ
Σώσανδρον καὶ Μηνογένην, ἀλλὰ καὶ ἑτέρους πλείονας
τῶν ἀναγκαίων. Unſer Denkmal iſt älter, da bei
ſeiner Errichtung nach Nr. 174 Attalos II. noch
Prinz war; andererſeits ſcheint der Schriftcharakter auszuſchlieſsen, dafs es noch unter
Attalos I. fallen könnte. Es iſt alſo mit Zuverſicht unter die Regierung Eumenes' II. zu
ſetzen und feiert Attalos den Erſten (Nr. 171)
als einen Verſtorbenen. Dafs weder deſſen
Gemahlin Apollonis noch der regierende König
von Menogenes übergangen waren, iſt ſelbſtverſtändlich; wir haben Nr. 172 auf's gerate-
wohl der erſteren gegeben, doch iſt es vollkommen unſicher, von welcher der beiden
Auffchriften der erhaltene Reſt herrührt.

Der Amtstitel ὁ ἐπὶ τῶν πραγμάτων beſtand
zu derſelben Zeit auch im ſyriſchen Reiche,

wo ihn nach dem Zeugniſſe deliſcher Inſchriften (Bulletin de corr. hellén. I 285. II 364) und des Buches der Makkabäer (II 3. 7) Heliodor unter Seleukos Nikator, nach Polybios (V, 41) Hermeias unter Antiochos dem Grofsen, nach Josephus (Antiq. 12, 7, 2) Lysias unter Antiochos Epiphanes führte; denn daſs der Ausdruck der Geſchichtſchreiber (Polybios: ἐπέστη δὲ ἐπὶ τὰ πράγματα, Σελεύκου τἀδελφοῦ ταύτην αὐτῷ τὴν πίστιν ἐγχειρίσαντος, καθ᾿ οὓς καιροὺς ἐποιεῖτο τὴν ἐπὶ τὸν Ταῦρον στρατείαν; Josephus: Ἀντίοχος . . . ἐγὼ πρῶτον εἰς τὴν Περσίδα πορευθεὶς τοὺς φόρους τῆς χώρας συναγαγεῖν· καταλιπὼν οὖν ἐπὶ τῶν πραγμάτων Λυσίαν τινά κτλ.) dieſen concreten Sinn hat, wird nicht mehr zweifelhaft ſein können. Man ſieht, daſs an den letzteren beiden Stellen der Titel den Statthalter, Stellvertreter des abweſenden Königs bezeichnet, während aus dem Buche der Makkabäer hervorgeht, daſs der Begriff des Wortes ein weiterer iſt; wir werden es mit »Reichskanzler«, »erſter Miniſter« überſetzen dürfen. Völlig gleichartig gebildet iſt die Amtsbezeichnung ὁ ἐπὶ τῶν ἔργων τῶν βασιλικῶν (vergl. zu Nr. 249 Z. 21): die hohen pergameniſchen Centralämter ſcheinen alſo durchgehend in dieſer elliptiſchen Weiſe mit ἐπί benannt geweſen zu ſein.

Über die Bezeichnung εὐεργέτης in Nr. 171 vergl. zu Nr. 18 Z. 35. Ergänzt man in Nr. 171 Z. 1 das notwendige θεός (vergl. zu Nr. 43—45), ſo ergiebt ſich genau dieſelbe Bezeichnung des verſtorbenen Königs wie auf der im thrakiſchen Chersones gefundenen Inſchrift bei Mommſen, Hermes IX 117 (Dittenberger Sylloge 223): ὑπὲρ βασιλέως Εὐμένου φιλαδέλφου, θεοῦ καὶ εὐεργέτου. Die Länge der Zeile wird dann auch annähernd gleich der zweiten und vierten; Z. 3 wird erheblich länger, wie auch bei Nr. 172 und 174 der Fall war.

Der Name eines Menogenes findet ſich in Pergamon noch auf Münzen mit dem Bilde des Augustus und Tiberius: Mionnet II S. 595 Nr. 544.

---

177. Zwei Bruchſtücke einer Baſis von bläulichem Marmor. *A* 0,22, *B* 0,27 breit; Schrifthöhe 0.031—0,032. Auf der Vorderſeite von *A* ein Dübelloch von ſpäterer Benutzung, bei welcher die Oberſeite wie die bei *B* erhaltene rechte Seite des Blocks neu bearbeitet ſind. Es iſt daher unſicher, wie viel oben und rechts fehlen. Unten zeigt *B* Lagerfläche. Gefunden iſt *A* ,Inv. II 73ᵇ) ſowie der untere Teil von *B* 'Inv. II 73ᵃ) im Februar 1881 zwiſchen Athenaheiligtum und Trajaneum, der obere Teil von *B* Inv. III 238) im Auguſt 1884 auf der Theaterterraſſe. Abbildung 1:7.5.

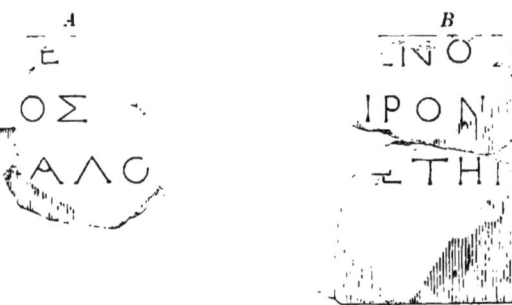

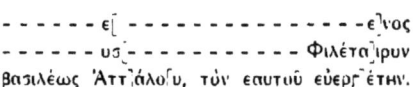

```
- - - - - - - ε[ - - - - - - - - - - - - ε᾿νος
- - - - - - - υϲ[ - - - - - - - - Φιλέτα᾿ιρον
βασιλέως Ἀττ᾿άλο[υ, τὸν εαυτοῦ εὐεργ᾿έτην.
```

In Z. 2 war der Raum hinter dem Ny frei; von den letzten Buchſtaben in Z. 1 und 3 hatte die Abarbeitung der rechten Seite einen Teil entfernt. Daſs die Zeilen indeſſen mit den Buchſtaben endeten, deren Reſte erhalten ſind, zeigt die nicht zweifelhafte Ergänzung.

---

178. Standplatte von einem Bathron aus blauem gelbgeädertem Marmor; rechts gebrochen. 0,655 hoch, 0,20 tief. Buchſtaben 0,025 — 0,030. Die Schriftfläche iſt auf der rechten Seite ſtark verwittert; die linke Schmalſeite, die Auſenfläche iſt, ſetzte ſich in einer zweiten Standplatte fort, die links an die Hinterſeite der unſrigen anſtiefs und mit ihr verklammert war. Auſerdem befindet ſich an der Ober- wie an der Unterſeite links ein Dübelloch. Gefunden Juni 1881 am öſtlichen Burgabhang unterhalb der Ringmauer Inv. II 160. Abbildung 1:7.5.

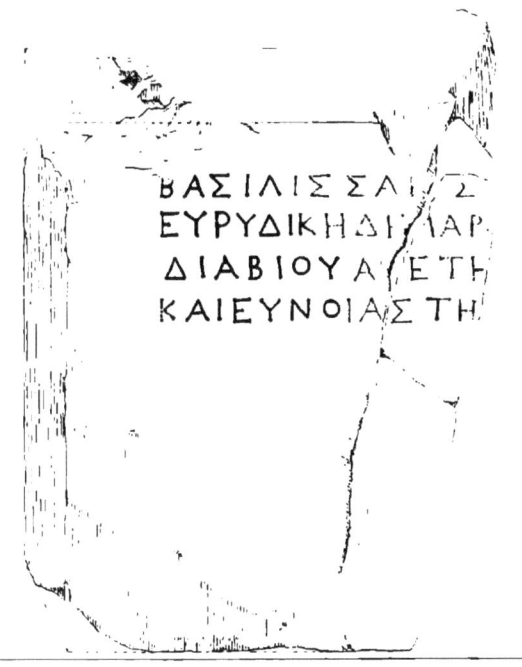

Βασίλισσα.ν] Σ[τρατονίκην
Εὐρυδίκη Δη[μ]άρ[χου, της
διὰ βίου ἀ[ρ]ετη[ς ἕνεκεν
καὶ εὐνοίας τῆ[ς εἰς ἑαυτήν.

Diese Statue ist der lebenden Königin
gesetzt, da sie nicht θεά heißt (s. oben zu
Nr. 43—45). Mit διὰ βίου ist daher die bis-
herige Lebensdauer gemeint.

179. Standplatte aus weißem Marmor, 0,485 breit,
0,680 hoch, 0,185 tief; Buchstaben 0,030. Gefunden November 1885 in der Apsis der byzantinischen Kirche auf
der Theaterterrasse (Inv. III 463. Bericht III 60). Der Block
bildete die linke Ecke eines größeren, wahrscheinlich für
mehrere Ehrenstatuen bestimmten Bathron. Seine linke
Seite ist Aufsenfläche; neben derselben setzte eine neue
Platte an, für die auf der Hinterseite unseres Blocks links
ein 0,14 breiter eingetiefter verticaler Streifen als feine
Stofsfuge bearbeitet ist und auf der Oberseite sich eine
nach hinten gehende Klammerbettung befindet. Rechts
ist Stofsfuge und oben ebenfalls eine Klammerbettung.
Auf der Mitte der Oberseite ein Dübelloch mit Gufskanal
zur Befestigung der Deckplatte. Auf der Rückseite zwei
Dübellöcher und das Werkzeichen OE von anderweitiger
Benutzung des Steines. Abbildung 1:7,5.

Ὁ δῆμος
Ἀπολλωνίδην Θεοφίλ ου,
τὸν σύντροφον τοῦ βασιλέως,
ἀρετῆς ἕνεκεν καὶ εὐνοίας | τῆς
πρός τε τὸν βασιλέα καὶ ἑαυτόν.

Der Titel σύντροφος τοῦ βασιλέως ist für
Pergamon bezeugt durch Polybios 32, 25, 10;

aufserdem unten Nr. 211 Z. 2; Nr. 248 Z. 6. 28.
Er scheint in den hellenistischen Königreichen

allgemein üblich gewefen zu fein: in Makedonien Polybios 5, 9, 4: in Syrien Bullet. de
corr. hellén. I 285; in Pontos Bullet. VII 355;

gewifs auch in Aegypten, vergl. Lumbrofo,
Economie politique p. 208.

180. Rundbafis aus weifsem Marmor von 0,45 Durchmeffer und 0,73 Höhe; Buchftaben 0,014—0,018.
Gefunden Ende 1878 unter der Südweftecke des Athenaheiligtums (Inv I 35). Das Original ift in Pergamon
geblieben. Die Schriftfläche ift fehr verwittert. Auf der Oberfeite zwei Dübellöcher mit Gufskanälen, unten
zwei ganz kleine Dübellöcher. Abbildung 1:7,5.

ι ϽΓ   ΑΙΟΣ   ΥΣΙΟΥ
ΝΙΚΟ   ΝΤΗΝ   ΑΤΕΡΑ
Λ   ....ΞΡΑΝΓ Ψ ΜΕΝΗΝ
....ΚΡΘΕΝΩΝ
....   ΤΟΝΙΚΗΣ

Πυ λε μαῖος [Λ]υσίου
Νικο μάχην τὴν [θυ]γατέρα
- - - - - - έραν γ[ενο]μένην
- - - - - - π - - - π[αρθένων
5 βασιλίσσης Στρ]ατονίκης.

Die im Faclimile gar nicht oder unvollftändig angegebenen Buchftaben, welche in der

Umfchrift aufser Klammer ftehen, fah Herr
Lolling bei der Auffindung des Steines noch
erhalten. Leider kann nicht genauer erkannt
werden, in welcher Beziehung die Jungfrauen,
zu denen Nikomache gehörte, zur Königin
Stratonike ftanden: doch mag an die Infchrift
aus Teos bei Lebas Asie 88 (Dittenberger, Sylloge 234) erinnert werden, in welcher es heifst:
τῶν δὲ θυσιῶν ἐπιμεληθῆναι - - καὶ τὴν ἱέρειαν - -
βασιλίσσης Στρατονίκης - - καὶ μετὰ - - τὰς
θυσίας ᾆσαι τοὺς ἐλευθέρους παῖδας παραβώμιον, πομ-
πεῦσαι δὲ καὶ τὰς παρθένους τὰς ἐπιλεγείσας ὑπὸ
τοῦ παιδονόμου καὶ ᾆσαι ὕμνον.

In Z. 1 war zwifchen den beiden Namen
ein kleiner Zwifchenraum.

181. Bruchftück einer Platte von grobkörnigem weifsem Marmor, 0,195 breit, 0,06 dick; Buchftaben 0,025. Ringsum gebrochen, nachläffige Schrift. Gefunden Auguft 1883 am Abhang zwifchen Athenaheiligtum und Altar (Inv. III 68). Abbildung 1:7,5.

ΒΑΣΙΛ.
ΑΡΙΣΤΟϹ
ΚΑΙϹ

Βασιλέ[α - - - - - - - - -
Ἀριστο - - - - - - - - - -
καὶ οἱ - - - - - - - - -

Aristo - war der Vorgefetzte der übrigen
an der Weihung Beteiligten, wahrfcheinlich ein
Heerführer, fo dafs in Z. 3 etwa καὶ οἱ συσστρα-
τεύσαντες πρός - - geftanden hat.

Wer der in Z. 1 genannte König war, ift
nicht ficher zu fagen.   —

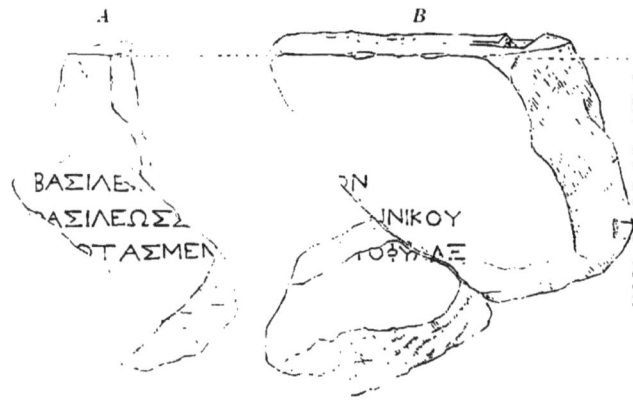

A   B

ΒΑΣΙΛΕ.\
ΑΣΙΛΕΩΣΞ
ΤΑΣΜΕΝ\

ΡΝ
ΝΙΚΟΥ
ΤΟϿΗΛΞ

182. Bruchftücke einer Standplatte von einem Bathron aus
weifsem Marmor, 0,14 dick; Buchftaben 0,018. A ift 0,26 breit und
oben bis zum Rande erhalten: bei
B. das 0,49 breit ift, befindet fich
auf der Oberfeite ein Dübelloch und
Gufskanal; von der rechten Seite ift
ein kleines als Stofsfläche bearbeitetes
Stück erhalten. A (Inv. III 12) und der
untere Teil von B (Inv. III 23) find
Mai und Juni 1883 auf der Theaterterraffe nördlich gefunden, das Haupt-
ftück von B September 1885 bei der
Nachlefe im Athenaheiligtum (Inv.
III 421). Abbildung 1:7,5.

Βασιλέ[α μέγαν Ἀντίοχ]ον
β]ασιλέως Σ[ελεύκου Καλλι]νίκου
Πρω]τας Μεν[ίππου νομι]οφύλαξ.

Den Beinamen μέγας führt der König Antiochos auch fonſt in Inſchriften z. B. C. I. Gr. 4458 Col. I Z. 18, II Z. 16. Monuments publiés pour l'encouragement des études Grecs VIII p. 49. Bulletin de correspondance hellén. III p. 360 ff. IV p. 217 f. In einer derfelben (auch bei Dittenberger Sylloge 205; der Beiname iſt unzweifelhaft richtig ergänzt) preiſt ein gewiſs mit dem öfter erwähnten Gefandten und Feldherrn des Antiochos identiſcher Menippos

(C. I. Gr. 3045. Livius 34. 57. 59, 3 u. a.; vergl. Homolle Bullet. III p. 361 f., oben zu Nr. 62) den König als ἑαυτου σωτηρα καὶ εὐεργέτην; da in unſerer Inſchrift die Ergänzung Μεν[ίππου dem Raume vollkommen entſpricht, iſt es nicht unwahrſcheinlich, daſs der Sohn eben dieſes Menippos nach Pergamon übergeſiedelt iſt und unſere Statue gefetzt hat: es bedarf eines ganz befonderen perſönlichen Anlaſſes um zu erklären, wie ein pergameniſcher Beamter dem Feinde ſeines Landes ein Denkmal errichten konnte. Der Amtstitel νομοφύλαξ iſt auch durch Nr. 237 bezeugt. Die Ergänzung Πρω]τας entſpricht dem Raume beſſer als Φιλώ]τας.

183. Vierſeitige Baſis aus blaugrauem Marmor, 0,405 breit, 0,48 hoch, 0,385 tief; Buchſtaben 0,008. In 10 Bruchſtücken Mai 1883 unterhalb der groſsen Rundniſche ſüdweſtlich vom groſsen Altar gefunden Jnv. III 18. Bericht III 57). Auf der Vorderfeite um die Inſchrift herum, ſowie auf jeder der beiden Schmalſeiten befindet ſich in flachem Relief ein mit einer Tänie umwundener Kranz. Oben und unten läuft auf den drei Seiten ein einfaches Profil herum. An die Rückfeite ſchloſs eine befondere Platte an, die mit je zwei von oben und unten eingelaſſenen Klammern ſowie zwei flachen Dübeln an den Hauptblock befeſtigt war. Die Kränze der Seitenflächen griffen auf die Schmalſeiten dieſer Platte über. Drei zum Teil noch mit ihrem Bleiverguſs erhaltene Eifendübel verbanden den Block mit einem Unterſatz. In der Oberſeite ein 0,185 langes, 0,19 breites, 0,06 tiefes hinten offenes Einſatzloch und in deſſen Mitte ſowie daneben rechts in der Ecke noch ein befonderes Zapfenloch. Oberanſicht 1:15; Schrift 1:5.

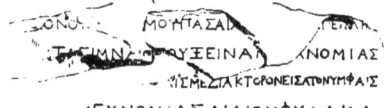

ΛΕΥΝΟΜΙΑΣΑΙΔΙΟΜΦΥΛΑΚΑ
5 ..ΝΕΚΕΥΟΛΒΟΥΚΕΡΑΟΣΡΥΣ ΙΣΑΔΑΓΟΡΑΙΟΙΣ
ΜΑΝΥΣΕΙΤΑΚΤΟΥΤΕΡΜΑΧΥΟΕΙΣΑΧΡΟΝΟΥ

.... ονο ...... μου πάσαι χ[..... Ἀ πε[λ]αη[ς
- υ τ' [ἀ'ειμνά[στ]ου, ξεῖν', ἀ[γορα]νομίας
- συ - συ α]ις με διάκτυρον εἴσατο Νύμφαις
Ἑρμῆν εὐνομίας ἀίδιον φύλακα·
5 τᾶς, ἕνεκ' εὐόλβου κέρας ῥύσις ἀδ' ἀγοραίοις
μανύσει τακτου τέρμα χυθεῖσα χρόνου.

Die Ergänzungen rühren von Kirchhoff her (vergl. Sitzungsberichte der Berliner Akademie

1884 S. 10), der folgende Erklärung hinzufügt: »Aus dem Inhalt der letzten vier Verſe ſcheint hervorzugehen, daſs die Inſchrift auf der Baſis der Statue eines Hermes ſtand, welcher ein Füllhorn hielt, aus welchem zu beſtimmten Zeiten Waſſer floſs. Dieſe Zeitangaben hatten den Zweck, den Befuchern des Marktes (ἀγοραῖοι) die Einhaltung gewiſſer Beſtimmungen zu ermöglichen oder zu erleichtern, welche den Befuch und die Benutzung des Marktes regelten, alſo zur Aufrechterhaltung der εὐνομία beizutragen. Aus den vorhergehenden Verſen, welche ich mich mit Zuverſicht weiter als geſchehen herzuſtellen nicht getraue, dürfte immerhin ſo viel gefolgert werden können, daſs das Denkmal von einem Agoranomen, Namens Apelles,

in oder nach feinem Amtsjahre als Erinnerungs-
zeichen errichtet worden war«.

»Hermes erfcheint hier als Marktgott, wie
noch auf anderen Infchriften [Nr. 243. 244]; mit
dem Horn im Arme in Gefellfchaft der Nymphen,
denen auch hier die Weihung gilt, kennen wir
ihn ficher aus einem (Schöne, Griechifche Reliefs
Nr. 118), vielleicht noch einem zweiten (Arch.
Zeitg. 38, 1880, Taf. 11 4. S. 8) attifchen Relief.
Zur Herftellung einer Klepsydra eignet fich das

Horn, wenn es nach Art der Trinkhörner, der
ῥυτά, an feinem unteren fpitzen Ende mit einer
kleinen Öffnung verfehen war, befonders gut.«
So Conze (Sitzungsber. a. a. O.), der dann aus-
führt, dafs der Fundort der Infchrift die Lage
des Stadtmarktes in der Königszeit beftimmt,
diefer fich alfo auf dem Burgberge befand.

Pan und den Nymphen wird ein Bild des
Hermes geweiht C. I. Gr. 4538b (III p. 1179 =
Kaibel, Epigrammata 827).

---

184. Bruchftück eines Blockes aus bläulichem Marmor, 0,20 hoch; Buchftaben 0,020—0,024. Gefunden September 1883 im Schutte der byzantinifchen Mauer weftlich (Inv. III 90). Unten rechts der Reft
eines Dübelloches. Das Stück ift fpäter zu einem Geifon mit Zahnfchnitt umgearbeitet worden. Abbildung 1:7,5.

Μούσαις] ὑμν[υ]φίλοισι Φ[ίλων ἀνέ]θηκε Μενάνδ[ρου,
παῖ Σεμέλης κα[ὶ σοὶ · υ]ὔνομα [δ']ἄμφω ὅ[μου.

Sicher hat in der erften Zeile vor dem Erhaltenen niemals Schrift geftanden, und wenn
die andern Zeilen, wie anzunehmen ift, annähernd in der gleichen Linie begonnen haben,
find folglich auch fie links faft vollftändig erhalten; dafs die Infchrift mit Z. 4 fchlofs, zeigt
der freie Raum nach derfelben. Es ift offenbar, dafs wir es mit einer aus einem Diftichon
beftehenden Weihung zu tun haben. Lieft
man den Hexameter Ὑμν[υ]φίλοισι Φίλων Μούσαις ἀνέθηκε Μενάνδρου, fo ergäbe fich für die
erfte Zeile im Vergleiche zu den übrigen eine
übermäfsige Länge, welche fehr unwahrfcheinlich ift. Es wird daher angenommen werden
müffen, dafs Μούσαις in der Mitte einer vorhergehenden Zeile, fei es mit etwas gröfserem
Zwifchenraum auf demfelben Stein, fei es auf
einer befonderen Platte ftand: auch damit wird
bei unferer Ergänzung die Länge der Zeilen

nicht ganz gleich, doch reicht dann zur Erklärung der fehr viel geringeren Unterfchiede —
Z. 1 wird etwas länger, Z. 2 etwas kürzer als
Z. 3 und 4 — die Abficht aus, den Hexameter
an einer nach Silbenteilung und Metrum be-
quemen Stelle abzubrechen und mit einer Zeile
enden zu laffen. Dafs die Zeilenteilung in der
Tat auf das Metrum Rückficht nahm, zeigt fich
darin, dafs der Pentameter ficher nach der
Diaerefe abgebrochen war.

Zu Anfang von Z. 4 ift ὑὔνομα kaum zu
bezweifeln (von der zweiten fchrägen Hafta
des Ypfilon ift ein Reftchen erhalten), obwohl
die Zeile dann links um einen Buchftaben
überfteht. Ich verftehe das Wort fo, dafs der
Weihende dafür feinen eigenen Namen eingefetzt wiffen will, als welcher fich Φίλων in Z. 1
leicht ergänzen liefs: Φίλων ἀνέθηκε Μούσαις καὶ
Διονύσῳ, φιλῶν δ' ἄμφω ὁμοῦ ἀνέθηκε. Für beide
Verfe fuchte er fomit das Salz im Spiel mit
feinem Namen, da er ihn auch im Hexameter
ein φίλοισι voranfetzt. Dafs diefe ausgeklügelte
Orakelei weit entfernt ift finnreich und ge-
fchmackvoll zu fein, ift nach den übrigen
Proben epigrapher Poefie aus Pergamon mit
gröfserem Rechte für, als gegen die Richtigkeit
unferer Auffaffung geltend zu machen.

---

185. Drei Stücke eines Geifon aus weifsem Marmor, 0,106 hoch, Buchftaben 0,018. Nur das
Stück A ift allfeitig erhalten; es ift 0,38 breit und 0,43 tief, zeigt beiderfeits Stofsfuge und oben Klammerbettungen; an die rechte Bettung fchliefst die linke von B genau an. B ift 0,17 lang und hat links Stofsfuge. C, vorn 0,27 lang, ift ein Eckftück, fein Profil ift auf die rechte Seite herumgeführt. Gefunden
ift A Inv. III 173 December 1883 unterhalb des Athenatempels, B (Inv. II 136) Juni 1881 im Athenaheiligtum, C Inv. III 494 Januar 1886 füdlich von der Agora. Abbildung 1:6.

Βασιλεὺς Εὐμ[ένη]ς Ἡρακλεῖ, Π[οσειδῶνι?, - - - α, Δ[ιί.

Nach Εὐμένης ist das Wortende durch ein größeres, nach Ἡρακλεῖ durch ein kleineres Spatium bezeichnet: auch nach dem ersten auf Fragment C erhaltenen Rest scheint der Zwischenraum etwas größer als sonst gewesen zu sein. Als Ende der Inschrift ist Διί unverkennbar; der vorhergehende Rest muss notwendig von einem weiteren Dativ herrühren: wir haben also ein Alpha anzunehmen, dem ein Iota nicht beigeschrieben war — Ἥρα oder Ἀθηνᾷ. Vernachläßigung des stummen Iota beim Dativ finden wir auch in Nr. 162 Z. 1 und 239, beim Dativ im Götterbeiwort einer Weihung in Nr. 232.

Herakles war durch Telephos der Stammvater des pergamenischen Volkes, f. oben zu Nr. 156 Z. 18 f.

---

186. Bruchstück eines kleinen Geifon aus blauem Marmor, 0,18 lang; Buchstaben 0,025. Gefunden Juni 1881 westlich vom Dionysostempel [Inv. II 163]. Die Inschrift steht über dem Profil. Abbildung 1:7,5.

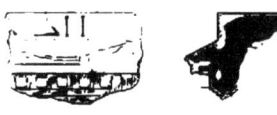

- - - α], Διί.

Die Übereinstimmung dieser Nummer mit der vorigen nach Werkstück und Schriftresten nötigt zur Annahme einer gleichartigen Weihung. Der schräge Ansatz zu Anfang ist also auch hier als das Alpha einer Dativendung anzusehen; ob das Iota fehlte oder geschrieben war, läßt sich nicht bestimmen.

187. Bruchstück aus grobkörnigem weißem Marmor, vorn 0,084 lang; Buchstaben 0,018. Nur unten ist ein Stück der Fläche erhalten. Gefunden Mai 1881, wahrscheinlich im Athenaheiligtum [Inv. II 98]. Abbildung 1:7,5.

- - Ἡλίωι.

---

188. Deckplatte aus weißem Marmor mit Profil auf der Vorderseite. 0,685 breit, 0,28 hoch; Buchstaben 0,022. Gefunden 1879 im westlichen Teil des Traianeums [Inv. I 116. Bericht I 95]. Rechts und links Stofsfuge, hinten Bruch. In der Mitte der Oberseite ein rundes Einsatzloch von 0,055 Durchmesser. Es ist noch ein zugehöriger inschriftloser Block vorhanden. Abbildung 1:8.

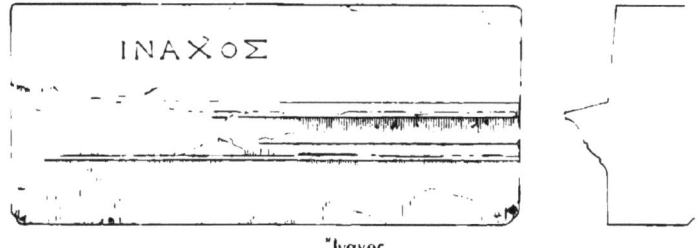

Ἴναχος.

Inachos ist Name des Weihenden oder des
Dargestellten; er findet sich auch in der unten
folgenden Grabschrift Nr. 213. Die Flußnamen
werden nicht selten für Personen verwendet,
z. B. Ῥύνδακος (C. I. A. II 3105), Κάϊκος (Mittheil.
d. athen. Inst. IX S. 88. XI S. 288, Revue
archéologique 1888 I p. 383 und öfter), Μαί-
ανδρος auf Münzen von Magnesia (Mionnet III
S. 143, 606. Suppl. VI S. 233, 1003).

189. Standplatte aus weißem Marmor, 0,77 breit, 0,75 hoch, 0,165 tief;
Buchstaben 0,020. Gefunden im Frühling 1879 an der Südwestecke des großen
Altars (Inv. I 43. Bericht I 80). Ringsum Stoßflächen, unten ein Dübelloch, oben
Dübel-, Stemm- und Klammerlöcher, links vorn zwei große Klammerlöcher; letztere
sicher, wie auch wahrscheinlich ein Teil der anderen Löcher von einer späteren
Benutzung des Blockes als Wandquader, wobei die Rückseite geglättet und mit
einem rechtwinklig eingetieften Rande versehen zur Vorderseite wurde. Abbildung
der Inschrift 1:7.5. des Steins 1:30.

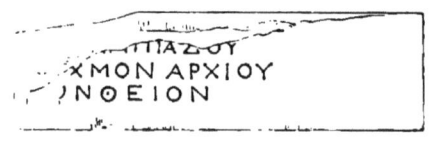

Ζευξιν Κυνάγου
ὁ δῆμος.

Eine Weihinschrift desselben Mannes, auf
welcher er sich als Μακεδών bezeichnet, hat Fabricius »in den Ruinen einer hellenistischen Stadt
zwischen Tralleis und Herakleia, wahrscheinlich
dem alten Amyzon« gefunden.

---

190. Deckplatte aus blaugrauem Marmor, 0,155 hoch, 0,54 tief; Buchstaben 0,020. Gefunden
August 1884 in einer späten Mauer zwischen Altar und Theater (Inv. III 236); Original in Pergamon. Auf
der rechten Seite steht eine zweite Inschrift; bei dieser späteren Benutzung wurde die frühere Unterseite
nach oben gekehrt; auf ihr sind ein großes Einsatzloch und mehrere kleine Zapfenlöcher erhalten. Abbildung 1:7.5.

- - - - - - - , - - - - -
Ἀσκληπ]ιάδου
Ἀρισταί]χμου Ἀρχίου
τ]ὸν θεῖον.

Am Ende der ersten Zeile hat ein Sigma
oder Omega gestanden. Für einen Namen
wäre die Zeile zu lang: offenbar haben zwei
Geschwister ihrem Onkel diese Huldigung dargebracht, während in Z. 2 nur der Name ihres
Vaters stand.

Der Name Asklepiades hat in der Familie
des Geehrten eine besondere Beziehung, denn
ein Vorfahr derselben hat, worauf Fabricius
aufmerksam macht, den Asklepiosdienst von
Epidauros nach Pergamon gebracht (Pausanias
2, 26, 8 Ἀρχίας ὁ Ἀρισταίχμου τὸ συμβὰν σπάσμα
θηρεύοντι οἱ περὶ τὸν Πίνδασον ἰαθεὶς ἐν τῇ Ἐπι-
δαυρίᾳ τὸν θεὸν ἐπηγάγετο ἐς Πέργαμον).

Die später auf demselben Stein angebrachte
Ehreninschrift des Proconsul C. Norbanus Flac-
cus wird unten an ihrer Stelle mitgeteilt werden.

---

191. Bruchstück einer Deckplatte von weißem
Marmor, 0,125 hoch; Buchstaben 0,020. Gefunden October 1880 im Athenaheiligtum (Inv. II 42). Links und
hinten gebrochen, rechts Stoßfuge, oben glatt, unten
Lagerfläche und Zapfenloch. Abbildung 1:7.5.

Φίλαν τ[ὴν ἱέρειαν? - - -
οἱ ἐν Ἀδ[ραμυτίωι? - - -

192. Ringsum gebrochenes Bruchſtück von weiſsem Marmor, breit 0,12; Buchſtaben 0,030. Gefunden Sommer 1884 auf der Agora (Inv. III 202). Abbildung 1 : 7,5.

ΓΙΓ[Υ - -

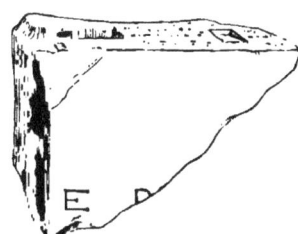

193. Bruchſtück einer Standplatte aus dunkelblauem Marmor, breit 0,42; Buchſtabenhöhe 0.032. Gefunden September 1880 in der mittelalterlichen Mauer am Südrande des Athenaheiligtums (Inv. II 30). Oben Fläche mit Klammer- und Dübelloch, links Stoſsfuge; die Rückſeite iſt concav ausgehöhlt. Abbildung 1 : 10.

Eine Ergänzung iſt ſelbſtverſtändlich unmöglich; man könnte nach Analogie von Nr. 22 und 26 an - - - έρ[ɑ oder an - - - ἀπό τῆς π]ερ]ὶ - - - μάχης denken.

---

194. Bruchſtück aus bläulichem Marmor, 0.094 breit; Buchſtaben 0,020. Gefunden September 1883 im türkiſchen Mittelturm am Südrande des Athenaheiligtums (Inv. III 84). Abbildung 1 : 7,5.

- - - Ἀθηναι Νικη φό[ρωι.

195. Bruchſtück aus weiſsem Marmor, 0,105 breit; Buchſtaben 0,030. Gefunden April 1885 im Theater (Inv. III 361). Abbildung 1 : 7,5.

- о -
πο]λεμ -

Vermutlich war die Weihung, von welcher dieſe Reſte gewiſs herrühren, metriſch.

A   B

196. Zwei Bruchſtücke aus blauem Marmor; Buchſtaben 0,040. A oben erhalten, 0,160 breit. B rechts erhalten, 0,180 breit. Beide Auguſt 1884 auf der Theaterterraſſe gefunden. Abbildungen 1 : 10.

Fragment B wohl ὔ]οῦ.

---

197. Bruchſtück von weiſsem Marmor, ringsum gebrochen, hoch 0,076; Buchſtaben 0.025 Gefunden Mai 1883 in dem gewölbten Thor unterhalb des Gymnaſiums (Inv. III 14). Abbildung 1 : 7,5.

Ὁ δεῖνα - - - εὐ]ς
ἐποίης]εν?

198—203. Unter dieſen Nummern ſind Reſte von Statuenbaſen zuſammengeſtellt, welche unzweifelhaft der pergameniſchen Bibliothek angehörten; vergl. Conze, Berichte der Berliner Akademie 1884 S. 1261. Altertümer von Pergamon II S. 68.

198. Deckplatte aus grauem Marmor, 0,18 hoch; Buchſtaben 0,017—0,020. Gefunden Juni 1881 in dem gewölbten Raum weſtlich vom oberſten Burgthor (Inv. II 130. Bericht II 51). Rechts und hinten gebrochen; oben Standſpuren der Statue. Auf der rechten Hälfte der Inſchrift iſt die Oberfläche bis zur halben Tiefe der Buchſtaben abgemeiſelt. Abbildung 1 : 7,5.

ΑΛΚΑΙΟΣ ΜΥΤΙΛΗΝ

Ἀλκαῖος Μυτιληνᾱῖος.

Auch die grofse lesbifche Dichterin hatte ihr Standbild in der Bibliothek; denn es kann

nicht zweifelhaft fein, dafs daher das Epigramm auf Sappho ftammt, das der Veronefe Johannes Jucundus (C. I. Gr. 3555) und, worauf Fabricius aufmerkfam macht, fchon Cyriacus in feiner Berliner Handfchrift Fol. 82 aus Pergamon mitteilt; die pfälzer Anthologie VII 15 giebt es mit dem Lemma Ἀντιπάτρου unter den Grabfchriften. Es lautet:

Οὔνομά μευ Σαπφώ· τόσσον δ'ὑπερέσχον ἀυιδῶν
θηλειῶν, ἀνδρῶν ὅσσον ὁ Μαιονίδης.

---

199. Runde Bafis aus weifsem Marmor von 0,60 Durchmeffer, 0,34 Höhe; Buchftaben 0,025. Gefunden März 1881 im türkifchen Mittelturm am Südrande des Athenaheiligtums Inv. II 86. Bericht II 51). Rechts gebrochen; auf der Oberfeite die tiefe Standfpur des rechten Fufses der Bronzeftatue. Abbildung der Infchrift 1:5.

ΗΡΟΔΟΤΟΣ·
ΑΛΙΚΑΡΝ·ΑΣΣ

Ἡρόδοτο[ς
Ἀλικαρνασσ[εύς.

---

200. Deckplatte aus weifsem Marmor, aus drei Stücken zufammengefetzt. 0,51 breit, 0,14 hoch, 0,95 tief; Buchftaben 0,019. Gefunden März 1881 im türkifchen Mittelturm (Inv. II 87. Bericht II 51). Die Platte hat zu irgend einer Zeit als Eck-Orthoftat gedient und zwar war die linke Seite unten (zwei Zapfenlöcher), die rechte oben (Klammer, Dübelloch, Eckklammer), die glatte Oberfeite aufsen, die rauhe Unterfeite innen. Abbildung 1:7,5.

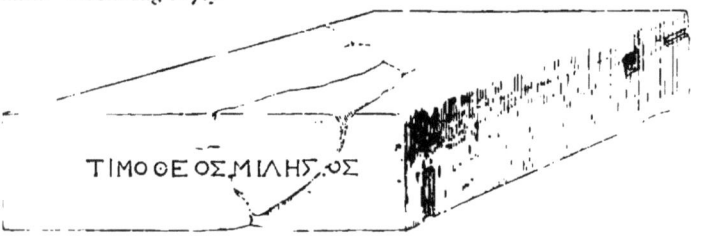

ΤΙΜΟΘΕΟΣΜΙΛΗΣΟΣ

Τιμόθεος Μιλήσι[ος.

Der bekannte Lyriker und Mufiker, deffen Fragmente bei Bergk, Poetae lyrici III³ p. 1268 ff. Suidas bezeichnet ihn als Zeitgenoffen des Euripides, Philipp II. und Alexander.

---

201. Deckplatte aus grauem Marmor in zwei Stücken, 0,08 hoch, 0,26 tief; Buchftaben 0,015. Gefunden im türkifchen Weftturme des oberften Burgthores (Inv. II 134). Links gebrochen, rechts Stofsfuge, unten Lagerfläche. Die Oberfeite fcheint fpäter abgearbeitet und der Block urfprünglich ebenfo wie der ganz gleichartige Nr. 202 höher gewefen zu fein. Abbildung 1:5.

Βάλακρος Μελεάγρου.

Die Infchrift hierher zu ftellen veranlafst die Vermutung, dafs der in ihr genannte Balakros mit dem Verfaffer eines Μακεδονικά betitelten Werkes identifch ift, das wir durch einige Citate bei Stephanus von Byzanz kennen (Müller, Fragmenta historicorum IV S. 346); der Name feines Vaters wird nicht angegeben. Βάλακρος ift ein ausfchliefslich makedonifcher Name f. Meineke zu Stephanus S. 244.

202. Zwei mit den Stofsfugen an einander gehörige Stücke einer Deckplatte aus bläulichem Marmor; Buchftaben 0,015. Gefunden Juni 1881 und November 1883 am Südabhang des Athenaheiligtums (Inv. III 149 und II 119). Das linke Stück ift 0,07, das rechte 0,26 breit und hat auf der Unterfeite ein Dübelloch. Abbildung 1:5.

Ἀ]πο[.λ]λώ[νι]ος Φιλώ[του.

Diefer und der vorhergehende Block gehörten bei der völligen Identität in der Stellung und Art der Schrift unzweifelhaft zufammen, fei es als Gegenftücke, fei es als Teile desfelben gröfseren Monuments. Ift die vermutete Beziehung der vorigen Nummer richtig, fo war folglich auch Apollonios Philotas' S. ein Ge- fchichtfchreiber, und zwar würde fich zur Zufammenftellung mit dem Verfaffer der Μακεδονικά der aus Aphrodisias ftammende Autor der Καρικά vortrefflich eignen, die Stephanus von Byzanz reichlich benutzt hat (Müller, Fragm. hist. IV S. 310 ff.). Viel weniger paffend erfcheint der Acharner Apollonios, der Verfaffer eines Werkes περὶ ἑορτῶν (Müller IV 312 f.), und der Hiftoriker Apollonios aus Askalon, der nur einmal beiläufig erwähnt wird (Steph. Byz. u. Ἀσκάλων), fcheint für die Ehre eines Standbildes in der pergamenifchen Bibliothek nicht namhaft genug gewefen zu fein.

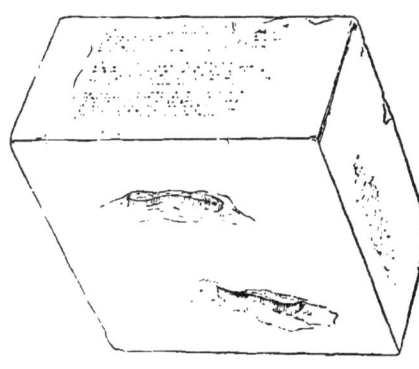

203. Block aus bläulichem Kalkftein, 0,70 breit, 0,41 hoch, 0,76 tief; Buchftaben 0,009—0,010. Gefunden Mai 1881 im Athenaheiligtum Inv. II 53. Bericht II 51). Von einer früheren Benutzung flammen die auf der Unterfeite des Blockes befindlichen 0,20 langen Fufsfpuren einer Bronzefigur, zu der eine auf der rechten Seite bis auf fchwache Spuren weggemeifselte Künftlerinfchrift gehörte. Während alle übrigen Seiten glatt find, zeigt die Oberfeite die verfchliffenen Spuren der früheren Lagerfläche. Abbildung der Infchrift 1:5.

```
ΑΥ      ΞΛ    ΕΗΣ   ΤΟΙ
ΜΟΣ   ΠΦΤΑΡΡΗ    ΘΗΚΑΥΤΕΙΝΑ          ΗΣΙ
Α ΔΕΤΟΙΑΜΦΙΛΟΓΟΝΜΥΘΩΝΠΕΡΙΔΗ        ΕΝ
ΣΛΥΡΝΙΑΤΕΚΑΙΓΑΙΗΣΟΙΝΟΠΙΩΝΟΣ  ΩΣ
ΚΑΙΧΟΛΟΦΩΝΚΥΜΗΤΕΜΕΤΑΠΤΟΛΕ ΙΣΣΙΔΕΠΑΣΑΙΣ
ΑΜΦΙΣΞΟΕΝΣΓΕΝΕΗΣΙΜΕΡΟΣΙΕΜΕΝΑΙΣ
ΤΟΙΟΝΤΑΚΛΕΩΣΑΙΠΥΜΕΤΑΙΩΙΟΙΣΙΝ ΑΟΙΔΗΣ
ΕΣΤΕΠΕΡΙΣΤΕΙΧΗΙΝΥΣΤΕΚΑΙΗΕΛΙΟΣ

ΤΟΝΠΕΡΙΔΗΡΙΤΟΝΚΟΣΜΗΤΟΡΑΘΕΙΟΝ ΜΗΡΟΝ
ΛΕΨΣΣΕΤΕΝΔΙΠΑΣΑΙΝΕΙΚΟΣΕΘΕΝΤΟΠΟΛΕΙΣ
ΣΜΥΡΝΑΧΙΟΣΚΟΛΟΦΩΝΚΥΜΗΚ ΙΠΑΣΑΠΕΛΑΣΓΙΣ
ΕΛΛΑΣΚΑΙΝΗΣΩΝΑΣΤΕΑΚΑΙΤΡΟΙΗΣ
ΟΥΝΕΜΕΣΙΣΤΟΣΣΟΓΓΑΚΕΠΗΧΘΟΝΙΦΕΓΓΟΣΕΛΑΜΨΕ
ΜΟΥΣΑΩΝΟΓΣΟΣΟΝΤΕΙΡΕΣΙΝΗΕΛΙΩΣ

ΜΥΡΙΟΣΑΙΟΛΙΑΑΙΞΙΝΥΠΕΡΣΕΟΜΟΧΘΟΣΟΜΗΡΕ
ΚΥΜΑΙΟΙΣΙΕΡΑΤΤΕΝΝΑΕΤΑΙΣΧΙΟΥ
ΜΥΡΙΑΔΕΣΜΥΡΝΑΙΚΟΛΟΦΩΝΙΤΕΝΕΙΚΕΑΛΕΙΠΕΙΣ
ΜΟΥΝΩΙΔΕΓΝΩΣΤΑΣΗΝΙΤΕΑΓΕΝΕΣΙΣ
ΑΙΔΕΜΑΤΑΝΥΛΑΟΥΣΙΓΑΡΟΣΤΕΟΝΟΙΑΤΕΙΙΧΝΟΙ
ΡΠΥΙΑΙΘΟΙΝ ΣΜΕΙΡΟΜΕΝΑΙΣΚΥΛΑΚΕΣ
```

- - - - - - - - - - - - - - - - - - -αὐτὸ]ν - - -
Μο[ῦσά π]οτ' ἀρρή[του]ς θῆκα[υ] γεινα[μένη.
α[ἴ]δε τοι ἀμφίλογον μύθων περὶ δ[ῆριν ἔ]θεν[το·
Σμύρνα τε καὶ γαίης Οἰνο[π]ίωνος [ἕδ]ος
5 καὶ Κολοφὼν Κύ[μ]η τε. μέτα πτολέ[ε]σσι δὲ πάσαις
ἀμφὶ σέθεν γενεῆς ἵμερος ἱεμέναις·
τοῖόν τοι κλέος αἰπὺ μετὰ ζώοισιν ἀοιδῆς,
ἔστε πε[ρ]ιστείχ[η]ι νὺξ τε καὶ ἤέλιος.

Τὸν περιδήριτον κοσμήτορα θεῖον Ὅμηρον
10 λεύσσετ', ἐν ὧι πᾶσαι νεῖκος ἔθεντο πόλεις·
Σμύρνα, Χίος, Κολοφὼ]ν, Κύμη κ[αὶ] πᾶσα πελασγὶς
Ἑλλὰς καὶ νήσων ἄστεα καὶ Τροίης.
οὐ νέμεσις· τόσσο[γ γὰρ ἐπὶ χθονὶ [φ]έγγος ἔλαμψε
Μουσάων ὁ[π]ό]σον τείρεσιν ἥλιος.

15 Μυρίος αἰολίδαισιν ὑπέρ σεο μόχθος, Ὅμηρε,
Κυμαίοις ἱερα[ς] τ᾽ἐνναέταις [τ᾽ Χίου,
μυρία δὲ Σμύρναι Κολοφῶνί τε νείκεα λείπεις·
μούναι δὲ γνωστὰ Ζηνὶ τεὰ γένεσις,
αἵδε μάταν ὑλάουσι γὰρ ὅστεον οἷάτε [λ]ίχνοι
ἅ]ρπυιαι θοιν[ὰ]ς μειρόμεναι σκύλακες.

Auf der Bafis eines Standbildes Homers wird in drei überaus elenden Gedichten dasfelbe Thema, der Streit der Städte um den Dichter behandelt. Während das zweite der Machwerke nicht einmal fagt, dafs die Geburt des Dichters der Gegenftand des Haders ift

und alle drei armfelig im Gedanken, platt und knabenhaft ungefchickt im Ausdruck find, zeigt der Schlufs des dritten eine geradezu monftröfe Gefchmacksverirrung. Alle drei Mal werden von den wetteifernden Orten Smyrna, Chios, Kolophon und Kyme namhaft gemacht: es fieht ganz fo aus, als feien die Gedichte das Refultat einer Concurrenz nach einem aufgeftellten Programm, und zwar möchten wir uns diefe zur Ehre der erwachfenen Pergamener nur im Gymnafium ausgefchrieben denken, welches das Standbild in die Bibliothek geftiftet haben wird. Anders fcheint die Häufung folcher Auffchriften nicht genügend erklärt werden zu können.

Z. 1. 2. Offenbar war hier die Mufe als die Mutter des Dichters bezeichnet; vergl. Antipatros Anthol. Pal. 16, 296 ἐκ δὲ τεκούσης οὐ θνατᾶς, ματρὸς δ' ἔπλεο Καλλιόπας. Homervita bei Weftermann Biogr. p. 27 ἄλλοι δ' αὐτοῦ τὸ γένος εἰς Καλλιόπην τὴν Μοῦσαν ἀναφέρουσιν. Suidas u. Ὅμηρος: ὡς δὲ ἄλλοι Ἀπόλλωνος καὶ Καλλιόπης τῆς Μούσης. — Das Subftantiv zu ἀρρήτους, das in Z. 1 ftand, war wohl τόκους.

Z. 3. Die Ergänzung ift von Fabricius. Man conftruire περίθεοντο δῆριν μύθων; μύθων ift von δῆριν, nicht von περὶ abhängig: »die Städte fpannen um die Geburt des Dichters ihre wetteifernden Erzählungen«.

Z. 4. Οἰνοπίωνος ἔτος d. i. Chios, f. z. B. Diodor 5, 79. Pausanias 7. 4, 8. 7, 5, 13.

Z. 5 f. μέτα κτλ. Da nach Z. 2, wo θήκαᵒο ficher ift, die Mufe angeredet wird, müffen wir σέθεν auch auf fie, nicht auf Homer beziehen. Der unfagbar alberne Satz würde alfo auf deutfch lauten: »es wohnt aber allen Städten der Wunfch bei, welche fich um deine Nachkommenfchaft beeifern«, der Wunfch nämlich, als der wahre Geburtsort anerkannt zu fein.

Z. 9. κοσμήτορα. Vergl. die Grabfchrift Homer's in der pfeudo-plutarchifchen Vita (Weftermann Biogr. p. 23)

ἐνθάδε τὴν ἱερὴν κεφαλὴν κατὰ γαῖα καλύπτει,
ἀνδρῶν ἡρώων κοσμήτορα, θεῖον Ὅμηρον.

Z. 10 ff. Diefer Dichter gefällt fich in kindifchen Übertreibungen: πᾶσαι πόλεις und πᾶσα πελασγὶς Ἑλλάς. Der letztere Ausdruck bezeichnet den Peloponnes (vergl. Schol. Apollon. Rhod. 1, 1024 ἡ Εὔβοια πλησίον Πελοποννήσου κεῖται, ἥτις τὸ παλαιὸν Πελασγὶς ἐκαλεῖτο): nach dem bekannten Diftichon von den fieben Städten erhoben Pylos und Argos Anfpruch auf den Dichter, nach Suidas auch Mykene. — νήσων ἄστεα: aufser Chios Ios, Salamis, Cypern, Ithaka, Knossos, Rhodos (Anthol. Pal. 16, 295 ff. Suidas u. Ὅμηρος). - καὶ Τροίης: f. Suidas u. Ὅμηρος: οἱ δὲ (ἔφασαν γενέσθαι) ἐκ Τροίης ἀπὸ χωρίου Κεγχρεῶν: vergl. auch Steph. Byz. u. Κεγχρέαι.

Z. 13. 14. »Man kann die Städte wegen des Streites nicht tadeln; denn (die zu gewinnende Ehre ift gar zu grofs:) Homer leuchtete als ein fo grofses Licht der Mufen auf der Erde, wie die Sonne am Firmament leuchtet.« Diefen Sinn hat der Verfaffer des Gedichtes ausdrücken wollen: er verlangte, dafs man ἐπὶ auch zu τείρεσιν nimmt (wörtlich »bei den Sternen«) und er tat fich gewifs zu viel auf die Anwendung diefes feltenen Wortes zu Gute, um fich die ftammelnde Rede bekümmern zu laffen. — φέργος λάμπειν »wie ein Licht leuchten« fteht genau ebenfo bei Antipatros (Anthol. Pal. 6, 249), der eine Lampe fagen läfst: ἢν δέ μ' ἀνάψας εὔξηται, λάμψω φέργος ἀκουσίθεον.

Z. 19. ἅδε. Auch aus Κυμαίοις foll der Begriff Κύμη herausgenommen werden. — Die Stellung des γὰρ ift fo übel, dafs man in einem weniger ftümperhaften Gedichte Verfchreibung aus παρ' annehmen würde: dafs Π dageftanden hätte, erfcheint nicht möglich. ὑλᾶν ift tranfitiv gebraucht: »anbellen«, wie Odyssee 16, 5 κύνες... οὐδ' ὕλαον προσιόντα.

Z. 20. ἅρπυιαι adjectivifch »räuberifch«. — μειρόμενοι = ἱμειρόμεναι wie bei Nicander Ther. 402 (σπειράχθεα κνώδαλα γαίης) ὅτ' ἐς νόμον ἠὲ καὶ ὕλην ἠὲ καὶ ἀρδμοῖο μεσημβρινὸν ἀΐξαντος μείρονται (Scholion: ἱμείρονται).

204. Kleines Relief, darftellend einen Jüngling, der in Chiton und Mantel gekleidet nach rechts auf einem Felsblock fitzt und fich nach einem Hunde umwendet. Links ein Baum, um den fich eine Schlange ringelt. Im Hintergrunde ein ausgefpanntes Tuch, das oben in zwei Bogen abfchliefst; über dem rechten Bogen wird Kopf und Hals eines Pferdes fichtbar. 0,445 breit, 0,355 hoch, 0,08 dick; unten ein Dübelloch. Auf dem unteren Rande fteht die Infchrift in 0,02 grofsen Buchftaben. Die nähere Fundftelle ift nicht bekannt, da der Stein vor Beginn unferer Ausgrabungen vom Berliner Mufeum aus Pergamon erworben wurde. Abbildung 1:7,5.

Μενε[μά]χου.

Das Bildwerk gehört zur Klaffe der vielbefprochenen »Heroenreliefs«.

---

205 213. Grabfteine aus Trachyt. Aufser Nr. 207, das einen einfach profilirten wagerechten Abfchlufs hat, find alle oben erhaltenen mit einem Giebel gefchmückt, die Profile durchweg fehr fcharf und forgfältig gearbeitet. Die Stelen verbreitern fich regelmäfsig nach unten. Sie find 0,05—0,10 dick. Nur Nr. 205 und 209 find in Berlin, die übrigen in Pergamon geblieben. Abbildungen 1:10, nur Nr. 213 1:7,5.

205. Schriftfläche oben 0,35, unten 0,365 breit, 0,555 hoch; Buchftaben 0,015—0,020. Gefunden Mai 1885 in der Gebäudegruppe füdöftlich unterhalb des oberen Burgthores Inv. III 359).

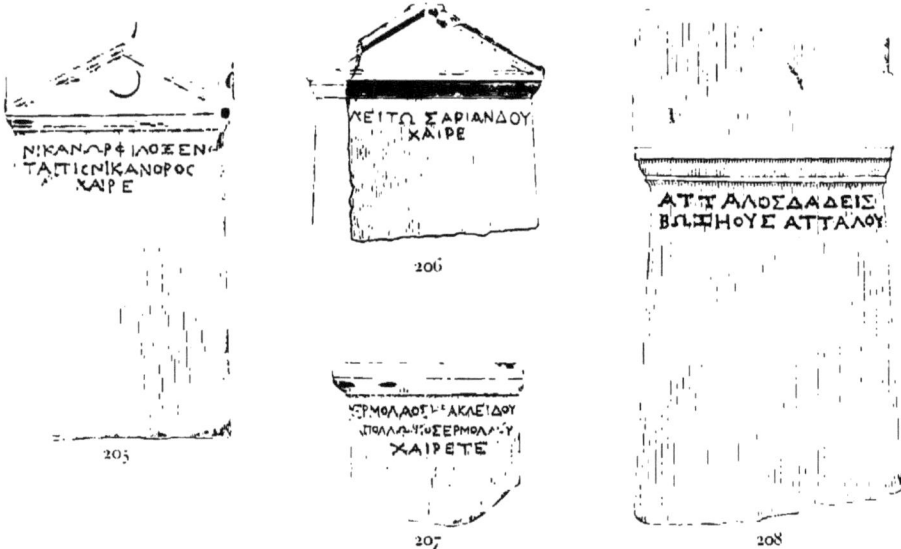

Νικάνωρ Φιλοξένου,
Ταιτις Νικάνορος·
χαῖρε.

Die Namen Νικάνωρ und Φιλόξενος finden

fich auch auf der unten folgenden Bank Nr. 238 *g*,
p und *h*.

Der Singular χαῖρε bei zwei Toten, Vater
und Tochter, ift ein Verfehen.

---

206. 0,305 breit erhalten, Buchftaben 0,015; unten und links gebrochen. Verbaut in der heutigen
Stadt am Haufe des Chafis-Emin in der Nähe der Kaferne (Inv. P 60).

K᾽λειτω Σαριάνδου·
χαῖρε.

207. Breit 0,28. Buchftaben 0,015—0,020; unten gebrochen. Gefunden Mai 1886 im füdöftlichen
Teile der Gebäudegruppe V der Hochburg (Inv. III 530. Bericht III 63).

Ἑρμόλαος Ἡρακλείδου,
Ἀπολλώνιος Ἑρμολάου·
χαίρετε.

208. Schriftfläche oben 0,37 breit, Buchftaben 0,020—0,025; unten gebrochen. Gefunden October
1883 in der byzantinifchen Mauer (Inv. III 116).

Ἄτταλος Βωζηους,
Δαδεις Ἀττάλου.

Der Träger des barbarifchen Namens Bozees
(oder wie der Nominativ lautete) hatte feinen
Sohn mit dem vornehmen Namen der pergamenifchen Könige ausgeftattet; diefer war aber
bei der Namengebung für feine Tochter in die

barbarifchen Gewohnheiten der Familie zurück-
gefallen. Βωζηους erinnert an den θεὸς Βυζηνός,
der bei Koloe verehrt wurde (Archäol. Zeitg.
1880 S. 37); der Name Δάδος ift in Syrien
(Lebas, Asie 2081. 2266. 2385. C. I. A. III 2500)
und am Pontos (Latychew, Inscriptiones Ponti
Euxini I 24. 26. 54. 67. 87. 97. 110. 116. 144.
C. I. Gr. 2130) nicht felten.

209

210

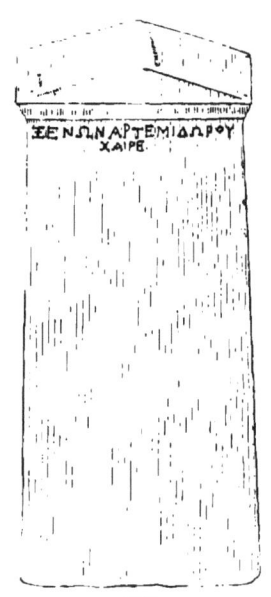

211

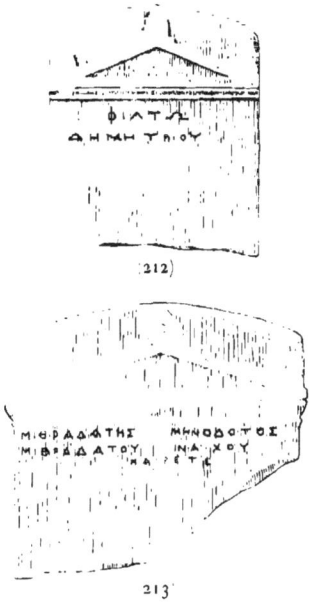

212)

213

209. Breit 0,20, nur rechts vollständig; Buchstaben 0,010—0,038. Gefunden November 1885 im nordöstlichen Teil der Hochburg (Inv. III 453).

- - - ναν
- - - τοῦ Γε]ννaίου·
χαῖρε.

Blos Γε]ννaίου wird in Z. 2 nicht gestanden haben, da dies eine sehr unsymmetrische Anordnung ergäbe; vermutlich war der Tote Enkel, nicht Sohn des Gennaios.

210. Breit 0,40, Buchstaben 0,015; unten gebrochen. In der griechischen Schule in Pergamon Inv. P 73. Bericht III 63.

Δημητρία Διονυσίου,
γυνὴ δὲ Ἡρακλείδου.

Die Umwandlung des ει in ι, wie sie hier im Namen der zweiten Zeile vorliegt, ist seit

dem Ende des dritten Jahrhunderts v. Chr. nachweisbar; vergl. Blaß, Aussprache des Griechischen [3] S. 58.

211. Schriftfläche oben 0,355, unten 0,40 breit, 0,75 hoch; Buchstaben 0,15—0,18. Im Hause des Georgios Rallis in Pergamon (Inv. P 96).

Ξένων Ἀρτεμιδώρου·
χαῖρε.

212. Breit 0,35, Buchstaben 0,012; unten gebrochen. Gefunden October 1886 zwischen Bibliothek und Gebäudegruppe V der Hochburg (Inv. III 563. Bericht III 63).

Φιλτώ
Δημητρίου.

213. Breit 0,36, Buchstaben 0,010; unten gebrochen. Gefunden October 1886 am Nordabhang des Burgberges westlich vom Aquaeduct und noch am Fundorte Inv. P 104.

Μιθραδάτης Μιθραδάτου,
Μηνόδοτος Ἰνάχου·
χαίρετε.

Über den Namen Inachos s. oben zu Nr. 188.

214 216. Quadern. Standplatten und zugehörige Bruchstücke aus weifsem Marmor mit Reſten von drei Weihinſchriften, deren Buchſtaben nach Form, Gröſse 0.055 und Abſtand von einander vollkommen gleichartig ſind. Nach der Geſtalt der Werkſtücke ſind zwei Gruppen zu unterſcheiden.

Zu der erſten Gruppe gehören 214 und 215, über die Band II S. 42 ff. ausführlich gehandelt iſt, woſelbſt auch die gröfseren Stücke ſchon abgebildet ſind. Die Blöcke haben glatte Vorderſeite, ſind rings auf Anſchluſs gearbeitet und tragen auf der Oberſeite Klammerbettungen und Dübellöcher mit nach vorn gerichteten Guſskanälen. Ihre Höhe miſst 0.495—0.500, nur 214.I und D ſind 0.520 und 0.521 hoch; die Länge der vollſtändig erhaltenen Blöcke ſchwankt zwiſchen 0.691 bei 214.I und 1.300 bei 214 E F, die Tiefe zwiſchen 0.20 und 0.26. Nach Bohn a. a. O. können die Blöcke ſowohl als hochkantige Wandquadern eines Gebäudes, nämlich der Athenaſtoa, wie als Mittelſtücke einer gröſseren Baſis gedient haben. In letzterem Falle müſsten die Platten über einem beſonderen Unterbau mit mindeſtens einer Stufe und profilirtem Sockel geſtanden und gleichfalls profilirte Deckplatten getragen haben, ſo daſs die Vorderanſicht derjenigen von 216 ähnlich geweſen wäre. Nach den Fundorten gehören die Stücke jedenfalls zum Athenaheiligtum. 214.I Inv. II 74 iſt als Fufsbodenplatte des türkiſchen Thores am Eingang der Hochburg gefunden. 214 B, 215 C und E Inv. II 193. II 105 g, II 21 im Athenaheiligtum ſelbſt, 215 B und D II 57 und 58 ebenda auf den Stufen der Oſtſtoa. 214 D III 48 am Südabhang des Athenaheiligtums und 215 A III 187 auf der Sohle des Theaters. Die übrigen Stücke 214 C, E, F, G, H Inv. III 200, I 103, III 117, I 95, I 26 waren in der byzantiniſchen Mauer verbaut.

Die zu der zweiten Gruppe gehörigen Platten 216 A—E ſind gleichfalls ringsum auf Anſchluſs gearbeitet und tragen auf der Oberſeite Klammer- und Dübellöcher, haben aber auf der Vorderſeite oben und unten ausladende Profile und ſind 0.61 hoch. E iſt vollſtändig, 1.01 lang; A iſt rechts abgemeiſselt. ſo dafs die Stücke B und C offenbar noch zu dieſer Platte gehörten; C iſt rechts, D links erhalten. Die vollſtändigen Platten F, G, H gehören nach Gröſse und Profil zweifellos zu; auf ihnen iſt nur der Reſt einer ſpäteren Inſchrift erhalten, wie ſich eine ſolche auch auf A findet. Sie ſind 0.21 tief, 1.165, 1.04 und 0.793 lang und waren urſprünglich inſchriftlos. Auf der Oberſeite von E iſt nach hinten zu ein 0.58 langes Stück rechtwinklig ausgemeiſselt, offenbar als Bettung für eine hier eingreifende Platte. Dieſelben Ausmeiſselungen finden ſich auf den Stücken F, G, H. Die Werkſtücke dieſer Gruppe ſind jedenfalls Standplatten einer grofsen Baſis, deren urſprünglicher Aufſtellungsort im Athenaheiligtum zu ſuchen iſt. A, D und E Inv. I 93, 31, 183 ſind 1879 bei der Nordweſtecke des grofsen Altars gefunden. B und C Inv. II 105 h, 105 a Frühjahr 1880 im Athenaheiligtum, F, G und H Inv. II 92, III 168, II 92 a Juni 1881 und December 1883 im türkiſchen Eckturm oder dem Schutt desſelben an der Südweſtecke des Athenaheiligtums. — Nr. 214 bei Conze, Monatsberichte der Berliner Akademie 1881 S. 872 Dittenberger, Sylloge 235; Nr. 216 Bericht I S. 77 f. Abbildungen 1:20.

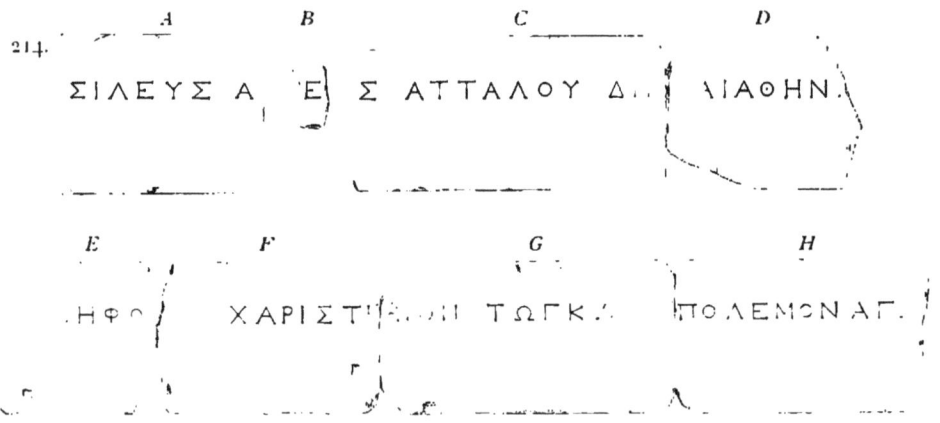

214.

ΣΙΛΕΥΣ Α Ε] Σ ΑΤΤΑΛΟΥ Δ. ΛΙΑΘΗΝ

.ΗΦ°] ΧΑΡΙΣΤ. ΙΙ ΤΩΓΚ. ΠΟΛΕΜΟΝ ΑΓ.

Βαſιλεὺς Ἄτταλος βαſιλέ[ω]ς Ἀττάλου Δι[ὶ κ]αὶ Ἀθηναι Νικηφόρωι χαριστήριον τῶν κατὰ πόλεμον ἀγώνων.

215.

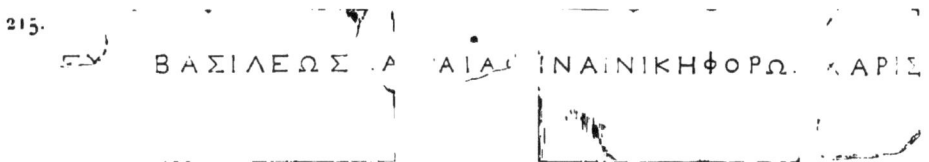

ΒΑΣΙΛΕΩΣ Α ΑΙΑ ΙΝΑΙΝΙΚΗΦΟΡΩ ΑΡΙΣ

Βασιλ]εὺ[ς Ἀτταλος] βασιλέως Ἀττάλου Διὶ κ]αὶ Ἀθη]νᾶι Νικηφόρωι χαρισ]τήριον τῶγ κατὰ πόλεμον ἀγώνων.

216.   Α   Β C   D   E

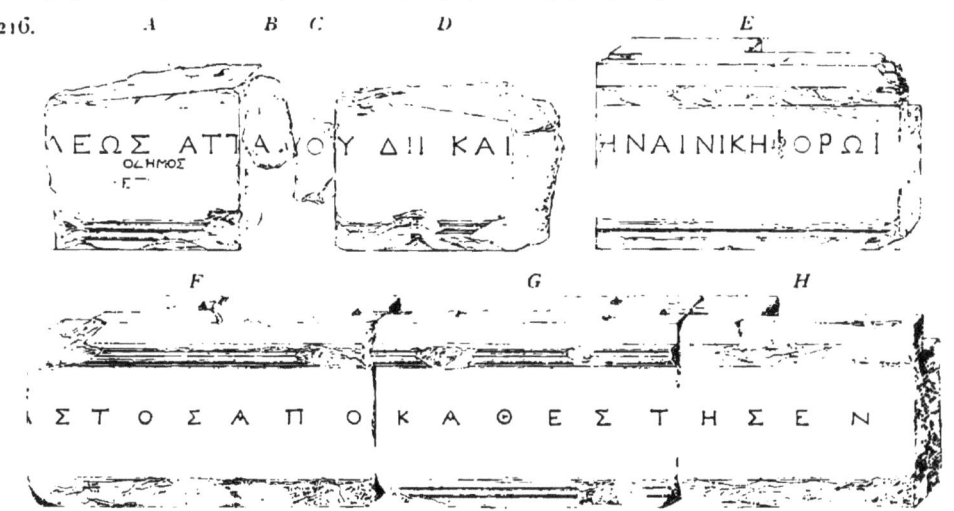

a) Βασιλεὺς Ἀτταλος βασι λέως Ἀττά λ ου Διὶ καὶ Ἀθ]ηναι Νικηφόρωι [χαριστήριον τῶγ κατὰ πόλεμον ἀγώνων.

b) - - Σεβα]στὸς ἀπυκαθέστησεν.   c) Ὁ δῆμος
                                                    ἐτ[ιμησεν.

Da Nr. 216 ficher einer Statuenbafis ange-hörte, fo wird es eines ganz zwingenden Grun-des bedürfen, um für die fowohl im Wortlaut als in allen Äufserlichkeiten der Schrift voll-kommen übereinllimmenden, unzweifelhaft in demfelben Heiligtum aufgeltellten Weihungen 214 und 215 eine andre Verwendung zu er-weifen, als dafs fie von den Bafen zweier anderer plaltifcher Schlachtendenkmale König Attalos' II. herrühren, welche mit dem erllen gewifs zu einer Gruppe zufammengeordnet waren. Sich Nr. 214 und 215 als Teile einer einzigen Bafis zu denken liegt kein Anlafs vor: es waren zwar fehr grofse, an 8 Meter lange Denkmäler, aber es verliert doch das in Bd. II diefes Werkes S. 42 wegen der übermäfsigen Ausdehnung der Bafis er-hobene Bedenken fein entfcheidendes Gewicht. Die dort auf Grund der tektonifchen Übereinf-flimmung der Quadern verteidigte Möglichkeit, dafs die Infchriften der Rückwand der Athena-

lloa angehört hätten, würde zwar zu dem Man-gel nachweisbarer Deckglieder wie auch einer Standfpur oder Fundamentierung gut paffen, unterliegt aber vom epigraphifchen Standpunkte aus den gröfsten Schwierigkeiten. Denn was follte dann der Gegenltand diefer Weihungen gewefen fein? Die Hallen felbll dafür zu neh-men entfpräche zwar fowohl der Gröfse der Infchriften als auch ihrer doppelten Anzahl; allein wenn die Hallen eine befondere Weih-infchrift getragen hätten, was oben (zu Nr. 150) nur unter der Vorausfetzung eines von dem des Eingangsthores verfchiedenen Bauherrn für glaubhaft erklärt wurde, fo könnte nur die Epiltyl-infchrift Nr. 150 diefe Dedication fein; ganz aus-gefchloffen ill jedenfalls, dafs erll Attalos II. eine Stoa erbaut hat, deren Thor urkundlich (Nr. 149) fchon Eumenes II. errichtet hat. Es ill daher a. a. O. mit Recht diefe nur fcheinbar nahe-liegende Beziehung nicht erörtert, vielmehr ill

S. 47, obwohl nur als an eine fehr unbeftimmte Möglichkeit an die in kleinen Nifchen aufgeftellten Kunftwerke (f. Bd. II Taf. 28) gedacht worden; allein bei der Ausdehnung der Infchriften müfste man jede derfelben auf mehrere Nifchen beziehen, was jedoch der Singular χαριστήριον kategorifch verbietet (vergl. oben Nr. 21 und 29). Fabricius nahm als Gegenftand der Weihungen 214 und 215, unter der Vorausfetzung ihrer Zugehörigkeit zur Stoawand, auf Grund von Paufanias 1, 4, 6 grofse Schlachtengemälde an (f. oben zu Nr. 39): eine Vermutung, deren abftracte Möglichkeit zuzugeben ift, die jedoch als Vorausfetzung dreier anderer Vermutungen bedarf, nämlich dafs das von Paufanias genannte Gemälde fich gerade in der Athenaftoa befand, dafs dort mindeftens noch ein weiteres Gemälde vorhanden war und dafs diefe Schlachtenbilder erft von Attalos II. herrührten. Der nötige zwingende Grund, um von der einfachften Annahme abzugehen, ift alfo auch hiermit keineswegs beigebracht.

Nr. 216 ift nach dem Zeugnis von 216 b von einem Caesar reftituirt worden: das Theta in ἀποκαθέστησεν gewährt ein weiteres Beifpiel für die zu Nr. 5 Z. 11 und Nr. 13 Z. 20 belegte Erfcheinung. 216 c ift übrig von einer Ehreninfchrift, zu welcher der Stein benutzt worden ift oder vielleicht nur benutzt werden follte, da ihre weiteren Zeilen wieder abgemeifselt worden find.

217. Weifser Marmor, ringsum gebrochen, 0,135 breit; Buchftaben 0,025. Gefunden Herbft 1884 im Theater Inv. III 294. Abbildung 1:7,5.

ΑΤΤ

Βασιλείς Ἀττ[αλος βασιλέως Ἀττάλου - -

218. Runde Bafis von weifsem Marmor 0,64 hoch, 0,50 Durchmeffer: Buchftaben 0,020—0,025. Gefunden März 1884 im Theater Inv. III 193. Am obern Rande Reft eines Profils, auf der Oberfeite Standfpuren. Der rechte Teil der Infchrift ift abgemeifselt. Abbildung der Infchrift 1:7,5.

ΒΑΣΙ . Χ
ΒΑΣΙΛ Ω
ΑΦΡΟΔΙ .

Βασιλ[ε]ὺς Ἀτταλος
βασιλ[έ]ως Ἀττάλου
Ἀφροδ[ίτηι - -

Die Beziehung auf Attalos II. ift durch die Schriftformen veranlafst. Hinter dem Namen der Göttin ftand vermutlich ein Beiname derfelben.

219. Bruchftücke von weifsem Marmor; Buchftaben in der erften Zeile 0,055, in den beiden anderen 0,045. A ift 0,15 breit und oben erhalten. B 0,35 breit, rechts erhalten. A II 158 ift November 1880 im Athenaheiligtum gefunden, B Juni 1881 nordweftlich vom grofsen Altar (Inv. II 61). Schlechte dünne Schrift. Für die Zufammengehörigkeit der beiden Stücke fpricht neben der gleichen Schriftart und Buchftabengröfse auch die bei beiden gleiche Körnelung der Oberfläche. Abbildung 1:10.

A   B

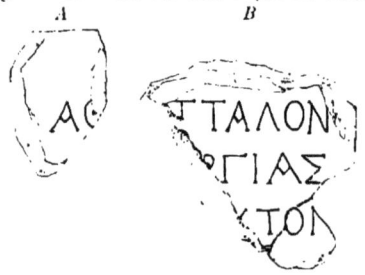

Ἀθ[ηναιος βασιλέα Ἀ]τταλον
τὸν ἀδελφὸν φιλοστορ]γίας
ἕνεκα της εἰς ἑαυ]τύν.

oder

Ἀθ[ηναιος βασιλέως Ἀττάλου Ἀ]τταλον
τον ἑαυτοῦ ἀδελφὸν φιλοστορ]γίας
καὶ εὐνοίας ἕνεκα της εἰς ἑαυ]τόν.

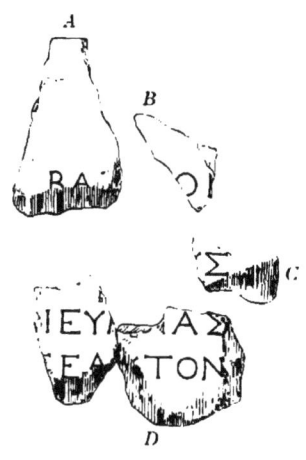

220. Bruchſtücke einer Platte aus weiſſem Marmor, wahrſcheinlich von der Standplatte eines Bathron. Die Breite der Stücke beträgt bei *A* Inv. III 366 0,13, hier iſt noch ein Stück der glatten Oberfläche erhalten; bei *B* Inv. III 112 0,09, bei *C* Inv. III 364 0.110. bei *D* Inv. III 274 360 0.26. Die Fragmente ſind von October 1883 bis April 1885 ſämtlich im Theater gefunden worden. Abbildung 1 : 7.5.

Βασ[ιλέα Ἄτταλ]ον |βασιλέως Ἀττάλου?
ὁ δεῖνα τοῦ δεῖνος - - ε υς
ἀρετῆς ἕνεκεν καὶ εὐνοίας
τῆς εἰς; ἑαυτόν.

Die Inſchrift glich in der Faſſung vollkommen Jenen vom Denkmal des Menogenes (oben Nr. 171 ff.); wie dieſer ſcheint der Dedicant am Schluſſe von Z. 2 auch ſeinen Amtstitel (etwa γραμματ]εὺς) hinzugefügt zu haben. Nach Fabricius' Anſicht läſt die Schrift, welche der Nr. 60 nahe ſteht, auch die Beziehung auf Attalos I. zu. Das Ny der 1. Zeile iſt ſicher.

---

221. Block von bläulichem Marmor, 0,246 hoch, 0,245 tief; Buchſtaben in Z. 1 und 2 0.018. in Z. 3 0,022, in Z. 4 und 5 0,011—0,012. Gefunden Mai 1884 in der byzantiniſchen Mauer öſtlich Inv. III 210. Bei ſpäterer Wiederbenutzung wurde die alte Oberſeite zur Vorderſeite und erhielt ein kleines Profil, die Inſchriftfläche zur Oberſeite mit Dübelloch. Links roh abgemeiſelt. rechts Bruch. Abbildung 1 : 5.

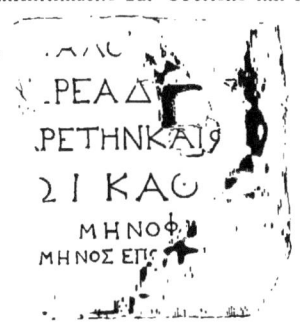

Βασιλεὺς Ἄττ̣αλο̣ς̣ βασιλέως Ἀττάλου
τὸν δεῖνα, ἱε]ρέα Δ̣ιονύσ]ου Καθηγεμόνος, δι' ἀ]ρετὴν καὶ φιλανθρωπίαν
Διονύσωι Καθηγεμόνι.
    5 Ὁ δεῖνα Μηνοφ̣άνου oder άντου
Περγα]μηνὸς ἐπόηѕεν.

Der Reſt nach dem Phi in Z. 5 ſtammt ſicher von Α.

Sowohl der Name Μηνοφάνης wie Μηνύφαντος ſindet ſich in Pergamon: der erſtere auf Münzen des Caligula, ſ. Mionnet II S. 596 Nr. 550; der zweite C. I. Gr. 3554. oben Nr. 171 ff.

---

222. Platte von weiſſem Marmor aus zwei Stücken, 0.215 hoch, oben 0.075. unten 0.105 dick. Buchſtaben 0.002. Gefunden Ende 1878 und Anfang 1881 in der byzantiniſchen Mauer weſtlich Inv. I 22 und II 117 rechts gebrochen. Schrift nicht ſorgfältig. Abbildung 1 : 7.5

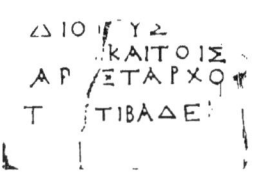

Διο̣νύσωι Καθηγεμόνι
καὶ τοῖς - - -
Ἀρ̣ίσταρχος̣ τοῦ δεῖνος.
Τ .. ο]τιβαδεῦ - -

Die letzte Zeile ſcheint in einem Verſe den Anlaß der Weihung angegeben zu haben: Aristarchos mochte es dem »führenden« Dionysos zu danken glauben, daß er in einer Notlage eine Streu als Lager antraf. Am Schluſſe der zweiten Zeile kann τοῖς Σατύροις geſtanden haben, doch ſinden ſich aus römiſcher Zeit in

Pergamon Weihungen, die dem Dionysos Kathegemon in Gemeinſchaft mit einem Thiaſos dargebracht ſind; vielleicht war dies auch hier der Fall: es läſt ſich wohl denken, daß der Gott an einem den Thiaſoten gebührenden Danke der bezeichneten Art beteiligt werden ſollte.

223. Standplatte eines Bathron von bläulichem Marmor; 0.505 breit, 0.48 hoch, 0.225 tief; Buchstabenhöhe, zeilenweise ziemlich stark wechselnd, 0.020—0.028. Gefunden März 1884 auf der Sohle des Theaters Inv. III 189. Bericht III 60. Beide Seitenflächen glatt, oben ein Dübelloch und zwei nach hinten gehende Klammerbettungen; die erhaltene Platte bildete somit die Breite der Basis, die sich nach hinten weiter ausdehnte. Abbildung 1:10.

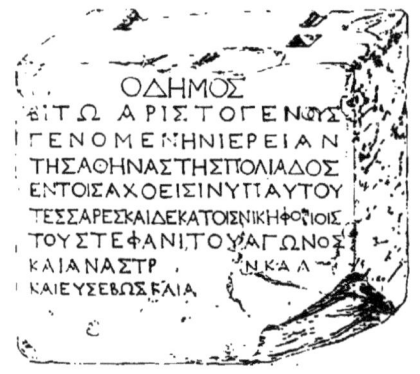

Ὁ δῆμος
Βιτὼ Ἀριστογένους,
γενομένην ἱέρειαν
τῆς Ἀθηνᾶς τῆς Πολιάδος
5 ἐν τοῖς ἀχθεῖσιν ὑπ' αὐτοῦ
τεσσαρεσκαιδεκάτοις Νικηφορίοις
τοῦ στεφανίτου ἀγῶνος
καὶ ἀναστρεφομένην καλῶς
καὶ εὐσεβῶς καὶ ἀξίως τῆς θεᾶς.

Die 14. Nikephorien umfassen die Jahre 157 und 156, s. oben zu Nr. 167.

Der Name Βιτώ findet sich in der Pfälzer Anthologie XI 196; vergl. Βίτος unten Nr. 230, Βίτος Λύστωιεκ ὁ Γαλάτης auf einer Inschrift aus Alexandrien, American Journal of archaeology III 265; Βίττος (Aitoler) Bullet. de corr. hellén. VII 421; Βίτις C. I. A. II 3554; Βίτων z. B. Bullet. de corr. hellén. II 605 (Kibyra); Βιτίων in Thasos C. I. Gr. 2161; Βίτα C. I. Gr. 2014 aus Kallipolis in Thrakien, wozu Böckh bemerkt: »Βίτα nomen simile nominibus Βιττώ, Βίτιον, Βιττίς.«

Dass unsere Inschrift mit der Erteilung des blofsen Beinamens Polias an Athena fast allein steht, ist oben zu Nr. 150 bemerkt. — Zu Z. 5 ὑπ' αὐτοῦ vergl. in dem aitolischen Decret über die Anerkennung der Nikephorien Bullet. de corr. hellén. V 372 (Dittenberger Syll. 372) Z. 6 ἐπεὶ βασιλεὺς Εὐμένης - - - κέκρικε τιθέναι ἀγῶνας καὶ θυσίας τᾶι Ἀθάναι τᾶι Νικαφόρωι μετὰ τῶν ἀδελφῶν καὶ τοῦ δάμου τῶν Περγαμηνῶν.

Z. 2 hat auf dem Steine eine Correctur erfahren.

A

-ΔΩΡΟΥΓΝΩΜΗΣ...
.ΥΟΣΤΟΥΒΑΣΙΛΕΩΣΕΝΤΕΤΟΥ...
.ΛΑΣΧΡΕΙΑΣΠΑΡΕΙΣΧΗΤΑΙΤΩΙΤΕΒΑΣΙ...
.ΣΑΓΑΘΟΥΠΑΡ...ΟΣΓΙΝΟΜΕΝΟΣΚΑΙΕΝΠΑΣΙΝΑ...
5 ΕΩΣΑΝΑΣΤΡΕΦΟΜΕΝΟΣΤΗΣΜΕΓΙΣΤΗΣΤΙΜΗΣΚΑΙ...
ΟΛΥΔΕΤΩΝΚΑΘΕΑΥΤΟΝΣΥΝΕΣΕΙΚΑΙΓΑΛΑΔΕΙΑΙΠΡΟΑΤΩΝ
ΟΙΣΑΛΛΟΙΣΕΝΤΡΟΠΗΣΚΑΔΟΣΗΣΔΙΚΑΙΟΣΕΤΥΓΧΑΝΕΝΤΑΡΑΔΕ
...ΛΕΙΠΡΟΕΔΡΙΑΣΚΑΙΤΙΜΗΣΤΗΣΠΡΩΤΗΣΜΕΤΕΙΧΕΝΑΜΕΜΠΤΙΜΟΙΡΗ...
...ΝΠΑΣΙΝΓΕΓΕΝΗΜΕΝΟΣ ΛΕΥΔΟΚ...Π.ΩΣΕΝΤΑΙΣΧΡΕΙΑΙΣΑΠΑΣΑΙΣΚ...
10 .ΣΜΗΚΕΤ ΝΛΙΤΟΥΤΕ ΡΤΗΥΧΑΛΛΙΣΤΙΥΠΑΡΡΗΣΙΑΙΤΗΝΤΕΠΑΤΡΙΔΑΣΤΙ
ΔΟΝΟΣ ΩΝΕΦΕΑΥΤΟΙ ΔΙΑΤΕΡΕ ΝΠΑΡΑΤΑ ΣΑΛΛΑΣΠΟΛΕΙΣΕΝΤΑΙΣΚΑΤΑΤΙ
.ΟΛΤΕ ΑΝΟΙΚΟΝΟΜΙΑΙΣΤΑΜΕΣ... ΑΡΑΣ.ΣΥΜΕΝΑΕΙΣΗΓΗΣΑΜΕΝΟΣΕΠΙΤΙ
ΥΠΙΦΕΡΟΝΤΙΔΙΟΡΘΩΣΕΝΤΑΔΕΛΟ ΓΑ...ΛΟΥΣΣ...ΤΟΙΣΝΟΜΟΙΣΣΥΝΕΡΓΕΙ
ΥΣΕΝΕΦΟΙΣΕΝΥΚΑΦ ΣΤΗΣΑΔΙΚΗΝ Σ... ΤΑΣΚΑΙΕΝΔΟΞΟΤΑΤΙ
15 .ΥΗΣ ΣΑ ΟΤ .ΛΣΙΝΛΜΥ ...ΤΟΤΩ ΟΝΤΑΛΡΟΙΝΠΑΡΑΤΟΝΓΝΟΙΤΟ...
.ΤΟ ΥΠΑΣ ΙΧΛΑΕ ΣΛΛΥΙΚΛΣ.. Λ... .ΝΟΝΛ ΑΜΕ ΝΗ .ΔΕΑΜΕΝΑΤΙΜ.
...ΝΟΣΕΛΣΙΑ ΥΣΑΤΤΑΛ... ΛΛΑ.ΑΦ Κ.ΛΕΥΕ ΕΣΕΝΤΟ.ΣΑΝΑΓΚΑ
...ΤΟΙΣΚΛ ΣΛ.Σ ΣΑΣΤΗΝ.ΤΕΙΤΕ. Λ... Τ ΤΩΙ ΣΤΕΦΑΝΘΕΙΑΝ
..Λ...ΥΣ ΕΛ.ΠΕΣΤΕΣ ΣΕΝΑΥΤΟΝ ΚΑΤ.ΟΟΙ ΛΙΧΙΡΟΝ ΕΝΔΕ ΣΗΤΑΙ ΑΣΙΣ
... ΕΡΛΙ ... ΤΟ Σ ΕΠΛΙ ΑΤΙΝ Λ Ν Τ.ΛΑΟΥΣΑΜΥΤΙ ΙΑ ΝΚΑ ΕΥΕΡΓΕΣ
... .ΡΟΣ ΤΟΝΣΑΣ ΛΙ..Ι... ΩΣ ΕΝ ΑΡΣΚ ΣΕΡ ΑΥ ΤΟ ΣΑΜΥΝΛΣΟΛ
ΝΤΑ ..Τ.ΟΛΝ ΑΡ ΣΙΝ ... ... ΝΠΑΣΙΕΑΝΕΣ.ΟΣΤΗ ΤΥΣ...

B

.ΜΕΛ...
.ΠΡΑΓΜ ΕΝ...
.ΣΚΑΡΤΕΡΙ...
.ΗΤΕΝΤ...
.ΤΟΝΘΟΟ.'
.ΝΙΚΑ Θ..

224. Zwei Bruchstücke einer Stele aus weifsem Marmor; das gröfsere A 0.045 breit, 0,12 dick, oben und unten gebrochen; Buchstaben 0.010, Zeilen 0,018. Stellenweise vollständig verrieben. Das kleine 0.07 breite Fragment B erscheint wegen der gleichen Dicke sowie der gleichen Schriftart und gleichen Buchstaben- und Zeilenhöhe zugehörig. A Inv. II 70 ist December 1880 im Athenaheiligtum, B III 275 October 1884 im Theater gefunden worden. Abbildung 1:5.

Fragment A.

Ἐπὶ πρυτάνεως .. ˙ ὑδώρου˙ γνώμη σ⌊τρατηγῶν˙ ἔγνω δῆμος˙ ἐπεί . . .

. . . σύντροφ⌋ος τοῦ βασιλέως ἔν τε τοῖ⌊ς ἀναγκαιοτάτοις καιροῖς
σπουδ⌋αίας χρείας παρείσχηται τῶι τε βασιλ⌊εῖ καὶ τῶι δήμωι
παντ⌋ὸς ἀγαθου παραίτιος γινόμενος καὶ ἐν πασιν κα⌊ιροῖς ἀμέμπτως
5 καὶ ἀδ⌋εῶς ἀναστρεφόμενος τῆς μεγίστης τιμῆς καὶ ⌊αἰδοῦς ἠ-
ξιωῦτ⌋ο, πολὺ δὲ τῶν καθ᾽ ἑαυτὸν συνέσει καὶ παιδείαι προάγων ⌊παρὰ
μὲ⌋ν τοῖς ἄλλοις ἐντροπῆς καὶ δόξης δικαίως ἐτύγχανεν, παρὰ δὲ ⌊τῶι
βα⌋σιλεῖ προεδρίας καὶ τιμῆς τῆς πρώτης μετείχεν, ἀμεμψιμοίρητ⌊ος
δὲ⌋ ἐν πᾶσιν γεγενημένος καὶ εὐδοκι⌊μη⌋κὼς ἐν ταῖς χρείαις ἁπάσαις κ⌊ε-
10 κ⌋όσμηκε τὸν αὑτοῦ ⌊β⌋ίον τῆι καλλίστηι παρρησίαι τήν τε πατρίδα σπε⌊ύ-
δων, ὅσ⌊υ⌋ν ἐφ᾽ ἑ⌊α⌋υ⌊τ⌋ῶι, διαφέρειν παρ⌊ὰ τὰ⌋ ἄλλας πόλεις ἐν ταῖς κατὰ τ⌊ὴν
π⌋ολιτείαν οἰκονομίαις, τὰ μὲν ⌊π⌋αραλελειμμένα εἰσηγησάμενος ἐπὶ τῶ⌊ι
σ⌋υνφέροντι διώρθωσεν, τὰ δὲ λο⌊ι⌋πὰ ⌊ἀ⌋κ⌊ο⌋λούθω⌋ς τοῖς νόμοις συνεπεῖ ..ˉ
. υσεν, ἐφ᾽ οἷς εὐχαριστήσας ὁ δῆμος α⌊ὐ⌋τῶι τὰς καλλίστας καὶ ἐνδοξοτάτα⌊ς ἐ-
15 ψ⌋ηφίσα⌊τ⌋ο τιμ⌊ά⌋ς, ἵνα μὴ μόνον ἐν τῶι π⌊αρ⌋όντι καιρῶι ἡ παρὰ τῶν πολιτῶ⌊ν
α⌋ὐτῶι ὑπάρχ⌊ηι⌋ χάρις, ἀλ⌊λ⌋ὰ κα⌊ὶ ε⌋ἰς ⌊τὸ⌋ν ⌊ἀ⌋εὶ χρόν⌋ον δ⌊ι⌋αμε⌊ί⌋νη ⌊τὰ⌋ δεδομένα τιμ-
⌊ι⌋α, καὶ ὁ βασιλ⌊ε⌋ὺς Ἄτταλο⌊ς⌋ φιλ⌊ά⌋δ⌊ε⌋λφ⌊ος⌋ κ⌊α⌋ὶ εὐε⌊ρ⌋γ⌊έ⌋τη⌊ς⌋ ἐν τοῖς ἀναγκαιο-
τ⌋άτοις καιροῖς πιστεύσας τὴν ⌊ὑ⌋πὲρ τῶ⌊ν⌋ κοι⌊νῆ⌋ συ⌊ν⌋φ⌊ερόν⌋τω⌊ν⌋ πρεσβείαν ⌊πρὸς
Ῥ⌋ωμαίους ⌊ἐ⌋ξαπέστειλεν αὐτόν, ἵν᾽α⌋ τοὺς ⌊μ⌋ὲν ⌊ἐ⌋χ⌊θ⌋ρού⌊ς⌋ ἐνδείξηται ⌊ἀ⌋σε⌊β⌋ῶς
20 κ⌋εχρησ⌊μ⌋(έ)νους τοῖς πράγ⌊μ⌋ασιν, ⌊τὴ⌋ν δὲ ὑπ⌊άρχουσα⌋ν⌋ εὔνο⌊ι⌋αν καὶ εὐεργεσί-
αν π⌋ρὸς τὸν βασιλέα ἀ⌊ν⌋αν⌊ε⌋ωσ⌊άμ⌋εν⌊ος⌋ πα⌊ρ⌋α⌊κ⌋αλέ⌊σηι⌋ αὐ⌊τ⌋ο⌊ὺ⌋ς ἀμύνασθαι
τὸ⌋ν παι⌊ρας⌋πόνδως ⌊κ⌋ατα- - - - - - - - - - - - - ἐ⌋νδ⌊ε⌋ιξά⌊μ⌋ε⌊ν⌋ος τῆι συ⌊γ⌋κλή-
⌊τωι - - - -

Fragment B.

ἐπὶˉμελⲎθ -
πε˙πραγμέν -
- ο⌋ις καρτερη⌊σ -
μⲎⲚτ᾽ ἐν τ - -
5 ἐⲋκⲎπ⌋τονⲎ᾽ ὅτ⌊ι
κα⌋ὶ καⲑⲩ⌊βρι - -
- - ος

Es ist nicht unmöglich, daß der in diesem
Decret Geehrte Andronikos ist, von dem wir
wissen, daß Attalos II. ihm zweimal eine Ge-
sandtschaft nach Rom anvertraute (vgl. Z. 18ff.).
Auf die erste, von Polybios 32, 26 erwähnte kann
das in der Inschrift erteilte Lob sich indessen
schwerlich beziehen, da sie ihren Zweck nicht
erreichte: es bedurfte erst noch der Entsendung
des Athenaios, Attalos' Bruder, um den Senat zum
Einschreiten gegen die Gewalttaten Prusias' II.
zu bestimmen. Erfolgreich war dagegen Andronikos auf seiner zweiten uns bekannten Ge-
sandtschaft, da er die Bemühungen des Prusias
sich seiner vertragsmäßigen Verpflichtungen (vgl.
Z. 22) zu entledigen vereitelte (s. zu Nr. 225):
nach Appian Mithridat. 4 bewies Andronikos

dem Senate, daß die dem Prusias auferlegte
Strafsumme geringer sei als der durch seine
Räubereien verursachte Schaden; diese Gesandt-
schaft fällt in das Jahr 151 oder 150. Zur Er-
möglichung dieser Beziehung genügt die Annahme, daß das ἀμύνασθαι in Z. 21 sich auf die
kriegerische Verwickelung mit Prusias bezieht,
die schon befürchtet wurde; eingetreten war
sie nach unserer Kenntnis noch nicht.

Z. 1. Ἐπὶ πρυτάνεως ist viel wahrscheinlicher wie ἐπὶ ἱερέως; vergl. oben zu Nr. 5
Z. 15 f. Es sind dann nicht mehr wie 2 Buchstaben vom Namen verloren gegangen, der also
vermutlich Θεὐδώρου oder Διοδώρου gelautet hat.

Z. 2. σύντροφος τοῦ βασιλέως vergl. oben zu
Nr. 179.

Z. 6 Anfang. ΟΠ sah Humann noch erhalten, ebenso zu Anfang von Z. 7 den Rest
des N und des T.

Z. 8. ἀμεμψιμοίρητος »untadelig«. Das Wort
scheint neu; doch findet sich μεμψιμοιρεῖν seit
Polybios (18, 31 ,48], 7; 23, 13 [22, 17], 8;
1, 60, 9 auch das Adjectivum verbale μεμψι-
μοιρητέος) ebenso im bloßen Sinne von »tadeln«,
»Vorwurf erheben«. Dagegen ist der Begriff

von μοιρα unabgeſchwächt erhalten in dem wie unſer ἀμεμψιμοιρητος mit dem Alpha privativum gebildeten Adjectiv ἀμεμψίμοιρος »ſein Loos nicht beklagend«, »zufrieden«, das der Theſaurus aus Marc. Anton. 5, 5 und Teles περὶ ἀπωθείας (p. 42, 16 Henſe) bei Stobaeus Floril. 108, 83 anführt.

Z. 10. εἰσηγησάμενος »durch ſeine Anträge«. Es wird in loyaler Weiſe nicht unterlaſſen anzudeuten, daſs dem Beamten nur der Vorſchlag, die Beſtimmung dem Könige zuſteht.

Z. 13. Am Schluſs iſt hinter dem EI noch eine ſchräge Haſta; das Wort iſt nicht gefunden worden.

Z. 16. 17. τὰ τίμια »Ehrenerweiſungen«, z. B. Polybios 6, 9, 8 ἐκκλειώμενον (τὸ πλῆθος) δὲ διὰ πενίαν τῶν ἐν τῇ πολιτείᾳ τιμίων. Unten Nr. 248 Z. 59.

Z. 17. φιλάδελφος. Dieſen Beinamen Attalos' II. bezeugen Strabo p. 641 C, Lukian Ma-

krob. 12, C. I. Gr. 2139b. 3070, zwei Inſchriften aus dem thrak. Cherſones bei Mommſen Hermes IX 117 (Dittenberger, Syll. 224. 225), Inſchrift von Hierapolis (vergl. oben zu Nr. 43—45; inzwiſchen veröffentlicht Jahrbuch d. archaeol. Inſt. 1889, Anzeiger S. 86), unten Nr. 249 Z. 23. Zum Beinamen εὐεργέτης ſ. oben zu Nr. 18 Z. 35.

Z. 18. Nur κοινῇ ohne Iota adscriptum hat Platz, nicht κοινῶς, wie auch in Z. 16 das ſtumme Iota von διαμείνη nicht geſchrieben ſein konnte.

Z. 20. In κεχρησμένους hat der Steinmetz ein Epsilon ausgelaſſen. Vermutlich beruht auch das Sigma der zweiten Silbe nur auf Verſehen; die Form κεχρησμένος ſcheint nur in der Bedeutung »geweisſagt« überliefert zu ſein, z. B. Herodot 4, 164 und 7, 141.

---

225. Standplatte von der linken Ecke eines Bathron aus weiſsem Marmor. 0,965 breit, 0,555 hoch, 0,21 tief; Buchſtaben der erſten beiden Zeilen 0,035, der folgenden 0,030. Gefunden September 1880 in der Südoſtecke des Athenaheiligtums Inv. II 37. Bericht II 49). Rechts Stoſsfuge, links glatt und für eine rechtwinklig anſchlieſsende Platte hinten 0,23 breit ausgetieft und geglättet; oben Dübel- und Klammerlöcher. Factimile bei Conze, Monatsber. d. Akad. 1881 Taf. III B zu S. 869. Abbildung 1:10.

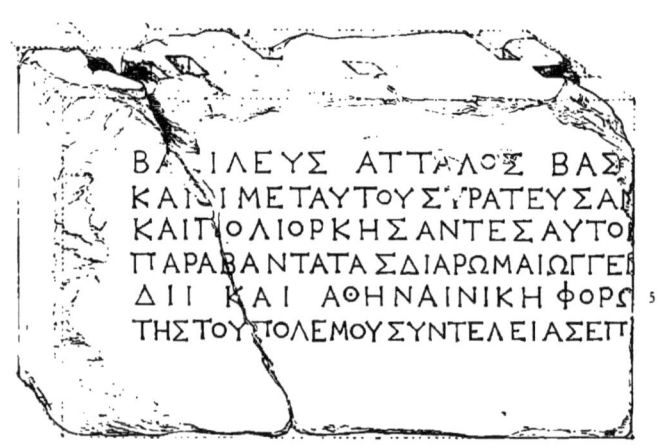

Βασιλεὺς Ἄτταλος βασ[ιλέως Ἀττάλου
καὶ οἱ μετ' αὐτοῦ στρατεύσα]ντες πρὸς Προυσίαν
καὶ πολιορκήσαντες αὐτὸ]ν ἐν Νικομηδείαι,

παραβάντα τὰς διὰ Ῥωμαίω]ν γε[νομένας συνθήκας,
5 Διὶ καὶ Ἀθηνᾶι Νικηφόρωι] χαριστήριον
τῆς τοῦ πολέμου συντελείας, ἐπ[ικρατήσαντες.

Die Beziehung auf Prusias hat schon Conze bei der erften Mitteilung der Infchrift vermutet. Urlichs (Pergamenifche Infchriften S. 19) hat dann bemerkt, dafs fich die Infchrift mit Wahrfcheinlichkeit auf die Ereigniffe beziehen läfst, über welche uns ein zufammenhängender Bericht bei Appian Mithrid. 3—7 vorliegt. Prusias II. von Bithynien hatte um das Jahr 156 v. Chr. einen Einfall in das Gebiet Attalos' II. gemacht; als römifche Legaten die beiden Könige mit je 1000 Reitern an einen beftimmten Ort entbieten, um zwifchen ihnen zu vermitteln, geht Prusias fcheinbar auf diefe Aufforderung ein, erfcheint aber mit feinem ganzen Heere, mit dem er, nachdem Attalos und die römifchen Gefandten entflohen find, das pergamenifche Nikephorion verwüftet, feine Tempel verbrennt und Attalos in feiner Hauptftadt belagert. Er macht dann vergeblich einen Angriff auf Elaia, geht mit der Flotte nach Thyatira und plündert die Heiligtümer der Artemis in Hiera Kome und des Apollon Kyneios bei Temnos (Polyb. 32, 27 [25]). Auf die Kunde hiervon fendet der Senat drei neue Legaten, welche einen Vertrag herbeiführen: Prufias foll dem Attalos fofort 20 Kriegsfchiffe übergeben und innerhalb 20 Jahren 500 Talente Silbers zahlen (Polyb. 33, 13 [11]). Der Erfüllung diefer Beftimmungen fuchte fich Prusias fpäter zu entziehen, indem er feinem Sohne Nikomedes, den er feiner Beliebtheit wegen nach Rom entfernt hatte, aufgiebt den Senat um den Erlafs des noch rückftändigen Teils der Straffumme zu bitten. Dies wird jedoch auf die Vorftellungen von Attalos' Gefandten Andronikos abgefchlagen (vergl. zu Nr. 224), für welchen Fall Prusias feinen Gefandten Menas beauftragt hatte den eignen Sohn zu ermorden. Menas aber fetzt fich mit Nikomedes gegen Prusias in Einvernehmen und beide ziehen Andronikos hinzu, der den Jüngling nach Pergamon geleitet. Attalos nimmt ihn freundlich auf und fällt, als Prusias feine Vermittelung zu Gunften des Nikomedes mit Hohn erwidert, mit diefem in Bithynien ein, wo die Bürger fich auf ihre Seite ftellen. Prusias wirft fich mit 500 ihm von feinem Schwager Diegylis zur Hilfe gefandten Thrakern auf die Akropolis von Nikaia, im Vertrauen auf den Beiftand der Römer, bei denen fich fich beklagt hatte.

Als aber die von Rom gefandten Legaten die Beilegung des Krieges fordern, finden fie zwar Attalos und Nikomedes bereitwillig, ziehen aber ab, da die Untertanen des Prusias erklären, dafs fie feine Rohheit nicht mehr ertragen können. Nun geht Prusias nach feiner Hauptftadt Nikomedeia, um fie zu befeftigen; die Bewohner öffnen jedoch den Feinden die Tore und er wird im Heiligtum des Zeus auf Befehl feines Sohnes niedergeftofsen. In der Epitome des Livius Cap. 50 heifst es: *a Nicomede filio adiuvante Attalo rege Pergami occisus est.* Dies fällt in das Jahr 149 v. Chr., f. Clinton, Fasti Hellenici III p. 418.

Dafs die von Prusias verletzten Verträge auf Veranlaffung der Römer gefchloffen waren, wird in der Weihinfchrift als eine Verfchärfung feiner Schuld hervorgehoben: es wirft dies auf die damalige Stellung des pergamenifchen Reiches zu Rom ein helles Licht.

Z. 4 ift von Conze ergänzt (Bericht II 49). Urlichs fchreibt am Ende von Z. 3 ἐν Νικαίαι, Z. 5 ἔστησαν, Z. 6 ἐπ[αθλον. Gegen alle diefe Ergänzungen macht zunächft fchon bedenklich, dafs fie die durch Z. 1 geficherte Zeilenbreite nicht füllen, während die pergamenifchen Weihinfchriften fehr forgfältig auf gleichmäfsige Zeilenanordnung zu halten pflegen. Aufserdem ift nirgends überliefert, dafs Prusias in Nikaia belagert worden ift; gegen ἔστησαν fpricht, dafs in den erhaltenen königlichen Votiven von Pergamon niemals ein Verbum mit dem Begriffe des Weihens fteht; gegen ἔπαθλον, dafs das Wort in der Bedeutung des Dankpreifes für Götter nicht vorkommt. Für Z. 6 ift eine nach Raum und Sinn gleich paffende Ergänzung wie die eingefetzte nicht gefunden worden: der von dem Weihenden gewählte Ausdruck, dafs er den Göttern »für das Ende des Krieges« dankt, bedingte zwar ein Nachhinken des Participiums, doch konnte deffen Begriff, dafs der Ausgang für den Weihenden günftig war, von Rechtswegen nicht unausgedrückt bleiben. Die in der Infchrift auftretende Bedeutung von συντέλεια ift übrigens erft helleniftifch; Polybios, bei dem fich reichliche Zeugniffe dafür finden, bietet zwei Mal dicht bei anander auch die Verbindung συντέλεια τοῦ πολέμου: 4, 28, 5 ἐγένετο δὲ ἡ συμπλοκὴ τῶν πράξεων περὶ τὴν τοῦ πολέμου

συντέλειαν κατὰ τὸ τρίτον ἔτος τῆς ρμ ὀλυμπιάδος;   τὴν Ἑλλάδα - - τας μὲν ἀρχὰς τῶν πυλέμων τούτων
ebenda 3 ἐπεὶ δὲ τά τε κατὰ τὴν Ἰταλίαν καὶ κατὰ   ἰδίας εἰλήφει, τὰς δὲ συντελείας κοινάς.

226. Standplatte einer größeren Basis aus weißem Marmor, 0.585 breit, 0.525 hoch, 0.15 tief, Buchstaben 0.018. Gefunden Ende 1878 neben dem großen Altar Inv. I 20. Bericht I 76). Oben und unten Profil,
das rechts herumläuft; links Anschlußfläche: der Block bildete demnach die rechte Ecke der Basis. Oben
zwei Klammerbettungen, den Anschlußflächen entsprechend, und drei Zapfenlöcher. Abbildung 1:7.5.

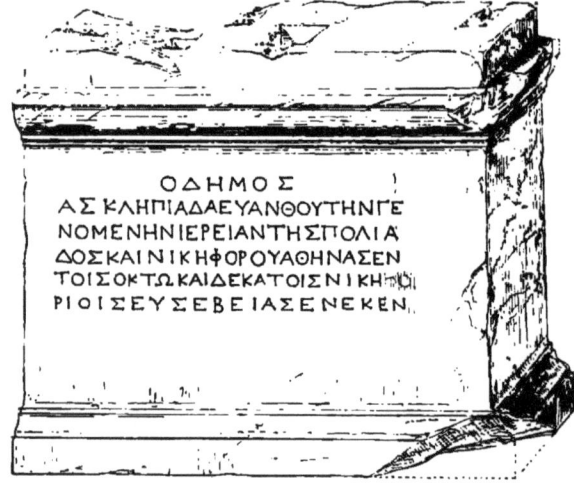

Ὁ δῆμος
Ἀσκληπιάδα Εὐάνθου, τὴν γενομένην ἱέρειαν τῆς Πολιάδος καὶ Νικηφόρου Ἀθηνᾶς ἐν
5 τοῖς ὀκτωκαιδεκάτοις Νικη[φ]υ-
ρίοις, εὐσεβείας ἕνεκεν.

Die 18. Nikephorien fallen in die
Jahre 149 und 148 v. Chr.; vergl. oben
zu Nr. 167.

Diese Inschrift ist die älteste, in
welcher Athena die Beinamen Πολιάς καὶ
Νικηφόρος führt; s̄ oben zu Nr. 150.

Nach der Stellung der Inschrift an
der rechten Ecke einer Basis trug
diese ursprünglich mindestens noch eine
Ehreninschrift; vergl. oben Nr. 129. 130.

227. Drei Bruchstücke einer Stele aus bläulich weißem Marmor. Die Schriftfläche ist bei *A*
Inv. III 223¹ 0.065, bei *B* Inv. III 379a¹ 0.08, bei *C* (Inv. III 379) 0.15 breit erhalten; Buchstaben 0.007
bis 0.008. Die Stücke sind 1884 und 1885 auf der Theaterterrasse gefunden. Abbildungen 3:10.

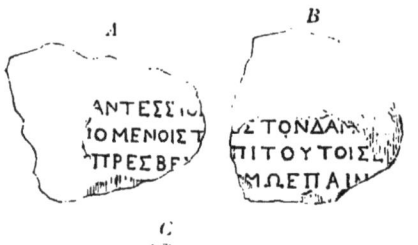

Fragment *A.*

π]άντεσσι
γε]νομένοις τ-
πρεσβευ - - -

Fragment *B.*

- - - πρ]ὸς τὸν δᾶμ[ον - - - - - - - - - - - - - - - - - -
- - - - ἐπὶ τούτοις ε - - - - - - - - - - - - - - - - - -
ἔδοξεν τῷ δά[μῳ· ἐπαιν[ῆσαι μὲν Ἀλέξανδρον - - Περγάμηνον

Fragment *C.*

- δέδοσθαι
δὲ αὐτῷ προεδρίαν ἔν τε το[ῖς γυμνίκ]οισι καὶ μουσίκοισι ἄγωσι καὶ ἀτέλειαν πάν]τος, κάλησθαι δὲ κα[ὶ ἐς τὸ πρυτανήιον ἐπὶ
ξένια, ἔστω δὲ καὶ πρ]όξενος τᾶς πόλιος ἀμ[μέων - - - - - - - - -
- - - - - - - - - - - -, χ]ειροτόνησαι δὲ τὰν [ἐκκλησίαν πρεσβεύταν, ὃς
5 παραγενόμενος εἰς Πέ]ργαμον τό τε ψάφισμα ἀποδώσει τὸ γενόμενον περὶ αὐτοῦ καὶ παρακαλ]έσσει Περ[γαμηνοις ποιήσασθαι τὰν ἀναγγελίαν τᾶν τιμᾶν τᾶν Ἀλ[εξά]νδρω - -

Ein Pergamener, der nach *C.* Z. 7 vermut-   derselben Gesandter seiner Heimatstadt gewesen
lich Alexandros hieß, wird von einer äolischen   oder er hatte Gesandten der decretirenden Stadt
Stadt geehrt: nach *A* Z. 3 war er entweder in   in Pergamon Gutes erwiesen.

228. Bruchftück aus blaugrauem Marmor, 0,07 breit erhalten; Buchftaben 0,009. Gefunden Auguft 1883 am Südabhang des Athenaheiligtums (Inv. III 66). Abbildung 1:5.

```
   - - -
 - \TE -
 - || Πο3 -
 Περγα[μ]ηνῶμ π -
₅ πε[ρί τε
   - - -
```

Gewifs von einem Ehrendecret für einen Auswärtigen.

---

229. Block aus graublauem Marmor, 0,185 hoch; Buchftaben 0,020. Gefunden Herbft 1884 auf der Terraffe füdlich vom Theater (Inv. III 328); in Pergamon geblieben. Der Block ift fpäter zu einem Simsftück mit Zahnfchnitt umgearbeitet worden. Abbildung 1:7,5.

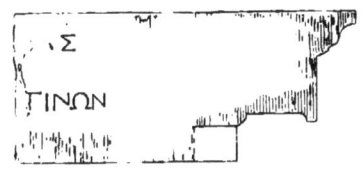

```
- - - - - - α]ς
τ - oder Γ]ίνων.
```

Mehr wird fich über diefes Fragment nicht fagen laffen, als dafs es von einer Weihung herzurühren fcheint.

---

230. Bruchftück vom Rande eines Blockes aus blaugrauem Marmor. Sowohl die Vorder- wie die rechte Nebenfeite find befchrieben, die erftere A ift 0,13, die andere B 0,055 breit erhalten; die Buchftaben find auf beiden 0,009 grofs. Gefunden September 1883 in der byzantinifchen Mauer (Inv. III 77). Abbildung 1:5.

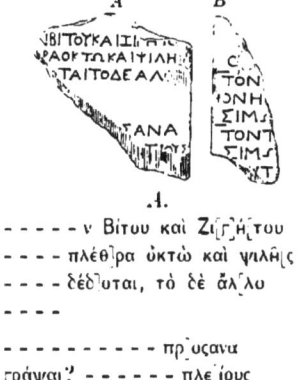

```
- - - - - ν Βίτου καὶ Ζι[γ]ή[τ]ου
- - - - πλέθ]ρα ὐκτὼ καὶ ψιλῆ]ς
- - - - ξέδ]οται, τὸ δὲ ἄλλο
- - - -

- - - - - - - - - - πρ]υςανα
₅ γράψαι? - - - - - - πλε[ίους
```

B Z. 4 und 6 kann eine Form des Namens Σίμων oder Σιμωνίδης, aber auch χρη[σίμω[ν (χρη]-σίμω[ς oder ein anderes Adjectiv wie Adverb gleicher Endung geftanden haben.

Ob wir es hier mit einer auf Landbefitz bezüglichen obrigkeidlichen Aufzeichnung oder mit einem Privatvertrage zu thun haben, läfst fich bei der Dürftigkeit der Refte nicht beftimmen.

Über den Namen Βίτυς (A Z. 1) f. oben zu Nr. 223. In A Z. 5 ift das Epfilon ficher.

In Fragment B finden wir zwei Mal zwifchen den Zeilenanfängen diefelbe wagerechte Interpunktionslinie wie in Nr. 163, f. oben S. 92.

---

231. Platte von weifsem Marmor; Buchftaben 0,013. In der heutigen Stadt im Hofpflafter eines Haufes gegenüber der armenifchen Kirche (Inv. P. 65), fehr abgetreten. Abbildung 1:7,5.

```
MHNO       · · · · M ·
¼ Α ⁄⁄⁄⁄ ⁄⁄· · ·  AMM ·
ΑΣΚΛΗΠΙΑΗΣΠΑΜΦΙΛΟΥ⁄⁄·⁄Λ·ΟΦ·ΝΟΣ
ΑΝΔΡΩΝΜΕΦΦΡΟΝΟΣΝΑ  ΚΔ⁄⁄Λ⁄⁄·
ΑΣΚΛΑΠΩΝ ΑΣΚΛΑΠΩΝΟΣ ΘΥΑΤΕΙΗΝΟΣ
```

```
Μηνο - - - - - - - - - - - - - - - -
- - - - - - - - - - - - - - - - - - -
Ἀ]σκληπιάδης Παμφ[ί]λου [Κο]λοφ[ώνι]ος
Ἄνδρων Μενέφρονος - - - - - - - - - -
₅ Ἀσκλάπων Ἀσκλάπωνος Θυατει[ρ]ηνός.
```

Sicher ein Verzeichnis von Theoren wie oben Nr. 4.

232   Kleine Basis aus bläulichem Marmor, ähnlich der Nr. 183, 0,35 breit, 0,48 hoch, 0,20 tief; Buchstaben 0,014. Gefunden 1879 beim grofsen Altar (Inv. I 60. Bericht I 78). Auf der Vorderseite ein an Bändern aufgehängter Eichenkranz; in der Mitte ein Zapfenloch, wahrscheinlich zur Befestigung eines bronzenen Blitzzeichens. Oben Profil, das auch auf die Nebenseiten herumgeht. Auf der Oberseite ein grofses Einfatzloch, unten zwei Zapfenlöcher. Abbildung 1:10.

Διὶ Κερα[υ]νίῳ

- - - - - - -

In der zweiten Zeile stand der Name des Weihenden. Eine spätere Weihinschrift an den Zeus Keraunios ist Bericht III S. 58 mitgetheilt. Das Beiwort ist häufig: einen Altar des Zeus Keraunios in Olympia erwähnt Pausanias 5, 14, 7. Aristoteles de mundo 7 (p. 401 a 17) Κρόνου δὲ παῖς... Κεραύνιός τε... καλεῖται. Hesych u. Κεραύνιος· καὶ Ζεὺς ἐν Σελευκία. Anthol. Palat. VII 49. C. I. Gr. 2641 (Cypern), 3446 (Lydien), 4501 und 4520 (Syrien), 5930 (Rom). Bullet. de corr. hellén. VIII S. 503 (Phrygien), X S. 401 Nr. 4 (Thyatira), XI S. 470 (Lydien). Journal of hellenic studies 1887 S. 425 Nr. 29 (Thasos).

Über die Vernachlässigung des stummen Iota vergl. oben zu Nr. 185.

---

233.   Bruchstück eines kleinen ionischen Epistyls aus weifsem Marmor, 0,10 lang; Buchstaben 0,012. Nur links ist die Stofsfuge erhalten. Gefunden Herbst 1884 im Theater Inv. III 318. Abbildung 1:5.

- - κ[α]ὶ Νικο[μ - -   Rest einer Weihung.

---

234.   Siebzehn kleine Geisa aus weifsem Marmor, 0,155 hoch, 0,18 tief; Buchstaben 0,025 grofs und gewöhnlich 0,18—0,22, bei E und N jedoch nur 0,125—0,14 von einander entfernt. Die Stücke zeigen oben von vorn her rechtwinkelige Einarbeitungen, dazu viele Dübel- und Klammerlöcher, in den Seitenfugen mehrfach schwalbenschwanzförmige nach hinten gehende Klammerbettungen. Vollständig sind A Inv. II 111a 0,375 lang, B III 472 0,456 lang, C I 117c 0,45 lang, D III 337¹ 0,22 lang; die letzteren beiden rechts mit schrägen Stofsfugen, welche innere Ecken beweisen. Links erhalten sind E—K Inv. I 117a, II 111, III 201, 522b, 523, 337a, rechts erhalten L—R Inv. III 337b, 532, 522, I 117d, 117b, 111a, III 179¹. Die Stücke sind die ganze Ausgrabungszeit hindurch an verschiedenen Stellen der Burg: beim Traianeum, in der Gebäudegruppe V der Hochburg, im Athenaheiligtum und auf der Theaterterrasse gefunden worden. Die ursprüngliche Verwendung derselben, sowie einer grofsen Anzahl gleichartiger inschriftloser Geisa ist nicht nachweisbar. Abbildungen 1:10.

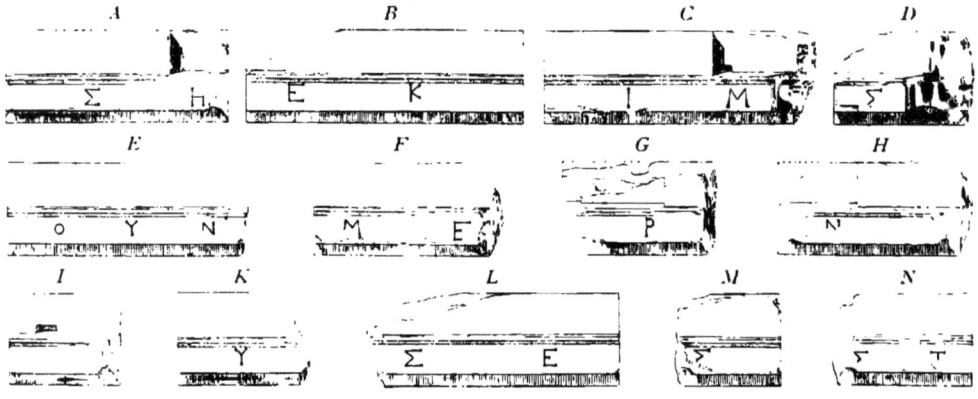

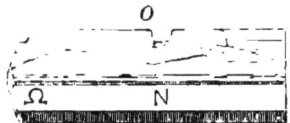

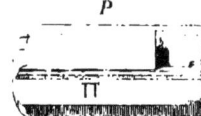

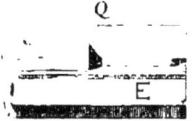

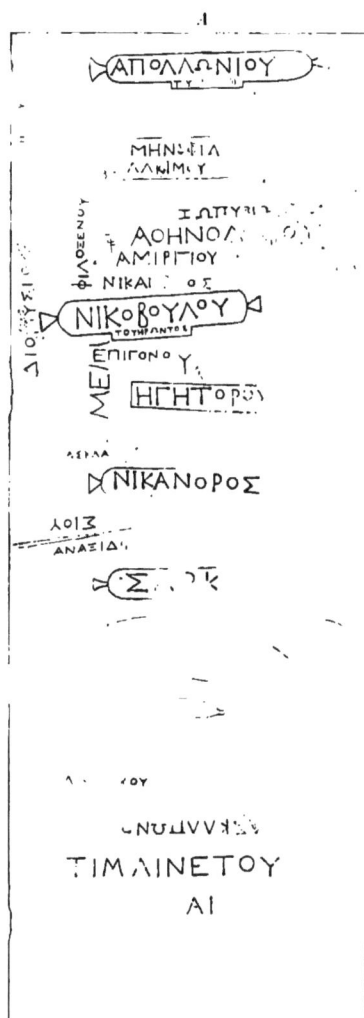

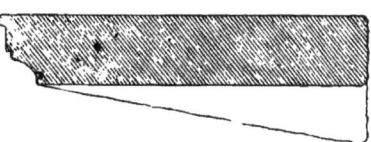

235. *A* Sitzplatte einer Bank von weißem Marmor, 0,45 breit, 0,08 dick. Die 1,25 lange Seite links von den Inschriften erweist sich durch ihr Profil (Schnitt durch dasselbe oben abgebildet) als Vorderseite; an der linken Schmalseite ist unten ein Streifen zum Aufliegen auf einer Standplatte eingetieft und geglättet, auf der rechten ist die Platte im Winkel von 45 Grad mit glatter Stoßfläche abgearbeitet, so daß hier offenbar eine andere Platte rechtwinklig anschloß; die Hinterseite war 1,65 lang und ist auf Anschluß gearbeitet. Das Ganze hatte also die Form einer rechtwinkeligen Exedra. Gefunden Anfang 1879 westlich neben dem großen Altar (Inv. I 44. Bericht I 79). *B* Bruchstück aus weißem Marmor, bis auf die vorn profilirte Oberseite unvollständig, breit 0,085, hoch 0,055. Gefunden September 1885 bei einer Nachlese unter dem erhaltenen Bogen am oberen Rande des Theaters (Inv. III 413). Die Zugehörigkeit zu derselben Bank wie *A* ist durch die Übereinstimmung in Dicke, Profil und Material gesichert. — Abbildungen 1:7,5.

A.

a) Ἀπολλωνίου
τ[ο]ῦ - - -

b) Δ[ημέο]υ?

c) Μην[ο]φίλ[ου
*Ἀ]λκίμου

d) Ζωπυρ[ίω]νος

e) Ἀθηνο[δώρ]ου oder Ἀθηνυ[δώτ]ου

f) Δ[η]μιρ[τ]ίου

g) Νικά[νορ]ος

h) Φιλοξένου

i) Νικοβούλου
τοῦ Ἡρ(υφ)ῶντος oder
τοῦ Ἡρ(οσ)ῶντος

k) Ἐπιγόνου

l) Διο[ν]υσίο[υ

m) Με - - -

n) Ἡγήτορος

o) Ἀ]σκλα[π - -

p) Νικάνορος

q) Διονυ]σίου

r) Ἀναξιδ[ότου

s) Σ[αρ]κ[ίδου

t) Ἀντίο]χου

u) Ἀ]σκλ[ά]πωνο[ς

v) Τιμ[α]ινέτου

w) - - αι -

B.

x) Ἐ?]νοδάυ[υ

y) - - - ων[ος

Die Namen find keineswegs von beliebigen Mufsiggängern eingekratzt; fie find vielmehr von geübten Händen meift fcharf und zierlich eingehauen. Es wird das Wahrfcheinlichfte fein, dafs die Bank den bei einem Bau befchäftigten Steinmetzen in den Arbeitspaufen als Ruhefitz zu dienen pflegte, wobei fie fich gedrungen fühlten, ihre Namen auf ihr zu verewigen, fei es dafs die Bank nur in der Nähe des Bauplatzes ftand, fei es dafs fie felbft zu der im Bau begriffenen Anlage gehörte.

---

236. Thürfturz aus weifsem Marmor von dem am Nordende der Orcheftra zwifchen Skene und Zufchauerraum gelegenen Theatereingang. Gefunden ebendort December 1883 ⟨Inv. III 175. Bericht III 58⟩. Epiftyl und Fries aus einem Stück, unten 3,12 lang, 0,63 hoch; Buchftaben 0,035. Die Infchrift fteht auf den oberen beiden Fascien des dreigeteilten Epiftyls. Den Fries zieren fieben komifche Masken von zwei mit einander abwechfelnden Typen und zwifchen denfelben aufgehängte Epheukränze. Die Arbeit des Ganzen ift vortrefflich; die Schrift ift fehr forgfältig, macht aber einen verhältnismäfsig jungen Eindruck. Das Original ift im Mufeum zu Konftantinopel. Abbildung 1 : 20.

Ἀπολλόδωρος Ἀρτέμωνος γενόμενος γραμματεὺς δήμου τὸν πυλῶνα καὶ τὸ ἐν αὐτῷ ἐμπέτασμα Διονύσωι Καθηγεμόνι καὶ τῶι δήμωι.

Über unfern Block bemerkt Bohn, Bericht III S. 41 folgendes: »Gleichwie der Zufchauerraum hat auch das Scenengebäude mannigfaltige Wandlungen durchgemacht. Das Ältefte wird ein beweglicher Holzbau gewefen fein; dafür fprechen eine Anzahl 0,40 im Quadrat haltender und 1 Meter tiefer Löcher, welche, gruppenweife angeordnet, wohl keinen andern Zweck gehabt haben können, als Pfoften in fich aufzunehmen und feftzuhalten.... Später, vielleicht gegen Ende der Königszeit, fcheint man eine fteinerne Vorderwand davor gelegt zu haben. Aus diefem Umbau ftammt das Epiftyl mit dem Fries aus Epheublättern zwifchen Masken.... Dafelbe krönte den Eingang zwifchen Zufchauerraum und Bühnengebäude.... Bei dem dritten Umbau in römifcher Zeit ift diefer Epiftylblock wieder benutzt.«

Dafs eine Weihung aufser an einen Gott zugleich an den Demos gerichtet wird, kommt wiederholt in Pergamon vor und ift auch fonft häufig.

Den Urheber diefer Weihung finden wir in Nr. 237 und 238 an zwei anderen beteiligt; er war alfo ohne Zweifel ein angefehener und wohlhabender Mann: das Amt eines Protocollführers der Volksverfammlung mufs demnach nicht als geringfügig betrachtet worden fein. Apollodoros Artemon's S. fcheint aus der Dedication von Eingangstoren eine Specialität gemacht zu haben. Weihungen von Bauteilen fanden wir fchon in Nr. 1 und 2, verhältnismäfsig alfo häufig in Pergamon.

Betreffs der Mutmafsung über die ungefähre Zeit diefer Weihung vergl. auch das zur nächften Nummer Bemerkte.

---

237. Thürfturz, gefunden Februar 1879 in der byzantinifchen Mauer auf der Südfeite der Agora ⟨Inv. I 56. Bericht I 78⟩. Links gebrochen, 1,80 breit erhalten, 0,265 hoch, unten 0,53 tief; Buchftaben 0,025. Die Oberfeite ift nicht Lagerfläche, fondern ganz roh zugehauen, fo dafs nicht Quader-, fondern Bruchftein-Mauerwerk darüber gelegen haben mufs. Abbildung 1 : 15.

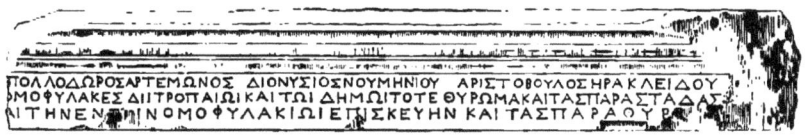

ΤΟΛΛΟΔΩΡΟΣΑΡΤΕΜΩΝΟΣ ΔΙΟΝΥΣΙΟΣΝΟΥΜΗΝΙΟΥ ΑΡΙΣΤΟΒΟΥΛΟΣΗΡΑΚΛΕΙΔΟΥ
ΜΟΦΥΛΑΚΕΣ ΔΙΙΤΡΟΠΑΙΩΙΚΑΙΤΩΙ ΔΗΜΩΙΤΟΤΕ ΘΥΡΩΜΑΚΑΙΤΑΣΠΑΡΑΣΤΑΔΑΣ
ΛΙΤΗΝΕΝ ΤΩΙΝΟΜΟΦΥΛΑΚΙΩΙ ΕΤΙΣΚΕΥΗΝ ΚΑΙ ΤΑΣΠΑΡΑΟΥ Ρ

Ἀπολλόδωρος Ἀρτέμωνος, Διονύσιος Νουμηνίου, Ἀριστόβουλος Ἡρακλείδου
νομοφύλακες Διὶ Τροπαίωι καὶ τῶι δήμωι τό τε θύρωμα καὶ τὰς παραστάδας
καὶ τὴν ἐν τῶι νομοφυλακίωι ἐπισκευὴν καὶ τὰς παραθύρας.

Wenn die vorige Infchrift mit Recht noch in die letzte Königszeit gefetzt ift, fo mufs auch diefe annähernd derfelben Zeit angehören, da der Dedicant jener hier wiederkehrt: in gleichartiger Weife ift auch hier die Weihung an einen Gott in Gemeinfchaft mit dem Demos gerichtet. Wegen des recht fpäten Schrifteindrucks der Nr. 239, welche von der unfrigen fchwerlich zu trennen ift (f. dort), könnte man die ganze Gruppe für erheblich jünger halten wollen oder dem Urteil der Architekten über die Zeit von Nr. 236, welchem die Epigraphik zu widerfprechen keinen Grund hat, in der Weife Rechnung tragen, dafs man den Apollodor von Nr. 237 für einen Nachkommen des in Nr. 236 genannten erklärt: der Herausgeber feinerfeits möchte darauf nicht bauen, da er glaubt, dafs man bei der Beurteilung des Schriftcharakters befonders der fpäteren Infchriften der grofsen Gefahr ausgefetzt ift, individuelle Verfchiedenheit der Manier für Verfchiedenheit der Zeiten zu nehmen (vergl. auch zu Nr. 240).

Παράθυρα wird in Gloffen mit posticum; (τὰ) παράθυρα mit κατόπιν τοῦ οἴκου erklärt: doch ift nicht einzufehen, warum das Wort nur die hinterwärts gelegene Nebenthür bedeuten foll. Selbftverftändlich gehörte unfer Thürfturz dem Amtsgebäude der Nomophylaken (vergl. oben Nr. 182), dem Gefetzarchiv, an, zu deffen Neubau oder Ausbefferung die derzeitigen Träger des Amtes beifteuern wollten: ihre Schenkung mufs, da fie die innere Ausftattung des Gebäudes einfchlofs, nicht unerhebliche Opfer gefordert haben. ἐπισκευή nicht im Sinne von »Wiederherftellung« zu nehmen ift deshalb vorzuziehen, weil dann τοῦ νομοφυλακίου zu erwarten wäre. Merkwürdig ift, dafs die Weihung von Teilen des friedlichen Zwecken dienenden Bauwerkes an den kriegerifchen Gott gerichtet wird, dem die attifchen Epheben am Gedenktage der Schlacht bei Salamis opferten (C. I. A. II 467 Z. 24 ff.). Für Pergamon bezeugt den Ζεὺς Τροπαῖος auch Nr. 247.

238. Rechte obere Ecke eines Blocks aus weifsem Marmor. 0,150 breit erhalten: Buchftaben 0,015. Gefunden Mai 1885 am Südende der Theaterterraffe unterhalb der Agora Inv. III 368. Abbildung 1:7,5.

Ἀπολλόδωρο[ς Ἀρτέμωνος
Διονύσιος Νουμηνίου
Ἀριστόβουλος Ἡ[ρ]ακλείδου.

Die uns aus der vorigen Nummer bekannten Nomophylaken haben fich noch zu einer zweiten Weihung zufammengethan.

239. Thürfturz von graublauem Marmor. gefunden in der byzantinifchen Mauer auf der Südfeite der Agora Inv. I 41 Bericht I 78. Rechts unvollftändig. links nur beftofsen. Erhaltene Länge 1,32; Höhe mit dem über der Infchrift weggebrochenen Profil 0.24; Tiefe 0.55; Buchftabenhöhe 0.03. Die Infchrift ift fehr unforgfältig eingehauen. Original in Pergamon. Abbildung 1:15.

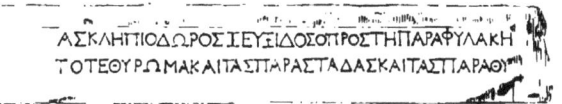

ΑΣΚΛΗΠΙΟΔΩΡΟΣ ΣΕΥΞΙΔΟΣΟΠΡΟΣΤΗΠΑΡΑΦΥΛΑΚΗ
ΤΟΤΕΘΥΡΩΜΑΚΑΙΤΑΣΠΑΡΑΣΤΑΔΑΣΚΑΙΤΑΣΠΑΡΑΘ

Ἀσκληπιόδωρος Ζεύξιδος, ὁ πρὸς τῆ παραφυλακῆ τῶν νόμων κατασταθείς,
τό τε θύρωμα καὶ τὰς παραστάδας καὶ τὰς παραθύρας Διὶ Τροπαίῳ καὶ τῷ δήμῳ.

Da der Fundort, die Art des Werkſtücks und die Gegenſtände der Weihung mit Nr. 237 übereinſtimmen, hat es die gröſste Wahrſcheinlichkeit, daſs auch dieſer Thürſturz dem Nomophylakion angehörte, und wenn wir als Dedicanten hier einen παραφύλαξ finden, ſo werden wir nicht zweifeln, daſs der Beiſitzer der νομοφύλακες ihrer dem gemeinſamen Amtshauſe geltenden Schenkung eine gleichartige an die Seite ſetzen wollte. Das bürgerliche Amt eines παραφυλάξας fand ſich ſchon ſonſt in kleinaſiatiſchen Inſchriften: C. I. Gr. 4413 (Cilicien), Lebas-Waddington 1693^b (Grofsphrygien), Papers of the American school at Athens I 108 = Mittheil. des athen. Inst. VIII 328 (Tralles), II 27 = Bullet. de corr. hellén. IX 346 (Karien); παραφυλακήσας Bullet. de corr. hellén. X 54 (Lykien); die Bezeichnung des Amtes, παραφυλακή, wendet wie unſere Inſchrift ein Ehrendecret aus Lydien (Bullet. hellén. VII 272) an, welches auſserdem die ſubſtantiviſche Benennung des Beamten,

παραφύλαξ, bietet: τὸν γραμματέα τῆς πόλεως, πα νηγυρίαρχον καὶ στρατηγὸν καὶ παραφύλακα, ἀγορανομήσαντα δ', ἀργυροταμιεύσαντα δὶς, ἐπιδόντα δὲ καὶ τὸν υἱὸν Ἀπολλώνιον εἴς τε γραμματείαν καὶ γυμνασιαρχίαν καὶ παραφυλακὴν καὶ γειτωνίαν. Während Waddington ſagt: »on ne sait pas quelles étaient les fonctions du παραφύλαξ«, lehrt unſere Inſchrift, daſs dieſe παραφυλακή ſich auf die νόμοι bezog, wie auch der Dedicant der Lebas'ſchen Inſchrift in der Aufzählung ſeiner Ämter νομοφυλακήσας, παραφυλάξας neben einander ſetzt. (Über das Wort παραφυλακίτης ſ. unten zu Nr. 249 Z. 16 ff.)

Die Vernachläſſigung des ſtummen Iota, welche in τῇ ſicher iſt, erfordert nicht die Zuweiſung in eine beſonders ſpäte Zeit; ſ. zu Nr. 185. Über den Schriftcharakter vergl. zu Nr. 237.

Einen Zeuxis hatten wir in Nr. 189; zum Ausdruck ὁ πρὸς τῇ παραφυλακῇ [κατασταθεὶς vergl. Nr. 240.

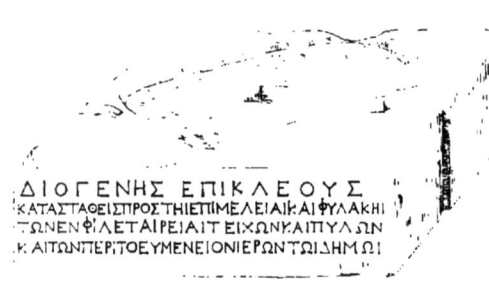

ΔΙΟΓΕΝΗΣ ΕΠΙΚΛΕΟΥΣ
ΚΑΤΑΣΤΑΘΕΙΣΠΡΟΣΤΗΙΕΠΙΜΕΛΕΙΑΙΚΑΙΦΥΛΑΚΗΙ
ΤΩΝΕΝΦΙΛΕΤΑΙΡΕΙΑΙΤΕΙΧΩΝΚΑΙΠΥΛΩΝ
ΚΑΙΤΩΝΠΕΡΙΤΟΕΥΜΕΝΕΙΟΝΙΕΡΩΝΤΩΙΔΗΜΩΙ

Διογένης Ἐπικλέους,
κατασταθεὶς πρὸς τῆι ἐπιμελείαι καὶ φυλακῆι
τῶν ἐν Φιλεταιρείαι τειχῶν καὶ πυλῶν
καὶ τῶν περὶ τὸ Εὐμένειον ἱερῶν, τῶι δήμωι.

Diogenes war Commandant der Feſtung Philetaireia am Ida, über welche vergl. zu Nr. 13 Z. 2 und zu Nr. 245C Z. 36 ff. Wir lernen aus unſerer Inſchrift, daſs dort dem vergötterten Eumenes I., dem κτίστης des Ortes, ein Heiligtum errichtet war, welches den Mittelpunkt anderer gottesdienſtlicher Stätten bildete. Werden die der Fürſorge des Diogenes unterſtellten Heiligtümer nach ihrer Lage zum Eumeneion bezeichnet, ſo iſt es nicht denkbar, daſs man dieſes ſelbſt als etwas Nebenſächliches angeſehen

240. Deckplatte von dunkelblauem Marmor, 0,475 breit, 0,130 hoch, 0,385 tief: Buchſtaben in der erſten Zeile 0,020, in den folgenden 0,016. Gefunden September 1880 im türkiſchen Eckturm, ſüdlich vom Athenatempel Inv. II 24. Bericht II 52). Auf der Oberſeite zur Aufnahme der Plinthe des Anathems eine unregelmäfsige Eintiefung und in deren Mitte ein Zapfenloch, ſeitlich davon zwei Bettungen für grofse Eiſenklammern, die zur Befeſtigung der Platte auf ihrer Unterlage gedient haben. Abbildung 1 : 7,5.

und zurückgeſetzt habe: entweder war für ſeinen Schutz beſonders geſorgt oder der Ausdruck der Inſchrift enthält eine auf dem Streben nach Kürze beruhende Ungenauigkeit.

Wie hier von einem Eumeneion, erfahren wir durch das Decret der Attaliſten in Teos C. I. Gr. 3069 von einem Attaleion, das ſich nach Böckh's höchſt wahrſcheinlicher Erklärung in Pergamon befand: es war der Genoſſenſchaft der Attaliſten von Kraton Zotichos' S. ſchon bei Lebzeiten geweiht worden (καθιερώκει) und wurde ihnen durch Teſtament vermacht (ἀνατίθησιν).

Unſere Inſchrift muſs noch der Zeit der pergameniſchen Selbſtändigkeit oder mindeſtens der unmittelbar folgenden angehören, da man nicht annehmen kann, daſs ein Geſchlecht, von deſſen geringer Pietät für die Denkmäler ihrer Vergangenheit uns die deutlichen Zeugniſſe vorliegen, dem entfernt gelegenen Eumeneion eine beſondere Rückſicht bewahrt haben ſollte. Wenn daher die Schrift in dieſer Weihung wie in den beiden folgenden von demſelben Manne herrührenden, wie Fabricius ſie charakteriſirt, »von eigentümlicher Geſtrecktheit iſt und ſehr breite Querlinien an den Enden der Haſten zeigt«, ſo liegt hier eine individuelle Manierirtheit vor, die nur den Schein einer jüngeren Entſtehung hervorbringt; wir haben ſomit in unſerer Inſchrift einen deutlichen und ſehr beherzigenswerten Hinweis, wie ſehr die aus der bloſsen ſchematiſchen Vorſtellung von der Schriftentwickelung geſolgerten Datirungen irre führen können. Die gleiche Mahnung zur Vorſicht erteilt nach der entgegengeſetzten Richtung unſere Nr. 248: hier würden die Formen einzelner Buchſtaben einen erheblich zu frühen Zeitanſatz veranlaſſen können (ſ. dort).

241. 242. Bruchſtücke von kleinen, 0,17 hohen Epiſtylia aus blauem Marmor mit zweizeiligen Inſchriften in 0,03 und 0,02 groſsen Buchſtaben. Das Stück 241 A läſst ſich nach Art der Brüche nicht ſo nahe an 242 ſetzen, dafs nur zwei Buchſtaben fehlen und die Stücke zuſammengehören könnten. 241 A Inv. II 4a und die linke Hälfte von 242 Inv. II 4b) ſind Auguſt 1880 in dem ſpäten Mauerſtück weſtlich vom groſsen Altar gefunden. 241 B Inv. III 480) December 1885 im ioniſchen Tempel der Theaterterraſſe, die Stücke der rechten Hälfte von 242 Inv. III 6ab Juni 1883 ſüdlich und weſtlich unterhalb des Altars. Abbildungen 1 : 7.5.

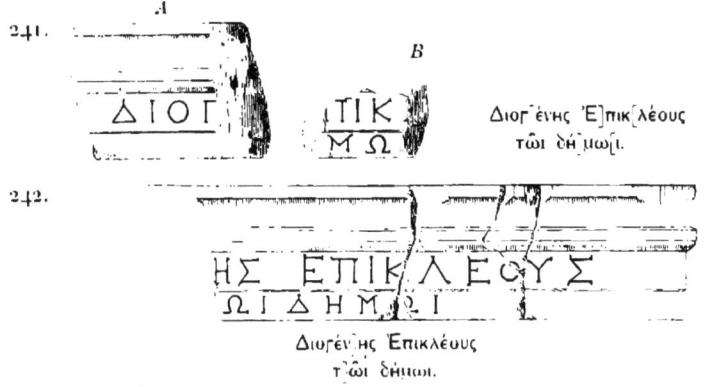

Über dieſe beiden Weihungen vergl. zu Nr. 240.

243. Vierſeitige Baſis aus weiſsem Marmor, 0,51 breit, 0,285 hoch, 0,425 tief; Buchſtaben 0,02. Gefunden 1879 ſüdlich unterhalb des groſsen Altars Inv. I 98. Bericht I 78. Auf der Oberſeite ein 0,27 breites Einſatzloch für die Herme. Abbildung 1 : 10.

Σκ - - - - - - - - - - -
ἀγορ[α]ν νομήσας Ἑρμεῖ.

Aus der Fundſtelle der Waſſeruhr Nr. 183, ebenfalls der Weihung eines Agoranomen an den Marktgott Hermes, war auf die Lage des Stadtmarktes der Königszeit in der Nähe des groſsen Altars geſchloſsen worden (ſ. dort). Dies beſtätigt der Fundort dieſer und der nächſtfolgenden Weihung, ſ. Conze, Sitzungsberichte d. Akad. 1884 S. 11.

244. Vierfeitige Bafis aus weifsem Marmor, 0,505 breit und tief, 0,248 hoch; Buchftaben 0,023. Gefunden Juni 1883 unterhalb des grofsen Altars auf der Theaterterraffe (Inv. III 24. Sitzungsber. der Akad.

1884 S. 11. Bericht III 58). Auf der Oberfeite ein nahezu quadratifches Einfatzloch von 0,24 Breite und 0,08 Tiefe für die Herme. Abbildung 1 : 7,5.

Σωκράτης Ἡρώιδου
ἀγορανόμος Ἑρμεῖ.

Der Apollopriefter Herodes Sokrates' S. (f. Bericht III S. 58) war jedenfalls ein Mitglied derfelben Familie wie unfer Agoranom.

Vergl. das zur vorigen Nummer Bemerkte.

---

245. Bruchftücke einer grofsen Stele aus bläulichem Marmor, von denen nur D fich nicht anpaffen läfst, während die übrigen 24 fich zu drei Complexen, A—C, zufammenfügen. A ift durch das oben befindliche Profil als Anfang der Urkunde gekennzeichnet; dafs B vor C voranging, ergiebt fich aus der bei Stelen regelmäfsigen Verfchiedenheit der Dicke: diefe beträgt oben 0,215, unten 0,23; die Breite oben 0,62, unten 0,675; die erhaltene Länge gegen 2 Meter. Buchftaben in Z. 1 0,012, fonft 0,008 0,009. Auf A ift unter dem Profil ein 0,08 breiter erhöhter Rand, auf dem die erften fünf Zeilen der Infchrift ftehen; derfelbe ift auf die linke Seite herumgeführt, auf der rechten dagegen unregelmäfsig abgearbeitet. Die Stücke find im ganzen Verlaufe der Ausgrabungen zum Teil im Athenaheiligtum, meift aber an deffen füdlichen und weftlichen Abhängen oder in der byzantinifchen Mauer gefunden worden Inv. I 1. 17. 38. 39. 149. II 26. 83. 96. 118. 132. 162. 176. III 65. 77. 85. 137. 156. 214. 239. 269. 345. 387. 394. 403. 568. Vergl. Bericht I 79). Abbildungen (S. 142. 143) nicht ganz 1 : 5.

Fragment A.

Πι[τ]αναίων.

Στρατηγοὶ εἶπαν· ἐπειδὴ [Περγ]αμηνοί, συγγενεῖς ὄντ[ες καὶ] φίλοι καὶ εὐνόω[ς
διακείμενοι πρὸς τὴ[ν πόλιν ἡ]μῶν ἀπ' ἀρχῆς, ψηφίσμ[ατα καὶ] πρεσβευτὰς ἀπεσ-
τάλκασιν πρὸς ἡμᾶ[ς, νεικῶν ἐ]νεστηκότων πρὸς Μυ[τιλ]ηναίους]· Βάκχιον Εὐδήμου,
5 Ἀπολλόδωρον Ἀθ[ηνοδώρου, Διο]γένην Ἀσκληπιάδου, Με[γίστερμ]ιον Ἀττάλου, Σκάμων[α
Ἀσκλάπωνος, τοὺς [διακρινοῦν]τας ἐν ἑαυτοῖς ὑπεξ[ακούσαντας τῶν ἀ]ντιλεγομ[έ-
νων, καὶ μὴ π(υ)ρρωτ[έρω σπουδῆι κα]ὶ φιλονικίαν ἐμφα[ν..............] ἡγωνται[ι
Περγαμηνοὶ τ.........ἀγ]αθά, οἵ τε πρεσβε[υ]ταὶ τούτωι τῶι ἐπαγγέλ[μ]ατι πολ-
λοὺς καὶ συμφ[όρους ἀμφοτέραι]ς ταῖς πόλεσιν [ἀνεδέξαντο π]όν[ους, καὶ σ]πουδῆι
10 καὶ [π]ροθυμ[ίαι ἄξιοι τῆς ἀπεσταλκυίας πατρίδος ε........πλη[....δηλα]δὴ καὶ
δεδόχθαι τῶι δήμωι ψηφίσασ]θαι Περγαμηνοῖς [τοῖς οὖ]σι καὶ φίλοις [καὶ σ]υν[γ-
ένεσι τῆι πόλει ἡμῶν χάριν], ὅτι ού[κ ἐ]ν τῶι παρόν[τι καιρῶι μόνον οὐδ[ε..........
----------αὐτῶν.....ἐκ παλαιῶ[ν χρ]όνων π[α]ρηκου[ν............
---------εἰς τὸν ἡμέτερον δ'ῆμον ἔχ[ο]υσι προθυμίαι [κα]ὶ----------
15 --------------πασῶν πε]ριστάσε'ω'ν κοινωνοῦντες τῶν----------
--------------τεκμηρ]ιο[ν] ἀληθινῆς ἐστιν εὐνοίας ὁ----------
-------------πρὸ[ς] ἀλλήλας φιλάνθρ[ω]π[α πολλά]κις----------
-----------το γὰρ μὴ παραπέμπ[ειν...]ων----------
----------ἀλ]λ' ἴδιον ἀγαθὸν ἡγ[ουμέν]ην θ----------
-------------καὶ φιλοίκειον σ....της----------
--------ΤΗ--------τά τε τῆς συ[γ]γενεί[ας----------

‑ ‑ ‑ ‑ ‑ ‑ ‑ ‑ ‑ ‑ ‑ ‑ ‑ ‑ ‑ ‑ ‑ ‑ ‑ τ ήν τῶν [. . . . κοινωνίαν μεγα τι κα ‑ ‑ ‑ ‑ ‑ ‑ ‑
‑ ‑ ‑ ‑ ‑ ‑ ‑ ‑ ‑ ‑ ‑ ‑ ‑ ‑ ‑ ‑ ἀνήκειν πρὺς τοὺς συγγενεστάτους ‑ ‑ ‑ ‑ ‑ ‑ ‑ ‑ ‑
‑ ‑ ‑ ‑ ‑ ‑ ‑ ‑ ‑ ‑ ‑ ‑ ‑ ‑ διοικ̣ουμένοις ὑπὸ Πε[ργ]αμηνῶν ἐ̣τ̣υί̣μως ‑ ‑ ‑ ‑ ‑
25 ‑ ‑ ‑ ‑ ‑ ‑ ‑ ‑ ‑ ‑ ‑ ‑ ‑ συντ]όμως καὶ μὴ φιλέχθρως ὑπε̣ξακου‑ ‑ ‑ ‑ ‑ ‑ ‑ ‑
‑ ‑ ‑ ‑ ‑ ‑ ‑ ‑ ‑ ‑ ‑ ‑ ‑ ‑ ‑ ‑ ‑ α αἱρούμεθα κριτὰς αὐτοὺς τοὺς ‑ ‑ ‑ ‑ ‑ ‑
‑ ‑ ‑ ‑ ‑ ‑ ‑ ‑ ‑ ‑ ‑ ‑ ‑ ‑ ‑ ι τῶν ἀντιλεγομένων, ἐπεὶ καὶ Μυτιληναίο[ι] ὡμολόγη‑
σαν κριτὰς αὐτοὺς ἑλέσθα̣ι, οἵτινες ἐπὶ τὴν χώραν παραγενόμενοι τοῦ ἐ̣ν ἡμῖν μη‑
νὸς ‑ ‑ ‑ ‑, ‑ ‑ ‑ ‑ δὲ̣, ὡς Περγαμηνοὶ ἄγουσιν, ἄρξωνται διακύειν κ̣αὶ καθ' ἕ‑
30 καστον σκοποῦντες ποή̣σονται τὴν κρίσιν μεθ' ὅρκου καὶ τῶν γνωσθέντ[ων ἀπόφασιν
ἔγγραφον ἑκατέρᾳ τ]ῶν πόλεων ἀποδώσουσιν· τὰ δὲ κριθέντα εἶ̣ναι κύρια καὶ
ἀμετάθετα. ὡσαύτω̣ς δὲ καὶ τὰ συνλυθέντα, ἐὰν ἀμφότεροι ἀνα̣δέξωνται, γρά‑
ψουσιν ἐν στήλῃ. στηλ̣ώσουσιν δὲ καὶ τοὺς προσδεομένου[ς ἐκεῖ ὑπογραφῆς ἄλ‑
λους ὅρους, μηδὲν ἀ̣διέξακτον ἀπολείποντες, οὐδ' ἐὰν μη ‑ ‑ ‑ ‑ ‑ ‑ ‑ ‑ ‑ ‑
35 ‑ ‑ ‑ ‑ ‑ ‑ ‑ ‑ ‑ ‑ ‑ ‑ ος ἑαυτοὺς ἡγούμενοι, ἀ[λλὰ̣ κρίν̣οντες ‑ ‑ ‑ ‑ ‑ ‑ ‑ ‑
‑ ‑ ‑ ‑ ‑ ‑ ‑ ‑ ‑ ‑ δι̣εξαχθῆναι τὰ νείκη καὶ μ̣ηδὲν ἔτι μήτε ἔγκλημα μήτε νεῖκος
διαφορᾶς ἐχόμεν]ον ἀπολειφθῆναι το̣υ ‑ ‑ ‑ ‑ ‑ ‑ ‑ ‑ ‑ ‑ ‑ ‑ ‑ ‑
‑ ‑ ‑ ‑ ‑ ‑ ‑ ‑ ‑ ‑ δ̣ιὰ πρ[ογόνων ‑ ‑ ‑ ‑ ‑ ‑ ‑ ‑ ‑ ‑ ‑ ‑ ‑ ‑
‑ ‑ ‑ ‑ ‑ ‑ ‑ ‑ ‑ ‑ ‑ ‑ ‑ ο ‑ ‑ ‑ ‑ ‑ ‑ ‑ ‑ ‑ ‑ ‑ ‑ ‑ ‑ ‑ ‑
40 ‑ ‑ ‑ ‑ ‑ ‑ ‑ ‑ ‑ τ̣ὰ συσταθ[έντα ‑ ‑ ‑ ‑ ‑ ‑ ‑ ‑ ‑ ‑ ‑ ‑ ‑ ‑ ‑ ‑
‑ ‑ ‑ ‑ ‑ ‑ ἐπμι̣νῆσθαι δὲ κ̣αὶ τὸν δῆμον Περγαμηνῶν ‑ ‑ ‑ ‑ ‑ ‑ ‑ ‑ ‑
‑ ‑ ‑ ‑ ‑ ‑ ‑ ‑ ‑ ν αὐτοῖς, ἔτι δὲ ‑ ‑ ‑ ‑ ‑ ‑ ‑ ‑ ‑ ‑ ‑ ‑ ‑ ‑ ‑ ‑ ‑
‑ ‑ ‑ ‑ ‑ ‑ ‑ τῆς συνλύσεως ἡ ει ‑ ‑ ‑ ‑ ‑ ‑ ‑ ‑ ‑ ‑ ‑ ‑ ‑ ‑ ‑ πά‑
σαι ἔσπευσεν ἐπιμελείαι. [ἐπμινῆσθαι δὲ καὶ τοὺς πρεσβευτὰς καὶ καλέσαι ἐπὶ
45 τὴν κοινὴ̣ν ἑστίαν, φρο[ντίσαι δὲ περὶ αὐτῶν τοὺς στρατηγούς.

[Μυτιληναίων.]

Ἐπεὶ ἀ β̣ύλλα καὶ ὁ δᾶμος Π[εργαμήνων ‑ ‑ ‑ ‑ ‑ ‑ ‑ ‑ ‑ ‑ ‑ ‑ ‑ ἀπεστάλκασι ψάφισμα
Περγα̣μήνων, ὃ ἀνέδωκ[αν ἄμμιν οἱ αἱρέθεντες πρέσβευται Βάκχιος Εὐδάμω, Ἀπυλλόδωρος
Ἀθαν̣υδώρω, Διογένη̣ς Ἀσκλαπιάδα, Μεγίστερμος Ἀττάλω, Σκάμων Ἀσκλάπωνος,
50 ᾧ δ̣ιασάφηνται ‑
. . κ̣αὶ πόλλα̣ ‑
. . οις τὰς πρυ ‑
. . νος ἀμφισβ̣ατ ‑
. ν ἂν λάβηται σ[‑ἀμ‑
55 φ̣οτέραις ταῖς̣ πόλιας ‑ ‑ ‑ ‑ ‑ ‑ ‑ ‑ ‑ ‑ ‑ ‑ ‑ ‑ ‑ ‑ ‑ ‑ ἀνή‑
κόντεσσι τυῖ̣σι ‑
ο]μένοις ὑ̣π ‑
ον καὶ τὰν ‑
τ̣ᾶς συλ[λύσιος ‑οὐδε‑
60 μίας πε[‑ τοι‑
σι συγγ[ενεστάτοισι ‑
‑ ‑

Fragment B.

‑ ο ‑ ‑ ‑ ‑ ‑ ‑ ‑ ‑ ‑ ‑ ‑ ‑ ‑
‑ ‑ ‑ ‑ ‑ ‑ ‑ ‑ ‑ ‑ ‑ ‑ ‑ ‑ ‑ ‑ ‑ ‑ μένοις ‑ ‑ ‑ ‑ ‑ ‑ ‑ ‑ ‑ ‑ ‑ ‑
‑ ‑ ‑ ‑ ‑ ‑ ‑ ‑ ‑ ‑ ‑ ‑ ‑ ‑ ‑ κ̣ίαν πρὸς Πιτ[αναίοις ‑ ‑ ‑ ‑ ‑ ‑ ‑ ‑
‑ ‑ ‑ ‑ ‑ ‑ ‑ ‑ ‑ ‑ ‑ ‑ ‑ ‑ ‑ διὸ καὶ τοῖς π ‑ ‑ ‑ ‑ ‑ ‑ ‑ ‑ ‑ ‑ ‑
5 ‑ ‑ ‑ ‑ ‑ ‑ ‑ ‑ ‑ ‑ ‑ ‑ ‑ ‑ ς σ̣υ̣ντόμως ὑπεξακου‑ ‑ ‑ ‑ ‑ ‑ ‑ ‑
‑ ‑ ‑ ‑ ‑ ‑ ‑ ‑ ‑ ‑ ‑ ‑ ‑ α̣ί̣ρηται κριτ[αὶ]ς αὐτοις τοῖς ‑ ‑ ‑ ‑ ‑ ‑ ‑ ‑

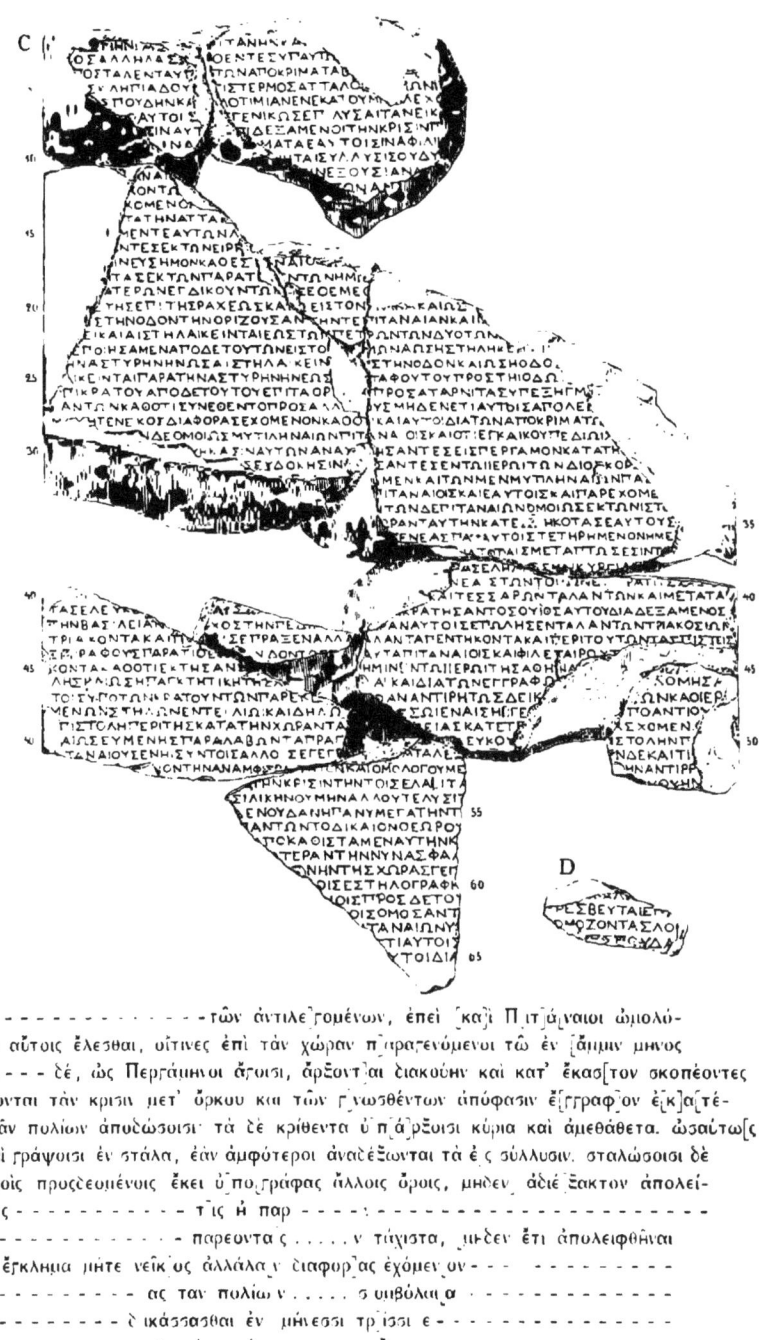

- - - - - - - - - - - - - - - - τῶν ἀντιλεγομένων, ἐπεὶ καὶ Πιτάναιοι ὡμολό-
γησαν αὐτοῖς ἕλεσθαι, οἵτινες ἐπὶ τὰν χώραν παραγενόμενοι τῶ ἐν βάμην μηνὸς
- - - , - - - δέ, ὡς Περγάμηοι ἄγωσι, ἄρξονται διακούην καὶ κατ' ἕκασ[τον σκοπέοντες
10 ποήσονται τὰν κρίσιν μετ' ὅρκου και τῶν γνωσθέντων ἀπόφασιν ἔγγραφον ἑκατέ-
ραι τᾶν πολίων ἀποδώσουσι· τὰ δὲ κρίθεντα ὑπάρξωσι κύρια καὶ ἀμεθάθετα. ὡσαύτω[ς
δὲ καὶ γράψωσι ἐν στάλα, ἐὰν ἀμφότεροι ἀναδέξωνται τὰ ἐς σύλλυσιν. σταλώσοισι δὲ
καὶ τοῖς προσδευομένοις ἔκει ὑπογράφας ἄλλοις ὅροις, μηδεν ἀδιέξακτον ἀπολείποντες - - - - - - - - - - - τίς ἤ παρ - - - - - - - -
ι - - - - - - - - - - - - - παρεοντα ς . . . . . . ν τάχιστα, μηδεν ἔτι ἀπολειφθῆναι
μήτε ἔγκλημα μήτε νεῖκος ἀλλάλαν διαφορὰς ἐχόμενον - - - - - - - - - -
- - - - - - - - - - - - ας τὰν πολίω ν . . . . . ς ουμβόλων - - - - - - - - -
- - - - - - - - - - ὰ ικάσσασθαι ἐν μήνεσσι τρίσσι ε - - - - - - - - - - -
- - - - - - - - - προθεσμίας τοῖς . . . . α ὕτις - - - - - - - -

:- - - - - - - - - - - - - - - - -ἐφε ϳιϑικιαν και ι . α .... ἐπαιϲνησαι δὲ τοις πρεσβεύτας ἐπι τῶ
τὰι ἐπιϑαμιᾶν ποιήσασϑαι τὰν ἐν ἅμμιν μετὰ φιλοπ ονίας καϳι ἀξιϲως τῶν ἀποστελλάντωιν.
τοῖς ϑὲ στρωταϲοις τοῖς πεϳρϳι Τϲα ...., ὅτι με τὰ πλεϳίστας εὐνοίας καὶ φιϲλ-
ανϑρωπίας καὶ ἐπιμελέ ως ἕκαστα πε πρήχοτες τῶν δεόντωϳν ἐπρέσβεϲυσαν κατ' εὐκιλεες,
ἀνακαϳρύξασϑαι, καϑ εσσάτωσιϲν ϑὲ αὐτοις ἐπὶ ξέϲνια εἰς τὸ πϳρυτανήιον] ἐπὶ τὰν
25 ἐπίουσαν ἁμέραν. ὅπως ϑὲ πρόξενϲοι καὶ πόλιται ϲ ενωνταϳι τᾶς πόλιϲος, εἰσαγή-
σασϑαι καὶ περὶ αὐτων τοις] σϲτρωτάϲοις ἐν τοῖς χρϳόνοις [τοῖς ἐκ τῶϳν νόμων.
Περγαμηνῶν.]
- -ἐφιεμένϲου βασιϲλέ-
ως Ἀττάλου ? - -ϳ σϑε - -

Fragment C.

- -α - - - - - - - - -
...μηνϳι - - - - - - - - - Πϳιτάνην καϳι Μυτιλήνην - - - - - - - - - - - - - -
πρϳὸς ἀλλήλας σϲυνϳϑέντες ὑπϳ αὐτῶϳν - τὰ
ἀϳποσταλεντα ὑπϳ αϲὐϳτῶν ἀποκρίματα Βϲάκχιος Εὐϲήμιου, Ἀπολλόϲωρος Ἀϑηνοϲώρου, Διοϲέν-
5 ης Ἀ σκληπιάϲου, [Μεϲϳίστερμιος Ἀττάλοϲ υ, Σκάμϳων [Ἀσκλάπωνος - - - - - - - - - - -πα-
σαν σπουϲὴν καϳι φιϳλυτιμίαν ἕνεκα του μϳήτε?] λεχϳϑηναι - - - - - - - - - - - - - - -
.....ο αὐτοῖς σϲυϳγενικῶς ἐπιλυσαι τὰ νείκϳη - - - - - - - - - - - - - - - - - -
......σιν αὐτ οἱ ἐϳπιϲεξάμενοι τὴν κρίσιν π - - - - - - - - - - - - - - - - - - -
....ἐφεϳῖναϲι τὰ κριϳματα ἑαυτοῖς, ἵνα φιλιϲκῶς - - - - - - - - - - - - - - - - -
10 - - - - - - - - - - - ποϳιϳήται σύλλυσις υὶϲϳ ο - - - - - - - - - - - - - - - - -
...Πιτανϲναϲϳοι - - - - - -τϳὴν ἐξουσίαν - - - - - - - - - - - - - - - - - - -
....ἐϳχόντωϲν - - - - - - λοιϳπῶν ϑι - - - - - - - - - - - - - - - - - - -
...ἐϳχόμενοι - -
......τα τὴν Ἀτταϳιτῶν- -
15 - - - -μέν τε αὐτῶϲν λ - -
συνϑέϳντες ἐκ τῶν εἰρημένωϲν - ταῖς
πόλεσϳιν εὔσημον καϑεσϲτάϳναι ὁϳρισμῶιϳ? - - - - - - - - - - - - - - - - - - -
....τας ἐκ τῶν παρατϳεϑέϳντωϳν ἡμῖϲν - -
..ἐκϳατέρων ἐϲδικούντωϳ ν ἐϳξεϑέμεϑϳα - -
20 ....τῆς ἐπὶ τῆς ῥάχεως κάϲτϳωι εἰς τὸν ϳρύαϲκα καὶ ὡς ϳἡ ὁδὸς ἄϲει καὶ αἱ στῆλαι κεῖνται εἰς τὴν ὑϲϲὸν τὴν ὁρίϲουσαν τϳὴν τε Πιτανίαν καὶ [- - - - - - - - - - καὶ ὡς ἡ ὁδὸς
ἄϲει καὶ αἱ στῆλαι κεῖνται ἕως τῶϲ ν πετρῶν τῶν δύο τῶν - - - - - - - - - - - - -
ἐποιήσαμεν, ἀπὸ ϑὲ τούτων εἰς τὸν λειϳμῶνα, ὡς ἡ στήλη κεϲϳιϳται καὶ ὡς ἡ ὁδὸς ἄϲει εἰς
τϳὴν Ἀστυρηνήν, ὡς αἱ στῆλαι κεῖνϳται εἰς τὴν ὁδὸν καὶ ὡς ἡ ὁδὸϲς ἄϲει καὶ ὡς αἱ στή-
25 λαϳι κεῖνται παρὰ τὴν Ἀστυρηνὴν ἕως ϳτοῦ τάφου του πρὸς τῆι ὁδῶι [τοῦ ἐγγεγραμμένου?
Ἐϳπικράτου, ἀπὸ ϑὲ τούτου ἐπὶ τὰ ὄρϳη τὰϳ πρὸς Ἀταρνίτας ὑπεξηϲρϳμένα - - - - - - περὶ
πϳάντων, καϑότι συνέϑεντϲο πρὸς ἀλλϳήλϲους, μηδὲν ἔτι αὐτοῖς ἀπολειϳφϑῆναι μήτε ἔγκλη-
μϳα μήϳτε νείκυς διαφορᾶς ἐχϲόμενον, καϑόϳτ ϳι καὶ αὐτοὶ διὰ τῶν ἀποκριμάτωϲν ἐνέφανισαν, ἐμ-
φανιϲόντωϳν ϑὲ ὁμοίως Μυτιληναίων Πιτϳανίαιϳς καὶ ὅτι ἐϲ Καΐκου πεδίωι χώραν - - - - -
- - - - - - - - ἐσχϲηϳκασιν αὐτῶν. ἀναχϲωρϳήσαντες εἰς Πέργαμον, κατὰ τὴϲν του δήμου ἐπι-
ταϲὴν καὶ τὴν βασιλέωϳς εὐδόκησιν, ϳὑπόϳϳσαντες ἐν τῶι ἱερῶι τῶν Διοσκόρϳωϳν - - - - - - -
- - - - - - - - - - - κεκρίκαϳμεν καὶ τῶν μὲν Μυτιληναίων παϳρεχομένων - - - - - - - -
- - - - - - - - - - - Πιτανίαϳοις καὶ ἑαυτοῖς καὶ παρεχομέϲνων - - - - - - - - - - -
- - - - - - - - - - ν, τῶν ϑὲ Πιτανίων ὁμοίως ἐκ τῶν ἱστϲορηϳιϲνων - - - - - - - - - -
33 - - - - - - - - - - τὴν χϳώραν ταύτην κατεσϲχϳηκότας ἑαυτοὺς - - - - - - - -
- - - - - - - - - - - - - - πολλὰς ϲενεὰς παϳρϳϳ αὐτοῖς τετηρημένον ἤ με - - - - -
- - - - - - - - - - - - - - - - -ἐπρϳιατο ταῖς μεταπτώσεσιν τ - - - - - - - -

```
- - - - - - - - - - - - - - - - - - - - - - - - - - ας ἐληλυθέναι κυρείᾳα - - - - - -
- - - - - - - - - - - - - - - - - ἐν πολλαῖς γενεαῖς τῶν τόπων ἐπ. κ]ρατηςαν - -
40  - - - - - - - - - - - - - - - καὶ τεσσάρων ταλάντων καὶ μετὰ ταὐ-
τ'α Σελεύκου τηι πρὸς] Λυσίμαχον μάχηι ἐπικρατήσαντος ὁ υἱὸς αὐτοῦ διαδεξάμενος
τὴν βασιλείαν Ἀντίοχος τὴν πεδιάδα χώ]ραν αὐτοῖς ἐπώλησεν ταλάντων τριακυσίω[ν
τριάκοντα καὶ π[ροσει]ςέπραξεν ἄλλ[α τ]άλαντα πεντήκοντα καὶ περὶ τούτων τὰς πίστεις
ἐ[γγ]ράφους παρατιθέασιν, δόντος εἰς τ]αυτα Πιταναίοις καὶ Φιλεταίρου τ'άλαντα τεσσαρά·
45 κοντα, καθότι ἐκ τῆς ἀναγεγραμμένης παρ' ἡμῖν ἐν τῶι ἱερῶι τῆς Ἀθηνᾶς ἐπιστώ]σαντο στή-
λης, καὶ ὡς ἡ παγκτητικὴ τῆς χώρας κυρεία καὶ διὰ τῶν ἐγγράφων ἐπὶ τῆς διανομῆς αὐ
τοῖς ὑπὸ τῶν κρατούντων παρεκε[ῖ ἐδέδοτ]ο, ἀναντιρ(ρ)ήτως δεικνύντες ἐκ τ]ῶν καθιερω-
μένων στηλῶν ἔν τε Ἰλίωι καὶ Δήλωι καὶ Ἐφέ]σωι, ἐν αἷς ἡ γεγραμμένη ὑ]πὸ Ἀντιόχου
ἐ]πιστολὴ περὶ τῆς κατὰ τὴν χώραν ταύτην κυρ]είας κατετέτακτο, παρα]σχομένων τε
50 καὶ ὡς Εὐμένης παραλαβὼν τὰ πράγματα τὴν Σε]λεύκου [ἐκύρωσεν ἐπιστολὴν πρὸς
Πιταναίους, ἐν ἧι σὺν τοῖς ἄλλοις ἐγέγραπτο κ]ατὰ λέξιν ταυτα· τὴν κυρεία ν δὲ καὶ τὴν εἰς
τὸν πάντα χρόνον, τὴν ἀναμφισβήτητον καὶ ὁμολογουμένην - - - - - - οὐ μὴν ἀντιρρητέον
- - - - - - - - - - κατὰ τὴν κρίσιν τὴν τοῖς Ἐλαίταις γενομένην ὑπὸ Ἀντιόχου ηιι ...
- - - - - - - - - - - βασ]ιλικὴν οὐ μὴν ἄλλου τε λυσιτελ - - - - - - - - - - - - -
55 - - - - - - - - - - - - οὐδὲν οὐδ' ἂν ἡ πάνυ μέγα τὴν τ - - - - - - - - - - - - -
- - - - - - - - - περὶ] πάντων τὸ δίκαιον θεωρο]ῦντες - - - - - - - - - - -
- - - - - - - - - Πιταναίοις ἀ]ποκαθίσταμεν αὐτὴν κ - - - - - - - - - - - - -
κατὰ τὴν γνώμην τὴν ἡμετέραν τὴν νῦν ἀσφαλῶς - - - - - - - - - - - - - -
- - - - - - - - - - τὴν ὠνὴν τῆς χώρας γεγενη - - - - - - - - - - - - - - -
60 - - - - - - - - - - - οἷς ἐστηλογράφηται - - - - - - - - - - - - - - - - -
- - - - - - - - - - Πιτανα?]ίοις, πρὸς δὲ τὸ ὕτοις - - - - - - - - - - - - -
- - - - - - - - - - - οις ὀμωσαντ - - - - - - - - - - - - - - - - - - -
- - - - - - - - - - - Πι]ταναίων ὑ - - - - - - - - - - - - - - - - -
- - - - - - - - - - - - ἐ]ς τι αὐτοῖς - - - - - - - - - - - - - - - - - - -
65 - - - - - - - - - - - - - - αὐτοὶ δια - - - - - - - - - - - - - - - - -
```

Fragment D.

```
- - - - - - - καλ ες - -
- - - - π]ρεσβευταὶ ε -
τοὺς ἁρμόζοντας λό:γους
- - - - - - - σπουδα ίως
```

Die Urkunde bezieht sich auf einen Grenz- streit zwischen den Städten Mytilene und Pitane, in welchem die Parteien das Anerbieten der Pergamener, einen Schiedsspruch zu fällen, angenommen hatten: er fiel zu Gunsten der Pitanäer aus. Fragment A enthält in Z. 1—45 ein Decret von Pitane, von Z. 46 an den Beginn eines in äolischer Mundart abgefaßten Decretes von Mytilene, von dessen Fortsetzung und Schluß Fragment B Z. 1—26 übrig sind. Es ist sehr mög- lich, daß die ersten Zeilen von B und die letzten von A ursprünglich zusammengehörten. Ein Pse- phisma der Pergamener mit dem Berichte über die Erteilung des Schiedsspruches schloß die Inschrift: davon sind Reste des Anfangs in Frag- ment B Z. 27 und 28 übrig, außerdem das ganze Fragment C; es kann zwischen B und C nur ein ganz kleines Stück gänzlich fehlen. Am Ende von Fragment C ist freier Raum.

Daß die Urkunde noch in die Königszeit gehört, zeigt Fragment B Z. 27, wo in der ersten Zeile des pergamenischen Decretes, also im Praescripte, der König genannt war. Mytilene war nach dem Sturze des syrischen Reichs bei der Ordnung der asiatischen Verhältnisse durch die Römer eine freie Stadt geworden (vergl. Cichorius, Rom und Mytilene S. 4): Pitane gehörte der pergamenischen Monarchie an: es ist selbstverständlich, daß ein Spruch, ob das Eigentumsrecht an Ländereien innerhalb des königlichen Gebietes einer untertänigen oder einer nicht reichsangehörigen Stadt gebührt, ohne Zustimmung des Herrschers von der Ge- meinde Pergamon nicht abgegeben werden konnte (vergl. auch zu C Z. 31, S. 150 oben). Der Hergang war fo, dafs die Pergamener an beide Städte fünf Gefandte fchickten, welche die Schlichtung des Streites auf dem Wege vor- fchlugen, dafs die Gefandten felbft (f. A Z. 6 und 8f.) als Schiedsrichter fungiren follten: dies wurde von den beiden Städten in einer zwi- fchen ihnen vereinbarten identifchen Form (vgl. unten zu A Z. 25 ff. und C Z. 26 ff.) angenom- men und den Pergamenern von beiden Dank, den Gefandten die üblichen Ehren votirt. Dafs die Decrete der beiden Städte vor der Abgabe des Schiedsfpruches und noch während der An- wefenheit der pergamenifchen Gefandtfchaft er- laffen find, ift ficher aus dem Praefens in A Z. 26 (αἱροῦμεθα κριτὰς αὐτούς) und B Z. 6 (αἴρηται), wie aus der Anwendung des Futurum in Bezug auf die Tätigkeit der Schiedsrichter in A Z. 29. 30. 31, endlich aus der Einladung in das Pryta- neion, mit welcher fie nach A Z. 44 f. und B Z. 24 f. von jeder der Städte beehrt werden. In welcher Weife die Schiedsrichter ihren Auf- trag ausführten, wird des Näheren zu Frag- ment C dargelegt werden.

Die ftreitigen Ländereien lagen am Bufen von Adramytion, nicht wie Schuchhardt (Sitzungs- ber. d. Berliner Akad. 1887 S. 1210) fagt, zwifchen Pitane und Kane. Dort befafsen nach dem Zeugnis des Thukydides 4, 52 die Mytilenäer fchon im fünften Jahrhundert τὰς πόλεις τὰς Ἀκταίας καλουμένας, zu denen Antandros und Rhoiteion gehörten (vergl. C.I.A. I 37 Fragm. 5"). Dafs es fich in unferer Infchrift um diefelbe Gegend handelt, zeigen die genauen Angaben in Fragment C Z. 24 ff., wo die Abgrenzung des ftreitigen Gebietes zwei Mal nach der Ge- markung von Aftyra erfolgt: Aftyra lag aber, wie Strabo lehrt, dicht bei Adramytion, nach Antandros zu: S. 606 ἐντὸς δὲ ἥ τε Ἀντανδρός ἐστιν... εἶτ' Ἄστυρα, κώμη καὶ ἄλσος τῆς Ἀστυρηνῆς Ἀρτέ- μιδος ἅγιον. πλησίον δ' εὐθὺς τὸ Ἀδραμύτιον. S. 613 Μυσοι μὲν οὖν ἔστιν ἡ περὶ τὸ Ἀδραμύτιον... Μυσίας δὲ καὶ Ἄστυρα τὴν πλησίον κώμην φασίν. ἦν δὲ πο- λίχνη ποτέ, ἐν ᾗ τὸ τῆς Ἀστυρηνῆς Ἀρτέμιδος ἱερὸν ἐν ἄλσει, προστατούμενον μετὰ ἀριστείας ὑπ' Ἀνταν- δρίων, οἷς μᾶλλον γειτνιᾷ. An das Abydos be- nachbarte Aftyra, das zu Strabo's Zeit (S. 591. 680) zerftört war, wird man für unfere Infchrift, auch wenn die Stadt damals noch beftanden

haben follte, bei ihrer entfernten Lage und gegenüber der Nachricht des Thukydides nicht denken wollen; noch weniger an den karifchen Ort diefes Namens, den Stephanus von Byzanz nennt. Das ftreitige Land war demnach bei dem adramytenifchen Aftyra belegen, in der Küftenebene (C 42); es reichte bis an »die Berge, die fich allmälig nach Atarneus hinziehen« (C 26), und fchlofs felbft fchon bergiges Terrain ein (ῥάχις C 20; πέτραι αἱ δύο C 22). Wie Schuch- hardt mich belehrt, ift in diefem Gebiete der Lauf der Gebirge noch nicht hinlänglich er- forfcht; nach Kiepert's Nouvelle carte des pro- vinces Afiatiques de l'empire Ottoman (1884) fcheint es, dafs in der Infchrift eine Gegend am Fufse des Mouslouk-dagh bezeichnet ift, an welchen fich die feine Ausläufer bis gegen Atar- neus entfendende Madaras-dagh anfchliefst. Wie das ftreitige Land durch das Meer von Mytilene getrennt war, grenzte es auch nicht an das Stadt- gebiet von Pitane. Man könnte nun einwenden, dafs auch Aftyra möglicher Weife abgetrennten Landbefitz gehabt habe und es fich daher doch in der Infchrift um eine näher bei Pitane ge- legene und von der bei Thukydides bezeichneten verfchiedene Gegend handeln könne; aber dafs eine πολίχνη oder κώμη wie Aftyra entfernte Län- dereien befeffen habe, ift doch im höchften Grade unwahrfcheinlich.

Ihren feftländifchen Befitz am Bufen von Adramytion haben die Mytilenäer zähe bewahrt; noch Strabo bezeugt ihn für feine Zeit, wo er fich ziemlich weit nach Süden erftreckte: S. 605 ὁ Ἀδραμυτηνὸς κόλπος - - ἐνταῦθα δὲ καὶ ὁ τῶν Μιτυληναίων ἐστὶν αἰγιαλός, κώμας τινὰς ἔχων κατὰ τὴν ἤπειρον τῶν Μιτυληναίων: S. 607 ἐν δὲ τῇ παραλίᾳ τῇ ἐφεξῆς αἱ τῶν Μιτυληναίων κῶμαι κο- ρυφαντὶς τε καὶ Ἡράκλεια καὶ μετὰ ταῦτα Ἄττεα, εἶτ' Ἀταρνεὺς καὶ Πιτάνη καὶ αἱ τοῦ Καΐκου ἐκβολαί. Für die letztere Stelle Strabo's läfst fich aus unferer Infchrift eine Verbefferung gewinnen und damit ein Punkt in der Topographie und Numismatik Kleinafiens endgiltig berichtigen. Den Stand der Frage können wir nicht beffer wie mit Fabricius' Worten (Athen. Mittheil. XI S. 12 f.) darlegen: »Mit der von Strabo genannten Stadt Attea haben einige den bei dem Anonymus von Ravenna [S. 107] und auf der Tabula Peu- tingeriana als Station der Strafse von Smyrna nach Adramyt verzeichneten Ortsnamen Attalia in Verbindung gebracht und vorgefchlagen Ἄττεα in Ἀττάλεια zu ändern. Auf manchen neueren Karten findet man daher Attaleia gerade in der Gegend der Mündung des Ajasmat-Tschai eingetragen.... Allein wir möchten die Namensentltellung eher auf der Tabula und beim Anonymus als bei Strabo annehmen.« Fabricius vermutet dann, dafs »bei der heillofen Entltellung der antiken Namen auf der Tabula und beim Anonymus« Attalia aus Atarnea entltanden ilt. Diefe Lölung ilt nicht richtig; es hat in allen litterarifchen Quellen eine ganz geringe, bei Strabo auf der Ausfprache beruhende Corruptel aus Ἀτταία ltattgefunden und diefer Ortsname ilt an Stelle von Attaleia in unfere Karten einzutragen. In C Z. 14 unferer Infchrift ilt nämlich der Relt ΑΤΤΑΙ offenbar Ἀτταϊτῶν zu ergänzen, nach der Auffchrift von Münzen mit diefem Ethnikon, für deren Zuweifung früher nur haltlofe Vermutungen aufgeltellt werden konnten (f. Eckhel, Doctrina III p. 141): unzweifelhaft gehören fie der hier ficher geltellten Stadt Attaia bei Atarneus. Die Vermutung des Richtigen findet fich fchon bei Leake (Numismata Hellenica, Asiatic Greece p. 30): es fcheint aber ganz unbeachtet geblieben zu fein, wohl da er die Münzen trotzdem unter der Überfchrift *Attaea Phrygiae* aufführt, nach der nur auf der Verlegenheit beruhenden Annahme Harduin's von der Exiltenz einer Stadt diefes Namens in Phrygien: jetzt hat ihnen Head (Historia nummorum p. 449) die richtige Stelle gegeben.

Vermeidung des Hiatus ilt in den meilten Teilen unferer Urkunde wieder unverkennbar erltrebt worden.

Die übrigen Erläuterungen können paffender an die einzelnen Stellen angeknüpft werden.

Fragment A.

Z. 6. τοὺς [διακρινοῦν']τας ἐν ἑαυτοῖς: die Richter follen ganz unter fich urteilen, in Pergamon (f. C 30 f.), um jeden Verdacht der Beeinfluffung durch die Parteien abzuwehren.

ὑπεξ̓ακούσαντας. Vergl. auch Z. 25. Die Ergänzung ilt wohl ficher, obwohl die Wörterbücher nur ἐξακούειν und ὑπακούειν, nicht das Doppel-Compofitum anführen. Von einem Richtenden im Sinne von Gehör geben« lteht

ὑπακούειν bei Xenophon Cyrop. 8, 1, 18: ὁ δὲ Κῦρος πολὺν μὲν χρονον οὐκ ἐσχόλαζε τοῖς τοιούτοις ὑπακούειν· ἐπεὶ δὲ ἀκούσειεν αὐτῶν, πολὺν χρόνον ἀνεβάλλετο τὴν διαδικασίαν. Diefer Sinn wird durch das hinzutretende ἐξ in ganz correcter Weife verltärkt.

Z. 7. φιλονικίαι im Sinne des löblichen Wetteifers, häufig in φιλονεικία verderbt, z. B. bei Polybios 4, 49, 2, wo Dindorf das Richtige hergeltellt hat.

Z. 15. περιστάσεων »Gefahren«, wie Polybios 30, 1, 2; vergl. oben S. 105.

Z. 20. φιλοίκειων. Vergl. Polybios 32, 14, 9.

Z. 23. ἀνήκειν πρός. Vergl. oben zu Nr. 167 Z. 8 f.

Z. 25—34. Die teilweife Herltellung diefer Partie wird dadurch ermöglicht, dafs fie mit einem Stück des mytilenäifchen Decrets: B Z. 5 bis 13 offenbar falt vollltändig übereinltimmte. Um deutlich zu machen, wie berechtigt es war, diefe Abfchnitte einen aus dem andern zu ergänzen, verzeichnen wir die Stellen, auf welche fich die erkennbaren Abweichungen befchränken:

A 25: συντ̓όμως καὶ μὴ φιλέχθρως ὑπ_εξ̓ακου - - -. B 5: das Gefperrte fehlt.

A 26: αἱρούμεθα κριτὰς αὐτοὺς τοὺς. B 6: αἴρηται (sc. ἁ πόλις).

A 28 ilt dem Raume entfprechend ergänzt κριτὰς αὐτοὺς ἐλέσθἀι, B 8 ohne κριτὰς.

A 31: εἶναι κύρια. B 11: ὑπάρξοισι κύρια.

A 32: τὰ συλλυθέντα. B 12: τὰ ἐ̓ς σύλλυσιν.

Aufserdem ilt die Stellung diefer Worte verfchieden.

Die Parteien haben alfo hier und noch an einer andern Stelle (f. zu C 26 ff.) als identifch anzufehende Erklärungen abgeben müffen, durch welche das allgemeine Programm für die Tätigkeit der Schiedsrichter feltgeltellt und die Verbindlichkeit des nach Mafsgabe diefes Programmes gefällten Spruches anerkannt wird. Die Gefandten werden den Wortlaut diefer Erklärungen zunächlt mit den Pitanäern vereinbart und fie dann zu gleichmäfiger Vollziehung den Mytilenäern vorgelegt haben, welche fie unter ganz unwefentlichen Abweichungen in ihren Dialekt umfetzten. Z. 28 f. (B Z. 8 f.) wird der Monat fowohl nach der Benennung der Partei als der Pergamener bezeichnet (vergl. unten zu Nr. 247

Z. 14), innerhalb deſſen die Schiedsrichter ihr Geſchäft beginnen ſollen. In Z. 30 wird von ihnen die übliche Eidesleiſtung verlangt, dann Z. 30 f. (= B Z. 10 f.) gewiſs »ein ſchriftlicher Be-ſcheid über ihre Beſchlüſſe« (B 10 kann in E..... ON der zweite Buchſtabe nur Γ oder Π geweſen ſein); hierüber wie über die im folgen-den erwähnten Steinaufzeichnungen, insbeſon-dere auch über die vorſchlagsweiſe Ergänzung von Z. 33 f., wird noch am Schluſſe des Com-mentars gehandelt werden. Z. 32 wird ἀνα-δέξωνται nicht zweifelhaft ſein: der Conditional-ſatz kann, nachdem der künſtige Spruch ſoeben für »maſsgebend und unabänderlich« erklärt worden iſt, ſelbſtverſtändlich nicht bedeuten, daſs die Parteien ſeinen Inhalt anzufechten befugt wären; es bedarf aber ihrer Anerkennung, daſs er unter Einhaltung der vereinbarten Formen gefunden iſt. — Zu Z. 34 ἀδιέξακτον (und Z. 36 διεξαχθῆναι) vergl. oben zu Nr. 163 D Z. 15 (S. 97). Z. 36 f. Vergl. zu C 26 ff. Z. 41 ff. Nach dem Singular ἔσπευσεν in Z. 44 ſcheint es, daſs hier zunächſt der perga-meniſche Demos gelobt war, da er ſo gute Geſandte gewählt habe. Z. 50. διασάφηνται, wie αἴρηται B Z. 6. Vergl. Meiſter, Dialekte I S. 175.

Fragment B.

Z. 5 ff. Vergl. zu A Z. 25 ff. Z. 14. 15. Vergl. zu C Z. 26 ff. Z. 17 ff. Offenbar waren hier Beſtimmungen über gegenſeitige Rechtsgewährung (δίκαι ἀπὸ ϲυμβόλων) zwiſchen Mytilene und Pergamon ge-troffen. Z. 20. ἐφε]ϲιδικίαν »Appellation« wird nicht zweifelhaft ſein, obwohl das Wort neu ſcheint.

Fragment C.

Z. 14 ff. Nachdem hier die Attaiten (ſ. oben S. 146 f.) in einem nicht erkennbaren Zuſammen-hange genannt waren, wurde das Reſultat der vorgängigen Feſtſtellung über den Tatbeſtand des Falles, nämlich über die Grenzen des ſtrei-tigen Gebietes, dargelegt, welche die Schieds-richter zunächſt vorgenommen hatten. Denn offenbar ſind die mit Z. 20 beginnenden Orts-beſtimmungen nicht ſchon Teile des Schieds-ſpruches, der deutlich erſt folgte, nachdem in

Z. 30 f. geſagt war, daſs er nach der Rückkehr der Geſandten in Pergamon gefällt wurde. Aus Z. 21 geht hervor, daſs die Pitanäer in der umſtrittenen Gegend auch von Mytilene nicht angefochtenen Landbeſitz hatten, da ein pita-näiſcher Grenzweg zur Ortsbeſtimmung benutzt werden kann. Es war alſo vor allen Dingen notwendig, das ſtreitige Gebiet deutlich kenn-bar herauszuſtellen (Z. 17 εὔσημον καθεστάναι); daher wurde an Ort und Stelle (A Z. 28 ἐπὶ τὴν χώραν παραγενόμενοι; ebenſo B Z. 8) auf Grund der von Vertretern beider Parteien gemachten Ausſagen (Z. 16 συνθέντες ἐκ τῶν εἰρημένων. Z. 18 ἐκ τῶν παρατεθέντων ἡμῖν) ermittelt, auf welche Ländereien beide Städte Anſpruch erhoben: Z. 19 ἑκατέρων ἐκδικούντων. Denn die Bedeu-tung »einen Rechtsanſpruch erheben« muſs dem Verbum ἐκδικεῖν — die Wandlung von κϩ in γϩ iſt ſehr bekannt, ſ. z. B. Meiſterhans, Gram-matik der attiſchen Inſchriften² S. 83 — hier bei-wohnen, während es in der Litteratur 'rächen', 'ſtrafen', 'ſchützen' bedeutet: der an unſerer Stelle notwendige Sinn wird aber vom The-ſaurus nach Budaeus aus den Pandekten an-geführt: ἡ τὰ ἴδια ἐκδικοῦσα ἀγωγή »rei vindicatio« und trifft offenbar auch zu in der Inſchrift aus Thyatira C. I. Gr. 3488, wo eine Ehrenerweiſung erfolgt ἐπὶ τῷ ἐκδικῆσαι καὶ ἀποκαταστῆσαι τὰ τῶν κωμῶν. (In kariſchen Inſchriften hat ἐκδικεῖν eine andere juriſtiſche Bedeutung: 'Anklage erheben', 'denunciren', z. B. C. I. Gr. 2824. 2827. 2829/30. 2840. 2842/3; auch in Epheſos 3028.)

In dieſem ganzen Abſchnitt ſprechen, wie ἐξεύθεμεθα in Z. 19, ἐποιήσαμεν in Z. 23 beweiſen, die Schiedsrichter in eigener Perſon und daſs dies auch für die nachfolgende Mitteilung der eigentlichen Entſcheidung beibehalten war, zu ἀποκαθίσταμεν in Z. 57 alſo nicht der Demos von Pergamon das Subject bildete, iſt das bei weitem Wahrſcheinlichſte: nachdem das perga-meniſche Pſephisma im Eingange feſtgeſtellt hatte, daſs die Geſandten von den Parteien eine ſie mit der Entſcheidung des Streites betrauende Ant-wort zurückgebracht hatten, wurde ihr Bericht über die Ausführung ihres Auftrags mit ihren eigenen Worten mitgeteilt.

In Z. 20—26 beurkunden die Schieds-richter den von ihnen ermittelten Tatbeſtand, wie ſie ihn den Parteien dargelegt hatten (ἐξεθέμεθα Z. 19: vergl. Polybios 31, 19, 3). Wir fehen, dafs als Grenzmarken aufser den beftehenden Wegen Stelen benutzt werden, offenbar von den Pitanäern errichtete Grenzfteine; aus dem ἐποιήσαμεν in Z. 23 inmitten von Grenzbeftimmungen geht hervor, dafs die Schiedsrichter, wo zur deutlichen Bezeichnung taugliche Merkmale mangelten, fie in irgend einer Weife auch felbft anbrachten.

In Z. 20 wird gegen die Ergänzung ῥύακα kein Zweifel möglich fein. Das Wort hängt mit ῥέω zufammen und die Bedeutung »Strom« mufs daher die urfprüngliche fein: es kommt aber in diefem allgemeineren Sinne nur vereinzelt und nur in fpäterer Zeit vor: nach Diodor 5, 35 find in den Pyrenäen durch Verbrennen des Bodens ῥύακες ἀργύρου καθαροῦ ausgefchmolzen worden: bei Aristides I p. 203 (Dindorf) fteht in bombaftifcher Übertreibung von einer Seefchlacht: οἱ τοῦ αἵματος ῥύακες ἤρκουν ἐν νοτίῳ ταῖς ναυσὶν εἶναι »die Ströme Blutes genügten den Schiffen als Fahrwaffer«. In den bei weitem häufigften Fällen nimmt ῥύαξ die eingefchränktere Bedeutung des Lavaftromes an, z. B. Thukydides 3, 111 ἐρρύη δὲ περὶ αὐτὸ τὸ ἔαρ τοῦτο ὁ ῥύαξ τοῦ πυρὸς ἐκ τῆς Αἴτνης. Aristoteles Mirab. auscult. 38 (p. 833a 17) τὸν δ᾽ ἐν τῇ Αἴτνῃ ῥύακα οὔτε φλογώδη φασὶν οὔτε συνεχῆ. Der Begriff »Strom« kann aber nicht zutreffen an der zweiten Stelle, an welcher Aristoteles aufser der eben angeführten das Wort noch hat: Naturgefch. 2, 13 (p. 504b 24) (ὁ δελφὶς) ἔχει δ᾽ οὐχ ὥσπερ τὰ τετράποδα ἐπιφανεῖς θηλάς, ἀλλ᾽ οἷον ῥύακας δύο, ἑκατέρωθεν ἐκ τῶν πλαγίων ἕνα, ἐξ ὧν τὸ γάλα ῥεῖ. Die hier zutreffende Nuance der Bedeutung mufs aus dem anatomifchen Tatbeftande ermittelt werden, den Herr Profeffor Eilhard Schulze die Güte hatte mit folgenden Worten darzulegen: »es liegt beim Delphinweibchen jederfeits neben dem After eine kurze Längsfpalte, in deren Tiefe die kurze Zitze verborgen ift«. Da es gilt einen Begriff zu finden, der aus dem des »Stromes« hervorgehen kann, fo fcheint nicht zweifelhaft, dafs die Stelle des Aristoteles die Bedeutung »Flufsrinne«, »Strombett« bezeugt, welche ein fehr plaftifches Bild ergiebt; dies vereinigt fich auch mit der Gloffe des Hesych καταράκτης· ὀχετὸς, ῥύαξ.

In Z. 24 εἰς τὴν ὁδόν ift die Praepofition durch den Raum gefichert: εἰς alfo im Sinne von »bis zu«, wie z. B. bei Polybios 2, 23, 1 ἤκουν ὑπεράραντες τὰς Ἄλπεις εἰς τὸν Πάδον ποταμόν. Sonft war von diefen Ortsbeftimmungen fchon in der Einleitung zum Commentar die Rede.

In Z. 26 ff. conftatirten die Schiedsrichter ausdrücklich, dafs die von ihnen gegebene Grenzbeftimmung nach der Vereinbarung der Parteien, wie diefe auch felbft in den auf das pergamenifche Vermittelungsanerbieten erteilten Antworten (ἀποκριμάτων Z. 28) anerkannt hätten, keine Handhabe »weder für eine Befchwerde, noch für einen aus der Uneinigkeit folgenden Streit übrig läfst«. Dafs die Annahmedecrete von Pitane und Mytilene mit in den Stein gegraben werden, hat fomit, wie hier deutlich wird, den Zweck zu beurkunden, dafs der Schiedsfpruch feitens der beiden Städte gänzlich unanfechtbar ift. Wenn es fchon von vornherein als wahrfcheinlich gelten müfste, dafs die Schiedsrichter, um diefe Feftftellung ganz authentifch zu machen, nicht blofs den Sinn der ἀποκρίματα wiedergaben, fondern fie dem Wortlaut nach anführten, fo wird dies dadurch zur Gewifsheit, dafs fich unfere Stelle dem Raume nach völlig paffend fowohl in A 36. 37 wie in B 14. 15 einfetzen läfst, wenn man das hier nicht angebrachte αὐτοῖς übergeht, und dafs an den beiden Stellen die Refte fich mehr oder weniger unzweideutig zu dem in C erhaltenen Wortlaut fügen; eine kleine Abweichung geftatteten fich die Mytilenäer durch den Zufatz von ἀλλάλων. An der fich in Fragment A ergebenden Häufung des Ausdrucks ift ein Anftofs nicht zu nehmen, da ohnedies kenntlich ift, dafs die Parteien die Endgiltigkeit der von den Pergamenern zu fällenden Entfcheidungen mit befliffener Wiederholung anerkannten.

Nach Z. 29 fcheinen die Mytilenäer in Bezug auf Ländereien in der Kaikos-Ebene den Pitanäern eine Erklärung abgegeben zu haben, welche ein Zugeftändnis darftellte: dafs Mytilenäer am Kaikos gegenüber von Lesbos, alfo bei Pitane, Landbefitz hatten, ift von Fabricius (Mittheil. des athen. Inft. IX S. 93) aus einer Infchrift erfchloffen worden. Hatten die Pitanäer geltend gemacht, dafs der Rechtsgrund ihres von Mytilene beftrittenen Befitzes bei

Astyra dem des mytilenäischen Besitzes in der
Kaikos-Ebene analog sei, so war eine not-
gedrungene Anerkennung dieser Behauptung
seitens der Mytilenäer für die Entscheidung des
vorliegenden Streitfalles von so grofser Erheb-
lichkeit, um ausdrücklich von den Schiedsrichtern constatirt zu werden. Der Begriff von
εὐδόκησις (»Zuftimmung« Z. 31) schien uns mindestens den ungefähren Sinn, den die Ergänzung hergestellt hat, zu sichern: über die
notwendige Zustimmung des Königs zur Über-
nahme des Schiedsgerichtes s. oben S. 145. Die
Fassung κατὰ τήν τε ἀμφοτέρων τῶν πόλεων καὶ
βασιλέως εὐδόκησιν erscheint minder gut als die
vorgeschlagene.

Das Heiligtum der Dioskuren in Pergamon
ist nur hier bezeugt; ihr Cult durch die Inschrift
C. I. Gr. 3539, nach welcher es eine συμβίωσις
(d. h. einen θίασος) Διοσκουριτῶν in Pergamon
gab; ihr Bild findet sich auf Münzen Eumenes' II.
(Imhoof, Münzen der Dynastie von Pergamon
Taf. 3, 18). Dafs sie in Pergamon verehrt
wurden, ist natürlich bei ihrer engen Beziehung
zu den dort von Alters her einheimischen Kabiren (vergl. Pausanias 1, 4, 6. Aristides II
p. 709 Dind.).

In Z. 32 ff. sagten die Schiedsrichter, dafs
sie nach den von den Parteien beigebrachten
Beweismitteln geurteilt hätten, die aus der geschichtlichen Überlieferung (ἐκ τῶν ἱστορημένων)
geschöpft gewesen wären. Die Gründe, auf
welche die Mytilenäer ihre Ansprüche stützten,
waren so fadenscheinig, dafs sie mit einer ganz
kurzen Berührung (Z. 32—34) abgespeist werden
konnten, dagegen hatte der Bericht über die
Ausführungen der Pitanäer den ganzen Raum
von Z. 34—55 gefüllt. Zunächst (Z. 35—39)
hatten sie hervorgehoben, dafs das streitige Gebiet innerhalb vieler Generationen (Z. 36; vergl.
auch 39) ihr Eigentum gewesen sei und dafs sie
bei den wechselvollen Geschicken jener Gegenden (Z. 37) Gelegenheit gehabt hatten, es durch
Kauf zu erwerben. In Z. 40 war dann von
einer Geldsumme die Rede, welche, wie sich
aus dem Folgenden vermuten läfst, der König
Lysimachos für irgend ein sich auf jene Gegenden beziehendes Recht erhalten hatte. Während
nämlich von Fragment C bisher wenigstens der
Inhalt im Allgemeinen erkannt werden konnte,

hat der Zufall der Erhaltung so glücklich ge-
waltet, dafs gerade der für uns wichtigste Ab-
schnitt, welcher die geschichtlichen Darlegungen
enthielt, zum gröfsten Teile in allem Wesentlichen auch nach seinem Wortlaute sicher hergestellt werden kann, wodurch wir sehr wertvolle
historische Nachrichten gewinnen. Deutlich ist
zunächst, dafs die Pitanäer einem Antiochos
Seleukos' S. für das Eigentumsrecht die grofse
Summe von 330 Talenten und noch weitere
50 Talente zahlen mufsten, wozu ihnen der
erste pergamenische Dynast eine Beisteuer gewährte, deren Betrag nach dem am Ende von
Z. 44 übrig bleibenden Raume 40 oder 70 Talente gewesen sein wird. Als die Zeit dieser
Vorgänge ist zunächst durch die Herrschaft des
Philetairos die Periode zwischen 283 und 263
bestimmt; folglich sind in Z. 41. 42 Seleukos
Nikator (306—281) und Antiochos Soter (281
bis 261) gemeint und Z. 41 läfst keinen Zweifel,
dafs die erwähnten Geldgeschäfte der Pitanäer
mit dem Hause der Seleukiden gemacht worden
sind, als demselben nach der Besiegung und
dem Tode des Lysimachos bei Korupedion
im Jahre 281 dessen kleinasiatisches Reich zugefallen war. Seleukos verwendete die ersten
Monate nach seinem Siege auf die Ordnung
der Verhältnisse Kleinasiens: bekannt waren von
seinen Mafsnahmen einzig die auf Herakleia bezüglichen (s. Droysen, Hellenismus II 2 S. 328),
wozu sich jetzt eine zweite Einzelheit gesellt.
Denn dafs noch Seleukos die Abmachung mit
Pitane eingeleitet hat, zeigt Z. 50 unserer Inschrift; vollendet hat sie nach Z. 42 erst Antiochos, was ganz den bekannten historischen
Umständen entspricht, da jener ihm vermutlich
noch im Jahre 281 Asien übergeben hatte und
bald darauf in Argos ermordet wurde (s. Droysen
S. 329 f.). Zutreffend werden in Z. 46 die von
Seleukos und Antiochos damals für Asien getroffenen Mafsregeln eine διανομή genannt, da
es sich vor Allem um eine Ordnung der Besitz-
verhältnisse handeln mufste.

Wenn wir hier die interessante Tatsache
der den Pitanäern durch Philetairos gewährten
Beihilfe erfahren, so liegt die Absicht des Dy-
nasten zu Tage, sich einen Einflufs auf die benachbarten Städte zu verschaffen, wozu ihm die
9000 Talente des Lysimachos, deren er sich be-

mächtigt hatte (Strabo S. 623), die Mittel boten: es ist dies ein neuer und bezeichnender Zug in dem Bilde des vorausschauenden, tatkräftigen und schlauen Gründers der pergamenischen Dynaftie. Unter dem Eumenes, der nach Z. 50 den Erlaß des Seleukos über das Befitzrecht zu beftätigen hatte — denn welches andere Wort wie ἐκύρωσεν follte in der Lücke geftanden haben? — ist unzweifelhaft Eumenes I. zu verftehen: da fein Gebiet nördlich bereits bis zum Ida reichte (f. oben zu Nr. 13 Z. 2), umfaßte es den hier in Betracht kommenden Landftrich. Wenn wir Eumenes hier über früher feleukidifchen Befitz Souverainetätsrechte ausüben fehen, fo wird nicht zweifelhaft fein können, daß ihm unfere Gegenden durch feinen bei Sardes über Antiochos Soter erfochtenen Sieg (Strabo S. 624) zugefallen find, über deffen Folgen bisher gar nichts bekannt war: er muß fehr bald nach Eumenes' Regierungsantritt (263) ftattgefunden haben, da Antiochos nicht lange darauf umkam (f. Clinton, Fasti Hellenici III S. 401). Strabo S. 624 fagt von Eumenes ἦν ἤδη δυνάστης τῶν κύκλῳ χωρίων: unfere Infchrift Nr. 13 (vgl. zu Z. 2), welche uns geftattet hat, die Ausdehnung feines Gebietes beftimmter zu begrenzen, lehrte auch, daß er den von den Seleukiden neu erworbenen Landftrich fofort durch Anlage der Feftung Philetaireia zu fichern fuchte. Bis zur Schlacht bei Magnesia hatte fich dann der dauernde Befitz der pergamenifchen Herrfcher auf den Küftenftrich zwifchen dem elaitifchen und adramytenifchen Meerbufen befchränkt (Strabo 624).

Z. 46. παγκτητικὴ τῆς χώρας κυρεία: »die auf unbefchränktem Befitzrecht beruhende Hoheit über das Land«. Das Wort παγκτητικός ist neu. Die Endung von κυρεία ist in Z. 38 unzweideutig (vergl. auch Z. 40): bei Polybios ist das Wort faft überall in κυρία verdorben. — Am Ende der Zeile ist das ν von διανομῆς auf dem Steine unzweifelhaft.

Z. 47. ἀναντιρήτως: Verfehen; vergl. Z. 52.

Z. 48. Vor ΓΕ ist ein Gamma, das irrtümlich doppelt gefchrieben war, faft ganz fortgemeifelt.

Z. 51 f. Die Stelle aus Seleukos' Erlaß an die Pitanäer wird, da fie für die Schiedsrichter ausfchlaggebend war, wörtlich (κατὰ λέξιν) mitgeteilt.

Z. 53. Die Pitanäer fcheinen fich als auf ein Praejudiz darauf zu berufen, daß Antiochos Soter einen von den Elaiten bezüglich der hier ftreitigen Befitzrechte erhobenen Anfpruch zurückgewiefen habe. — Vor dem erften Iota von Ἐλαίταις war irrtümlich ein anderes Iota gefetzt, das fortgemeifelt ist.

Z. 56 ff. Hier ftand augenfcheinlich, daß die Richter, in der Überzeugung die gerechte Entfcheidung zu treffen, das ftreitige Gebiet den Pitanäern zuftellen, da fie aus den Stelen-Aufzeichnungen die Überzeugung von dem rechtsgiltig vollzogenen Ankauf gewonnen hätten. In Z. 62 wird, wie es fcheint, den Mytilenäern auferlegt, fich eidlich zur Anerkennung des pitanäifchen Befitzrechtes zu verpflichten.

Fragment D.

Die Gegend, in welche diefes Fragment gehört, kann leider aus äußerlichen Gründen nicht beftimmt werden, da es hinten abgefchlagen ist. Es ftammt wohl von dem Anfang entweder des pergamenifchen oder des mytilenäifchen Decrets. — Zu Z. 3 vergl. Polybios 1, 15, 13 ἡμεῖς δ' ἐπειδὴ τοὺς ἁρμόζοντας πεποιήμεθα λόγους.

Bei Lebas-Waddington, Asie Explic. 1720b ist folgendes Fragment »sur une plaque de marbre brisée à droite« aus Pergamon mitgeteilt, das auch Μουσεῖον καὶ βιβλιοθήκη τῆς ἐν Σμύρνῃ εὐαγγελικῆς σχολῆς II 1 1875 6 S. 42 mit der Ortsangabe εὑρισκομένου παρὰ τῷ Χατζῆ Ἀντίπᾳ Οὐντουντζῆ καὶ ἀνακαλυφθέντος ἐν τῇ οἰκίᾳ του, τῇ κειμένῃ κατὰ τὴν συνοικίαν Σεραῒ Μαχαλέ abgedruckt ist, von Fabricius aber vergeblich gefucht wurde. Die andere Hälfte des Steines«, fügt das Μουσεῖον hinzu, »hat vor vier Jahren ein Europäer gekauft.«

```
- - - - - - - - - - - μεν - -
καὶ . . . . σαι παρὰ δ'εισον οὑ'ν
καὶ Ἄστυρα τὸν ἀγρὸν καὶ
καὶ πανδυκήοις σὺν τοῖς
5   τοῖς πᾶσιν πανταχῆι υἱς
μοις γειτνιάσεσιν αὐτ -
ἔσχον διακατέσχον ε -
οὐδὲν ὑπολειπομένη τ -
ἐνγαίων ἐν τῇ Πιτανα' - - - ἐν
10  γαίων καὶ ἀναθέσεως κ'αι - - ὑ-
πάρξει καὶ νόμος ὅδε.
```

Wenn wir auf einem in Pergamon gefundenen Stein Ortsbeſtimmungen finden, bei denen Aſtyra und die Pitanäer erwähnt werden, ſo hat es die höchſte Wahrſcheinlichkeit, daſs ſich dieſe Aufzeichnung auf denſelben Grenzſtreit bezieht wie unſere Urkunde. Doch läſst ſich mit der gröſsten Sicherheit zeigen, daſs das Fragment innerhalb der erhaltenen Teile derſelben ſeine Stelle nicht gehabt haben kann. Zum Decret der Pitanäer kann es nicht gehört haben wegen des Πιταναι - in Z. 9, zu dem der Mytilenäer nicht, da es nicht in äoliſchem Dialekt geſchrieben iſt; es müſste alſo aus dem pergameniſchen Teil ſtammen. In der Lücke zwiſchen Fragment B und C können aber unmöglich 11 Zeilen fehlen, auch ſchlieſst der Inhalt des fraglichen Bruchſtücks ſeine Stellung am Anfang des pergameniſchen Decretes aus; weiterhin fehlt in Fragment C vom linken Rande nirgends ſo viel, um dem Stück, deſſen zweite Zeile 23 Buchſtaben hatte, nach Länge und Breite Raum zu gewähren. Das Bruchſtück gehörte alſo entweder zu einer anderen Stele oder zu einem weiteren Abſchnitt der unſrigen, welcher ſich nach dem freien Raume am unteren Rande von Fragment C ebenſo anſchloſs wie die Decrete von Mytilene und Pergamon von dem vorhergehenden durch freien Raum geſchieden waren. Wenn wir es demnach faſt unzweifelhaft zwar mit einer auf den Gegenſtand unſerer Urkunde bezüglichen Aufzeichnung zu tun haben, ſo muſs ihr Inhalt doch ein ſelbſtändiger geweſen ſein. Man könnte an die königliche Beſtätigung des pergameniſchen Richterſpruchs denken; doch erſcheint dieſer Ausweg dadurch ausgeſchloſſen, daſs der König keine Veranlaſſung hatte nochmals die Grenzbeſtimmungen im Einzelnen aufzuzählen, und wenn dennoch, ſo müſsten ſie mit den in Fragment C gegebenen identiſch ſein, was ſicher nicht der Fall war. Die königliche Beſtätigung war auch ganz überflüſſig, da vor der Aufzeichnung des Richterſpruchs die königliche Ermächtigung mitgeteilt war. Dann könnte man glauben, daſs die Pergamener ſpäter nochmals Grenzſtreitigkeiten, die trotz der jetzigen Entſcheidung wegen deſſelben Gebietes zwiſchen Pitane und Mytilene entſtanden wären, zu ſchlichten gehabt hätten: für wahrſcheinlich wird dies aber nicht gelten können,

und das fehlende ſtumme Iota in Z. 9 des Lebas'ſchen Fragmentes wird man für die ſpätere Anſetzung deſſelben nicht in's Feld führen wollen. Die richtige Löſung dürfte ſich aus Fragment A Z. 30 ff. und B Z. 10 ff. ergeben. Dort ſchien uns offenbar zu ſein, daſs die Schiedsrichter von den Parteien je um eine ſchriftliche Ausfertigung ihrer künftigen Entſcheidungen erſucht werden, während ſie in Pergamon die Steinaufzeichnung bewirken ſollen, deren Reſte wir beſitzen: die urkundliche monumentale Aufzeichnung des feſtgeſetzten Rechtes muſs, wenn die Authentie unantaſtbar ſein ſoll, von unbeteiligter Seite vorgenommen werden und kann nicht den Parteien überlaſſen bleiben; daher lieſs auch König Eumenes ſeine Schlichtung des Zwiſtes zwiſchen den Techniten und Teiern in Pergamon aufzeichnen (ſ. oben S. 97) und werden ſolche Entſcheidungen ſonſt an einem neutralen heiligen Orte, in Olympia u. ſ. w., in Stein gegraben (vergl. z. B. Archaeolog. Zeitg. 1884 S. 128). Unſern Schiedsrichtern wird aber aufgegeben, noch etwas in Stein einzeichnen zu laſſen, was auſserdem der Entſcheidung oder der Aufzeichnung bedarf (ſταλώσουσι B 12 = -ώσουσιν δὲ καὶ τοὺς προςδεομένους A 33). Von dieſer ergänzenden Aufzeichnung wird das Lebas'ſche Fragment übrig ſein. Abgeſehen von denjenigen Teilen ihrer bei Aſtyra belegenen Enclaven, welche die Pitanäer und Mytilenäer einander ſtreitig machten, können auch die Grenzen dieſer Enclaven gegen anderes Gebiet, namentlich dem von Aſtyra zum Teil zweifelhaft geworden ſein, und dann iſt es ſehr glaublich, daſs die Pergamener bei dieſer Gelegenheit erſucht worden ſind, auch hierin Klarheit zu ſchaffen und ſomit über die Beſitzrechte in jener Gegend keinen Punkt unentſchieden zu laſſen: μηδὲν ἀδιέξακτον ἀπολείποντες, wie es A 34 heiſst. Unſer Ergänzungsverſuch an den beiden Stellen wird mindeſtens die Möglichkeit dieſer Löſung auſser Zweifel ſetzen; das Wort ὑπογραφῆς iſt dabei mit Rückſicht an die in B 13 erhaltenen Buchſtaben ΠΟ im Anſchluſs an Polybios 5, 21, 7 gewählt: οὐ παρωγωρητέον τῆς τῶν τόπων ὑπογραφῆς; vergl. Marc. Antonin. 3, 11 ὅρον ἢ ὑπογραφὴν ἀεὶ ποιέϊσθαι τοῦ ὑποπίπτοντος φανταστοῦ (das Wort behandelt Wilamowitz, Euripides Herakles II 247).

246. Stele aus weißem Marmor, oben 0,78, unten 0,82 breit; Buchstaben 0.010. Gefunden von Curtius und Gelzer im Jahre 1871 als Thürfchwelle eines Haufes in Klisseköi, eine Stunde nordöftlich von Elaia. Vermauert in der griechifchen Mädchenfchule zu Smyrna; ein Gipsabgufs ift in Berlin. Über die früheren Veröffentlichungen f. den Anfang des Commentars. Abbildung etwas unter 1:6.

- - - - - - - - - - - χωραν π ο λ εμ[ί]α ν ἦ ν π[ρ]ῶ τος - - - - - - - - - - - - - -
- - - - - - - , ουδενὸ ς τὼ βασιλέα εὐνοίαι ὑπερ[τιθ]ε μένου εἰς] ἑαυτ ον, ψηφίζεσ-
θαι τ]ὰς πρεπούσας αὐτῶι τιμάς, ὅπως ἐπὶ τοῖς γεγενημένοις ἀγαθοῖς τῶι βασιλεῖ ἐκτενεῖς οἱ πολῖται φαίνωνται καὶ ἀποδιδόντες αὐτῶι τὰς καταξίας χά-
5 ριτας τῶν εὐημερημάτων καὶ τῶν εἰς ἑαυτοὺς εὐεργεσ[ιῶ]ν· ἀγαθῆι τύχηι δεδόχθαι τῆι βουλῆι καὶ τῶι δήμωι στεφανῶσαι τὸν βασιλέα χρυσῶι στεφάνωι ἀριστείωι, καθιερῶσαι δὲ αὐτοῦ καὶ ἄγαλμα πεντάπηχυ τεθωρακισμέ-
νον καὶ βεβηκὸς ἐπὶ σκύλων ἐν τῶι ναῶι του Σωτῆρος Ἀσκληπιοῦ, ἵνα ἦι
σύνναος τῶι θεῶι, στῆσαι δὲ αὐτοῦ καὶ εἰκόνα χρυσην ἔφιππον ἐπὶ στυ-
10 λίδος μαρμαρίνης παρὰ τὸν τοῦ Διὸς [τ]οῦ Σωτηρος βωμόν, ὅπως ὑπάρχηι ἡ
εἰκὼν ἐν τῶι ἐπιφανεστάτωι τόπωι της ἀγορᾶς, ἑκάστης τε ἡμέρας ὁ στεφανηφόρος καὶ ὁ ἱερεὺς τοῦ βασιλέως καὶ [ἀ]γωνοθέτης ἐπιθυέτωσαν λιβανωτὸν
ἐπὶ τοῦ βωμοῦ τ[οῦ] Διὸς τοῦ Σωτηρος τῶι βασιλεῖ. τὴν δὲ ὀγδόην, ἐν ἧι παρεγένετο
εἰς Πέργαμον, ἱεράν τε εἶναι [εἰ]ς ἅπαντα τὸν χρόνον καὶ ἐν αὐτῆι ἐπιτελεῖσθαι κατ᾽ ἐνι-
15 αυτὸν ὑπὸ τοῦ ἱερέως τοῦ Ἀσκληπιοῦ πομπὴν ὡς καλλίστην ἐκ τοῦ πρυτανεί[ί-
ου εἰς τὸ τέμενος του Ἀσκληπιοῦ καὶ του βασιλέως συμπομπευόντων τῶν εἰ-
θισμένων. καὶ παρασταθείσης θυσίας καὶ καλλιερηθείσης συναγέσθωσαν
ἐν τῶι ἱερῶι οἱ ἄρχοντες, δίδοσθαι δὲ εἴς τε τὴν θυσίαν καὶ τὴν σύνοδον αὐτῶν
ὑπὸ του ταμίου τῶν διετυίστων προσόδων ἀπὸ του πόρου του Ἀσκληπιείου ἀρ-
20 γυρίου δραχμὰς πεντήκοντα, τὴν δὲ θυσία ν ἐπ[ὶ της ὑποδοχης ἐπιμελείσθωσαν
οἱ ἱερονόμοι. γενέσθαι δὲ καὶ ἐπιγραφάς, ἐπὶ μὲν τοῦ ἀγάλματος «ὁ δῆμος βασιλέα
Ἄτταλον φιλομήτορα καὶ εὐεργέτην θεοῦ βασιλέως Εὐμένου σωτῆρος ἀρετῆς
ἕνεκεν καὶ ἀνδραγαθίας της κατὰ πόλεμον, κρατήσαντα τῶν ὑπεναντίων», [ἐπὶ
δὲ της εἰκόνος «ὁ δῆμος βασιλέα Ἄτταλον φιλομήτορα καὶ εὐεργέτην θεοῦ βασ[ιλέ-
25 ως Εὐμένου σωτῆρος ἀρετης ἕνεκεν καὶ φρονήσεως της συναυξούσης τὰ πράγματα καὶ μεγαλομερείας της εἰς ἑαυτόν.»
        ὅταν δὲ παραγίνηται εἰς τὴν πόλιν ἡμῶν, [στε-
φανηφορῆσαι πάντα ἕκαστον στεφανηφόρον τῶν δώδεκα θεῶν καὶ θεοῦ βασιλέως Εὐμένου, καὶ τοὺς ἱερεῖς καὶ τὰς ἱερεί[ας ἀνοίξαντας τοὺς ναοὺς τῶν θεῶν καὶ ἐπιθύοντας ⟨τὸν⟩ λιβανωτὸν εὔχε[σ]θαι «νυν τε καὶ εἰς τὸν ἀεὶ χρόνον
30 διδόναι βασιλεῖ Ἀττάλωι φιλομήτορι καὶ εὐεργέτηι ὑγίειαν σωτηρίαν νίκην
κράτος καὶ - - - - κατ[ὰ π]όλ[εμον] κ[α]ὶ ἄρχοντι καὶ ἀμυνομένωι, καὶ τὴν βασιλείαν αὐτοῦ διαμ(έ)ν[ε]ιν [κατὰ] τὸν ἅπαντα αἰῶνα ἀβλαβῆ μετὰ πάσης ἀσφα-
λείας.» ἀπαντησαι δὲ [α]ὐτ[ῶι τ]οὺ[ς] τε προγεγραμμένους ἱερεῖς καὶ τὰς ἱερείας καὶ τοὺς στρατηγοὺς καὶ τοὺς ἄρχοντας καὶ τοὺς ἱερονίκας ἔχον-
35 τας τοὺς ἀ[ποσ? - - - - - - - - - -]ους καὶ [τ]ὸ[ν γυ]μνασίαρχον μετὰ τῶν
ἐφήβων κ[α]ὶ τ[ῶ]ν ν[έ]ων και τ]ὸν [παιδ]ο[ν]ό[μ]ον μετ[ὰ τῶ]μ παίδων καὶ τοὺς πο
λίτας καὶ τ[ὰ]ς - - - - - - - - - - - - - τας καὶ τοὺς ἐνοικουντας
ἐν ἐσθ[ῆ]σιν λαμπραῖς καὶ στεφάνοις. εἶναι [δ]ὲ καὶ τὴν ἡμέραν ἱεράν, ἐν [ἧ]ι ἄ]μ παραγ[ί]ν[η]ται [εἰς τὴ]ν π[ό]λι[ν, καὶ θ]ύσα[ι] τοὺς πολίτας παν-
40 δημεὶ κατὰ φυλὰς παρασ[κευαζό]ν[τω]ν τῶν φυλάρχων θύματα, δοθῆναι
δὲ εἰς ἑκάστην φυλὴν [ε]ἰς [αὐτὰ ἐξ ἱερῶν κα]ὶ πολιτικῶν προσόδων δραχμὰς
εἴκοσιν. παρασταθ[ε]ίσ]η[ς] δὲ κ[αὶ θυ[σ]ί[α]ς ὡς καλλίστης ὑπὸ του δήμου ἐπὶ
του [βω]μοῦ του Διὸς του Σ[ω]τῆρ[ο]ς τῶι βασιλε[ῖ, ποιήσ]ασθ[αι τὸν ἱερο]κήρυκα τὴν
ἀναγγελίαν τήνδε· «ὁ [δῆμ]ο[ς] ἐτίμησε βα[σ]ιλέα Ἄτ[τ]αλον φιλομήτορα κ[ὶ εὐ-
45 εργέτην [θ]εου βασιλέως Εὐμένου σωτῆρ[ος] χρυσῶι σ]τεφάν[ω]ι ἀ[ρ]ιστεί[ω]ι και
ἀγάλματι πεντάπηχει καὶ εἰκόνι χρυσῆι ἀρε[τ]ῆ[ς ἕνε[κε]ν [κ]αὶ μ[ε]γαλομ[ε]ρείας της
εἰς ἑαυτό[ν.»] π ἀντα?[ς αν - - - - - - - - - - - , θυσαι δὲ αὐτῶι καὶ ἄλλας
θυσίας [μετ]ὰ τῶν [ἀναλώματι τοὺς ἱερέας? ἐπὶ τῶν βωμῶ[ι] της Βουλαία[ς] Ἑστίας

κ̣αὶ τ̣οῦ Δι̣ο̣ς̣ τοῦ Β]ουλ̣αίου, οἱ δὲ στρατηγοὶ κ̣αλε̣ίτωσαν αὐτὸν εἰς τὸ πρυ
50 τανεῖο̣ν ἐπὶ τ̣ὴν κοινὴν ἑστίαν - - - - - - - - - - - - με . . . . . . ν τοῖς τῶν χαρισ-
τηρίων - - - - - - - - - - - - - - - - - - τοῦ β̣ασ̣ιλέως - - - - - - βασ̣ιλεύσει
δήμου - α]ς̣ τὸ ψήφισμα κ̣αὶ πα-
ρακαλ̣εί̣τω̣[σ̣]αν εὔνουν [ὄντα] καὶ ε̣[ὐερ]γέτην τοῦ δήμου, συντηροῦντα τὴν
ὑπάρχουσαν διὰ προγόν̣ων εὐμένει̣]αν πρὸς τὴν πόλιν [ἀ̣εί τινος [ἀ̣γα̣θοῦ
55 παραίτι̣ον γίνεσθαι αὐτὸν διὰ τὸν [δῆ]μον, ὅπως εἰς βελτίονα καὶ εὐδαιμο-
νεστέραν π̣[α]ραγίνηται κατ̣[ά]στασιν τὰ κοινὰ τοῦ πο̣[λι]τεύματος. ἵν̣[α] δὲ τὰ γε-
γενημ̣έ̣ν̣[α ἐπιτ̣]εύγμα̣τα τῶι βασιλεῖ ἐν τοῖς κατὰ πό̣[λε]μον ἀγῶσιν ἐκφανῆ
δι᾽ [αἰῶ]ν̣[ο]ς πᾶσιν] ὑπάρχ[η]ι καὶ [ἡ δι᾽ αὐτ]ου [μεγα]λυ̣μέ̣]ρ[ε]ια προ[σοῦσα] ὑπὸ πάν-
των θεῶ[ν ἡμῖν], ἀναγράψαι τ̣ὸ ψήφισμα εἰς στήλην μαρμαρίνην καὶ στῆσαι
60 ἐν τῶι τοῦ] Ἀσκ[λ]ηπιοῦ ἱερῶι πρὸ τοῦ ν[α]οῦ, τὴν ἐπιμέλειαν πορισαμένων
τῶν στ̣[ρα̣]τηγῶν. τὸ δὲ ψήφισμα τόδε [κ̣]ύριον εἶναι εἰς ἅπαντα τὸν χρόνον
καὶ κατ̣[α̣]τε̣[θῆν̣]αι αὐτὸ ἐν νόμο̣[ις ἱ̣ε̣]ροῖς].

In den Abhandlungen der Berliner Akademie 1872 S. 68 und Taf. 7 hat Gelzer Z. 1—27 der Infchrift und Teile von Z. 28—36 und 60 veröffentlicht; der Verfuch einer Lefung der ganzen Infchrift ift Μουσεῖον καὶ βιβλιοθήκη τῆς ἐν Σμύρνῃ εὐαγγελικῆς σχολῆς III 1, 2 p. 141 ff. in Minuskeln mitgeteilt. Die Grundlage unferes Facfimiles bildet eine von Fabricius nach zweimaliger Lefung des Originals unter Benutzung des Berliner Gipsabguffes hergeftellte Zeichnung; diefer wurde dann das Refultat einer von Schuchhardt in Smyrna vorgenommenen Nachprüfung einiger fchwieriger Stellen eingefügt. Im Jahre 1888 ergab fich noch für Fabricius die Gelegenheit das Facfimile einer Vergleichung mit dem Original zu unterwerfen, jedoch waren die Bedingungen der Lefung inzwifchen wefentlich ungünftiger geworden, da man den namentlich in feiner zweiten Hälfte an fich fchon fehr undeutlichen Stein an einer fehr übles Licht gewährenden Stelle eingemauert hatte. Wir teilen in unferen Erläuterungen mit der Sigle *F* diefe nachträglichen, trotz der Umftände nicht ertraglofen Angaben Fabricius' mit und geben dort auch mit den Zeichen *G* und *M* die Abweichungen Gelzers und des Μουσεῖον, jedoch vollftändig nur in dem von beiden veröffentlichten Teile, da die äußerft mangelhafte Publication der Smyrnäer Zeitfchrift nicht einmal das Ergänzte vom Gelefenen fondert.

Die Infchrift unterfcheidet die ausfertigende Stadt von Pergamon (Z. 13 f. und Z. 26); nach dem Fundort kann kein Zweifel fein, daß wir mit Gelzer (a. a. O.) und Conze (Sitzungsberichte der Berliner Akademie 1884 S. 12) ein Volksdecret der Stadt Elaia zu erkennen haben. Es befchließt Ehrenbezeigungen für Attalos III. aus Anlaß feiner Rückkehr von einem fiegreichen Feldzuge und lehrt uns, wie auch unfere Infchrift 246, daß diefer Fürft, der nach der litterarifchen Überlieferung allerlei wiffenfchaftliche und künftlerifche Neigungen hegte, fich auch kriegerifch betätigt hat. Die überfchwängliche Loyalität der Infchrift liefert keinen Beweis gegen die Angabe des Diodor 34 Fragm. 3, daß der letzte pergamenifche König feinen Untertanen im höchften Grade verhaßt gewefen ift.

Wir geben zur befferen Überficht ein Schema des Inhaltes der Infchrift:

I. Refte der Begründung. Z. 1—5.

II. Bleibende Ehren des Königs. Z. 6—26.

  a) Verleihung eines goldenen Kranzes.

  b) Der vergötterte König wird durch Weihung feines Standbildes in den Tempel des Retters Asklepios zum σύνναος defselben gemacht.

  c) Der König erhält ein goldenes Reiterbild neben dem Altar des Retters Zeus, auf welchem

  d) ihm täglich Opfer dargebracht werden.

  e) Jeder achte Monatstag wird, da der König an einem folchen in die Landeshauptstadt eingezogen ift, für einen Fefttag erklärt; der Jahrestag ift durch Proceffion, Opfer und Feftessen der Beamten zu feiern.

III. Einmalige Ehren des Königs an dem Tage, an welchem er in Elaia einziehen wird. Z. 26 56.

a) Stephanephorie, Gebete und Opfer der Priester.

b) Einholung des Königs durch die Bevölkerung in Procession.

c) Der Tag ist ein Festtag; das ganze Volk opfert phylenweise und die Ehren des Königs werden vom heiligen Herold verkündet.

d) Der König wird im Prytaneion bewirtet.

IV. Bestimmung über die Aufzeichnung des gegenwärtigen Psephisma. Z. 56—62.

Z. 1. χώραν π]ο[λ'εμί[α'ν (oder τῶν π]ο[λ'ε-μί[ω]ν). Es war gewiſs geſagt, dafs der König das Gebiet der Feinde ſeinem Lande einverleibt hatte: vergl. Nr. 249 Z. 6.

Z. 2. Die den erhaltenen Spuren folgende Ergänzung nimmt als Subject des Satzes, in welchen der Genetivus absolutus eingeſchoben iſt, ὁ δῆμος an. Zum Ausdruck vergl. Dittenberger Sylloge 246, 61 ὑπερέθετο ἑαυτὸν ταῖς τε δαπάναις καὶ τῆι λοιπῆι φιλοδοξίαι.

Z. 3 f. ὅπως ἐπὶ κτλ. »Damit wegen des ihnen zu Teil gewordenen Guten die Bürger ſich dem Könige gegenüber aufmerkſam zeigen und ihm den ſchuldigen Dank für ſeine Erfolge und die ihnen erwieſenen Wohltaten erſtattend.« Über den cauſalen Gebrauch von ἐπί mit dem Dativ f. Krebs, Praepoſitionen bei Polybius S.87 f.

Z. 8. ἐν τῶι ναῶι τοῦ Σωτῆρος Ἀσκληπιοῦ. Dafs Asklepios auch in Pergamon Soter hiefs, bezeugen einige im 2. Teil zu veröffentlichende Inſchriften und die Münzen bei Mionnet II 589 ff. Suppl. V 423 f. Head, Historia nummorum p.463; vergl. auch Aristides in dem Bruchſtück einer Rede über eine neue Waſſerleitung in Pergamon (II 708 Dind.): τριταία δὲ ἐπὶ τούτοις ἀγγελία - - - ἀφικνεῖται φράζουσα καὶ δὴ πᾶσαν ὑμῖν τὴν Ἀσίαν συνεορτάζειν - - -. Ἦγον οὖν οὐχ ὅσον ἡμέραν, ἀλλ' οἵαν εἰκὸς ἄγειν Διός τε Εὐαγγελίου καὶ Ἀσκληπιοῦ Σωτῆρος πανταχῆ τιμῶντος (lies τιμῶντας).

Z. 10 f. Conze (Sitzungsberichte der Berliner Akademie 1884 S. 12 f.) nahm an, dafs der hier bezeugte Marktaltar des Zeus Soter ſich in Pergamon, nicht in Elaia befand, ebenſo wie der in Z. 8 erwähnte Tempel des Asklepios Soter.

Unmöglich können aber auſserhalb der decretirenden Stadt belegene Bauwerke ohne Bezeichnung des Ortes angeführt werden, und wenn nach Z. 11 f. am Altar des Zeus Soter von beſtimmten Würdenträgern täglich Opfer dargebracht werden ſollen, ſo iſt die Ekkleſie von Elaia nur in der Lage, dies den Beamten ihrer eigenen Stadt zu befehlen. Auf dem Markte von Pergamon gab es ebenfalls einen Altar des Zeus Soter (unten Nr. 251; vergl. oben zu Nr. 69 S. 54): wie auch Asklepios Soter in der Hauptſtadt und in der Hafenſtadt verehrt worden iſt, ſo läſst ſich überhaupt eine groſse Übereinſtimmung in den Cultverhältniſſen der eng verbundenen Städte vorausſetzen.

Z. 11 f. ὁ στεφανηφόρος καὶ ὁ ἱερεὺς τοῦ βασιλέως καὶ ἀγωνοθέτης. Während in Z. 27 die Gottheiten genannt ſind, denen die dort erwähnten Stephanephoren dienen, bedarf der an unſerer Stelle auftretende keiner näheren Bezeichnung. Es gab alſo bei einer Mehrzahl von Stephanephoren beſtimmter Gottheiten in Elaia einen, dem dieſer Titel κατ' ἐξοχήν zukam: unzweifelhaft derſelbe Stephanephoros, welcher vielfach in den kleinaſiatiſchen Städten das Ehrenrecht der Eponymie genieſst, ſo in dem nahen Gambreion C. I. Gr. 3562; in Milet C. I. Gr. 2852, Arch. Ztg. 1876 S.128; in Iasos Lebas, Asie 251 ff. In der kyzikeniſchen Inſchrift bei Dittenberger, Sylloge 279 Z. 22 (Κυζικηνοὺς δὲ πάντας - - ὑπαντήσαντας μετὰ τῶν ἀρχόντων καὶ τῶν στεφανηφόρων ἀσπάσασθαί τε καὶ συνησθῆναι) bezeichnet στεφανηφόροι offenbar die ſacralen Beamten mit Einſchlufs der eigentlichen Prieſter (vergl. oben zu Nr. 40 Z. 16 f.), und ſo wird der Ausdruck in Z. 27 unſrer Inſchrift aufzufaſſen ſein. In Smyrna wird C. I. Gr. 3137 Z. 34 zugleich nach einem ἱερεύς und einem Stephanephoros datirt (ἐπὶ ἱερέως Ἡγησίου, στεφανηφόρου δὲ Πυθοδώρου), ebenſo in Mylasa (Bullet. de corr. hellén. V p. 108 ἐπὶ στεφανηφόρου Φαίδρου Ἀριστέου, ἱερέως Ἀφροδίτης Εὐπ[λοίας τοῦ δεῖνος). Man wird nicht irre gehen, wenn man den eponymen Stephanephoren zwar nicht als prieſterlichen, aber prieſterähnlichen Beamten mit weſentlich ſacralen Functionen auffaſst; ſeine Stellung wird ungefähr die des ἄρχων βασιλεύς in Athen geweſen ſein. (Ähnlich ſchon Hicks in Journal of hellenic studies 1888 p. 340 »the eponymous office of στεφανηφόρος, *whose duties were without doubts chiefly religious*.) — Der regierende König hat einen Priester, der wie in Teos zugleich Agonothet ist: C. I. Gr. 3068 Z. 1 ἐπὶ ἀγωνοθέτου καὶ ἱερέως βασιλέως Εὐμένου Νικυτέλους, Z. 16 f. ὁ ἑκάστοτε γενόμενος ἀγωνοθέτης καὶ ἱερεὺς βασιλέως Εὐμένου; ebenso C. I. Gr. 3070. Dafs aber erst der tote König Gott wird, wie zu Nr. 43—45 dargelegt wurde, zeigt auch der Vergleich unserer Stelle mit Z. 27: θεου βασιλέως Εὐμένου.

Z. 13. ΣΩΤΗΡΟΣ... ΑΠΑΣΙΤΗΝΔΕ *G.* — Mit τὴν ὀγδόην ist der achte Tag eines jeden Monats gemeint, nicht ein Jahresfest, da sonst der Monat genannt fein müfste und κατ' ἐνιαυτὸν nicht erst in dem mit καὶ angefchlofsenen Satzteile stehen könnte: die Erinnerung an den Einzug in Pergamon wird jeden achten Monatstag, am Jahrestage aber ganz befonders gefeiert. — Gelzer fucht unter Beifall von C. Curtius (Hermes VII S. 133) feltfamer Weife nach einem weiteren Anlafs der Feier als die Infchrift angiebt: der achte Tag habe noch die befondere Beziehung, dafs der femitifche Asklepios — das fei der in Pergamon verehrte — der achte Bruder der Kabiren genannt werde, »der König, welcher die Stadt aus einer drohenden Gefahr errettet, ist wohl als irdifches Abbild des Ἀσκληπιὸς Σωτήρ gedacht«. Aber der pergamenifche Asklepios war kein Semit, fondern ein Epidaurier (vergl. oben zu Nr. 190), und Kabiren gab es in Pergamon nur zwei (f. Puchftein, Sitzungsber. d. Berl. Akad. 1889 S. 330 f.).

Z. 14. ΕΙΝΑΙΚ.ΘΑΠΑΝΤΑ *G.* (εἶναι εἰς ἅπαντα *M.*)

Z. 17. παραστ*αθείσης θυσίας (auch Z. 45).* Vergl. Lucian de sacrific. 13 ὁ μέν γε Σκύθης καὶ πάσας τὰς θυσίας ἀφεὶς... αὐτοὺς τοὺς ἀνθρώπους τῇ Ἀρτέμιδι παρίστησι« (Gelzer). Ferner Polybios 26, 25 θύματα τοῖς βωμοῖς παραστήσαντες und in dem im 2. Teil zu veröffentlichenden Ehrendecret eines gewiffen Herodes Z. 14 παραστ*αθῆναι θυσίαν, Z. 21 παρίστηι τὴν θυσίαν.*

Z. 18. ΔΙΔΟΣΘΑΙΕΣΤΕ *G. M.* — σύνοδον ·Feftmahl«. Dafs dies der Sinn ist, geht daraus hervor, dafs die σύνοδος Geld koftet und aus dem Ausdruck in Z. 20 ἐπὶ τῆς ὑποδοχῆς: vergl. Polybios 5, 14, 8 ff. τοὺς ἡγεμόνας ἐκάλει βουλόμενος ἑστιᾶσαι πάντας... περιχαρὴς ὢν αὐτὸς μὲν ἐγίνετο περὶ τὴν τῶν ἡγεμόνων ὑποδοχήν. 31, 21, 4 ἔδει γενέσθαι παρά τινι τῶν φίλων ὑποδοχὴν πρὸς

τὴν ἔξοδον, παρὰ γὰρ αὐτῷ ποιεῖν τὸ δεῖπνον οὐχ οἷόν τ' ἦν.

Z. 19 Anfang: ΑΠΟ *G.* ἀπὸ τοῦ ταμ(ε)ίου *M.*, Ende: ΑΣΚΛΗΠΙΟΥΑΡ *G. M.*

ἀμέτοιστοι πρόσοδοι. Der Ausdruck ist neu, der Sinn aber deutlich: »unübertragbare Einkünfte«, Einkünfte, deren Verwendungszweck feftgelegt ist. Zu denfelben gehören die Einkünfte des Asklepieion: offenbar find alfo die ἀμέτοιστοι πρόσοδοι dasfelbe wie die ἱεραὶ πρόσοδοι, die in Pergamon (f. Nr. 18 Z. 6) und auch in unferer Infchrift Z. 41 von den πολιτικαὶ πρόσοδοι unterfchieden werden und in Elaia nach unferer Stelle einem befonderen ταμίας unterftanden, was die Möglichkeit nicht ausfchliefst, dafs wie in Pergamon nach Nr. 18 Z. 6 ff. die Strategen eine Competenz über fie ausübten: vergl. zu Z. 34.

Z. 20. Anfang: ΥΡΟΥ *G. M.*

Z. 21. ΓΙΝΕΣΘΑΙ *G. M.*

Z. 22. ΕΥΕΡΓΕΤΗΝΥΙΟΙ ΒΑΣΙΛΕΩΣ *G.* υὸν *M.* — Ἄτταλον φιλομήτορα καὶ εὐεργέτην. So heifst Attalos III. auch in Nr. 249; fein Beiname φιλομήτωρ ist in der Litteratur mehrfach bezeugt, z. B. Strabo p. 624. 646. Plinius Naturg. im Autorenverzeichnis zu Buch 8, 14, 15, 17, 18. — Über den Beinamen εὐεργέτης vergl. oben zu Nr. 18 Z. 35.

Z. 23 am Ende: ΕΠΙ *G. M.*

Z. 26. ΕΙΣΑΥΤΟΝ *G.* — μεγαλοιιερείας: vergl. zu Z. 59.

Z. 27. ΠΑΝΤΑΠΑΤΟΝΣΤΕΦΑΝΩΙΣ, ΝΤΩΝΔΩ ΔΕΚΑ *G.* (*M.* ftimmt mit unferer Lefung überein.) — Über στεφανηφόρος vergl. zu Z. 11 f.

Z. 28 ff. τοὺς ἱερεῖς...ἀνοίξαντας τοὺς ναοὺς... καὶ εὔχεσθαι. Man beachte das Praefens εὔχεσθαι: die Priefter follen nicht blos einmal, fondern anhaltend beten. Zum Inhalt vergl. Polybios 26, 25 ἐπεὶ δ' εἰσ*ῄει κατὰ τὸ Δίπυλον (Ἄτταλος), ἐξ ἑκατέρου τοῦ μέρους παρέστησαν τὰς ἱερείας καὶ τοὺς ἱερεῖς, μετὰ δὲ ταῦτα πάντας μὲν τοὺς ναοὺς ἀνέῳξαν. Infchrift aus Kyzikos Monatsber. d. Berl. Akad. 1874 S. 17 (Dittenberger, Sylloge 279) Z. 18 ff. δεδόχθαι τῷ δήμῳ ἐπικηρῦσθαι μὲν τοὺς βασιλεῖς Ῥωμιτάλκην κτλ., ὑπὸ δὲ τὴν εἴσοδον αὐτῶν τοὺς μὲν ἱερεῖς καὶ τὰς ἱερείας ἀνοίξαντας τὰ τεμένη... εὔξασθαι μὲν κτλ. Infchrift aus Erythrae Μουσεῖον καὶ βιβλιοθήκη V S. 18 Z. 36 ἀνοῖξαι δὲ τοὺς ἱερεῖς καὶ τὰς ἱερείας τὰ ἱερὰ καὶ ἐπιθύειν ἐπευχομένους συνενεγκεῖν τά δεδογμενα τοῖς τε βασιλεῦσι Ἀντιόχῳ κτλ. — In τὸν λιβανωτόν (Z. 29) ist der Artikel gewifs ein Verfehen des Steinmetzen, defsen Blick zur Endung des Subſtantivs abgeirrt war. Z. 12 ſteht richtig ἐπιιμέτωσαν λιβανωτόν.

Z. 30 ff. ὑγίειαν σωτηρίαν νικην κράτος - - καὶ τὴν βασιλείαν αὐτου διαμ(έ)νειν |κατὰ τὸν ἅπαντα χρόνον ἀβλαβη. Es ist ſehr beachtenswert, wie ähnlich dieſer Segenswunſch für den König auf ägyptiſchen Urkunden wiederkehrt: Inſchrift von Rofette Z. 35 ἀνθ' ὧν δεδώκασιν αὐτῷ οἱ θεοὶ ὑγίειαν νίκην κράτος καὶ τἆλλ' ἀγαθ[ὰ πάντα], τῆς βασιλείας διαμενούσης αὐτῷ καὶ τοῖς τέκνοις ἰς τὸν ἅπαντα χρόνον. Leemans, Papyri Graeci musei Lugduni Batavi G Z. 13 (I p. 42) εὐχὰς καὶ θυσίας ἐπιτελῶ, διδόναι ὑμῖν ὑγίειαν νίκην κράτος σθένος κυριειαν τῶν ὑπὸ τὸν οὐρανὸν χώρων (ebenſo H Z. 12 p. 48, J Z. 13 p. 51 in Bittſchriften eines und desſelben Prieſters); vergl. auch B III Z. 18 (p. 11) Σαράπει..., ὃς διδοίη σοι μετὰ τῆς Ἴσιος νίκην κράτος τῆς οἰκουμένης ἀπάσης. Für das Gebet um das Heil des Königs gab es danach eine Formel gewifs officiellen Urſprungs, welche in annähernder Übereinſtimmung in mehr als einem der helleniſtiſchen Staaten angewendet wurde. Die Inſchrift von Rofette iſt aus dem Jahre 196 v. Chr., alſo älter wie unſere Urkunde: die Papyri Leemans G H J gehören dem Jahre 92 v. Chr. an.

Über die Faffung des Anfangs von Z. 31 kann leider keine Sicherheit erreicht werden. In der Abbildung iſt die Lefung Schuchhardt's wiedergegeben: dagegen glaubte Fabricius 1883 auf dem Original ΚΡΑΤΟΣΚΑΙΕΙΣΤΑΣΚ zu erkennen; 1885 las er ebenſo, nur fügte er nach dem letzten Kappa noch ΗΛ hinzu; ſeine letzte Reviſion im Jahre 1888 ergab ΚΡΑΤΟΣΚΑΙΕΙ ΛΣΚΛΤΗ....... ΙΚΛΙΑΡΧΟΝΤΙ. Fabricius nahm demnach alle drei Mal den erſten Buchſtaben nach der erſten Lücke für Alpha und das Gewicht dieſer Conſtanz wird immerhin noch dadurch erhöht, dafs auch das Μουσεῖον ſo liefs: κράτος καὶ εἰς τὰς; auf dem Gips glaubte Fabricius einmal κράτος καὶ ἐπὶ τοῖς zu ſehen. Das καὶ vor ἄρχοντι bezeichnet Fabricius 1888 ausdrücklich als unzweifelhaft und es wird daher unbedenklich κατὰ πόλεμον καὶ ἄρχοντι καὶ ἀμυνομένωι angenommen werden können, während Schuchhardt's Lefung, im Sinne hiervon nicht verſchieden, κατὰ π. προ[ὑπ]άρχοντι ergäbe: »die Götter mögen dem

Könige im Kriege beiſtehen, ſowohl wenn er ihn beginnt, als wenn er ſich verteidigt«. Vorher iſt am beſten bezeugt κράτος καὶ εἰς (oder ἐπὶ) τὰς; da dies keinen Sinn giebt und auch in καὶ ἐπὶ τοῖς κατὰ πόλεμον, welche Lesart viel weniger gut beglaubigt iſt, ἐπί bedenklich, καὶ unmöglich erſcheint, ſo möchte auf dem Steine ein Verfehen, vermutlich eine Auslaffung ſtattgefunden haben. Etwa καὶ ἐπι(κουρεῖν πάν)τας?

In Z. 32 hatte Fabricius immer ΔΙΑΜΥΝΕΙΝ angegeben und bei ſeiner letzten Reviſion berichtigt, doch iſt auf dieſe Stelle nicht beſonders geachtet worden, ſo dafs auch Schuchhardt's Zeugnis hier fehlt; das Μουσεῖον mit ſeinem σταισίαν αὐτοῦ διαμύνεσθαι kann man als vollgiltigen Zeugen nicht anfehen; auf dem Gips kann man die Spur eines Υ zu ſehen glauben, ohne dafs er jedoch Sicherheit brächte. Das Wort διαμύνειν ſcheint nicht bekannt; wenn es aber auch dieſe Verſtärkung von ἀμύνειν gegeben haben ſollte, ſo hätte ſie hier keinen Sinn, da ἀμύνειν τι nur bedeutet »etwas abwehren«. Es iſt alſo unzweifelhaft διαμένειν zu lesen, wie dann durch den Vergleich der oben angeführten Stelle aus der Inſchrift von Rofette noch beſtätigt wird: war Υ geſchrieben, ſo hatte der Steinmetz das kurz vorhergehende ἀμυνομένωι im Sinn.

Z. 33 ff. ἀπαιτῆσαι δὲ κτλ. Vergl. Polybios 26, 25 vom Einzuge Attalos' I. und der Römer in Athen: οὐ γὰρ μόνον οἱ τὰς ἀρχὰς ἔχοντες μετὰ τῶν ἱππέων, ἀλλὰ καὶ πάντες οἱ πολῖται μετὰ τῶν τέκνων καὶ γυναικῶν ἀπήντων αὐτοῖς. Die oben zu Z. 11 f. angeführte Stelle einer Inſchrift aus Kyzikos, wo es dann heifst: ἀγαγεῖν ἐπὶ τὴν ὑπάντησιν καὶ τὸν ἐφήβαρχον τοὺς ἐφήβους καὶ τὸν παιδονόμον τοὺς ἐλευθέρους παῖδας.

Z. 34. τοὺς στρατηγοὺς καὶ τοὺς ἄρχοντας. Die Strategen werden als eine eigene Kategorie von den übrigen Beamten unterſchieden. Daraus wird zu ſchliefsen ſein, dafs nicht blos für die Hauptſtadt eine Strategenbehörde vom Könige zur Controle der Verwaltung ernannt wurde; vergl. oben zu Nr. 18 S. 20 f. Dafs die Strategen hier, wie anderwärts in dieſer Zeit, einen ausgedehnten bürgerlichen Amtskreis hatten, zeigt der ihnen in Z. 60 f. erteilte Auftrag.

Z. 35 Anfang ΤΑΣΤΟΥΣΑΙΙΟⸯ F.

Z. 37. Ich hatte zu Anfang πολίτας καὶ τ[ὰ]ς [ἀστὰς vermutet: »Hinter ΤΑΣ (dies iſt ſicher)

Refte, die nicht zu ἀστάς paffen. F. Jedenfalls ein Synonym, etwa πολίτιδας? — τοὺς ἐνοικοῦντας »die Beifaffen«. Vergl. C. I. Gr. 2144 (Eretria) ϛτεφανηφυρεῖν Ἐρετριεῖς πάντας καὶ τοὺς ἐνοικοῦντας. Add. 2465 b (Thera) Πρίαπος--- πάρειμι καὶ παραϛτάτης τοῖϛιν πολίταις τοῖς τ᾽ ἐνοικοῦϛιν ξένοιϛ.

Z. 38. ἐν ἐϛθῆϛιν λαμπραῖς καὶ ϛτεφάνοιϛ. Vergl. Infchrift aus Magnesia, Mittheil. des athen. Inft. VII S. 72 Z. 38 ff. καθήϛθωσαν δὲ οἱ προγεγραμμένοι ἐν τῷ ἱερῷ κυϛμίως ἐν ἐϛθῆϛιν λαμπραῖϛ ἐϛτεφανωμένοι ϛτεφάνοιϛ κτλ. C. I. Gr. 2715a Z. 8 (Stratonikeia in Karien) παῖδας τριάκοντα... ἄξεται ὁ παιδονόμυς ἐς τὸ βουλευτήριον λευχμιυνοὺντας καὶ ἐϛτεφανωμένους θαλλοῦ, ἔχοντας δὲ μετὰ χεῖρας ὑμυίως θαλλούς. Oben zu Nr. 40 Z. 2.

Z. 38 f. εἶναι δὲ καὶ τὴν ἡμέραν ἱερὸν κτλ. Nur der eine Tag des wirklichen Einzugs in Elaia, während im Gegenfatz dazu nach Z. 14 der Monatstag des Einzugs in Pergamon εἰς ἅπαντα τὸν χρόνον heilig ift. Dies beweifen die Infinitive Aorifti θῦσαι und δοθῆναι in Z. 39. 40.

Z. 46. μεγαλοιμερείας. Vergl. zu Z. 59.

Z. 48 f. τῆς Βουλαίας Ἑϛτίας καὶ τοῦ Διὸς τοῦ Βουλαίου. Diefelbe Vereinigung in Aegae: Bohn, Altertümer von Aegae S. 34. Vermutlich befanden fich die Altäre diefer Gottheiten im Prytaneion, in welches der König nachher geladen wird. Hier finden wir die Βουλαία Ἑϛτία in Andros (C. I. Gr. II Add. 2349b), in Athen hatte fie einen Cult im Rathaufe (Harpokration u. Βουλαία): verehrt wurde fie auch in Erythrä (Dittenberger, Sylloge 370, 65) und Knidos (Newton, Discoveries 771). Ζεὺς Βουλαῖος hatte ein Bild im Metroon von Athen (Pausanias 1, 3, 5), ein Heiligtum mit der Ἀθηνᾶ Βουλαία im Rathaufe (Antiphon 6, 45); vergl. C. I. A. III 272. 683. 1025. Dafs der Ζεὺς Βουλαῖος ein panionifcher Gott war, zeigt C. I. Gr. 2909: er ift auch in Lakonien (C. I. Gr. 1240. 1245. 1302) und in Mytilene (Head, Historia nummorum p. 488) bezeugt. Von Zeus hat die Schmeichelei der Untertanen das Beiwort auf die Kaifer übertragen: fo fteht auf einer pergamenifchen Münze Σεβαϛτῷ Καίϛαρι Βουλαίῳ (Mionnet II 594 Nr. 538) und in Meffenien heifst Hadrian einmal, wie er fonft Ὀλύμπιος genannt wird, Ἀδριανός Βουλαῖος (C. I. Gr. 1307). Dies eröffnet den Weg zur Ergänzung der Infchrift aus Thera C. I. Gr. 2452, berichtigt bei Fröhner, Inscriptions Grecques

du Louvre Nr. 74 (vergl. Mommfen, Mittheilungen des athen. Inftituts XIII S. 20 f.):

Τὸν νέον Δία Βου]λαῖυν Γερμανικὸν Καίϛαρα, τὸν ϛωτῆρα, πατέρ]α Γαίυυ Καίϛαρος Σεβαϛτοῦ, ὁ δᾶμυς.

Diefe Ergänzung erfüllt die Bedingung einer fymmetrifchen Anordnung der Zeilen: in Z. 1 fehlen 13, in Z. 2 14 Buchftaben.

Z. 54f. ἀεί τινος... γίνεϛθαι. Der Ausdruck ift als Formel in die griechifche Amtsfprache der Römer aufgenommen: fo Brief eines Quaeftors an die Letäer 118 v. Chr. bei Dittenberger, Sylloge 247, 44 f.; zwei Briefe Caefars und Octavians an die Mytilenäer Sitzungsber. d. Berl. Akad. 1889 S. 960. 965. Sonft z. B. Dittenberger 252, 2. 280, 23. — διὰ τὸν δῆμον »um des Volkes willen«. In diefer feltenen Verwendung fteht διά z. B. bei Thukydides 2, 89, 4.

Z. 58 Anfang ΔΙΑΓΟΝ F. Dies ergiebt mit Sicherheit die in der Umfchrift mitgeteilte Lefung. Fabricius glaubte früher an der Stelle, an welche das Omikron von αἰῶνος fällt, auch die fchwache Spur eines folchen zu erkennen.

Z. 59 Anfang ΤΩΝΟΕΩ⫶HΣA⫶AN F. — Wenn in Z. 58 einmal ἡ μεγαλυμέρεια erkannt ift, fo wird das hierzu notwendige Particip nach Raum und Sinn ein anderes als προιζοῦσα nicht gewefen fein können: dann ift für die erfte Lücke in Z. 59 entweder αὐτῶι gefordert, oder ἡμῖν. Mit dem letzteren, auch dem Raume nach beffer paffenden Worte vereinigt fich die nachträgliche Angabe Fabricius' in einem bei den obwaltenden Umftänden zu feiner Sicherftellung hinreichenden Grade: der zur Vervollftändigung des dann unverkennbaren Gedankens noch erforderliche Begriff bietet fich durch die auch räumlich völlig geeignete Ausfüllung der zweiten Lücke mit δι᾽ αὐτοῦ: unfer Stein foll aufser dem Kriegsglück des Königs »die Grofsartigkeit« verewigen, welche alle Götter durch ihn über feine Untertanen ergehen laffen. Der hochtrabende Servilismus der fo gewonnenen Phrafe ift für Geift und Stil der ganzen Kundgebung befonders bezeichnend. Während μεγαλυμέρεια in Z. 26 und 46 etwa mit »Grofsmut« wiederzugeben ift, fteht es hier in derfelben Verwendung wie bei Polybios 1, 26, 9: ἀλλὰ κἂν ἀκούων καταπλαγείη - - τὴν τῶν πολιτευμάτων ἀμφυτέρων μεγαλυμέρειαν καὶ δύναμιν, wo das überlieferte μεγαλυμερίαν zu verbeffern ift.

247. Rechte obere Ecke einer mit einem Profil umrahmten Tafel aus weifsem Marmor. 0,445 breit erhalten; Buchstaben in Zeile 1: 0,020, Zeile 11: 0,012, fonft 0,005—0,007. Gefunden 1879 in der byzantinifchen Mauer (Inv. I 107). Die Schriftfläche ift fehr abgerieben. Abbildung 1:5.

- - - γραμ]ματεύς.

Col. I.

Ἐπεὶ βασιλεὺς Ἄτ]ταλος τὴν δευ-
τέραν ἐκεῖ μάχην ἐ]νίκησεν τοὺς
Τολιστοαγίους κα]ὶ Ἀ]ντίοχον
καὶ εὔξατο στῆσαι ἐκ τῆς?] δεκάτης
5 - - - - - - - - - - - - - - - Γαλ]άτα[ς
- - - - - - - - - - - - - - - - - - δ]ύο?

Col. II.

ὀκτωκαιδεκάτη·
κατ[ὰ] ψήφισμα ἐπὶ Πύρρου τοῦ Ἀθηνοδώρου διὰ τὴν γενομένην ὑπὸ
τοῦ Διὸς τοῦ Τροπαίου ἐπιφάνειαν·
5 τοῦ [δ]ὲ Φρατρίου κα[τ]᾽ ἐνιαυτόν, ἦι ὀ-
κ[τ]ωκαιδεκάτη καὶ γενέθλιος Πύρ-
ρου τοῦ ⟨του⟩ Ἀθηνοδώρου, κατὰ ψήφισμ[α] ἐπὶ Κρατίππου,
- - - - - - - - - - ὑ[ω]ν.
10   Πανήμου
[τ]ετρά[ς] ἀπιόντος·
κατὰ ψήφισμα [ἐ]πὶ Μη[ν]οδότου
ἡμέρα Β[?]τοῦ Μελεάγρου.
Ἀπ]ολ[λων]ίου
15   ἀ[π]ιόντος·
κατὰ ψήφισμα ἐπὶ] Μητροδώρου
- - - - - - - - - - - - - - -
- - - - - - - - - - - - - - -
- - - - - - - - - - - - - - -
20   - - - ιο]υ
- - - ἀπ]ιόντος·
Ἐπὶ τοῦ δεῖ]νος Λέωνος εἰ]ρήνη?
- - - -

       ὁ δῆ[μος.

Diefes Fragment ftammt von einem öffentlichen Feftkalender. Von zwei Columnen find Refte vorhanden; da die Überfchrift des Ganzen, die Angabe des ausfertigenden Staatsfchreibers (f. oben zu Nr. 236) jedenfalls fymmetrifch geftellt war, fo waren, felbft wenn der Name feines Vaters nicht angegeben war, allermindeftens vier Columnen vorhanden; wahrfcheinlich aber waren es mehr. Die zweite Columne hat fo gut wie ficher über das Erhaltene nicht hinunter gereicht (f. zu Z. 22) und es ift fehr wohl möglich, dafs auch die anderen Columnen nicht länger waren: trifft dies zu, fo war die Tafel gewifs, da fie dann im Verhältnis zu ihrer Breite, felbft der geringften möglichen, fehr niedrig war, zum Einlaffen in eine Wand beftimmt. In dem Erhaltenen waren augenfcheinlich nur Erinnerungsfefte an Ereigniffe oder Perfonen verzeichnet, zumeift (vergl. zu Z. 22) durch befonderen Volksbefchlufs angeordnet; da aber ganz ficher ift, dafs in nur zehn Zeilen (Col. II 10—19) zwei ganze Monate enthalten waren und mehr wie wahrfcheinlich, dafs die drei Zeilen II 20—22 für einen weiteren Monat ausreichten, fo wird diefe Kategorie von Feften die Tafel nicht gefüllt haben und es ift anzunehmen, dafs ein anderer Abfchnitt vorherging, der die von altersher beftehenden religiöfen Fefte verzeichnete. Sicher bedurfte der Text einer vorangefchickten Erklärung feines Zweckes, die am wahrfcheinlichften in der Form gegeben war, dafs zu Anfang der die Aufzeichnung anordnende Volksbefchlufs ftand. Die Einrichtung des Kalenders ist die, daſs unter den Namen der einzelnen Monate die Tagesdata, beide als Überschriften, aufgeführt waren: zu jedem Tage war der Anlaſs der Feier und, wenn ſie durch Volksbeſchluſs eingeſetzt war, durch Angabe des eponymen Prytanen (vergl. oben zu Nr. 5 Z. 15 f.) das Jahr desſelben bemerkt: über eine vereinzelte Beſonderheit der Einrichtung wird ſogleich zu Col. II Z. 1 ff. geſprochen. Die Art und Weiſe der Feier iſt in die Aufzeichnung nicht aufgenommen worden. Die nächſte Analogie zu unſerer Urkunde möchten römiſche Faſten wie die praeneſtiniſchen bieten; von griechiſchen Inſchriften iſt das viel weniger umfangreiche, auf die Feſte einer nur als ἡ θεός bezeichneten Göttin, wohl der des Mondes (Iſis?), beſchränkte Verzeichnis C. I. Gr. 6850,1 wenigſtens verwandt, entfernter die Liſten der vom Staate tagweis darzubringenden Opfer, wie die aus Mykonos (Ἀθήναιον II 235 = Dittenberger, Sylloge 373: beſſere Abſchrift bei Latychew, Bullet. de corr. hellén. XII 460) und aus Kos (Hicks, Journal of hellenic studies 1888 p. 323).

Col. I Z. 1 ff. Monat und Datum ſtanden am Schluſs der vorangehenden Columne. Durch Einführung der Cauſalconjunction wird der Ausdruck dem im erſten Abſchnitt von Col. II angewendeten (διὰ κτλ.) analog. König Attalos hatte die Toliſtoagier zwei Mal an den Kaikosquellen geſchlagen (ſ. Nr. 20. 24): da bei der zweifelloſen Feier einer zweiten Schlacht vorher gewiſs die Feier einer erſten angeordnet war, erſchien das Wort ἐκεῖ als das wahrſcheinlichſte, um die durch Col. II gegebene Zeilenlänge zu erreichen. Daſs das erſte Mal die Toliſtoagier allein Attalos' Gegner waren, gewährt keinen berechtigten Einwand gegen die Ergänzung.

Col. II Z. 1 ff. Daſs die Überſchrift ὀκτωκαιδεκάτη als Nominativ geleſen werden muſs, zeigt Z. 11, wo für τετράδι der Raum nicht ausreicht. Der Sinn des Abſatzes wird am beſten durch eine Überſetzung klar gemacht werden können: »Der achtzehnte (sc. ſoll gefeiert werden) nach einem während der Prytanie des Pyrros Athenodoros' S. gefaſsten Volksbeſchluſs wegen der durch den Zeus Tropaios geſchehenen Epiphanie: alljährlich aber der achtzehnte des Monats Phratrios, an welchem zugleich der

Geburtstag des Pyrros Athenodoros' S. iſt, nach einem während der Prytanie des Kratippos gefaſsten Volksbeſchluſs.« In dem Abſatz ſind alſo zwei Beſtimmungen mit einander verbunden: die eine betriſſt die allmonatliche Feier eines jeden achtzehnten; die andere eine alljährlich am 18. Phratrios hinzutretende. Die Überſchrift konnte bei der durch die viel gröſsere Wichtigkeit des Monatsfeſtes bedingten Faſſung des Textes nur auf den Tag, nicht auf den Monat lauten, aber ſicher ſteht der Abſchnitt an der Stelle, welche in der Folge der Monate dem Phratrios zukommt. Über die pergameniſchen Monate ſprechen wir zu Z. 14. Die Worte διὰ τὴν γενομένην ὑπὸ τοῦ Διὸς τοῦ Τροπαίου ἐπιφάνειαν ſollen gewiſs eine Epiphanie des Zeus Tropaios bezeichnen, nicht eine von ihm bewirkte andere, was eine recht künſtliche Vorſtellung ergäbe: ὑπό ſteht, wie öfter, pleonaſtiſch, z. B. Thukydides 2, 65, 9 ἐγίγνετο ... ἔργῳ δὲ ὑπὸ τοῦ πρώτου ἀνδρὸς ἀρχή; Xenoph. Memorab. 4, 4, 4 τὴν ὑπὸ Μελήτου γραφὴν ἔφευγε; genau denſelben Ausdruck wie hier, nur ἐξ anſtatt ὑπό, finden wir in Nr. 248 Z. 51 (ſ. zu dieſer Stelle). Oſſenbar hatte Zeus einſt in einer Schlacht die Feinde durch ſeine Erſcheinung in die Flucht getrieben; der damit hervorgebrachte Erfolg muſs ein groſser geweſen ſein, wenn er allmonatlich gefeiert werden ſoll. Eine Weihung an den Zeus Tropaios hatten wir oben Nr. 237. Durch die an unſerer Stelle angeſchloſſene Beſtimmung lernen wir die höchſt merkwürdige Tatſache kennen, daſs in Pergamon nicht blos die Geburtstage der Könige öffentlich gefeiert wurden; der König genieſst aber dabei nicht allein den Vorzug, daſs die Feier ſeiner Geburt eine ſelbſtverſtändliche iſt und keiner Anordnung bedarf, ſondern auch daſs ſie allmonatlich ſtattfindet (ſ. oben zu Nr. 18 Z. 34). Wenn, wie am nächſten liegt, die Feier des Zeus Tropaios gleich nach dem veranlaſſenden Ereignis beantragt wurde, ſo hatte die Epiphanie im Prytanenjahr des Pyrros gerade an dem Monats-, vermutlich auch dem Jahrestage ſeiner Geburt ſtattgefunden, und es iſt mehr wie wahrſcheinlich, daſs dies Zuſammentreffen mit der auſserordentlichen dem Manne erwieſenen Ehre in irgend einer Verbindung ſteht: man mochte ſich zu dem Glauben berechtigt finden, daſs der Gott den Geburtstag eines folchen Mannes, zumal in dem nach ihm benannten Jahre, nicht zu einem *dies nefastus* für fein Vaterland werden laffen wollte. Ähnlich haben, wenn der Nachricht des Cornelius Nepos Timol. 5 etwas Wahres zu Grunde liegt, die Sicilier fchon den Geburtstag des Timoleon gefeiert, weil er an demfelben Schlachten gewonnen hatte. Vermutlich hätte uns über das Motiv der Geburtstagsfeier Z. 9 Aufklärung gegeben, deren faft vollftändige Zerftörung darum befonders bedauerlich ift: von den angegebenen Zeichen ift der erfte Reft ganz unficher, dann folgte wahrfcheinlich Λ oder A und Υ, ficher ΟΝ oder ΩΝ; danach war freier Raum. Es ift demnach παύων, λύων (παυον, λῦον) möglich; auch - α ὑων, fo dafs der Gott in Geftalt eines Regens die τροπή bewirkt hätte. Nach Κρατίππου (Z. 8) ift freier Raum, was gewifs nicht der Fall wäre, wenn man feinen Vater angegeben hätte. — Ein Mann des Namens Pyrros war in Nr. 157 *D* 19 erwähnt. — In Z. 7 beruht τουτου gewifs auf Dittographie, obwohl τούτου nicht unmöglich wäre.

Ein Kratippos als eponymer Prytane von Pergamon (Z. 8) ift uns fchon bekannt durch das bei Josephus Antiq. 14, 10, 22 überlieferte Decret: diefes ift zwifchen 112 und 106 v. Chr. zu fetzen, da es während der Zeit des jüdifchen Hohenprieflers Hyrkanos I. abgefafst ift, d. h. zwifchen 135 und vermutlich 106 v. Chr. (vergl. Madden, History of Jewish coinage p. 53 Anm. 9), und während der Regierung des Syrerkönigs Antiochus Cyzicenus, der im Jahre 112 die Herrfchaft an fich rifs (vergl. Viereck, Sermo graecus p. 93 ff.). Wäre diefe Prytanie identifch mit der in der Infchrift genannten, fo ftammte unfere Urkunde folglich früheftens aus den letzten Jahren des zweiten Jahrhunderts. Allein es ift fehr wenig wahrfcheinlich, dafs die römifch gewordenen Pergamener durch öffentliche Feier noch die Erinnerung an die kriegerifchen Grofstaten ihrer Königszeit wach erhielten, wie unfere Urkunde für ihre Zeit bezeugt. Da auch eine zweimalige Prytanie desfelben Kratippos vorliegen kann, fchien es am ficherften, der Infchrift unter den jüngften der Königszeit ihren Platz zu geben.

Z. 12. ἐπὶ Μηνοδότου. Menodotos hiefs der Vater des Pergameners Mithradates, des Freundes Caesars, dem diefer 47 v. Chr. das Tetrarchat von Galatien und das freilich von Asander behauptete bofporanifche Königtum verlieh (Strabo 625. Dio 42, 48). Die Vornehmheit der Familie hebt das Bellum Alexandrinum 26 hervor, es nennt Mithradat *magnae nobilitatis domi*; feine Mutter war aus trokmifchem Fürftengefchlecht (f. G. Hirfchfeld, Hermes XIV, 474). Er wurde von feinen Verwandten für einen Baftard des Königs Mithradates Eupator ausgegeben, der um 130 v. Chr. geboren ift, fo dafs alfo die Geburt des Pergameners Mithradat früheftens um 110 v. Chr. fallen kann. Die Identität feines Vaters Menodot mit dem Prytanen unfrer Infchrift ift demnach nicht gerade unmöglich, falls das nach ihm datirte Pfephisma erft aus dem Ende der Königszeit ftammt, aber fie ift im höchften Grade unwahrfcheinlich; der Prytane wird ein älteres Mitglied derfelben Familie gewefen fein.

Z. 13. War zu Anfang der Vater des Menodotos angegeben, deffen Grofsvater dann Meleager gewefen wäre, fo enthielte der ganze Abfchnitt, da nach dem letzteren Namen freier Raum war, nichts als in überflüffiger Ausführlichkeit die Datirung des Pfephismas, was unglaublich ift. Der Vatername des Prytanen fehlte alfo gewifs wie bei Kratippos in Z. 8. Augenfcheinlich handelt es fich abermals um die Feier eines Menfchen, der Sohn eines Meleager gewefen fein wird, da der Vatername, der bei Pyrros Z. 7 fogar in Wiederholung angegeben war, fchwerlich gefehlt hat. γενέθλιος zu Anfang der Zeile liefse der Raum nicht zu, felbft wenn nur τοῦ Μελεάγρου folgte; ἡμέρα fteht in diefem Sinne in der oben zu Nr. 18 Z. 34 ausgefchriebenen Stelle der teifchen Infchrift; vergl. Septuaginta Iob 3, 1: κατηρήσατο τὴν ἡμέραν αὐτοῦ mit der gewifs richtig darauf bezogenen Gloffe des Hesych: ἡμέρα τὰ γενέθλια.

Z. 14. Ἀπ]ολ[λωνίου. Die aufser Klammer ftehenden Buchftaben find vollkommen ficher; in der Lücke aber ift keine deutliche Spur übrig. Das Wort war entfchieden gröfser gefchrieben als der fortlaufende Text der Infchrift, wenn auch nicht fo grofs wie die Überfchrift Πανήιου Z. 10; hinter Υ war freier Raum und es folgt in der nächften Zeile ein Datum: es fteht alfo aufser jedem Zweifel, dafs die Zeile eine Monatsüberfchrift enthielt. Der einzige bekannte Monatsname, der zu den erhaltenen Buchstaben stimmt, ist der ergänzte und dieser paßt auch völlig in den Raum. Wir kennen den Monat Ἀπολλώνιος aus Methymna (Inschrift bei Conze, Reise auf Lesbos Taf. 11, 2: vollständiger Bullet. de corr. hellén. IV 438): den Z. 5 genannten Φράτριος aus dem Pergamon benachbarten Kyme (C. I. Gr. 3524 Z. 55) und aus Mytilene (Mittheil. d. athen. Inst. XIII 57); den Monat Ἡραῖος fanden wir oben Nr. 5 in Pergamon und in Temnos: es ist also sicher, daß der in Pergamon herrschende Kalender in der älteren Zeit der äolische war, während Inschriften der späteren Kaiserzeit den ephesischen Kalender bezeugen. Wenn oben in Nr. 245 A 28 f. die Pitanäer, B 8 f. die Mytilenäer einen und denselben Termin nach dem einheimischen und dem pergamenischen Monat bezeichnen, so folgt daraus keine Verschiedenheit der Kalender, sondern nur eine locale Abweichung in einzelnen Monatsbenennungen, wie wir z. B. einen selbstverständlich nur pergamenischen Eumeneios (Nr. 249 Z. 2) kennen: es braucht nicht einmal der Monat, um den es sich bei einer solchen doppelten Angabe handelt, zwei verschiedene Namen gehabt zu haben, wie sich aus Nr. 5 Z. 15 und 17 ergiebt. Die in Pergamon außer den schon genannten bezeugten Monatsnamen: Pantheios (Nr. 251), Dios (Nr. 248 Z. 44. 61) und Audnaios (Nr. 248 Z. 25) dürfen wir jetzt dem äolischen Kalender zurechnen: die synkopirte Namensform Αὐδναῖος kennen wir auch in Karien (C. I. Gr. 2694) und in Lydien (C. I. Gr. 3500. 3517: Bullet. de corr. hellén. VIII, 384. 389). Unsere Kenntnis des äolischen Kalenders erfährt durch die aus Pergamon erwachsene Vermehrung des Materials einen wesentlichen Fortschritt: wir wollen hier zusammenstellen, was wir jetzt wissen können.

Einen äolischen Monatsnamen überliefert Strabo S. 613: παρ' Αἰολεῦσι δὲ τοῖς ἐν Ἀσίᾳ μείς τις καλεῖται Πορνόπιων, οὕτω τοὺς πάρνοπ ας καλούντων Βοιωτῶν, καὶ θυσία συντελεῖται Πορνοπίωνι Ἀπόλλωνι. Dieser Name lautete, wie Latychew bemerkt hat (vergl. Bischoff. De fastis Graecorum in den Leipziger Studien VII S. 350), in Wahrheit gewiß Πορνοπιος, wie die Schreiber öfter die Monate mit der ihnen geläufigen attischen Endung -ων ausgestattet haben, die unter den nachweis-

baren äolischen Monaten allein stände. Es ist aber nicht wahrscheinlich, daß dieser Πορνόπιος neben dem Ἀπολλώνιος bestanden habe, vielmehr wird der dem Apollon heilige Monat bei den einen Äoliern diesen, bei den anderen jenen Namen geführt haben (vergl. S. 164 Sp. 2).

Aus Eresos sind uns durch die von Cichorius in den Sitzungsberichten der Berliner Akademie 1889 S. 376 veröffentlichte Inschrift die beiden Monate Ὁμολώϊος und Ἀγεράνιος bekannt geworden. (Beiläufig sei bemerkt, daß ebenda S. 368 Z. 14 nicht οὔτε κίνδυνον ἐκ καινῶν, sondern ἐκκλίνων gelesen werden muß.)

In einer Inschrift hellenistischer Zeit C.I.Gr. Add. II 2265b (Bechtel in Collitz' Dialektinschriften I 319) hat Ahrens Δαΐσιος als lesbischen Monat hergestellt: vielleicht zutreffend, denn von den aus dem makedonischen Kalender bekannten Namen sind uns schon der Δῖος, Αὐδναῖος, Πάνημος bei den Äoliern wieder begegnet, doch ist die Möglichkeit nicht ausgeschlossen, daß der in Kalymna, Kos, Rhodos, Tauromenion vorkommende Δάλιος zu ergänzen ist, da die drei ersten Städte auch in dem freilich weit verbreiteten Panemos, die letzte in dem Apollonios mit dem äolischen Kalender übereinstimmen. In dem ΘΕΛΑΙΣΙΩ derselben Inschrift (das Wort auch C. I. Gr. II Add. 2183b — Bechtel 231) wird mit Böckh und Bischoff ein Personen-, nicht mit Lebas und Bechtel ein Monatsname anzunehmen sein. Aus einer unveröffentlichten Inschrift hat Reinach an Latychew (f. Bischoff S. 351) Τερφεύς als kymäischen Monat mitgeteilt: doch erweckt dieser Name sowohl wegen seiner Ableitung als auch wegen seiner Endung das stärkste Mißtrauen, so daß wir, wenn es sich wirklich um eine Monatsbezeichnung handeln sollte, bis auf weiteres die Lesung für irrig halten müßten.

Wichtig ist das späte Fragment C.I.Gr.6850A, dessen Herkunft nicht näher bekannt ist, als daß es aus Kleinasien stammt. Ernst Curtius hat es wegen des auf demselben Steine sich findenden Namens Κλεανακτίδης vermutungsweise nach Lesbos gewiesen (f. Strabo S. 617): diese Zuteilung gewinnt dadurch eine an Gewißheit grenzende Wahrscheinlichkeit, daß wir von der Folge der dort angeführten Monate: Δῖος, Ἰούλιος, Ἀπολλώνιος, Ἡφαίστιος, Ποσίδειος jetzt zwei, den Dios und Apollonios, in der Tat als äolilch kennen und dals die neu hinzutretenden Ἡφαίστιος und Ποσίδειος der in Ἡραῖος, Ἀπολλώνιος, Δῖος, Φράτριος, Ὁμολώιος, Εὐμένειος bekundeten äolilchen Neigung, die Monate adjectivilch nach dem Namen oder Beinamen von Göttern zu benennen, entſprechen. Biſchoſſ möchte die beiden Namen nicht anerkennen, da ſie »recentioris temporis speciem prae se ferunt«, welche Bemerkung in Bezug auf den Ἡφαίστιος ganz unverſtändlich iſt; aber auch die Form Ποσίδεια iſt in ſehr guter Zeit für Spiele in Mykonos durch die Inſchrift bei Rofs, Inscriptiones ineditae II S. 39 bezeugt. Der römilche Ἰουλαῖος kommt natürlich für den älteren Kalender nicht in Betracht.

Was die Folge der Monate betrifft, ſo dürfen wir als den erlten den Heraios anſehen (ſ. oben zu Nr. 5 Z. 14 f.). Aus unſrer Inſchrift ergiebt ſich die Reihe Phratrios, Panemos, Apollonios und es folgte auf ihr dann nur noch ein einzinger Monat; nach dem von Curtius als lesbilch erkannten Bruchſtück kamen nach dem Apollonios noch der Hephaistios und Posideios, von denen alſo einer in Pergamon ein Felt der auf unſrem Fragment verzeichneten Kategorie nicht hatte. Apollonios, Hephaistios und Posideios hatten gewifs die zehnte, elfte und zwölfte Stelle, Phratrios und Panemos vielleicht die achte und neunte.

Zur leichteren Überſicht geben wir nachfolgend eine Liſte der nunmehr bekannten äolilchen Monatsnamen, indem wir einem jeden die Orte, für die er bezeugt iſt, in Klammern beifügen. Es ſind — von dem nicht controlirbaren Τερφεύς iſt abgeſehen — im Ganzen 14 Namen, von denen alſo auſer dem Eumeneios mindeſtens noch einer — wie ſchon vermutet wurde, der Pornopios — nur eine lokal beſchränkte Geltung anltatt eines der übrigen gehabt haben mufs.

Heraios (Pergamon. Temnos).
Phratrios (Pergamon. Mytilene. Kyme).
Panemos (Pergamon).
Apollonios (Pergamon. Methymna).
Pornopios.
Hephaistios (Lesbos).
Posideios (Lesbos).

Agerannios (Eresos).
Audnaios (Pergamon).
Daisios oder Dalios (Lesbos).
Dios (Pergamon. Lesbos).
Homoloios (Eresos).
Pantheios (Pergamon).
Eumeneios (Pergamon).

Die makedonilchen Militärcoloniſten der Königszeit hielten nach C. I. Gr. 3521 und Bullet. hellén. XI 86 an ihren heimilchen Monaten felt. Sie waren zwar nach Nr. 249 rechtlich Fremde, doch iſt überhaupt der äolifche Kalender in die 189 zugetretenen Landesteile nicht eingeführt worden (ſ. z. B. C. I. Gr. 3070).

Z. 22. Κατὰ ψήφισμα ἐπὶ τοῦ δεῖ]νος Λέωνος verbietet der Raum. Am Ende wird εἰ[ρήνη zu ergänzen ſein: um den Jahrestag eines glücklichen Friedensſchluſſes zu feiern, bedurfte es nicht erlt eines Pſephismas. Der Schluſs des Abſchnittes kann in der nächlten Zeile geltanden haben.

Z. 23. Die Buchltaben ΔΗ ſind zu grofs um zum Texte zu gehören; es ſcheint durchaus, dafs darunter freier Raum, die Inſchrift alſo hier zu Ende war. Es wird daher als Unterſchrift Ὁ δῆ]μος geltanden haben.

---

248. Stele aus weiſsem Marmor, oben gebrochen. Breit oben 0.440. unten 0.485, dick 0.085; Buchltaben 0.008. Aus zwei Stücken zufammengeſetzt, die December 1880 und Mai 1883 beide in der Nordſtoa des Athenaheiligtums gefunden ſind (Inv. II 68. III 4. Bericht II 51). Facſimile-Probe bei Conze, Monatsber. d. Akad. 1881 Taf. IV zu S. 869. Abbildung 1:4.

[- - - - - - - - - - - - - - - ἀναγράψαι δὲ καὶ εἰς στήλην λευκοῦ λί-
θ]ου καὶ τεθῆναι εἰς τὸ ἱερὸν της Ἀθηνᾶς τὰς ἐπιστολάς, ἐγγρά-
ψ]αι δὲ καὶ εἰς το]ὺ[ς ἱ]εροὺς νόμους [τοὺς τῆ]ς πόλ]εως [τ’ό[δε τὸ
ψήφισμα καὶ χρῆσθαι αὐτῶι νόμωι κυρίωι εἰς ἅπαντα τὸγ χρόνον.

5 Βασιλεὺς Ἄτταλος Ἀθηναίωι τῶι ἀνεψιῶι χαίρειν· Σωσάνδρο[υ
τοῦ συντρόφου ἡμῶν, σοῦ δὲ γαμβροῦ καταςταθέντος ὑπὸ τά-
δελφοῦ βασιλέως τοῦ Καθηγεμόνος Διονύσου ἱερέως καὶ συ[ν-
τετελεκότος τὰ ἱερὰ ἐμ πολλαῖς σφόδρα Τριετηρίσιν εὐσεβῶς
μ]ὲγ καὶ ἀξίως τοῦ θεοῦ, προσφιλῶς δὲ τῶι τε ἀδελφῶι καὶ ἡμῖγ
10 κ]αὶ τοῖς ἄλλοις ἅπαςι — ςυνέβη ἐν ταῖς πρότερον Τριετηρίςι παρε-
ν]οχληθέντα αὐτὸν ὑπο νευρικῆς διαθέσεως τὰς μὲν θυσίας ςυ[ν-

τελείμ μεθ' ἡμῶν, τὰς δὲ πομπὰς καί τινα ἄλλα τῶμ πρὸς τὰ ἱε[ρ]ὰ
δ]ιατεινόντωμ μὴ δύνασθαι — τον υἱὸν αὐτοῦ Ἀθήναιον ἐκρίν[α
με]μ προϊερᾶσθαι, ὅπως ὅσα ὑπὸ τον Σωσάνδρου ἀδύνατα ἦ[γ

15 ṇne σθαι, ὑπὸ τούτου ἐπιτελ̣ειται. ἐπεὶ οὖν τότε μὲν τα καθήκο̣υ̣ν
τα ὡς ἐπρε̣ῖπεν υιὸς̣ συνετελέσθη, νὺν δὲ μετηλλαχκότος
τοῦ Σ̓ωσάνδρου ἀ̓ναγκαῖὸν ἐστι κατασταθῆναί τινα ἱερέα,
κεκμηκιερ κᾀγὼ καὶ Ἄτταλ̣ος ὁ τἀδελφου υἱὸς διαμεῖναι Ἀθηναῖ[ωι
τῶι υἱῶι αὐτοῦ τὴν ἱερεωσ̣ύνηг] καὶ ταύτην, ἐπεὶ καὶ κατ[ὰ] συντ̣[υ-
20 χίαν ζ̓ῶντος ἔτι του πατρός κ̣[ατεσπε̣ίσθη ἐπὶ τὰ ἱερά, ὑπολαμβ̣[ά
νοντες καὶ αὐτὸν τὸν Διόνυσον οὐ̣[τ]ω̣[ς βε]βουλησθαι ἀξιὸν τε αὐτὸν εἶναι καὶ τῆς του θεου προστασίας κα̣[ὶ ⟨τ̓οὐ ἡμῶν του οἴκου. [ἵ-
πως δὲ καὶ σ̓ὺ εἰδῆις ὅτι περιτεθείκαμεν τ̣ὴν τ̣ιμὴ̣ γ καὶ ταύτ̣[ην
τῶι Ἀθηναίωι, ἔκρινον ἐπιστεῖλαί σοι.
25 ιη′, Αὐδναίου ιθ′. Ἀθηναγόρας ἐκ Περγάμου.

Βασιλεὺς Ἄτταλος Κυζικηνῶν τῆι βουλῆι καὶ τῶι δήμωι χαίρε[ιν· Ἀθήναιος ὁ Σωσάνδρου υἱός, του γενομένου ἱερέως του Καθηγεμόνος [Δι-
ονύσου καὶ συντρόφου τοῦ πατρός μου, ὅτι μὲν ἡμῶν ἐστι συ[γ-
γενής, οὐ πείθομαι ὑμᾶς ἀγνοεῖν, εἴ γε ὁ Σώσανδρος γήμας τὴν Ἀθη-
30 ναίου θυγατέρα του Μειδίου, ὃς ἦν Ἀθηναῖος ἀνεψιός του πατρός
μου, τοῦτον ἐγέννησεν. ὧι καὶ γενομένωι ἀξίωι του οἴκου ἡμῶν τὸ
μὲμ πρῶτον Ἄτταλος ὁ θεῖός μου σὐρ καὶ τῆι ἐμῆι γνώμηι ζῶντος
ἔτι του Σωσάνδρου ἔδωκε διὰ γένους ἱερεωσύνην τὴν τοῦ Διὸς
του Σαβαζίου τιμιωτάτην οὖσαμ παρ' ἡμῖν, ὕστερον δὲ μεταλλάξαντος
35 του Σωσάνδρου διὰ τὴμ περὶ αὐτὸν οὖσαρ καλοκἀγαθίαν καὶ περὶ τὸ θεῖον εὐσέβειαρ καὶ τὴν πρὸς ἡμᾶς εὔνοιαρ καὶ πίστιρ καὶ τῆς του Καθηγεμόνος Διονύσου ἱερεωσύνης ἠξιώσαμεν αὐτόν, κρίναντες αὐτὸρ καὶ
ταύτης εἶναι ἄξιον τῆς τιμῆς καὶ πρεπόντως προστήσ(ε)σθαι μυστ[ηρί-
ων τηλικούτων κᾀγὼ καὶ Ἄτταλος ὁ θεῖός μου, ὡς διασαφεῖται, ἐν τῶ̣[ι
40 ιη′ ἔτει τῆς ἐκείνου βασιλείας. εἰδὼς οὖν ὅτι πρὸς μητρὸς καὶ ὑμ̣έ-
τερός ἐστι πολίτης, ἔκρινα ἐπιστεῖλαι ὑμῖμ πέμψας καὶ τὰ λοιπὰ προ-
σταγματα καὶ φιλάνθρωπα τὰ γραφέντα ὑφ' ἡμῶν περὶ τούτου, ὅπως
εἰδῆτε ὡς ἔχομεμ φιλοστοργίως πρὸς αὐτόν.
δ′, Δίου ζ′. Μένης ἐκ Περγάμου.

45 Βασιλεὺς Ἄτταλος Περγαμηνῶν τῆι βουλῆι καὶ τῶι δήμωι χαίρειν· ἐπεὶ βασί[-
λισσα Στρατονίκη ἡ μήτηρ μου, εὐσεβεστάτη μὲρ γενομένη πασῶμ, φιλο[σ-
στοργοτάτη δὲ διαφερόντως πρός τε τὸμ πατέρα μου καὶ πρὸς ἐμέ,
πρὸς ἅπαντας μὲν τοὺς θεοὺς εὐσεβῶς προσηνέχθη, μάλιστα δὲ
πρὸς τὸν Δία τὸν Σαβάζιον, πατροπαράδοτον αὐτὸρ κομίσασα εἰς
50 τὴμ πατρίδα ἡμῶν, ὅγ καὶ ἐμ πολλαῖς πράξεσι καὶ ἐμ πολλοῖς κινδύ
νοις παραστάτηγ καὶ βοηθὸν ἡμῖγ γενόμενον ἐκρίναμεν διὰ τὰς ἐξ αὐτοῦ
γενομένας ἐπιφανείας συγκαθιερῶσαι τῆι Νικηφόρωι Ἀθηνᾶι, νομίσαν-
τες τούτωι αὐτῶι ἄξιον καὶ πρέποντα τόπον ὑπάρχειν, διετάξαμε-
θα δὲ ἀκολούθως τούτοις καὶ περὶ θυσιῶ̣γ καὶ πομπῶγ καὶ μυστηρίων
55 τῶν ἐπιτελουμένωμ πρὸ πόλεως αὐτῶι ἐν τοῖς καθήκουσι καιροῖς καὶ τόποις,
ἐποιήσαμεν δὲ αὐτοῦ καὶ ἱερέα διὰ γένους Ἀθήναιον τὸν ἐμόν, εὐσεβείαι κα̣[ὶ
καλοκἀγαθίαι διαφέροντα καὶ τῆι πρὸς ἡμᾶς δινηεκεῖ πίστει· κρίνομεν διὰ ταῦτα, ὅπως ἂν εἰς τὸν ἅπαντα χρόνον ἀκίνητα καὶ ἀμετάθετα μένηι τά τε πρὸς
τὸν θεὸν τίμια καὶ τὰ πρὸς τὸν Ἀθήναιωμ φιλάνθρωπα, τὰ γραφέντα ὑφ' ἡμῶμ
60 προστάγματα ἐν τοῖς ἱεροῖς νόμοις φέρεσθαι παρ' ὑμῖν.
δ′, Δίου δ′. Λότος ἐκ Περγάμου.

Die Infchrift enthält von Z. 5 an drei Briefe, die fich fämtlich auf den Dionyfos- und Sabaziospriefter Athenaios, Sosandros' S., beziehen und zwar

1. Attalos' II. an feinen ebenfalls den Namen Athenaios führenden Vetter, Schwiegervater des Priefters: Z. 5—25,
2. Attalos' III. an Rat und Volk von Kyzikos: Z. 26—44,
3. Attalos' III. an Rat und Volk von Pergamon: Z. 45—61.

Der erfte Brief ift aus dem Jahre 142 1, die andern beiden aus dem Jahre 135/4 (vergl. zu Z. 25). Die Infchrift ift alfo genau auf das letztere Jahr datirt; fie ift auch palaeographifch wichtig durch die Altertümlichkeit einzelner Buchftabenformen, befonders der kleinen O und Θ und des Sigma mit feinen fchrägen äufseren Schenkeln: es ift dies, wie Conze, Monatsber. d. Berl. Akad. 1881 S. 875 fehr richtig bemerkt, »auffallend genug, um immerhin zur Vorficht bei unferen Verfuchen der Zeitbeftimmung nach der Schrift zu raten« (vergl. auch zu Nr. 240).

Z. 1—5 ift der Reft des pergamenifchen Pfephismas, durch welches Rat und Volk dem Z. 57 ff. ausgefprochenen Befehle des Königs nachkamen, feine den Cult des Zeus Sabazios und die Perfon des Athenaios betreffenden Anordnungen unter ihre Gefetze aufzunehmen, und dem Athenaios gewifs auch ihrerfeits Ehrenbezeigungen zufprachen.

Z. 5. Ἀθηναίωι τῶι ἀνεψιῶι. Wir geben hier zur befferen Überficht den Stammbaum der Familie des Adreffaten, wie er aus Z. 29 ff. der Infchrift hervorgeht:

Meidias.

Athenaios (I.), ἀνεψιός Eumenes' II. (Z. 30) und Attalos' II. (Z. 5.)

Tochter —Sosandros, ἱερεύς.

Athenaios (II.), ἱερεύς.

Die Heimat Athenaios' I. ift nach Z. 40 f. Kyzikos. Die bei weitem gewöhnlichfte Verwandtfchaftsbeziehung, die durch ἀνεψιός ausgedrückt wird, ift die von Gefchwifterkindern; da nun Apollonis, die Gemahlin Attalos' I. ebenfalls aus Kyzikos ftammte (Polybios 22, 20 [23,18]. Strabo 624 C.), war fie gewifs die Schwefter des Meidias.

Z. 6. τοῦ συντρόφου ἡμῶν. Vergl. zu Nr. 179. Sosandros, der nach Z. 28 auch σύντροφος Eumenes' II. war, kennen wir als σύντροφος Attalos' II. fchon aus Polybios 32, 27 (25): er hatte im Jahre 157 den Angriff Prusias' II. auf Elaia zurückgefchlagen. Erwähnt finden wir ihn auch in der oben S. 109 ausgefchriebenen Stelle des Briefes Attalos' II. an den Priefter von Peffinunt. Der dort gleichfalls genannte Athenaios kann fehr wohl der in unferer Infchrift vorkommende Vater des Sosandros fein, nicht gut aber fein Sohn, da der Name fonft fchwerlich vor dem des Sosandros ftände; es kann aber auch der Bruder des Königs gemeint fein.

καταςταθέντος. Vergl. oben zu Nr. 40 Z. 1. — τἀδελφου. Diefelbe Krafis auch Z. 18.

Z. 8. Τριετηρίων. Die trieterifche Feftperiode ift für Dionyfos folenn, fo dafs Τριετηρίδες fchlechthin »Dionyfosfeft« bedeuten kann, wofür Diodor 3, 65, 8 die mythologifche Begründung dahin angiebt, dafs zwifchen dem Auszuge des Gottes von feiner Pflegeftätte Nysa bis zur Rückkehr nach feiner Geburtsftadt Theben eine Trieteris verfloffen war, während nach der orphifchen Theologie der Gott fich je eine Trieteris bei Persephone aufhielt (Orph. Hymnus 53. 3). Vgl. Euripides Bakchen 133 Τριετηρίδων, αἷς χαίρει Διόνυσος. Cenforin, de die natali 18 (p. 52, 1 Jahn) mysteria quae Libero patri alternis fiunt annis, trieterica a poetis dicuntur. Herodot 4, 108 (Γελωνοὶ) τῷ Διονύσῳ Τριετηρίδας ἀνάγουσι. Orph. Hymnus 52 (überfchrieben τριετηρικου, wie der 45. ὕμνος Διονύσου Βασσαρέως τριετηρικου überfchrieben ift) V. 8 βακχεύων ἁγίας Τριετηρίδας ἀμφὶ τιθήνας. In einer Infchrift der dionyfifchen Künftler aus Ptolemais (Zeit des Ptolemaios Philadelphos) Bullet. de corr. hellén. IX 132 wird als Beamter aufgeführt Ζώπυρος ὁ πρὸς τοῖς ἱεροῖς της τριετηρίδος καὶ ἀμφιετηρίδος. — Oben in Nr. 167 Z. 17 bezeichnete Τριετερίδες ein Athena-Feft.

Z. 10 ff. Der Satz συνέβη — μὴ δύναςθαι (Z. 13) ift ein parenthetifcher Einfchub; der Hauptfatz zu dem in der Form des Genetivus absolutus ausgedrückten Nebenfatze fteht erft Z. 13 f.: τὸν υἱὸν αὐτοῦ Ἀθ. ἐκρίναμεν προιερᾶσθαι.

Z. 11. ὑπὸ νευρικῆς διαθέσεως »durch nervöfen Zuftand«.

Z. 14. προιερᾶσθαι. Das Wort ift mir nur aus zwei anderen Stellen bekannt: Infchrift aus

Milet, Revue archéologique 28 (1874) p. 106 (= Dittenberger Sylloge 376: beſſer bei Bechtel, Inſchriften des ion. Dialekts Taf. III Nr. 100): ἢν ξένος ἱεροποιηι τῶι Ἀπόλλωνι, προιεραϲθαι τῶν ἀϲτῶν ὃν ἂν θέληι ὁ ξένος, διδόναι δὲ τῶι ἱερεῖ τὰ γέρεα ἅπερ ἡ πόλις διδοῖ πάντα χωρὶς δερμάτ[ων und C. I. Gr. 3657 aus Kyzikos: Κλειδίκην Ἀϲκληπιάδου, ἱερωμένην Μητρὸς τῆς ἐκ Πλακίης καὶ προϊερωμένην Ἀρτέμιδος Μουνιχίας. In der pergameniſchen In-ſchrift erſcheint als die dem Zuſammenhange nach allein mögliche Erklärung von προϊεραϲθαι: »in Stellvertretung das Prieſtertum verwalten«. In dieſem Sinne ſteht in einer chiiſchen In-ſchrift (Mittheilungen d. athen. Inſt. XIII S. 166) ebenſo unzweideutig das völlig gleichartige προϊ-εραντεύειν: ἐπαγγειλάτω δὲ ὁ θίων τῶι ἱερεῖ (τοῦ Ἡρακλέος), ἐὰν δὲ ὁ ἱερεὺς μὴ παρῃ, προϊερητευ-έτω τις ὧν αἱ λόγχαι εἰϲίν, τὰ δὲ γινόμενα ἀπο-διδόναι τὸν θύοντα τῶι ἱερεῖ, wo der Heraus-geber Studniczka λόγχη richtig für λάχος nimmt: es ſoll in Abweſenheit des Prieſters derjenige aus dem niederen Tempelperſonal fungiren, den das Loos bezeichnet. In der Litteratur werden für πρό in der Bedeutung »anſtatt« nur wenige und lediglich poetiſche Beiſpiele angeführt: Ant-atticista bei Bekker Anecd. I 112, 5 πρὸ ἀντὶ τοῦ ἀντί· Φιλήμων Παγκρατιαϲτῆι δοῦλος πρὸ δούλου, δε-ϲπότης πρὸ δεϲπότου. Sophokles Oedip. Col. 815: ἀπελθ', ἐρῶ γὰρ καὶ πρὸ τῶνδε (d. h. »im Namen dieſer«); ebenſo Oedip. R. 10 πρέπων ἔφυς πρὸ τῶνδε φωνεῖν. Dieſe Bedeutung von πρό iſt nur um eine geringe Schattirung verſchieden von dem Sinne »zu Gunſten« (ſonſt ὑπέρ), in welcher gleichfalls nicht häufigen Verwendung — ſie findet ſich bei Polybios 6, 6, 8 — wir die Praepoſition hier in Z. 55 haben. In den anderen beiden Inſchriften hat man προϊεραϲθαι anders wie wir erklärt: in der mileſiſchen ſetzt es Haussoullier (Bullet. de corr. hell. V 400 f.) unter Zuſtimmung von Dittenberger (Sylloge 323) gleich προθύειν, κατάρχεϲθαι: der Fremde habe in Milet nur dann opfern dürfen, wenn ein Bürger die 'prima libamina' dargebracht hätte; ebenſo ſteht in Pape's Wörterbuch »προιεράομαι = προ-θύω«. Dieſe Erklärung iſt aber ſprachlich un-möglich, da ἱεραϲθαι nicht daſſelbe heiſst wie θύειν, ſondern »Prieſter ſein«, in welchem Sinne das Wort in unzähligen Inſchriften, ja auch wenige Zeilen vorher in der mileſiſchen ſteht:

καὶ τῶν ἄλλων θεῶν τῶν ἐντεμενίων ὅϲων ἱερᾶται ὁ ἱέρεως; es müſste alſo gar in derſelben Inſchrift zweimal einen verſchiedenen Sinn haben. Die mileſiſche Inſchrift iſt demnach ſo aufzufaſſen, daſs beim Opfer eines Fremden jeder ihm be-liebige Bürger, zunächſt alſo der Proxenos ſeiner Heimat oder ſein perſönlicher Gaſtfreund an Stelle des Prieſters fungiren kann, woran ſich paſſend die Beſtimmung ſchlieſst, daſs dennoch dem wirklichen Prieſter die Ehrengaben ge-bühren: die Stelle iſt ihrem Inhalte nach der eben angeführten Inſchrift aus Chios nahe ver-wandt. In der kyzikeniſchen Inſchrift erklären u. A. der Pariſer Thesaurus und das Paſſow'ſche Wörterbuch προϊερωμένη als »vorherige, ehe-malige Prieſterin«, was abermals ſprachwidrig iſt, da dann unmöglich das Praeſens ſtehen könnte. Auch für dieſe Inſchrift iſt die Er-klärung »ſtellvertretende Prieſterin« die einzig zuläſſige und es ergiebt ſich eine ſtarke Beſtäti-gung für dieſelbe daraus, daſs Kleidike ebenſo wie der Pergamener Athenaios von dem ſtell-vertretenden zum wirklichen Prieſtertum be-fördert worden iſt: in einer zweiten auf ſie be-züglichen Inſchrift (Mittheilungen des athen. In-ſtituts VII S. 156) heiſst es nämlich von ihr ἱερωμένην Μητρὸς Πλακιανῆς καὶ Κόρης καὶ Μητρὸς καὶ Ἀρτέμιδος Μουνιχίας. Daſs dieſe Inſchrift ſpäter iſt als die oben angeführte, hatte ſchon ihr Herausgeber Lolling mit Recht daraus ge-folgert, daſs in ihr das Prieſtertum der Kore hinzugekommen iſt. Unſere Erklärung von προϊ-εράϲθαι genügt ſomit auch der notwendigen For-derung, daſs ſie für alle bekannten Stellen gleich-mäſsig paſst.

Z. 16. μεθηλλαχκότος. In demſelben Per-fectum findet ſich der zweifache Gaumenlaut, nur in umgekehrter Folge (κχ) in einer Reihe kariſcher Inſchriften: C. I. Gr. II Add. 2775b und d. Lebas-Waddington Asie 1599. 1604. 1605a.b (= C. I. Gr. 2816. 2779; überliefert iſt in a ΜΕΤΗΛ . ΑΙ..., in b μετηλλαχχότα). Bulletin de corr. hellén. X p. 300 Z. 39.

Z. 18. καὶ Ἄτταλος ὁ τἀδελφου υἱός: der nachmalige König Attalos III., der in dem fol-genden Briefe Z. 39 die Ausſage in der gleichen Weiſe wiederholt (κἀγὼ καὶ Ἄτταλος ὁ θεῖός μου). Wie dieſe Stellen, ſo zeigt auch Z. 32 (ϲὺν καὶ τῆι ἐμῆι γνώμηι), daſs Attalos III. ſchon bei Leb-

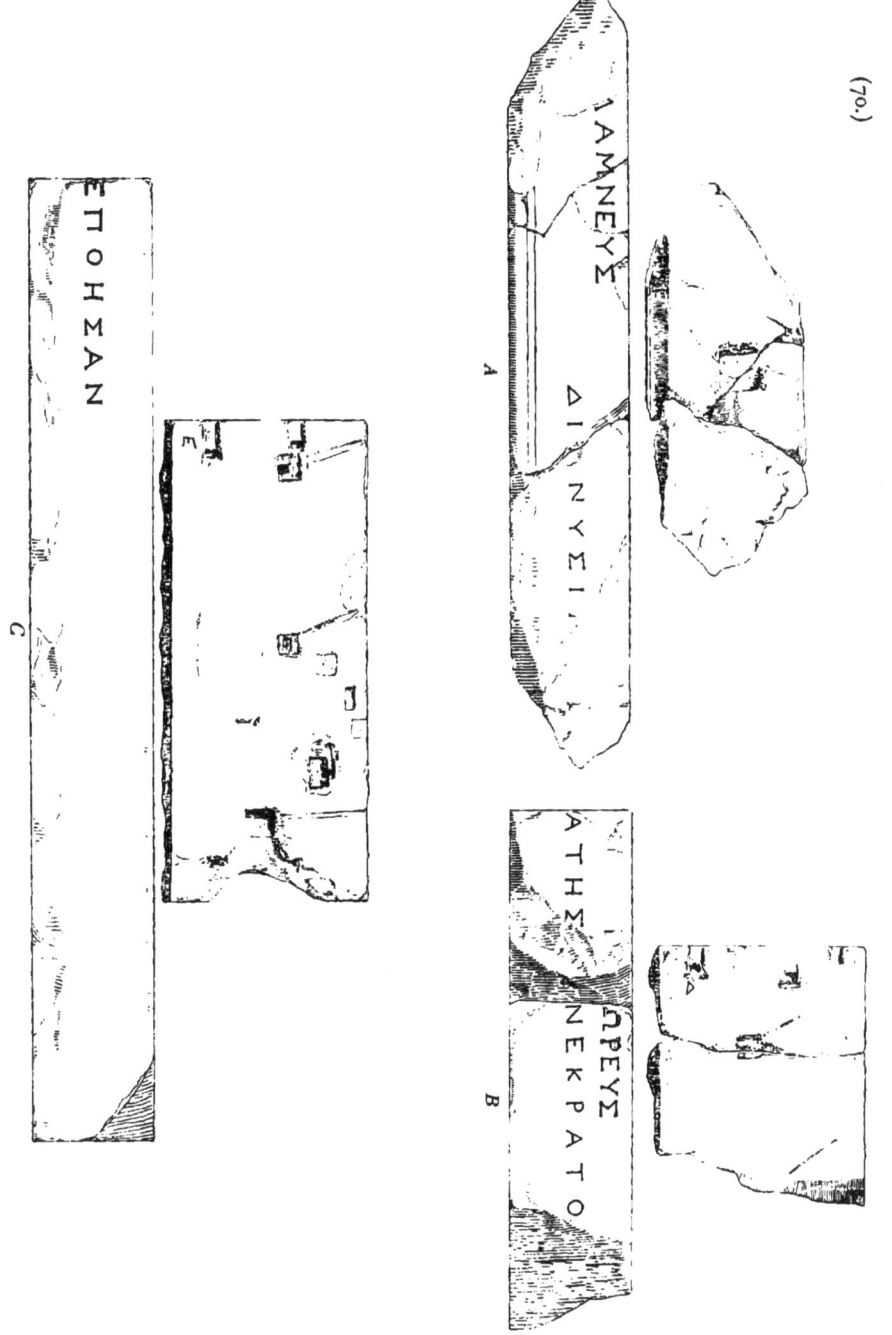

mentalen Weihungen der pergamenischen Könige für Zeus und Athena Nikephoros herrscht und daß eben diese Gottheiten in der Reliefcomposition mit einander gepaart und durch reiche Gruppenbildung, Athena insbesondere noch durch die Beigabe der wehklagenden Gigantenmutter vor allen anderen Göttern auf das Augenfälligste hervorgehoben sind, so wird man mit allem Rechte für die Weihinschrift folgende Fassung annehmen dürfen

Βασιλεὺς Εὐμένης καὶ βασίλισσα Στρατονίκη Διὶ
καὶ Ἀθηνᾶι Νικηφόρωι.

Das Bruchstück *B*

- - - ς ἀγαθ - -,

in welchem ein Spatium nach dem Sigma ein Wortende angiebt, ist in der eigentlichen Weihinschrift nicht unterzubringen und es scheint keine andere Möglichkeit zu sein, als daß es von einem derselben hinzugefügten Gedicht herrührt. Es ist an die Künstlerinschrift des Architekten gedacht worden, dessen Vatername mit Ἀγαθ - angefangen hätte, aber daß es dem Architekten gestattet worden wäre seinen Namen in gleicher Größe wie das weihende Königspaar an demselben Baugliede anzubringen, ist nicht glaublich und entbehrt jeder Analogie. Daß die Titulatur βασίλισσα in dem poetischen Teil der Weihung ihre Stelle gehabt habe, kommt mir nicht wahrscheinlich vor; noch

weniger, daß die Weihinschrift überhaupt nur aus einem Gedichte bestanden habe, da für die eigentliche Weihung eines so monumentalen Bauwerkes die monumentale Kürze der Prosa erfordert wird.

Die Bautätigkeit Eumenes' II. schildert Strabo 624: κατεσκεύασε δ' οὗτος τὴν πόλιν καὶ τὸ Νικηφόριον ἄλσει κατεφύτευσε, καὶ ἀναθήματα καὶ βιβλιοθήκας καὶ τὴν ἐπὶ τοσόνδε κατοικίαν τοῦ Περγάμου τὴν νῦν οὖσαν ἐκεῖνος προσεφιλοκάλησε. Von den hier berührten Unternehmungen des Königs können wir die Ausgestaltung des Nikephorion auf das Jahr 183 bestimmen (s. unten zu Nr. 167), und wir werden nicht irren, wenn wir in den Zeitraum von etwa 183—171, in welchem Eumenes auf der Höhe seiner Macht stand und sein Reich, abgesehen von dem Kriege gegen Pharnakes, Frieden genossen zu haben scheint, den größten Teil seiner künstlerischen Unternehmungen verlegen: im Jahre 171 begann der Krieg mit Perseus von Makedonien, die Jahre 168—166 sind durch den schweren Galaterkrieg ausgefüllt (s. unten zu Nr. 167) und in seiner letzten Regierungszeit mußte der Sinn des Königs durch die wesentliche Herabminderung, welche seine Stellung erfuhr, bedrückt sein: hatte er doch die Mißgunst der Römer, ja bei seinem in Rom beabsichtigten Besuche eine demütigende Zurückweisung zu erdulden.

---

2. Die Künstlerinschriften.

Die Künstlerinschriften waren, tiefer gestellt als die Gigantennamen, auf dem Sockelglied unter den Reliefs angebracht; nur da, wo der einschneidenden Treppe wegen dieses Glied fortfallen mußte, auf dem Deckgesims.

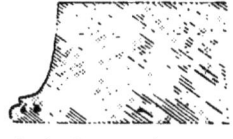

Das Sockelglied ist aus rd. 0,150 hohen Platten von durchschnittlich 0,50 Tiefe bei ganz verschiedener Länge zusammengesetzt. Die Vorderseite dieser Platten zeigt das nebenstehende Profil (1:7,5). Auf den Oberseiten (vergl. die Abbildungen von Nr.70 S.56, wo als Probe die Oberseite im Maßstabe von 1:15 mit dargestellt ist) erkennt man 1) beiderseits je zwei Bettungen für die verbindenden Klammern, 2) Löcher mit Gußkanälen für die Dübel zur Befestigung der Reliefplatten, 3) Stemmlöcher und Aufschnürungslinien, welche die Fugen der Reliefplatten bezeichnen, 4) die Spuren des unteren Konturs der Reliefflächen. 5) Buchstaben als Versatzmarken, deren ein jeder Block zwei trug und zwar so angeordnet, daß immer neben der Fuge dieselben Zeichen standen.

Die Künstlerinschriften waren, tiefer gestellt als die Gigantennamen, meist weit ausgedehnt in einer einzigen Zeile über die Vorderseiten einer größeren Anzahl von Blöcken des Sockelgliedes eingehauen und sind deshalb zum größsten Teile nur in kleinen Bruchstücken erhalten. Für die Zusammenordnung giebt es folgende Hilfsmittel: 1) die weitere oder engere Stellung der Buchstaben (die Zwischenräume schwanken

zeiten feines Vorgängers bei der Priefterernen-
nung mitwirkte, alfo einen gewiffen Anteil an
der Regierung ausübte, welcher fich indeffen
vielleicht auf die oberprießterlichen Functionen
der Königsgewalt befchränkte. Ob dies für den
erwachfenen Thronfolger die Regel oder eine
befondere dem nachmaligen Attalos III. gewährte
Vergünftigung war, können wir nicht wiffen:
jedenfalls wäre aber der Schlufs verfehlt, dafs
Attalos II. nicht voll berechtigter König gewefen
fei. Denn die Nachricht in dem vorzüglich be-
währten Abrifs der pergamenifchen Gefchichte
bei Strabo 624 C. (Εὐμένης) ἀπέλιπεν υἱῷ τὴν ἀρχὴν
Ἀττάλῳ... ἐπίτροπον δὲ κατέστησε καὶ τοῦ παιδὸς
νέου τελέως ὄντος καὶ τῆς ἀρχῆς τὸν ἀδελφὸν Ἀττα-
λον ift durchaus mit der Vorftellung M. H. E.
Meier's (Hallifche Encykl. III 16 S. 401) zu vereinigen, dafs nach dem Teftamente des Königs
Eumenes »Attalos II. nicht als Regent im Namen
feines Neffen, fondern als König im eignen Namen regieren und diefer dem Oheim erft nach
deffen Tode fuccedieren follte«. Indem Strabo
nämlich fortfährt ἓν δὲ καὶ εἴκοσιν ἔτη βασιλεύσας
κτλ., bekundet er feine Kenntnis der durch die
Infchriften bewiefenen Tatfache, dafs Attalos II.
den Königstitel geführt hat; wenn der Geograph
daher vorher in den Worten (Ἄτταλος) κατέλιπε
δὲ τέτταρας υἱοὺς... Εὐμένη Ἄτταλον Φιλέταιρον
Ἀθήναιον. οἱ μὲν οὖν νεώτεροι διετέλουν ἰδιῶται, τῶν
δ' ἄλλων ὁ πρεσβύτερος Εὐμένης ἐβασίλευσε deutlich die Abftufung im Sinne hat: Eumenes wird
König, Attalos Regent, Philetairos und Athenaios üben keine Regierungsgewalt, fo ift feine
durch die Kürze verdunkelte Abficht nur, einen
Unterfchied zu machen zwifchen der vererb-
baren Königswürde Eumenes' II. und der blos
perfönlichen Attalos' II. Dafs dagegen Attalos III.
fchon bei Lebzeiten feines Oheims den Königstitel geführt hat, wie Meier a. a. O. S. 401 und
411 f. meint, ift durch nichts zu beweifen.
Denn wenn Meier mit Recht der Erzählung bei
Plutarch de fraterno amore 18 (p. 489 F) darin
keinen Glauben fchenkt, dafs Attalos II. von
Stratonike viele Kinder gehabt, aber um feines
Neffen, des fpäteren Attalos III. willen nicht anerkannt habe, fo darf er die damit verbundenen
Worte ἔτι ζῶν ἐπέθηκε τὸ διάδημα καὶ βασιλέα προς-
ηγόρευσεν nicht zur Beglaubigung einer hiftorifchen Tatfache verwenden; aus welchem Grunde

aber in den Infchriften C. I. Gr. 3069. 2139 b der
Ausdruck »die Könige« nicht auf Attalos II. mit
feinem Vorgänger, fondern mit feinem Nachfolger zu beziehen ift, fagt Meier nicht; ja für
die letztgenannte Infchrift ift feine Deutung ganz
ausgefchloffen, wenn, wie doch nicht zu bezweifeln, Böckh in Z. 39 richtig Ἄτταλον υἱὸν
τοῦ βασιλέως Εὐμένου hergeftellt hat, da dann
Attalos III. ohne den Königstitel neben Attalos II. Philadelphos mit demfelben erfcheint.

Z. 19. τὴν ἱερωσύνην καὶ ταύτην wie Z. 23
τὴν τιμὴν καὶ ταύτην: Athenaios bekleidete fchon
das Prieftertum des Zeus Sabazios, f. Z. 33 ff.
Die Form ἱερωσύνη ift die in der Infchrift durch-
gängig angewendete: f. Z. 33. 37; ebenfo in attifchen Infchriften Ἐφημ. ἀρχαιολ. 1883 S. 81 Z. 8.
1884 S. 45 Z. 33; auch in Patmos Dittenberger,
Sylloge 402, 22: in Bithynien Sitzungsber. der
Berl. Akad. 1888 S. 868 Z. 18; ἀρχιερεωσύνη in
Thyatira C. I. Gr. 3494. — ἱερεώσυνα (Ehrenab-
gaben an den Priefter) Ἐφημ. 1883 S. 69 Z. 4.
Ἐφημ. ἀρχαιολ. 1888 p. 5 Z. 64 (= Δελτίον ἀρχαιολ.
1888 p. 161). C. I. A. II 631 Z. 10. 24 (Z. 20
ἱερεώσυνα)..

Z. 20. κ[ατεσπ]είσθη. Auf diefe Ergänzung
führen Raum und Refte mit Notwendigkeit. κα-
τασπένδειν heifst zwar fonft »zum Opfer weihen«
und die Bedeutung »zum Priefter weihen« ift
nicht zu belegen, doch erfcheint diefe Verwendung des Wortes unbedenklich, da feiner eigentlichen Bedeutung: »von oben her befprengen«
keine Befchränkung auf einen beftimmten
Zweck anhaftet, wie es denn auch in diefem
allgemeinen Sinn, ohne Beziehung auf Weihungen vorkommt. Zur Sache vergl. Schömann,
Griech. Altertümer 3. Aufl. II S. 432: »dafs die
Priefter ihr Amt nicht ohne eine gewiffe reli-
giöfe Einweihung, eine Art von Confecration
antraten, ift wohl anzunehmen, wenn es fich
auch nicht eigentlich durch beftimmte Zeugniffe
beweifen läfst. Lucian Lexiphan. 10 braucht
den Ausdruck ὡσιώθησαν von den Hierophanten
und den Daduchen, was denn wohl einen
Schlufs auch auf andere Prieftertümer erlaubt«.

Z. 20 f. ὑπολαμβάνοντες κτλ. Die Annahme,
dafs der Gott felbft Athenaios zu feinem Priefter
auserfehen habe, ftützt fich auf die Fügung,
welche feine Weihe für diefen Dienft fchon
vorher herbeigeführt hatte.

Z. 22. προστασια Erhabenheit··: ähnlich oft bei Polybios. -- καὶ. ου ἡμῶν του οἴκου. Der Steinmetz hat καὶ του οἴκου ἡμῶν fchreiben wollen (fo Z. 31 ἀξίωι του οἴκου ἡμῶν), fah aber, nachdem er das του vollendet hatte, auf die Vorlage, in welcher er καὶ ἡμῶν του οἴκου vorfand, und folgte nun diefer.

Z. 24. ἔκρινον ἐπιστεῖλαι. Das Imperfectum ist fo auffallend, dafs um fo mehr ein Verfehen angenommen werden mufs als Z. 41 ἔκρινα ἐπιστεῖλαι steht.

Z. 25. 44. 61. Alle drei Briefe haben Subfcriptionen, welche aufser der Datirung die Namen des ausfertigenden Schreibers enthalten. Da diefe nicht als Περγαμηνοι, fondern mit ἐκ Περγάμου nur als ortsangehörig bezeichnet find, waren fie keine Vollbürger. Die jedesmal erfte Zahl bedeutet, wie der Vergleich von Z. 25 mit Z. 40 zeigt, das Jahr feit dem Regierungsantritt des Königs; auch die Urkunden C. I. Gr. 3070 und 3521, fowie Bullet. de corr. hellén. XI 86 find nach den Regierungsjahren pergamenifcher Könige datirt. Über die Monatsnamen f. zu Nr. 247 Col. II Z. 14. Wohl aus Befcheidenheit ist der Brief an Rat und Volk von Pergamon gegen die Chronologie hinter den kyzikenifchen gefetzt.

Z. 29. εἰ γε: bekannter Urbanitätsgebrauch bei unzweifelhaften Ausfagen; vergl. Kühner, Ausführl. Grammatik 2. Aufl. II 2 S. 738.

Z. 30. ἀνεψιός. Vergl. zu Z. 5.

Z. 33. ἔδωκε διὰ γένους ἱερεωσύνην. Ein Priestertum hat dem Sabazios gewifs fchon König Eumenes gestiftet (f. zu Z. 49 f.); es wäre aber möglich, dafs erst Attalos II. es gentilicifch gemacht hat. Doch folgt dies nicht mit Notwendigkeit aus dem ἔδωκε unferer Stelle, da für die Priesterwürde διὰ γένους ebenfo wohl bestimmt fein kann, dafs ἀεὶ ὁ πρεσβύτατος (C. I. Gr. 2448 Z. 29) zu berufen ist, als dafs die Auswahl unter den Gefchlechtsgenoffen freisteht (vergl. Böckh, Kleine Schriften IV S. 335).

Z. 39. ὡς διασαφεῖται. D. h. »wie auch in dem hier beifolgenden Schreiben [das Z. 5—25 unferer Infchrift bildet] mitgeteilt wird«.

Z. 41 f. καὶ τὰ λοιπὰ προςτάγματα καὶ φιλάνθρωπα κτλ. Dem Schreiben an die Kyzikener war das in der Infchrift folgende, aber früher ausgefertigte an die Pergamener beigefügt, von welchem der König in Z. 50. 60 diefelben Worte gebraucht, die er hier verwendet: πρὸς τάγματα, welche auch τὰ πρὸς τὸν Ἀθήναιον φιλάνθρωπα einfchliefsen.

Z. 46 ff. Dafs hier die Tugenden der Stratonike fo nachdrücklich betont werden, entfpricht der Gefinnung des φιλομήτωρ; vergl. zu Nr. 246 Z. 22.

Z. 49 f. τὸν Δία τὸν Σαβάζιον κτλ. Die Heimat der Königin Stratonike war Kappadokien (Strabo 624C): dort alfo war der Cult des Sabazios, welcher aus Phrygien ftammende Gott (vgl. Aristophanes Vögel 874) von den Griechen bald als Dionysos bald als Zeus aufgefafst wurde, fchon feit längerer Zeit (πατροπαράδοτον) heimifch, ehe ihn die Gemahlin Eumenes' II. nach Pergamon mitbrachte, wo er, wie in Z. 34 befonders hervorgehoben ist, zu gröfstem Anfehen gelangte.

Z. 51 f. τὰς ἐξ αὐτοῦ γενομένας ἐπιφανείας ist gleich αὐτοῦ τὰς ἐπιφανείς. Diefe Umfchreibung des bloſsen Genetivs durch die Verbindung eines Particips von γίνεσθαι mit ἐξ wendet auch Polybios an: 5, 28, 9 τὴν εἰς Ἄρατον ἐξ αὐτῶν γενομένην ἀσέλγειαν. 3, 67, 5 τὸ γεγονὸς ἐκ τῶν σφετέρων πολιτῶν παρασπόνδημα. 4, 81, 1 βαρέως φέρων τὴν γεγενημένην ὑπεροψίαν περὶ αὐτὸν ἐκ τῶν ἐφόρων. Vergl. Krebs, die Praepofitionen bei Polybius S. 63 und oben zu Nr. 247 Col. II Z. 1 ff. (S. 161 Sp. 2).

Z. 51. συγκαθιερῶσαι τῆι Νικηφόρωι Ἀθήναι. Der Sabazios wird gewifs nicht Cultgenofs der Athena auf der Burg, deren Heiligtum — wie zu Nr. 150 bemerkt ist — in den pergamenifchen Decreten niemals einen Beinamen führt, fondern im Nikephorion: es geziemt fich, dafs dem zugewanderten Gott feine Heimftätte aufserhalb der Stadt angewiefen wird. So gefchah es in Pergamon dem Zuwanderer Asklepios, fo gewifs auch der Grofsen Mutter nach Varro de lingua latina 6, 15 Megalesia dicta a Graecis, quod ex libris Sibyllinis accersita ab Attalo rege Pergama (l. Pergamo; es ist das Subject Magna Mater oder eine andere Bezeichnung der Göttin ausgefallen). ibi prope murum Megalesion templum eius deae, unde adrecta Romam: hier ist prope murum doch wohl zu deuten prope extra murum.

Z. 56. ἐποιήσαμεν δὲ αὐτοῦ κτλ. Erblicher Priefter des Zeus Sabazios war Athenaios fchon unter Attalos II. geworden und feitdem geblieben (f. Z. 31 ff.). Unfere Stelle kann daher nur den Sinn haben, dafs ihm die Würde auch für die neuen Cultformen des zum σύναος der Athena Nikephoros gemachten Gottes beftätigt wird. τὸν ἐμόν. Vermutlich hat der Steinmetz τὸν συγγενῆ τὸν ἐμόν fchreiben follen (f. ἡμῶν ἐστὶ

συγγενής Z. 28 f.), fein Blick ift aber von dem erften τὸν feiner Vorlage gleich auf das zweite abgeirrt.

Z. 57. Mit κρίνομεν beginnt der Hauptfatz, während der ganze vorhergehende Tenor des Briefes von ἐπεί abhängiger Nebenfatz ift.

---

249. Oberer Teil einer Stele aus weifsem Marmor, breit 0.473, dick 0,13; Buchftaben der erften Zeile 0.012, der folgenden 0,010. Aus zwei Stücken zufammengefetzt, die Anfang 1885 im Theater gefunden find (Inv. III 295. 295 a: Bericht III 54). Abbildung 1 : 5

Ἐπὶ ἱερέως Μενεστρά του τ᾽οῦ Ἀπολλοδώρου,
ιηνὸς Εὐμενείου ἐννε[ακαιδε]κάτηι· ἔδοξεν τῶ[ι
δήμωι, γνώμη στρατηγ[ῶν· ἐπεὶ βασιλεὺς Ἄτταλος
φιλομήτωρ καὶ εὐεργέτης μεθισ]τάμενος ἐξ ἀν-
θρώπων ἀπολέλοιπεν τὴ[ν πατρ]ΐδα ἡμῶν ἐλευ-
θέρα[μ,

προσυρίσας αὐτῆι καὶ πολε[μίαϲ] χώραν, ἣν ἔκριν[εν
(δεῖν ἰσονομεῖσθαι?),
δεῖ δὲ ἐπικυρωθῆναι τὴν διαθή[κην] ὑπὸ Ῥωμαίων,
[ἐπιτήδει-
όν τέ ἐστιν ἕνεκα τῆς κοινῆς ἀσ[φ]αλείας καὶ τ[ὰ
ὑποτετα-

 γμενα γενη μετεχει της πολιτει α ς σια το απα-
ϡαν εὐ-
10 νοιαι π ροϛενηιεχθαι πρὸϛ τὸν ϛηιμον ἀγαθηι τυχηι
ϛεϛό-
χθαι τῶι ϛηιμωι ϛεϛοϛηαι πολιτείαν τ οῖϛ ὑπογε-
γραμμέ-
νοιϛ· τοῖϛ ἀναφεϛομενοιϛ ἐν ταῖϛ τῶν παροί κων
ἀπο-
γραφαῖϛ καὶ τῶν ϛτρατιωτῶν τοῖϛ κα τοικοῦϛιν
τὴμ πό-
λιγ καὶ τὴγ χώραν, ὁμοίωϛ ϛὲ καὶ Μακεϛόϛιν καὶ
Μυϛοῖϛ
15 καὶ τοῖϛ ἀναφερομένοιϛ ἐν τῶι φρουρίωι καὶ τηι
πόλει τηι
ἀρχαίαι κατοίκοιϛ καὶ Μαϛϛυηνοῖϛ κ[αὶ . . . . . .
καὶ παραφυλακίταιϛ καὶ τοῖϛ ἄλλοιϛ ἐ μφρού-
ροιϛ τοῖϛ κατοικοῦϛιν ἢ ἐνεκτημένοιϛ ἐν τηι πόλει
ἢ τηι χώραι, ὁμοίωϛ ϛὲ καὶ ρυναιξῖν καὶ παιϛίν.
20 εἰϛ ϛὲ τοὺϛ παροίκουϛ μετατεθῆναι τοὺϛ ἐκ [τῶν
ἐξελευθέρων καὶ βασιλικοὺϛ τούϛ τε ἐν ἡλικ(ί)α[ι
καὶ τοὺϛ νεωτέρουϛ, κατὰ τὰ αὐτὰ ϛὲ καὶ τὰϛ ρυνα ῖ-
καϛ πλὴν τῶν ἠρορασμένων ἐπι τοῦ φιλαϛέλφου
καὶ φιλομήτοροϛ βασιλέων καὶ τῶν ἀνειλημμένω ν
25 ἐκ τῶν οὐϛιῶν τῶρ ρερενημένωμ βασιλικῶν, κατὰ
τ αὐ-
τὰ ϛὲ καὶ τοὺϛ ϛημοϛίουϛ. ὅϛοι ϛ ἐ] τῶν κατοικούν-
των ἢ ὅϛαι ἐγλελοίπαϛιν ὑπὸ τὸν και ρ ὸν τῆϛ (τε-
λευτῆϛ) τοῦ βασιλέ ωϛ
ἢ ἐ ρλίπωϛιν τὴμ πόλιν ἢ τὴγ χώραν, εἶναι αὐτοὺϛ κα ὶ
αὐτὰϛ ἀτίμουϛ τε καὶ τὰ ἑκατέρων ὑπάρχοντα τῆϛ
30 πόλεωϛ.

Τετράϛι ἀπιόντοϛ·

Ἔϛοξεν τῶι ϛήμωι, ρνώμη ϛτρατηρῶν ἐ π εὶ ἐν
τῶι ρε-
νομένω]ι ψηφίϛματι περὶ] τοῦ ϛοθῆναι πολιτεί αν
τοῖϛ
ἀναφερομένοιϛ ἐ ν ταῖϛ τῶ μ] παρ ο ίκων ἀπορρα-
φαῖ ϛ καὶ
35 τοῖϛ λοιποῖϛ ρένεϛιν τ οῖϛ ϛηλουμένοιϛ ἐν τῶι ψη-
φ ίϛ ϛμα-
τι καὶ περὶ τοῦ μετατεθῆναι εἰϛ τούϛ] παροίκουϛ
τοὺϛ ἐκ
τῶν ἐξελευθέρων καὶ βασιλικοὺϛ κα ὶ ϛ ημοϛίουϛ …

Diefe wichtige Infchrift enthält zwei unmittelbar nach dem Tode des letzten Königs
Attalos' III. erlaflene Decrete der Volksverfammlung, deren erltes, falt ganz erhaltenes die Erteilung des Bürgerrechtes an alle bisherigen Par-
öken und an Soldaten, des Parökenrechtes an

Mitglieder anderer Volsklaflen verfügt. Im Eingange ilt der Rechtsgrund angegeben, aus welchem die Ekklefie fich zu diefem Erlafle für
competent hält: die Stadt unterlteht nicht mehr
königlicher Gewalt, fie ilt frei und darf das
Recht der Selbltverwaltung unbefchränkt üben
(vergl. Mommfen, Röm. Staatsrecht III 1 S. 726),
da die Römer die ihnen durch das königliche
Teltament zuerteilte Hoheit noch nicht ange-
treten haben. Als Zweck der getroffenen Ver-
fügungen ilt in Z. 8 die Förderung der öffentlichen Sicherheit angegeben: es ilt leicht ver-
ltändlich, dafs der Staat, indem er viele feiner
Bewohner in ihrer rechtlichen Stellung erhöht,
diefelben zu befriedigen und für die beltehenden
Ordnungen zu gewinnen glaubt. Den Anlafs
für diefe Mafsregeln will uns gewifs der Partici-
pialfatz in Z. 6 nennen, der nicht müfsiger
Weife hinzugefügt fein kann: es war dem ver-
ltorbenen Könige gelungen, dem Reiche einen
bisher feindlichen Gebietteil hinzuzufügen,
deflen ltaatsrechtliche Stellung im Einzelnen
zu ordnen er nicht mehr im Stande war; galt
es diefelbe auf der im Allgemeinen von ihm bezeichneten liberalen Grundlage zu regeln (vergl.
unten zu Z. 6), fo empfahl es fich, die Revifion
der Rechte in demfelben Sinne gleich auf die
früheren Angehörigen des Reiches auszudehnen.
Bewohner des neu erworbenen Landesteils befanden fich alfo ficher unter den von der Wohltat des Erlafles Betroffenen.

Der Tod des letzten Attaliden fällt in das
Frühjahr des Jahres der Stadt Rom 621, 133
vor Chr., f. Waddington, Faltes des provinces
Asiatiques, Einleitung Cap. II. Durch die Infchrift gewinnen wir ein urkundliches Zeugnis,
dafs das Teltament Attalos' III. zu Gunlten der
Römer wirklich exiltirt hat und von der pergamenifchen Volksverfammlung unmittelbar nach
dem Tode des Königs für rechtsverbindlich angefehen wurde. Dadurch erledigt fich die Er-
örterung M. H. E. Meier's in der hallifchen En-
cyklopaedie III 16 S. 414 ff. mit dem Refultat:
»So glaube ich mich gerechtfertigt, wenn ich das
ganze Teltament für ein von felbltfüchtigen In-
triguanten erfonnenes, vielleicht in Rom felblt erlt
zur Vollendung gekommenes Fabricat erkläre.
Aus dem Altertum find Zweifel an dem Telta-
mente nicht bezeugt, denn dafs Salluit (Hilto-

riae V) den König Mithridates in dem Briefe an
Arsakes von dem *simulato testamento* fprechen
läfst, kommt bei der Tendenz der Stelle nicht
in Betracht, und die Worte des Porphyrio zu
Horaz Oden II 18, 5 *(dicendo autem 'heres' et
'occupari' suspicionem dat, qua existimemus,
falso testamento Romanos hanc sibi hereditatem
vindicasse)* geben fich felbft gar nicht als eine
Nachricht, fondern ehrlicher Weife als ein
blofser Schlufs aus der Dichterftelle, der offenbar nicht ftichhaltig ift.

Die Vermeidung des Hiatus ift in diefer
Urkunde, abgefehen vom Praefcripte, eine ganz
befonders forgfältige. Wenn man die nur zu-
fällig in der Schrift nicht bezeichnete Elision
oder Krasis (vergl. Z. 22 κατὰ τὰ αὐτὰ gegen κατὰ
ταῦτα Z. 25) und das durch die Paufe legitimirte
χώρα ὁμοίως Z. 19 aufser Betracht läfst, bleibt
die Freiheit nur beim Artikel (Z. 8 τὰ ὑπο-
τεταγμένα, Z. 9 τὸ ἅπασαν, Z. 15 f. τῇ ἀρχαία),
bei ἤ (Z. 18. 27. 28) und bei -αι (ὅσαι ἐγλελοί-
πασιν Z. 27, εἶναι αὐτοὺς Z. 28).

Z. 1. ἐπὶ ἱερέως. Über diefe Datirung f.
oben zu Nr. 5 Z. 15 f.

Z. 6. προςωρίσας κτλ. Vermutlich handelt
es fich um denfelben Krieg, der in Nr. 246
bezeugt ift. Am Schluffe der Zeile fteht hinter
P ein deutliches Iota, worauf die Spitze eines
Ny folgt, fo dafs etwas anderes als ἔκρινεν nicht
ergänzt werden kann, mit welchem Worte fich
aber nur dann ein Sinn denken laffen wird,
wenn der Schreiber oder der Steinmetz einen
davon abhängigen Infinitiv ausgelaffen hat.
Stand, wie im Text vorgefchlagen ift, zunächft
δεῖν, fo erklärt fich der Fehler durch Abirrung
des Auges zum gleich folgenden δεῖ; eine ähnlich zu motivirende fichere Auslaffung eines
Wortes enthält die Infchrift in Z. 27, die eines
Buchftabens auch in Z. 21. Über den Sinn
des Participialfatzes f. in der Einleitung zum
Commentar.

Z. 8 f. τ[ὰ ὑποτετα]γμένα γένη »die unten
aufgeführten Volksklaffen«. Diefer Gebrauch
von ὑποτάττεσθαι ift nicht felten: z. B. Le Bas,
Asie 1839. Bulletin de corr. hellén. VI 440.
C. I. Gr. 3467. 4472. Papyrus aus Theben bei
Wilcken, Actenftücke der kgl. Bank von Theben
(Abh. der Berl. Akad. 1886) S. 9 Z. 2 (und
fonft in den ägyptifchen Papyri). Z. 11 f. kann

nicht das gleiche Wort geftanden haben, da
die linke Hälfte der Querhafta des T erhalten
fein müfste; es ift daher das Synonym ὑπογρά-
φεσθαι anzunehmen, f. z. B. Bullet. de corr.
hellén. V 439. IX 132. Benndorf, Reifen in
Lykien und Karien S. 66. 77. Lebas, Asie 1906a.
Mitth. d. athen. Inft. V 300. VII 64. C. I. Gr. 2758.
2759. 2811b. 3206. 3538 u. f. w. u. f. w.

Z. 12 ff. Wir lernen als politifche Claffen
der Bevölkerung kennen: 1. Bürger (πολῖται),
2. Beifaffen (πάροικοι), 3. verfchiedene Kategorien
von Soldaten (στρατιῶται; vergl. zu Z. 17. 18),
4. Freigelaffene (ἐξελεύθεροι), 5. Sklaven und
zwar a. königliche (βασιλικοί), b. öffentliche (δημόσιοι); aufserdem gab es natürlich Privatfklaven,
die aber von der Wohltat des gegenwärtigen Erlaffes nicht berührt werden. — Da die Nachkommen der freigelaffenen Sklaven durch Z. 20 f.
des gegenwärtigen Erlaffes erft zu Beifaffen gemacht werden, fo ift klar, dafs die ἐξελεύθεροι
nicht von felbft in den Paroikenftand übergingen,
fondern erft noch eine Zwifchenftufe bildeten.
Ebenfo war es in Keos nach der Infchrift bei
Dittenberger, Sylloge 348, 10 und in Ephesos
zur Zeit des mithridatifchen Krieges nach Lebas,
Asie 136a (Dittenberger, Sylloge 253) Z. 43 ff.
wo auch wie in unferer Urkunde die δημόσιοι
gleich in die Claffe der πάροικοι, nicht erft der
ἐξελεύθεροι erhöht werden.

Z. 14. Μακεδόσιν: die Infaffen der innerhalb
des pergamenifchen Reiches belegenen makedonifchen Militärcolonien, über welche vergl.
Schuchhardt, Mittheil. d. athen. Inft. XIII S. 1 ff.
— Μυ[σοῖς. Die Ergänzung ift nicht zu bezweifeln; von der oberen fchrägen Hafta des Sigma ift
ein Reft erhalten. Notwendig müffen auch diefe
Myfer Söldner gewefen fein, und in der Tat
finden wir mehrfach myfifche Söldner, und
zwar in fyrifchen Dienften bezeugt: im Jahre
218 im Heere des Achaios gegen Selge (Polybios 5, 76, 7); ihrer 2500 als berittene Bogen-
fchützen in der Schlacht bei Magnesia (Livius
37, 40, 8. Appian Syr. 32); in der grofsen Zahl
von 5000 traten fie neben kilikifchen, thraki-
fchen, galatifchen, makedonifchen Söldnern in
den grofsartigen, von Antiochos Epiphanes nach
der Schlacht bei Pydna in Daphne gefeierten
Spielen auf (Polyb. 31, 3, 3). Die Heimat diefer
Söldnerfchaaren hat man in den öftlichen Teilen

der myfifchen Landfchaft zu fuchen. Wie unfre Urkunde die myfifchen Söldner auf gleichem Fuße mit den makedonifchen behandelt, fo war auch vorher ihre Stellung eine gleichartige: auch fie waren in Militärcolonien vereinigt worden. Denn folche waren gewifs die Μυσῶν κατοικίαι, die Attalos I. nach Polybios 5, 77, 7 im Jahre 218 berührte, als er zur Wiedergewinnung der ihm von Achaios abwendig gemachten Städte auszog. Jene κατοικίαι lagen nahe einem der Flüffe mit Namen Lykos, nach Polybios' Angaben über den Gang des Zuges am wahrfcheinlich-ften dem von Plinius 5, 115 genannten, alfo bei Thyatira: dies ift die Gegend, in welcher die aus Makedonen gebildeten militärifchen Niederlaffungen befonders zahlreich find. Der von Polybios verwendete Ausdruck, der für eine bloße Ortsangabe fehr auffallend wäre, kehrt genau bei Strabo 625 C. wieder, um Thyatira als Militärcolonie zu bezeichnen: Θυάτειρα, κατοικία Μακεδόνων, und auch der Begriff der römifchen Militärcolonie wird griechifch durch κατοικία ausgedrückt (Plutarch Pompeius 47, Anton. 16. Appian Bell. civ. 5, 19). Droyfen's Annahme, dafs die makedonifchen Colonien von den Seleukiden angelegt worden find (Hellenismus III 1, 260 f.), hat Schuchhardt a. a. O. mit gewichtigen Gründen unterftützt: da die oben angeführten Zeugniffe beweifen, dafs die Seleukiden fo gut wie makedonifche fehr zahlreiche myfifche Söldner hielten, fo ift es keineswegs auffallend, auch diefe für derartige Gründungen verwendet zu fehen. Die Myfomakedonen bei Ptolemaios 5, 2, 15 und Plinius 5, 120 erhalten durch unfre Annahme ihr Licht und beftätigen fie: fie laffen fich jetzt als eine aus der Vereinigung myfifcher und makedonifcher Söldner hervorgegangene Niederlaffung erkennen. Plinius führt fie in Ionien auf, als zum Conventus von Ephefos gehörig; mit den Μυσῶν κατοικίαι können fie nicht identifch fein, wenn wir diefe richtig bei Thyatira angefetzt haben, da diefe Stadt zum Conventus von Pergamon gehörte (Plinius 5, 126). Was für Myfer Prufias von Bithynien vor 189 dem pergamenifchen Könige fortgenommen hatte (Livius 38, 39, 15), wird fich nicht beftimmen laffen.

Z. 15. τοῖς ἀναφερομένοις »die in den Liften aufgeführten«, vergl. Z. 12 f.

Z. 15 f. τῆι πόλει τῆι ἀρχαίαι. Schuchhardt erinnert an die Bericht III S. 56 mitgeteilte Infchrift: Ὀρόντης ἐκράτησεν τῶν Περγα[μηνῶν καὶ μ]ετῴκισεν αὐτοὺς πάλιν ἐπὶ τὸν κυ[λωνὸν εἰς] τὴν πα[λαιὰν πόλιν.

Z. 16. Die Μασδυηνοί, welche noch in einer fpäteren pergamenifchen Infchrift vorkommen, vermag ich nicht nachzuweifen; eine dem zu Grunde liegenden Ortsnamen analoge Bildung bezeugen οἱ ἐκ Διοδής Μακεδόνες in der Infchrift Bullet. de corr. hellén. XI 86 (vergl. Schuchhardt, Mittheil. d. athen. Inft. XIII S. 4).

Z. 17. παραφυλακῖται. Das Wort findet fich nicht in der Litteratur, aber in C. I. Gr. 4366x haben die Paraphylakiten einer pifidifchen Stadt einem Römer eine Ehreninfchrift gefetzt. Der allgemeine Begriff des Wortes ift unzweifelhaft der einer »Schutzmannfchaft«: bei Polybios 17, 4, 6 ftellt König Philipp von Makedonien die στρατιῶται φρουροῦντες Λυσιμάχειαν in Gegenfatz zu den παραφυλάττοντες, wo die φρουροῦντες die Truppen find, welche eine Stadt überwachen, die παραφυλάττοντες, die, welche fie befchützen. Näher läfst fich die Bedeutung des Simplex φυλακῖται im ägyptifchen Reiche beftimmen, wo es fich nicht felten in den Urkunden findet, fo auf einer Infchrift von Athritis, wo ὁ ἐπιστάτης τῶν φυλακιτῶν mit den ortsangefeffenen Juden dem Jehovah eine Synagoge ftiftet (Bullet. de corr. hellén. XIII 179) und auf dem Obelisk von Philae C. I. Gr. 4896: ἐπεὶ οἱ παρεπιδημοῦντες εἰς τὰς Φίλας στρατηγοὶ καὶ ἐπιστάται καὶ θηβάρχαι καὶ βασιλικοὶ γραμματεῖς καὶ ἐπιστάται φυλακιτῶν καὶ οἱ ἄλλοι πραγματικοὶ πάντες κτλ. Aus den Papyri ift ganz deutlich, dafs die Phylakiten Gensdarmen waren (vergl. Letronne bei Brunet et Egger, Papyrus Grecs du Louvre p. 165); fie waren diftrictweife organifirt und jedem Diftrict-Corps war ein ἀρχιφυλακίτης vorgefetzt: fo haben wir Papyrus du Louvre Nr. 6 Z. 2 (S. 161) einen ἀρχιφυλακίτης τοῦ περὶ Θήβας (sc. νομοῦ), Nr. 35 Z. 6 ff. (S. 294) του ἐν τῷ Ἀνουβιείῳ ἀρχιφυλακίτου (ebenfo Nr. 37 Z. 6 ff. S. 297), einen ἀρχιφυλακίτης auch Nr. 15 I Z. 25 (S. 219). Das Aphrodifion von Memphis ift als Garnifonort von φυλακῖται Nr. 11 Z. 21. 26 (S. 207) erwähnt. Unter den ἀρχιφυλακῖται befehligen ἐπιστάται τῶν φυλακιτῶν einzelne Abteilungen: f. die oben angeführten Steininfchriften, ferner Papyrus du Louvre Nr. 63 IV Z. 141 (S. 366); doch fungirt bei Leemans, Papyri musei Lugdun. Bat. I p. 42 der Archiphylakit zugleich als Epiſtat der Mannſchaft ſeiner Reſidenz (Βασιλεὺς Πτολεμαῖος - - - τῷ ἐπιστάτῃ τῶν φυλακιτῶν καὶ ἀρχιφυλακίτῃ). Die pergameniſchen παραφυλακῖται ſind gewiſs dieſelbe Gensdarmentruppe wie die ägyptiſchen φυλακῖται: für dieſe Bedeutung paſst die Differenzirung, welche nach Polybios der Begriff φυλάττειν in dem Worte παραφυλάττειν erfährt, vortrefflich. Verſchieden hiervon iſt παραφύλαξ, παραφυλάξας, παραφυλακήσας als Bezeichnung eines bürgerlichen Amtes, ſ. oben zu Nr. 239. Z. 17. 18. ἐ[μφρού]ροις wird zu ergänzen ſein (vergl. oben Nr. 13 Z. 36 τοῖς φρουροῖς): »Wachttruppe«. Denn obwohl König Philipp, deſſen witzige Schlagfertigkeit Polybios hervorhebt, einen Gegenſatz zwiſchen φρουρεῖν und παραφυλάττειν ſetzt, können die παραφυλακῖται zur Kategorie der ἔμφρουροι gehören: das Beſchützen, παραφυλάττειν, bedingt ein gegen die, welche ſchaden wollen, gerichtetes φρουρεῖν. — Z. 18 wird ein Unterſchied gemacht zwiſchen den κατοικουντες und den ἐνεκτημένοι: die erſteren ſind Söldner, die einen Garniſonort haben, die zweiten mit dem Rechte der ἔγκτησις γῆς καὶ οἰκίας ausgeſtattete Militärcoloniſten, die oben Nr. 158 ἐστεγνοποιημένοι heiſsen. Es ergiebt ſich, daſs mit den στρατιῶται in Z. 13, von denen nur das κατοικεῖν τήν πόλιν καὶ τὴν χώραν ausgeſagt wird, das eigentliche mobile Söldnerheer gemeint iſt, daſs aber die mit ὁμοίως δὲ καὶ Z. 14 ff. angeſchloſſenen Kategorien Beſatzungstruppen ſind, welchen zum Teil nur die Eigenſchaft von κάτοικοι, Garniſoninhabern, zum Teil die von ἐνεκτημένοι, angeſiedelten Coloniſten, zukommt. — Zur Form ἐνεκτημένοι mit bloſsem Augment vergl. Guſt. Meyer, Griech. Grammatik 2. Aufl. S. 476.

Z. 19. ὁμοίως δὲ καὶ . . . παισίν: es wird alſo das erbliche, nicht blos perſönliche Bürgerrecht erteilt.

Z. 21 ff. Zu βασιλικοὺς iſt offenbar zu verſtehen δούλους; unſere Stelle erklärt daher eine früher nicht richtig aufgefaſste Nachricht des Demetrios von Skepsis bei Athenaios XV 697d: Κτησίφων ὁ Ἀθηναῖος ποιητὴς τῶν καλουμένων κολάβρων, ὃν καὶ ὁ πρῶτος μετὰ Φιλέταιρον καὶ Εὐμένη einzuſetzen?) ἄρξας Περγάμου Ἄττιλος

δικαστὴν καθεστάκει βασιλικῶν τῶν περὶ τὴν Αἰολίδα. Eine βασιλικὰ παιδίσκα wurde nach der Inſchrift bei Weſcher-Foucart, Inscriptions recueillies à Delphes 336 im Jahre 197 im Namen des Königs Attalos I. durch einen Beamten mit dem Titel ὁ ἐπὶ τῶν ἔργων τῶν βασιλικῶν freigelaſſen; während ἔργα auch Land- und Bergbau bezeichnen kann, werden wir den Titel als »Intendant der königlichen Webereien« überſetzen dürfen (vergl. Hesych ἔργα ποτὲ μὲν τὰ περὶ τὴν ταλασιουργίαν), da wir uns in dieſer Induſtrie vor allem Weiber beſchäftigt denken werden. Daſs die berühmten golddurchwirkten Stoffe, deren Erfindung man einem der pergameniſchen Könige zuſchrieb und die daher den Namen reſtes Attalicae führten (Plinius 8, 196. 36, 115), in königlichen Fabriken hergeſtellt wurden, kann nicht zweifelhaft ſein; das gleiche iſt für das Pergament anzunehmen, deſſen Erfindung dem Beſtreben des Königs Eumenes verdankt wird, Alexandrien mit ſeiner Bibliothek den Rang abzulaufen (Plin. 13, 70): königliche Ziegeleien bezeugen die pergameniſchen Ziegelſtempel: fiskaliſche Fabriken unbeſtimmt welcher Art fanden wir oben in Nr. 40 Z. 7. Bei dieſem ſchwunghaften Gewerbebetriebe der Könige muſste die Zahl der βασιλικοί eine recht groſse ſein und die Beſtellung eines eigenen Richters für ihre Vergehungen kann uns nicht Wunder nehmen. Den zum königlichen Hausvermögen gehörigen Sklaven ſtehen die δημόσιοι (Z. 26) als Eigentum der Stadtgemeinden gegenüber.

Der Zuſatz τοὺς τε ἐν ἡλικίᾳ (ein Iota hat der Steinmetz ausgelaſſen) bis γυναῖκας bezieht ſich ſowohl auf τοὺς ἐκ τῶν ἐξελευθέρων wie auf βασιλικούς und entſpricht dem Sinne nach genau dem ὁμοίως δὲ καὶ γυναῖξὶν καὶ παισίν bei der Bürgerrechtserteilung in Z. 19. Daſs ſich dagegen die in Bezug auf die Weiber gemachte Einſchränkung πλὴν τῶν κτλ. (Z. 23 ff.) nur auf Sklavinnen bezieht, iſt ſelbſtverſtändlich und brauchte nicht beſonders ausgedrückt zu werden, da nur Sklavinnen ἠγορασμέναι und ἀνειλημμέναι ſein können. ἀνειλημμέναι iſt nämlich »confiscirt«; vergl. Laert. Diog. 7, 181 Ἑκάτων δὲ φησιν ἐλθεῖν αὐτὸν ἐπὶ φιλοσοφίαν, τῆς οὐσίας αὐτοῦ τῆς πατρῴας εἰς τὸ βασιλικὸν (vergl. oben zu Nr. 158) ἀναληφθείσης. Plutarch de frat. amore 11 (p. 484 A) κατακασθεὶς ἀπώλεσε τὴν οὐσίαν, εἰς τὸ Καίσαρος ταμιεῖον ἀναληφθεῖσαν

— ἐπὶ τοῦ φιλαδέλφου καὶ φιλομήτορος βασιλέων: unter Attalos II. und Attalos III.

Z. 27 ff. ὅσοι δὲ κτλ. »diejenigen Männer und Frauen, welche bei Gelegenheit des Todes des Königs Stadt und Land verlaſſen haben

oder noch verlaſſen ſollten«. Das Wort τελευτῆς iſt auf dem Steine wegen des Homoioteleuton mit dem vorhergehenden τῆς ausgelaſſen. Über ὅσοι ohne ἄν mit dem Conjunctiv ſ. Kühner, Ausführl. Grammatik II S. 205 f.

O Δ Η Μ Ο Σ
Λ Υ Σ Α Ν Δ Ρ Α Ν Π Ρ Ω Τ Ο Μ Α Χ Ο Υ
Γ Ε Ν Ο Μ Ε Ν Η Ν Τ Η Σ Α Θ Η Ν Α Σ Ι Ε Ρ Ε Ι Α Ν
Ε Φ Η Σ Ο Δ Η Μ Ο Σ Κ Α Τ Ε Σ Τ Α Θ Η
Ε Ι Σ Τ Η Ν Π Α Τ Ρ Ι Ο Ν Δ Η Μ Ο Κ Ρ Α Τ Ι Α Ν

Ὁ δῆμος
Λυσάνδραν Πρωτομάχου,
γενομένην τῆς Ἀθηνᾶς ἱέρειαν,
ἐφ’ ἧς ὁ δῆμος κατεστάθη
5 εἰς τὴν πάτριον δημοκρατίαν.

In einer pergamenifchen Ehreninſchrift auf den Proconſul des Jahres 46 v. Chr. P. Servilius Isauricus (Bericht I 76. Dittenberger, Sylloge 266) heiſst es ἀποδεδωκότα τῇ πόλει τοὺς πατρίους νόμους καὶ τὴν δημοκρατίαν ἀδούλωτον. Es liegt nahe, auch unſre Inſchrift auf die Zeit dieſer uns ſonſt unbekannten Wiederherſtellung der Demokratie zu beziehen, doch bemerkt Fabricius: »die Schrift iſt ungleich beſſer als die

250. Block aus bläulichem Marmor, 0,867 breit, 0,37 hoch; Buchſtaben 0,020. Oben Profil, das rechts ganz, links nur in einer Länge von 0,105 herumgeführt iſt, indem es ſich dort gegen ein vorſpringendes Stück des Blockes verläuft. Das Ganze war wohl eine freiſtehende Baſis, die links an einen Bau oder ein anderes Denkmal anſtieſs und deshalb hier nicht ausgearbeitet zu ſein brauchte. Gefunden Ende 1878 in der byzantiniſchen Mauer (Inv. I 27. Bericht I 76). Abbildung 1:10.

der caeſariſchen Zeit in Pergamon, ſie hat den Charakter der letzten Königszeit; ich glaube nicht, daſs die Inſchrift in das Jahr 46 v. Chr. gehören kann.« Dazu kommt daſs von den Weih- und Ehreninſchriften die jüngſte ſonſt bekannte, welche dem Namen der Athena ein Beiwort nicht erteilt, faſt ſicher der Zeit Eumenes’ II. angehört (Nr. 151, vergl. zu Nr. 150). Lysandra wird daher als die im Jahre 133 fungirende Athenaprieſterin anzuſehen ſein, da durch das Ende der Königsherrſchaft die πάτριος δημοκρατία hergeſtellt wurde; vergl. den Commentar der vorigen Nummer zu Anfang.

BERLIN, GEDRUCKT IN DER REICHSDRUCKEREI.

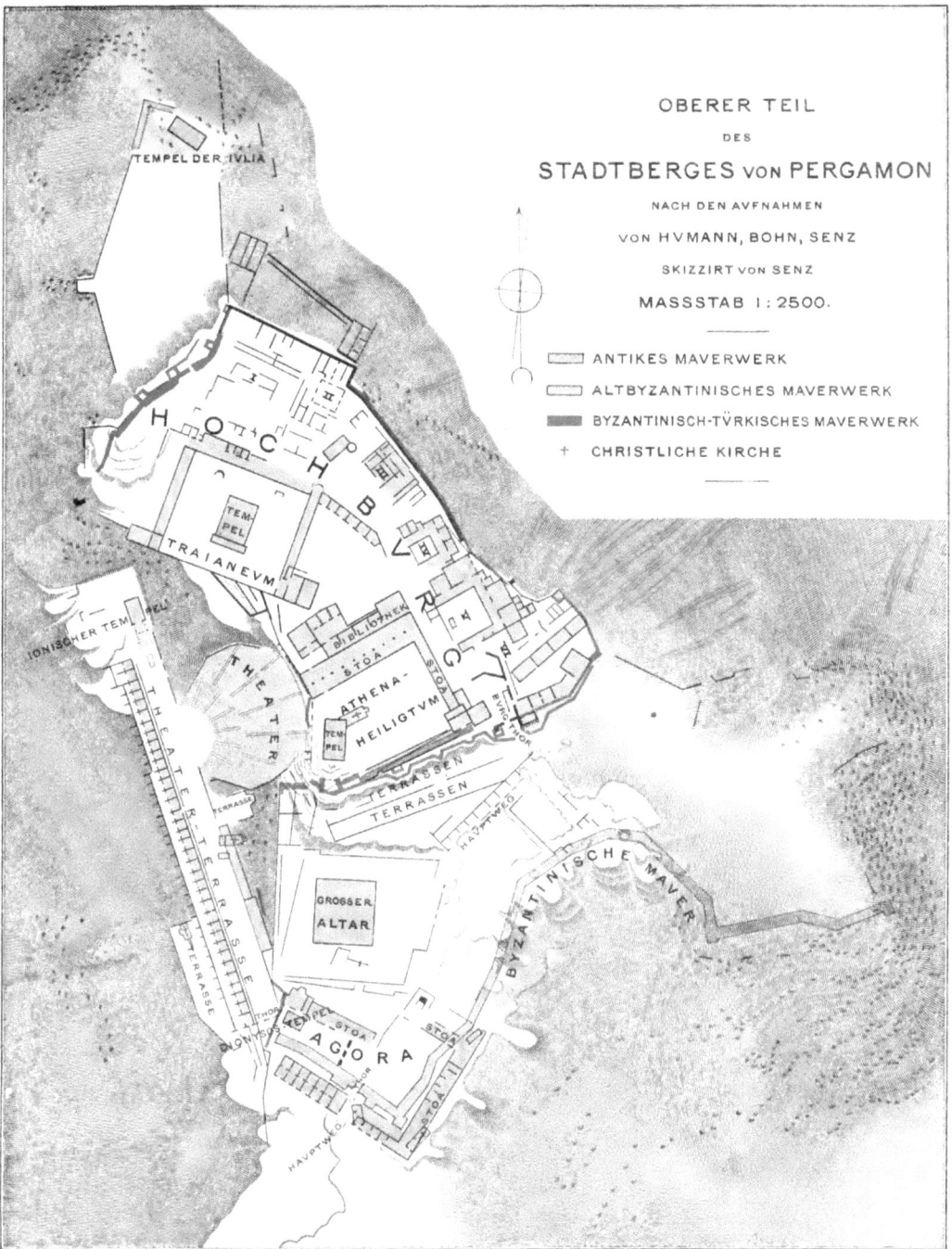